CORRESPONDANCE

DE

BÉRANGER

RECUEILLIE

PAR

PAUL BOITEAU

TOME PREMIER

PARIS

GARNIER FRÈRES, LIBRAIRES-ÉDITEURS

6, RUE DES SAINTS PÈRES, 6

Droits de traduction et de reproduction réservés

CORRESPONDANCE

DE

BÉRANGER

PARIS. — TYPOGRAPHIE LAHURE
Rue de Fleurus, 9

PRÉFACE

Voici un recueil de Lettres de Béranger. Ses amis y verront que l'homme qu'ils ont aimé jusqu'au bout a été durant toute sa vie le même homme admirable, le plus simple, le plus sage, le meilleur, le plus hardi quand il l'a fallu, et toujours le plus modéré et le moins composé de tous les hommes. Ses ennemis, qui ne sont après tout que les ennemis de la Révolution de 1789 et de la raison, feront d'inutiles efforts pour mordre encore sur ces irréfutables témoignages de ce qu'a valu son esprit ou son cœur. Quant à ceux qui se sont lassés frivolement de leur ancien respect (et il en est de considérables qui ont, après sa mort, douté de son grand talent même pour se permettre plus aisément de douter de ses vertus), ils rougiront un jour ou l'autre de cette défaillance de leur jugement et de leur mémoire.

Mais les ennemis de Béranger et ses amis particuliers, fidèles ou infidèles, ce n'est qu'un groupe d'acteurs près de disparaître de la scène de la vie. Ce recueil de Lettres est offert à toute la foule qui n'a pas connu l'homme, mais qui, aujourd'hui, demain et toujours, saluera ses vers, son caractère et ses principes.

L'admiration des grands hommes nous pèse à cette heure : c'est que leur exemple accuse notre indignité ; et notre refus de les honorer plus longtemps n'est en réalité que le remords de les imiter si peu.

Nous avons doublement tort ; car il fallait les admirer toujours et n'accuser de notre faiblesse que le trop pesant fardeau des destins. Nos enfants seront plus justes pour nous peut-être : ils sauront démêler encore quelques vertus dans ce trouble de nos actions et de nos pensées qui annonce la venue d'une grande histoire.

Laissons donc passer et s'évanouir quelque écume d'injustice sur cette mer où l'opinion publique, désemparée, cherche avec anxiété des astres obscurcis par la tempête. Dieu, qui veille sur les mondes, a béni les douleurs de l'humanité, et c'est vers un port qu'est tendue la voile de tant de races errantes. La France aura l'honneur et la joie d'y aborder la première. Il convient aux enfants de la France, à ceux du moins dont l'âme est forte, de garder pieusement le souvenir des penseurs et des poëtes qui ont le plus fait pour la prédiction et la maturité des beaux jours à venir.

Béranger, plus que personne, a, depuis quarante ans, consolé nos infortunes, annoncé les nouvelles épreuves, et, au delà, signalé la souriante et sainte alliance des individus et des nations.

Quelques-uns, désolés de ce que la liberté a un moment disparu, lui reprochent comme un crime personnel l'insurrection de 1830, le coup de théâtre de 1848 et la reprise imprévue du drame impérial. Si c'est lui qui a tout fait, quel grand nom pour nos annales ! Le plus humblement né des enfants du peuple, sans revêtir un costume, du coin de son foyer solitaire, aura agi sur notre histoire avec autant de puissance que Mirabeau et Napoléon.

Eh bien, soit ! sa mémoire y consent, notre histoire contemporaine a été de son fait tournée comme elle l'est. Cessons d'en avoir de la honte. Rien n'est plus noble que la révolution de 1830. Mais l'acte de 1830, décidé en grande partie par Béranger, n'a abouti qu'à une incomplète, infidèle et stérile continuation de l'œuvre de 1789. Il a fallu autre chose. La révolution de 1848, prédite presque à jour fixe par Béranger, eût pu être la plus pure et la plus féconde, la dernière aussi des révolutions. Mais on sait le sang qui a coulé chez nous et le peu d'orgueil mis à montrer nos drapeaux républicains à l'Europe de 1815. Il est venu autre chose.

Ce n'est pas Béranger, partisan et défenseur de la liberté de la presse, deux fois victime de ceux qui la réprimaient en 1821 et en 1828, et ne la redoutant, a-t-il dit, pas même illimitée, ce n'est pas lui assurément qui a pensé qu'une nouvelle phase de notre histoire dût nous priver longtemps de cette liberté, la première et la plus utile de toutes. Mais on veut obstinément qu'il ait, après 1830 et 1848, préparé encore les événements qui s'accomplissent ! Peut-être alors montrerait-il du doigt, à ceux qui se lamentent sans vouloir se consoler, l'Italie affranchie hier par nos armes du joug étranger, et sûre, tôt ou tard, d'être délivrée de tous ses maux. Peut-être dirait-il, avec un vieux reste d'orgueil, que depuis 1859 la France, dont on médit en Europe, et qu'on raille même en France, a repris à la tête des peuples son rôle de nation conductrice et libératrice.

La vraie gloire est revenue ; c'est quelque chose. La liberté reviendra aussi, et tout entière : et, si c'est en effet à la poésie de Béranger que nous devrons d'avoir repris la marche de nos pères, glorieux et libres, les panégyristes ne manqueront pas pour la couronner et l'encenser.

La liberté reviendra, soyons-en sûrs. Au moins, cette fois, lorsqu'elle sera de retour, sachons lui rendre le culte qui sied à sa divinité.

Ce n'est pas pour que quelques individus soient en faveur auprès d'un prince ou en puissance au-dessus de la nation qu'un peuple est libre. La liberté est l'engin puissant de la civilisation ; c'est le plus sûr et le plus durable ; mais à quelles conditions s'en peut-on servir ? A condition que les petites ambitions se taisent, que les petites haines s'apaisent, et que chacun et que tous travaillent à l'émancipation graduelle et continuelle de ceux qui sont pauvres, de ceux qui sont ignorants, de ceux qui sont vicieux.

Rebadigeonner des trônes, raturer des chartes, qu'est-ce que ces jeux d'une heure quand il s'agit du problème de la vie et du plus grand bonheur possible des multitudes futures ? Toutes les histoires, comme les affluents d'un fleuve, se dirigent vers l'avenir meilleur de l'humanité.

> Humanité, règne, voici ton âge,

a dit le poëte. Ce n'est pas en arrière de nous qu'il faut regarder pour suivre notre route. Ne nous préoccupons donc plus du passé ; et tous d'accord, peuple et bourgeoisie, libéraux, impérialistes, républicains d'autrefois, nous qui, sous des enseignes diverses, marchons dans le chemin ouvert en 1789, nous qui, de points de vue divers et à des heures différentes, avons aimé notre Béranger, à la même heure allons maintenant vers le même horizon. La clarté s'y fera.

Il n'y a vraiment que deux partis en France : les représentants des privilégiés d'avant 1789, diminuant chaque jour, et les héritiers de l'Assemblée constituante, qui a légué à la fois au peuple français la liberté et l'égalité.

II

C'est le propre de Béranger qu'on ne peut guère toucher à son souvenir sans venir vite à parler de la grandeur de la France et du bonheur des hommes. Mais ce n'est point de ces matières que l'on a à entretenir le public ; et l'on ne doit même pas s'y arrêter pour y chercher le prétexte d'un éloge de l'homme dont on a eu l'honneur de recueillir les Lettres.

Ces Lettres seront lues avec la curiosité qui s'attache à toutes les correspondances authentiques qui sont signées de noms illustres. Jamais il n'aura été donné de surprendre, sans apprêt, sans artifice, dans le vrai ton et avec l'accent de la nature, un caractère plus entièrement d'accord de l'un à l'autre bout d'une grande existence. Après les avoir lues, nul ne pensera que Béranger a arrangé sa vie. Son art, et il est rare, est d'avoir toujours été modeste et bon. Nul ne s'étonnera qu'il ait refusé, en 1830 et en 1848, des fonctions qu'il savait ne pouvoir pas remplir d'une manière digne de ses désirs et de l'attente publique. Son rôle est d'avoir chanté nos plus vigoureux et nos plus utiles vers français au dix-neuvième siècle et d'avoir été le plus vrai des grands hommes et des hommes de bien.

Qu'on ne s'imagine pas, du moins, que sa bonté fut jamais bonhomie sénile, et que sa modestie, une fois la renommée venue, ait fait bon marché de la renommée.

L'homme qui, après Voltaire, a eu en France l'esprit le plus large, le plus vif et le plus perçant, ne pouvait être un bonhomme comme de naïfs récits le dépeignent. Et, d'un autre côté, le plébéien qui savait bien et à qui on disait tous les jours qu'il était comme un roi de France par le pouvoir de ses chansons ne se désarmait qu'à force de raison du plus légitime orgueil qu'un homme ait jamais conçu.

Eh quoi! il aurait entretenu dans nos cœurs le culte du plaisir et de la gloire, ces deux ailes de la vie, et on voudrait qu'il n'ait pas tenu à sa gloire extraordinaire! Vers la fin de sa carrière, quand d'impuissantes flèches venaient tomber à ses pieds, et que des amis trop zélés se baissaient pour les relancer, il disait un mot noble : « Être attaqué n'est rien; mais être défendu! » En effet, il n'y a qu'à louer Béranger, et même à toute outrance; le défendre est inutile.

Il a longtemps convoité cette chère gloire, il y a renoncé longtemps ; puis il l'a conquise du même coup qu'il célébrait celle de la nation tout entière. Son âme, certes, eût été enivrée si la sagesse de son esprit n'avait veillé sur elle. Cite-t-on beaucoup d'exemples de ces conquérants de la pensée qui ont vaincu leur orgueil et n'ont pas voulu se croire autre chose que des hommes? en ce siècle-ci surtout qui élève pour une heure tant de mobiles renommées!

Je n'ai qu'un arc et ma gaieté,

dit Béranger. Avec cette gaieté et cet arc il a affranchi une génération et forcé les siècles à respecter son nom. Et, capable d'un tel rôle, chargé de cette unique couronne de poëte libérateur, il a vécu sincèrement comme le premier venu, fidèle à ses amitiés obscures et à ses anciens souvenirs! Conduite si étrange, que de vulgaires appréciateurs des caractères n'ont pu encore y croire et ont taxé de calcul jusqu'à la charité de Béranger.

Souhaitons, même sans génie, de tels calculateurs à nos pauvres sociétés humaines.

Et souhaitons de tels poëtes à l'avenir. Il est douteux qu'il s'en élève dont les vers soient plus féconds en nobles sentiments et en grandes pensées. Béranger a, pour ainsi dire, semé d'avance les années qui vont naître ; c'est sa moisson qu'on y verra mûrir.

Peu importe que quelques écrivains politiques, décontenancés devant les événements, se soient fait le tort de médire de son génie et de sa vie même.

Peu importe que certains adversaires et certains défenseurs du pouvoir nouveau, également inhabiles, l'aient attaqué ou livré, les uns, parce qu'il a paru trop faire pour l'Empire, les autres, parce qu'il a trop fait pour la liberté !

Ces méprises sont des malheurs individuels. La vérité est que les chansons de Béranger, ce petit livre, empêchent la politique de la France de reculer jamais au delà de 1789. C'est comme un testament de souffrance et de gloire légué à la postérité par nos pères, qui ont eu tant de peines civiques. Il est impossible aujourd'hui de le supprimer et impossible que ceux qu'il dote renoncent à leur héritage.

Le petit livre du *Code civil* a réglé la condition des personnes et des choses ; le petit livre des *Chansons de Béranger* règle la condition des esprits. Ils font l'un et l'autre partie du patrimoine national.

Les Lettres de Béranger dont on a formé ce recueil complètent et commentent *Ma Biographie*, et de telle manière, que ces mémoires, qui sont si courts, paraissent un chef-d'œuvre de simplicité juste et de véracité discrète et toutefois suffisante. On n'en sent bien le mérite qu'en voyant combien Béranger a su faire le choix de l'essentiel, en philosophe tout à fait détaché de la fausse grandeur et de ces sortes de vanités qui ne sont que fumée après la mort.

Il n'a envisagé que ses souvenirs de chansonnier, et ce n'est pas à lui qu'on peut reprocher qu'il a voulu enchaîner l'histoire de France à l'histoire de sa vie.

Dans ses Lettres, où il n'y a point d'artifice possible, la vérité de la vie et de la pensée journalières apparaît toute nue. C'est là qu'on doit saisir, s'il y en a eu, le calcul et les apprêts du rôle. Chacun de nous peut en juger. C'est, en tout cas, une véridique histoire d'un homme véritable. Le héros de roman a disparu avec l'ancien monde. L'humanité a besoin désormais de ces tableaux naturels.

Pour peindre toute cette vie si utile, et par l'exemple des actions, et par l'exemple des pensées, il eût fallu publier sans doute toutes les Lettres qu'on a bien voulu nous confier. Mais dix ou douze volumes n'auraient pas suffi à contenir les trois mille pièces qu'il nous a été permis, en moins d'un an, de recueillir.

Nous en donnons à peu près la moitié; et la plus grande de nos peines a été, non pas de fixer les dates, de reconnaître les faits les plus menus, d'établir partout la chronologie et le sens de ces lettres, mais de choisir les unes et d'écarter les autres.

Quand nous avons commencé à faire appel aux personnes qui allaient nous aider, de toutes parts sont arrivées les adhésions les plus chaleureuses. Pendant que quelques personnages s'imaginent qu'ils ont, en ces derniers temps, porté des coups terribles à la statue de Béranger, mille et mille témoignages nous arrivent de l'indignation qui a rempli les cœurs au spectacle de ces attaques. On n'a pas osé, par crainte de la rigueur des temps, exprimer tout haut sa colère; mais ces aveux n'en sont que plus touchants dans leur faiblesse même.

On nous a donc encouragé de tous les côtés dans notre entreprise. A peine quelques-uns l'ont-ils jugée prématurée, redoutant sans doute de voir une œuvre de scandale dans cette œuvre de piété. Cette inquiétude est injuste, car il n'y avait pas à redouter que Béranger eût dans ses Lettres desservi ceux qu'il a aimés, et il ne fallait pas croire non plus que ceux qui recueilleraient sa correspondance au nom même de sa renommée rechercheraient l'occasion de blesser ceux qui, de près ou de loin, ont aimé aussi et connu dans l'intimité le poëte national. Tout au plus ceux qui l'ont renié en ces derniers temps pouvaient-ils concevoir quelque crainte. Qu'ils se rassurent! L'ombre de Béranger leur pardonne.

D'autres pensaient que le rapprochement de lettres qui datent de cinquante années diverses mettrait la constance du caractère et des pensées de Béranger à une épreuve dangereuse. C'est le contraire qui arrive. Pauvre et obscur, il avait le même cœur et le même esprit qu'il eut au milieu de sa rayonnante apothéose. La simplicité et la véracité, comme une chaîne incorruptible, relient entre elles toutes les époques de sa vie.

Lorsque nous avons été dans la nécessité de retrancher une grande partie de nos richesses, nous nous sommes imposé de choisir particulièrement les lettres qui sont intéressantes pour l'histoire de la vie de Béranger, celles qui touchent à l'histoire politique du demi-siècle écoulé aujourd'hui et celles qui ont une valeur littéraire indépendante du sujet qui les a fait écrire.

C'est pourquoi notre premier volume contient un assez grand nombre de lettres datées des premiers temps. Loin de les trier, nous aurions voulu en recueillir plus encore, sûr que le public les trouvera de son goût, quoique le nom qui les signait fût alors inconnu.

C'est de 1815 à 1830 que notre récolte a été le moins abondante. Mais, à partir de 1830, nous avons vraiment eu de la peine à faire un choix entre de nombreuses lettres écrites quelquefois à la même date.

L'impartialité la plus complète et la plus rigoureuse nous a guidé dans le choix que nous avons fait.

Il nous en a coûté surtout, pour ne pas lasser les lecteurs, de ne point transcrire des centaines de lettres relatives à des actes de cette charité vigilante et éclairée qui a rempli et sanctifié la vie de Béranger. Que de fois nous avons rejeté dix ou vingt lettres et n'en avons pris qu'une!

Il nous a été pénible aussi de ne pouvoir reproduire intégralement la partie de la correspondance qui se compose de remercîments et de conseils littéraires. On eût dit que nous donnions trop d'importance à des épisodes obscurs de la vie littéraire des contemporains ; et cependant, que de leçons et pour ceux qui demandent et pour ceux à qui on demande des conseils et des encouragements[1] !

Notre catalogue final conservera, du moins, la trace de ces lettres qui, souvent encore, sont des actes de charité. Ceux qui en ont été l'objet n'ont pas tort d'en être fiers.

III

C'est toujours une entreprise délicate que la publication posthume des lettres d'un homme célèbre, en présence des souvenirs encore palpitants de sa vie publique et sous les yeux mêmes de ses contemporains. Personne ne nous demandera de justifier l'opportunité et la convenance de la nôtre. Le légataire universel et l'exécuteur testamentaire de Béranger pouvait seul prendre l'initiative de cette publication, qui ne semblera pas trop hâtive, si l'on considère que déjà un certain nombre de lettres avaient été imprimées isolément, qu'on en avait fait déjà plusieurs recueils, et qu'on en préparait d'autres, dans l'intérêt de telle ou telle préoccupation particulière. Il était à craindre que ces recueils divers ne repré-

---

[1] Nous avons cru qu'il était de notre devoir, si nous n'imprimons pas toutes les lettres reçues, de les mentionner toutes, en indiquant le nom des personnes à qui elles ont été écrites, et le nom de celles qui nous les ont remises ; et même, en dressant à la fin du dernier volume ce catalogue, nous donnons une courte analyse de la plupart de ces lettres. Notre publication sera donc aussi complète que possible. Nous ne savons comment remercier avec assez de gratitude les personnes qui ont bien voulu nous seconder.

sentassent pas bien la véritable physionomie morale et littéraire de Béranger. Il fallait peut-être aussi se mettre en garde contre des compilations tronquées, et Béranger avait appréhendé lui-même que ses lettres ne fussent, après sa mort, défigurées de la sorte. On n'a fait que se conformer à ses intentions et accomplir religieusement ses dernières volontés, en réunissant et publiant sa correspondance générale.

Qu'ajouter encore? Rien, si ce n'est que c'est le signe d'un esprit viril que de comprendre et de fréquenter Béranger. Ceux qui le choyaient vivant et l'ont abandonné mort n'ont pas fait preuve d'une grande intelligence. La gloire et les idées qu'ils ont cru devoir ensevelir avec lui ne sont pas mortes. Eussent-elles un instant été voilées, c'est de ces idées et de cette gloire qu'il peut être dit fermement :

Multa renascentur quæ jam cecidere.

Elles renaissent déjà ; demain elles vont ressaisir leur empire et régner encore.

L'Allemagne, récemment, se levait tout entière pour fêter le centième anniversaire de la naissance de Schiller. Il est possible, si le soleil de Dieu éclaire notre histoire, que dans vingt ans la France célèbre aussi le jubilé séculaire de la naissance de Béranger, le poëte de la patrie, le philosophe modéré et prévoyant de l'avenir, le plus sincère des hommes de bien, l'esprit et le cœur français par excellence.

PAUL BOITEAU.

CORRESPONDANCE

DE

BÉRANGER

Patrie et Liberté.

Béranger est né à Paris le samedi 19 août 1780, sur l'ancienne paroisse Saint-Sauveur, dans l'une des maisons de la rue Montorgueil qui ont été démolies vers 1848 pour faire place au Parc aux Huîtres. Son père, Jean-François de Béranger, né à Flamicourt, près Péronne, le 7 décembre 1751, s'était marié le 10 août 1779 avec Marie-Jeanne Champy, fille du tailleur Pierre Champy ; elle avait alors vingt ans, étant née le 4 avril 1759, et faisait le métier de modiste.

Béranger est venu au monde, comme on le voit, deux ans après la mort de Voltaire et de Jean-Jacques Rousseau, sous le ministère de Maurepas, de Vergennes et de Necker, au milieu de la guerre libératrice d'Amérique.

Quand Béranger naquit, son père avait depuis longtemps déserté le ménage. Aimable, bon et généreux, mais du caractère le plus léger, vaniteux, insouciant et prodigue, il avait dissipé en cinq ou six mois les douze cents livres qui lui avaient été comptées en dot et quelque argent de la clientèle qu'il s'était faite en qualité de courtier de change.

Au mois de février 1780, il laissa sous le coup d'une saisie sa femme enceinte, et se réfugia en Belgique, puis en Hollande, où il vécut dans la plus grande misère jusqu'à ce qu'il put revenir en France et chercher de petits travaux chez les notaires de la Picardie, puis un emploi d'homme d'affaires sur quelques grandes terres seigneuriales de l'Anjou, par exemple celles de la duchesse d'Estissac et celles du chapitre de la cathédrale d'Angers.

Il se faisait appeler Béranger de Mersix, et, au moment même où il manquait de tout à Bruxelles, au mois de mars 1780, il rédigeait une longue généalogie, où ne faisaient défaut ni les noms, ni les dates, ni les détails biographiques, pour établir que sa famille descendait en droite ligne de Giovanni Berangeri, citoyen noble de Florence au quinzième siècle. La vérité est que son père, Jean-Louis Béranger, né en 1720, avait épousé en 1749 Marie-Marguerite Levasseur, fille d'un garçon brasseur et servante chez un conseiller au bailliage de Péronne. Il s'était établi et mourut, en 1763, marchand de vin au village de Flamicourt.

Marguerite Levasseur, qui avait du courage et du sens, vécut jusqu'en 1782, continuant son commerce de cabaretière pour élever ses enfants, qui étaient au nombre de six : Jean-François, père de Béranger ; Louis-Philippe, né en 1754, qui devint garçon sellier et mourut, en 1775, à l'hôpital de la Charité de Paris ; Charles, né en 1755, mort en 1775 à Flamicourt ; Marie-Marguerite-Adélaïde, née en 1750 et mariée en 1773 à un boulanger de Péronne, du nom de Paron ; Marie-Victoire, née en 1753, mariée en 1776 à Jean-Louis Turbaux, marchand de bois et aubergiste au faubourg de Bretagne, à Péronne, veuve le 13 janvier 1788, remariée en 1794 à Charles Bouvet ; et enfin Reine-Geneviève, née en 1758, mariée en 1779 à Germain-Florent Forget. De ce mariage seulement et de celui de Marie-Marguerite-Adélaïde sont issus des enfants qui, à leur tour, se sont mariés et ont conservé jusqu'à ce jour le sang de la famille de Béranger.

Le père de Béranger n'était pas sans quelque instruction et savait écrire assez bien, dans le style emphatique. Petit clerc de notaire à Péronne, dès sa jeunesse il était venu à Paris, en 1773, et il tenait les livres d'un épicier de la rue Montorgueil, lorsqu'il s'amouracha de la mignonne, vive et élégante Jeanne Champy. Cette jeune fille n'était pas le seul enfant du tailleur Pierre

Champy et de sa femme Marie-Anne Dupré. Elle avait un frère, Antoine, dont on ne retrouve pas trace dans l'histoire de Béranger, et deux sœurs : Ursule, qui plus tard se fit religieuse, et Anne-Nicole, plus tard madame Merlot, dont Béranger prit soin quand elle fut devenue veuve, et qui ne mourut qu'en 1835.

Les papiers de famille qui ont servi à retrouver les noms qui précèdent sont au nombre de neuf ou dix. C'est d'abord la généalogie singulière que l'imagination du père de Béranger a arrangée avec bien de l'art. Sans s'arrêter aux détails qu'elle offre à la curiosité et en ne relevant que les dates de la naissance et de la mort des ascendants de Béranger, on y voit figurer, en remontant : Béranger; son père, son grand-père Jean-Louis, né à Tertry le 10 août 1720, mort à Flamicourt le 21 novembre 1763; puis Jean, né à Hémery le 11 février 1696, mort à Londres en 1756; Nicolas, né à Noyon le 6 décembre 1662, mort à Hémery, près Saint-Quentin, le 12 novembre 1701 ; et Louis, né à Paris le 8 janvier 1615. La généalogie s'élève plus haut; mais nous pouvons nous arrêter là et ne tenir compte que de ceux des pères de Béranger qui ont vécu en Picardie.

C'est Béranger lui-même qui avait conservé les papiers d'où on a tiré toutes ces indications, savoir, avec la généalogie rédigée par son père en 1780 : une lettre d'un de ses grands-oncles, curé de Quessy, près la Fère, lettre datée du mois de juillet 1759; le contrat de mariage de Jean-Louis, « veuf de défunte Antoinette Pouillaude, » et de Marguerite Levasseur; l'acte de baptême de Jean-François, son père; l'acte de mariage de son grand-père Champy; l'acte de baptême de sa mère, Marie-Jeanne Champy; le contrat de mariage de sa tante, Marie-Marguerite Paron; le contrat de mariage de son père et de sa mère; leur acte de mariage et son acte de baptême[1].

---

[1] Voici le texte d'une partie de ces trois derniers actes, qui offrent un intérêt particulier en tête d'un recueil de biographie intime.

1° *Contrat de mariage* entre Jean-François de Béranger (demeurant rue de Sartine) et Marie-Jeanne Champy :

« En présence, du côté du futur (père de Béranger), de sieur Edme Simon, négociant, cousin germain, à cause de Marie-Marguerite Levasseur, son épouse; Pierre Jacob, bourgeois de Paris, cousin germain, à cause d'Anne-Marguerite Levasseur, sa femme; sieur Hubert Vittemant, bourgeois de Paris, cousin issu de germain maternel ; et, du côté de la future, de Marie-Jeanne Griset, veuve de Ni-

On sait comment fut élevé Béranger : d'abord chez son grand-père Champy, lorsque son père eut disparu, et seulement quelques jours de temps en temps emmené chez elle par sa mère, qui avait été se loger dans la rue Notre-Dame-de-Nazareth, près du Temple ; puis, en 1789, placé par son père, qui était revenu à Paris, dans une petite pension dirigée par l'abbé Chantereau, dans le haut du faubourg Saint-Antoine, rue des Boulets, et presque aussitôt envoyé à Péronne, chez sa tante Turbaux, par son père, qui s'ennuyait d'avoir à le nourrir et qui avait hâte de courir encore les aventures.

colas Dupré, maître tailleur, aïeule maternelle; sieur Nicolas Dupré, maître tailleur, oncle maternel; sieur Louis Dupré, maître tailleur, oncle maternel; sieur François Dupré, bourgeois de Paris, oncle maternel ; Jean-Baptiste Champy, bourgeois d'Aubervilliers-des-Vertus, cousin germain paternel ; Pierre Pigny, bourgeois de Paris, cousin germain paternel, à cause de Geneviève Champy ; sieur Antoine Champy, bourgeois de Paris, frère; demoiselle Ursule Champy, fille mineure, sœur; sieur Claude-Jacques Lesage, tailleur du roi, oncle maternel, à cause de Marie-Jeanne Dupré, son épouse. »

Ce contrat, fait et passé en la demeure des sieur et dame Champy, le 8 août 1779, après midi, fut déposé chez le notaire Laroche, qu'assistait son confrère Guillaume. Il mettait en communauté les meubles et conquêts ; il estimait les biens du futur à 1,800 livres pour le « domaine ou fief appelé l'Épinette, situé au territoire de Doingt, » à 1,500 livres, pour sa part, à la mort de sa mère, dans la succession paternelle, et à 1,200 livres (toutes dettes déduites, ce qui n'était nullement vrai) ses deniers et effets divers. La future apportait en effets, meubles, marchandises de modes, 2,000 livres, « provenant de ses gains et épargne, » et une dot de 1,200 livres, dont 600 livres payées comptant et 600 livres à recevoir au 1er janvier 1780.

Parmi les témoins de la future ne figure pas sa jeune sœur Anne-Nicole Champy, qui fut mariée, le 25 mai 1789, en l'église de Saint-Jacques l'Hôpital, avec François-Marie-Albert Merlot, tailleur.

2° *Extrait du registre des mariages de la ci-devant paroisse Sauveur :*

« L'an mil sept cent soixante-dix-neuf, le dix août, ont été mariés Jean-François Béranger, fils majeur de feu Jean-Louis Béranger et Marie-Marguerite Levasseur, d'une part, et Marie-Jeanne Champy, fille mineure de Pierre Champy et de Marie-Anne Dupré, de l'autre part. »

3° Du 20 août 1790. — *Extrait du registre de la paroisse Saint-Sauveur, à Paris :*

« Le dimanche vingt avril mil sept cent quatre-vingt, a été baptisé Pierre-Jean, né d'hier, fils de Jean-François de Béranger, négociant, et de Marie-Jeanne Champy, son épouse, rue Montorgueil. Parrain, Pierre Champy, maître tailleur de cette paroisse; marraine, Marie-Jeanne Griset, veuve de Nicolas Dupré, tailleur, paroisse de Saint-Germain l'Auxerrois. Père absent pour ses affaires. GRISET, CHAMPY, DESFORGES, *vicaire.*

« Délivré conforme, le trente-un décembre mil sept cent quatre-vingt-un. DESFORGES, *vicaire.* »

La plus ancienne lettre de Béranger qu'il nous ait été donné de recueillir remonte au commencement de 1795. Elle est adressée de Péronne, où il vivait chez sa tante, à son père qui, alors intendant de la comtesse de Bourmont, en Bretagne, avait été arrêté comme fédéraliste et faisait partie des cent trente-deux Nantais.

I

LETTRE DE BÉRANGER A SON PÈRE

(Vers le mois de pluviôse an II.)

Mon cher papa,

C'est avec la plus profonde douleur que nous avons appris votre détention : elle nous a causé beaucoup de peine à tous.

C'est ma cousine Simon qui nous a communiqué votre lettre. Vous lui dites que vous avez interrompu toute espèce de correspondance : oui, avec nous, mon cher papa; car depuis plus de deux ans nous n'avons aucun de vos nouvelles. Cependant, mon cher papa, je vous dois la consolation qu'un fils doit à son père dans le malheur et dans toutes les circonstances de la vie. Soyez sûr que vous ne me trouverez jamais ingrat, et que je sens mieux que jamais ce que la nature dit à mon cœur.

Vous apprendrez le malheur de ma cousine Simon dans la lettre de ma tante Turbaux. Quant à moi, je me porte bien; je travaille pour le moment aux impositions, ce qui me fait gagner quelques petites choses et ce qui aide ma tante à fournir à mon entretien.

Mon cher papa, j'espère que, sentant l'inquiétude où nous sommes de votre sort, vous nous communiquerez de vos nouvelles, où nous espérons apprendre d'heureux changements.

Mon cher papa, je suis, en vous embrassant du meilleur de mon cœur, avec le respect le plus profond, votre fils.

Béranger [1].

Béranger avait treize ans et demi. C'est l'âge où, sous Louis XIV, les Boileau et les Voltaire entraient en seconde ou en rhétorique. C'est l'âge où nous-mêmes, dans les lycées, nous faisons nos premiers vers latins et expliquons le *Pro Marcello* de Cicéron, ou la *Vie d'Alexandre* de Plutarque. Les difficultés de l'orthographe ne sont depuis longtemps qu'un jeu pour nous. A quelle distance le jeune Béranger se trouvait alors, dans le cabaret du faubourg de Bretagne, de toute cette science qui nous rend si vite fiers et que nous oublions si vite pour la plupart ! On en peut juger en voyant la copie fidèle du manuscrit qui nous a servi à publier cette lettre.

« Mon cher papa,

« C'est avec la plus profonde douleur que nous avons apris vôtre détantion, elle nous a causé beaucoup de peine a tous.

« Ces ma cousine Simon qui nous a communiqué vôtre letre. Vous lui dite que vous avez interrompue toutes espèce de corespondence. Oui avec nous mon cher papa car depuis plus de deux ans nous n'avons aucuns de vos nouvelles.

« Cepandent mon cher papa je vous doit la consolation qu'un fils doit à son pere dans le malheurs et dans toutes les circonstance de la vie. Soyez sure que vous... » etc.

Au dos de la petite lettre de Béranger sa tante a écrit :

Péronne, le 18 pluviôse, l'an II de la République française.

Mon frère,

Recevez les consolations d'un fils fidèle à ses devoirs. Vous verrez bien que cette lettre ne date pas d'un jour ; elle avait été

---

[1] Lettre trouvée dans les papiers de famille.

écrite pour faire passer à Nantes ; mais j'ai jugé à propos de n'en rien faire. Ne soyez pas surpris si votre fils ne répond pas à votre dernière. C'est qu'il doit ignorer ce qui se passe jusqu'à la fin de votre affaire. Il est inutile que j'imprime à son âme des inquiétudes qu'il ne devrait pas ressentir. Le temps des chagrins n'arrive que trop vite. Il est inutile de le devancer...

Je suis votre sœur,

BÉRANGER Ve TURBAUX.

Ce style est élevé pour une cabaretière de village. On verra tout à l'heure que la famille entière avait naturellement le goût de ce style.

Le père de Béranger fut acquitté après le 9 thermidor, mais il resta neuf mois en prison (de décembre 1793 à septembre 1794).

Parmi les papiers de famille que Béranger avait conservés, six pièces sont relatives à cette détention et à ce procès.

Copie de l'acte d'accusation (20 fructidor an II).

« Béranger de Mersix s'est montré apologiste de la faction en cherchant à propager ses maximes liberticides dans les assemblées sectionnaires pour y faire des prosélytes. »

Notification de la liste des jurés (21 fructidor);
Notification de la liste des témoins (même date);

« A J. F. Béranger, dit Mersix, accusé, actuellement détenu en la maison de justice dudit Tribunal (criminel révolutionnaire) dite Conciergerie, en parlant à sa personne, pour ce mandé entre les deux guichets comme lieu de liberté. »

Ordonnance qui acquitte « Béranger, dit Mersix, » du 28 fructidor.

En note : « Il y a décret du quatrième sans-culottide qui accorde onze cents livres. »

Ce décret avait été rendu en vertu d'un

Certificat des représentants Fouché et Villers (du premier jour complémentaire de l'an II de la République).

Déclarant que les citoyens Béranger, dit Mersix, Retau, etc., acquittés, sont dans l'indigence et ont droit à des secours.

COMMUNE DE PARIS, DÉPARTEMENT DE LA SEINE, LE 5 VENDÉMIAIRE, L'AN III.

Extrait du registre des écrous des personnes détenues à la chambre d'arrêt de la mairie.

« Appert que le citoyen Jean-François Béranger Mersix est entré à la chambre d'arrêt le 16 nivôse dernier. Pour extrait conforme, les administrateurs de la police régénérée, MARTINEAU. »

Cette dernière pièce n'est sans doute qu'un certificat destiné à faciliter le règlement de l'indemnité au prisonnier.

C'est pendant les jours qui suivirent son acquittement que le père de Béranger apprit la nouvelle du second mariage de sa sœur Turbeaux. Il reçut à cette occasion une double lettre.

Péronne, 2 vendémiaire, troisième année républicaine.

Citoyen,

La manière avec laquelle vous avez reçu la nouvelle de mon alliance avec votre sœur est pour moi le présage heureux de la fraternité que je désire voir régner entre nous. J'anticipe dès ce moment sur la jouissance que doit me causer votre prochaine arrivée dans notre pays. Puisque vos affaires à Paris nécessitent un séjour plus long que celui sur lequel vous comptiez, nous avons résolu, réunis aujourd'hui avec le citoyen Forget et son épouse, de vous envoyer un pâté, qui, sauf accident, doit vous parvenir le 4 du présent. Il m'est doux de penser que j'aurai contribué pour quelque chose à la réunion qui s'opérera, comme je le pense, des membres d'une famille à laquelle je suis flatté de tenir par tous les liens, attendant qu'une circonstance favorable leur fasse réaliser la promesse qu'ils ont faite d'enjamber la distance qui nous sépare. Ce ne cessera d'être notre vœu et notre espoir. Agréez toujours et faites-leur agréer pour l'instant, je vous prie, les assurances de ma cordialité la plus sincère, celle de mon épouse, du citoyen et de la citoyenne Forget, et croyez-nous également tous vos parents, amis et concitoyens.

BOUVET.

Si on ne parle pas à nos chers parents de Paron et de sa famille, c'est qu'il est malade dans ce moment. Mais nous espérons que l'arrivée de mon frère le rendra tout à fait convalescent, puisqu'il commence à être mieux depuis quelques jours. Je vous dirai, mes chers parents, que les circonstances ont été si pressées, que je n'ai point eu le temps de vous prévenir moi-même avant notre union. Je désire que vous vous chargiez d'en faire part à tous nos parents et amis. Béranger[1] se joint à moi et à son nouvel oncle pour présenter ses respects à son papa et embrasser nos chers parents. Il désire l'instant de serrer son père dans ses bras ainsi que nous. Je vous prie de ne pas oublier de mettre mes souliers dans le paquet de mon frère, car il est triste d'être une jeune mariée sans souliers. Je suis avec la plus parfaite amitié, votre concitoyenne, cousine, sœur, amie,   Béranger-Bouvet.

A la citoyenne veuve Simon, couturière, rue Neuve-Saint-Augustin, 12, pour remettre au citoyen Béranger, à Paris.

Le passage de *Ma Biographie* qui concerne M. Bouvet lui assigne une place parmi les instituteurs de Béranger.

« Ma tante s'était remariée, dit-il, à un M. Bouvet, homme d'instruction, d'esprit, de génie peut-être, mais d'une bizarrerie d'humeur qui, approchant de la folie, m'a donné la clef du caractère de Rousseau, dont il semblait avoir les idées et dont sa parole simulait quelquefois l'éloquence. Il tenta aussi vainement de m'enseigner le français ; moins qu'un autre il pouvait avoir d'ascendant sur moi, qui, déjà exercé à juger ceux qui m'entouraient, ne tardai pas à m'apercevoir qu'il rendait ma tante malheureuse. »

M. Bouvet, quel que fût son caractère, a paru deviner à moitié la destinée de son neveu Béranger. On voit qu'il eut pour lui pendant longtemps une affection véritable. Les lettres suivantes en ont foi. Quoiqu'elles traitent d'affaires de famille tout à fait particulières, nous les avons mises ici parce qu'elles peignent une époque de la vie de Béranger et parce qu'elles mettent bien en évidence les caractères et le style de ses plus proches parents.

A cette époque Béranger avait depuis longtemps rejoint son père à Paris, où ses opérations de banque avaient un instant réussi. Depuis plus d'un an tout avait échoué.

---

[1] C'est notre Béranger.

A monsieur et madame Bouvet.

Paris, 15 pluviôse an VIII.

Mon frère et ma sœur,

Vos lettres du 18 passé, l'une pour moi, l'autre pour mon fils, m'ont paru un peu surprenantes ; j'y reconnais essentiellement votre bon cœur et votre attachement pour nous. Je vous remercie des offres que vous faites à mon fils et des conseils que vous me donnez ; mais tout cela ne peut s'accorder avec nos projets et les circonstances. Je ne suis aveuglé ni dirigé par aucun amour-propre ; je ne suis esclave d'aucune habitude ; mais je suis la victime de trop de confiance et de trop de bonté ; et cette position me met sans cesse en butte à des persécutions que je ne puis éviter qu'en m'éloignant.

Je ne crois pas vous avoir demandé ni fait demander le payement de vos deux billets (ensemble douze cents francs), l'un du 24 frimaire et l'autre du 3 thermidor an VI. Les réflexions que vous faites à cette occasion ont un peu lieu de m'étonner. Il est bien certain que je vous dois de la reconnaissance pour tout ce que vous avez fait autrefois pour mon fils ; mais aussi il est certain que, lorsque je vous ai remis cet argent, il n'était pas question qu'il ne dût jamais me revenir et qu'il devait entrer en compensation. Quant à la compensation, elle a toujours existé dans mon cœur, et, quelle que soit ma position actuelle, je vous en donne la preuve en vous remettant ci-joint vos deux billets, que je ne gardais que parce que mon fils aurait peut-être pu les faire valoir un jour dans vos successions et avant part ; ce qui alors vous eût été très-indifférent.

Je me suis aussi quelquefois dit que, par l'effet de cette belle fortune que devait procurer l'entreprise du Mont-Saint-Quentin, j'aurais pu par hasard récupérer cette somme au moment où je m'y serais le moins attendu. Au surplus, c'est une affaire finie, et le temps à venir n'en entendra point parler.

Je vous embrasse.   De Mersix.

M. Bouvet, le même jour, écrit à Béranger et à son père. Voici d'abord la lettre écrite en réponse à la lettre de celui-ci.

Mont-Saint-Quentin, ce 18 pluviôse an VIII.

Mon frère,

Notre intention en vous écrivant n'a jamais été de nous faire payer d'un bienfait dont le prix est dans le plaisir de l'avoir exercé. Elle était bien de vous engager à ce sacrifice pour nous faciliter, par cette remise, les moyens de procurer à votre fils un état plus certain ; mais cela ne dit pas que notre bienveillance eût eu pour bornes la valeur de ce sacrifice. Sur ce point, comme sur tant d'autres, vous pouviez bien vous reposer sur les soins et les sollicitudes de sa tante et en particulier sur ceux d'un homme qui, quoique étranger pour vous, n'a cessé de regarder Béranger comme son enfant adoptif et de le chérir comme tel. Les bonnes intentions suppléent quelquefois à la fortune ; elle n'est pas toujours le meilleur pilote, et je n'ai pas encore besoin de toute l'étendue de celle que devait, selon vous, me procurer l'entreprise de l'Abbaye, pour lui être de quelque utilité. Cette entreprise, d'ailleurs gâtée par un accident, n'est pourtant pas encore tout à fait nulle pour moi ; et, quand j'aurai vécu d'une partie du peu qui m'en restera et fait le bien du reste, j'en aurai fait assez ; mon cœur sera rempli. Vous pouvez, si vous le voulez, lui faire part de ma lettre. Il augurera de mes sentiments. En attendant, le dépôt que vous m'avez renvoyé restera sacré dans mes mains jusqu'à ce qu'il vous plaise à tous deux de me faire vous donner de nouvelles preuves de ma sincérité, ainsi que du dévouement et de l'inviolable attachement avec lequel je suis votre concitoyen

BOUVET.

Votre sœur vous embrasse de tout son cœur.

Au citoyen de Mersix, cabinet littéraire, rue Nicaise, à Paris.

Mont-Saint-Quentin, le 18 nivôse an VIII.

Mon cher neveu,

Je n'ai pas vu sans chagrin votre départ de Péronne, je sentais que vous aviez tout à perdre en nous quittant ; mais il n'était pas en notre pouvoir de vous retenir, non plus qu'à vous de résister à la puissance paternelle, qui vous rappelait. Vous paraissez aujourd'hui vivre à votre particulier. Hélas! quelle séparation! celle de la misère sans doute : vous en faites vous-même l'aveu. Que faites-vous maintenant? De quoi subsistez-vous? Le dénûment de tout est l'écueil de la probité. Si vous êtes retenu à Paris par quelque penchant funeste à votre honneur, il est temps de rompre ce lien et de nous prouver que vous êtes encore digne de ceux qui vous ont dirigé dans l'enfance et dont le but n'eût pas été manqué, tout au plus retardé. Votre papa, malgré son silence, paraît toujours compter sur une somme de 1,200 livres que nous lui devons, dit-il ; c'est le besoin où il se trouve qui la lui fait considérer comme une créance. Je ne lui en fais pas un reproche; mais, si chacun, de son côté, veut voir judicieusement, il doit la regarder comme nulle. Les sentiments qui m'inspirent en ce moment suffiront pour vous le prouver. En me renvoyant mes obligations il ne fera que s'acquitter judicieusement à notre égard de pareille somme que nous étions bien en droit d'exiger, mais dont le sacrifice était consenti par nos cœurs, sans les malheurs qui ont accompagné les premiers instants de notre union. C'est ce que vous devez solliciter de lui. Quant à vous, mon cher neveu, si vous êtes encore sensible à la voix de l'amitié, vous vous acquitterez également envers nous d'un devoir bien doux à remplir. Vous viendrez recueillir parmi nous de nouveaux témoignages de notre bienveillance, en nous concertant ensemble sur les moyens que nous trouverons immanquablement de vous assurer une existence moins malheureuse, par un état qui sera le plus conforme à votre goût et à l'éducation que vous avez reçue. Nos embarras du moment n'étant plus les mêmes que par le passé, nous nous voyons en état de venir à votre secours; c'est d'ailleurs le plus sincère de nos vœux. Nous vous embrassons tendrement.

BOUVET.

Au citoyen Béranger fils, 78, boulevard Saint-Martin.

Madame Bouvet écrivit aussi, le même jour, à son frère.

Au Mont-Saint-Quentin, le 18 nivôse, huitième année.

Mon frère,

Vous me paraissez bien affligé et découragé tout à la fois : pourquoi quitter Paris pour aller chercher une plus affreuse misère dans les provinces? Les ressources que vous attendez pour partir ne peuvent-elles pas être employées à quelque chose qui vous soutienne pour un temps? Puisque vous êtes dans un cabinet littéraire, ne pourriez-vous pas joindre à cela un peu de librairie, de ces petites pièces qui se débitent aisément? En y joignant quelques morceaux de gravures, des estampes, cela ferait une petite boutique que ma nièce pourrait tenir. Par là elle serait de quelque utilité pour vous. Je voudrais que vous pussiez oublier jusqu'à la trace de vos anciennes habitudes, vous goûteriez mieux mes idées ; mais, hélas! ce souvenir vous fait peut-être encore illusion. Et le passé n'a point fait envoler l'amour de paraître toujours, malgré sa peine, autre chose que ce qu'on est réellement. Au reste, mon frère, mes réflexions ne sont autre chose que le témoignage de mon affection et de mon amitié pour vous : je ne peux vous offrir qu'un bon cœur sans moyen de vous aider. Je gémirai toujours de n'avoir que des paroles à vous donner. Mais il faut se plier à son sort. Ce que je fais sans murmurer loin du tracas et du bruit : nous vivons paisiblement dans une retraite où les passions n'ont rien à nous donner et rien à nous faire perdre : voilà, mon cher frère, l'abrégé de ma vie et de celle de mon mari. Nous serions aussi heureux qu'on peut l'être si nos affaires étaient un peu plus avancées. Mais nous espérons qu'avec le temps tout se fera ; recevez les vœux bien sincères que nous vous adressons pour le renouvellement de cette année et soyez sûr que vous ne serez jamais aussi bien partagé que nous le désirons. Mon mari vient d'écrire à votre fils : il lui fait des propositions qu'il doit vous soumettre ; si vous les acceptez, il viendra nous en rapporter l'aveu : je vous engage au courage et à toute la patience nécessaire dans votre position. Je suis, avec les sentiments de la plus sincère amitié, votre sœur

Béranger, F. Bouvet.

La nièce dont il est ici question était Adélaïde Paron, que ses parents de Péronne avaient envoyée à Paris, en 1798, pour qu'elle y apprît le commerce et qu'on avait confiée aux soins de Béranger de Mersix. Cette jeune personne, douée d'un joli visage, était malheureusement d'un naturel qui rendait difficile cette surveillance. Son oncle l'avait placée plusieurs fois dans des maisons où elle n'avait pu demeurer. Il avait fallu renoncer à lui trouver un emploi régulier ; mais, comme elle était fort habile à séduire son monde, elle avait su, malgré tous ses torts, gagner l'affection de son oncle qui la gardait auprès de lui.

Béranger, un peu plus jeune qu'elle, fut exposé plus que personne à ses séductions et ne chercha pas à y résister.

On a remarqué dans *Ma Biographie* cette triste page, écrite en 1840 et relative aux événements de sa vie pendant l'année 1809 :

« Une nouvelle charge me fut imposée par la Providence. Je l'acceptai comme toutes celles qu'elle m'envoya. Je pouvais voir dans celle-ci des consolations pour ma vieillesse, mais il n'en fut pas ainsi, et je la supporte encore sans compensation, mais sans murmure. Il est assez bizarre que moi, qui de bonne heure, me pressentant une carrière incertaine, évitai tous les engagements qui eussent alourdi le bagage du pauvre pèlerin, je me sois toujours vu chargé d'assez pesants fardeaux. Ma confiance en Dieu m'a soutenu, et ce n'est pas ma faute si ceux au sort desquels je me suis intéressé n'ont pas su mettre à profit les privations que je me suis imposées pour leur éviter les ornières du chemin que j'ai parcouru. J'en gémis souvent ; mais quel cœur n'a sa plaie ? Au vieux soldat reste toujours quelque blessure qui menace de se rouvrir. Pour tout bonheur, et cela est bien vrai, j'ai souhaité le bonheur des autres, au moins autour de moi. Mes prières sont loin d'avoir été exaucées. »

Béranger veut parler du fils qui lui est né le 26 nivôse an IX et qui, d'abord élevé par les soins d'Adélaïde Paron, sa mère, et du père de Béranger, n'eut plus d'appui que lui seul à partir de l'année 1809.

Cet enfant est inscrit sur le *Certificat de renvoi pour les nourrices* sous le nom de Furcy Paron[1], fils de Marie-Adélaïde Paron, rentière, demeurant rue du Sentier, 36 (section de Brutus). Il fut confié à Catherine Bisson, femme Duval, de la commune de Thomer (Eure), qui le garda au moins huit ans, puisqu'il y a d'elle,

---

[1] Plus tard Béranger l'appela Lucien, sans doute pour lui donner le nom de son protecteur Lucien Bonaparte.

dans les papiers de Béranger, une lettre datée du 21 octobre 1809, lettre dans laquelle il est fait réponse à des questions sur son éducation et son état d'instruction.

Plus loin on verra quelques lettres de Béranger à son fils. Dès à présent il faut qu'on sache qu'il l'a constamment soutenu et surveillé jusqu'au delà de quarante années ; mais cet enfant, qui n'eut aucune des qualités de son père et qui semble avoir été peu intelligent en même temps qu'il était vicieux, n'a jamais été qu'une source de chagrins pour Béranger.

Sa mère aussi lui causa bien des peines. Il ne nous appartient pas de pénétrer plus avant dans ces souvenirs.

Nous sommes arrivés en ce moment (1800) à l'époque où Béranger a songé déjà à quitter la France pour aller chercher un emploi dans notre colonie d'Égypte qui ne fut rendue que le 30 août 1801. Le chagrin qu'il avait conçu, à la suite des mauvaises affaires de son père, le poursuivait encore dans le cabinet de lecture de la rue Saint-Nicaise. Mais déjà les recueils de poésies légères du temps avaient publié quelques-unes de ses chansons. La *Double Ivresse*, *Ainsi soit-il*, et d'autres encore, sont de cette époque mêlée de chagrins et de joie.

La lettre qui suit est de 1802.

II

LETTRE DE BÉRANGER A SON PÈRE

Ce 1er frimaire an X.

Mon père,

Hier tu t'es fâché au lieu de me répondre. La cause qui me portait à te parler comme je le faisais, n'eût-elle pas été juste, méritait bien que tu t'expliquasses tranquillement. Était-ce l'intérêt qui me faisait parler ainsi? Tu sais bien que jamais mon âme ne fut ouverte à ce sentiment.

Je n'entends rien aux affaires, et je crains de les voir

s'embrouiller. Tu t'y entends beaucoup mieux que moi ; mais tu ne laisses pas moins les tiennes en désordre.

Si tu t'étais donné la peine de m'écouter jusqu'au bout, tu aurais vu que je ne demandais de toi qu'un simple arrangement, qui assurât ma tranquillité, dans la misère où je sens que mon caractère et mes goûts me réduiront.

Tu as, je le crois bien, dépensé pour Sophie au delà de sa part dans le faible héritage de ma mère. Eh bien, dresses-en le compte avec mon oncle Merlot [1]. Qu'un acte sous seing privé l'atteste et réponde à toutes les réclamations qui pourraient être faites.

Si ce moyen n'est pas le bon, indiques-en un autre.

---

[1] Nous avons mis à la suite de la généalogie rédigée par le père de Béranger quelques notes parmi lesquelles il y a une analyse de son contrat de mariage. On y voit que la succession maternelle montait nécessairement à 3,200 livres. Lorsque le père de Béranger quitta Paris, en février 1780, à la suite de ses mauvaises affaires « d'agent de change, » comme il est dit dans l'une des pièces des procureurs, sa femme demanda la séparation des biens qui fut décrétée au Châtelet le 29 avril suivant. Le 27 juin une saisie fut pratiquée par l'huissier chez « le sieur de Béranger de Mersix, rue de la Limace, absent, parlant à la demoiselle Emery, ci-devant cuisinière de la dame Béranger, » pour assurer à la fois les droits des créanciers et ceux de la mère de Béranger. A partir de ce jour Béranger de Mersix dut les intérêts des 3,200 livres de sa femme. Marie-Jeanne Champy mourut, le 17 nivôse an V, dans la maison de la rue Poissonnière, n° 14, au coin de la rue Bergère, où demeurait le ménage, le père, la mère et les deux enfants*, depuis le mois de vendémiaire an IV, date de la réunion de la famille. C'était au commencement de la période de prospérité.

Un inventaire fut fait, puis une vente, mais tout cela pour la forme. Béranger avait son père pour tuteur et pour subrogé tuteur son oncle Merlot.

Il n'est question dans les actes que de Béranger « unique héritier » de sa mère. Il n'y est point question de sa sœur.

Béranger demeurait alors avec son père, non pas au numéro 14 du faubourg Poissonnière, mais au numéro 15 qui était celui de la maison voisine.

Sa grand'mère Champy, qui était veuve, demeurait, à la même époque, rue Montmartre, au numéro 208, près de la rue Tiquetonne. Béranger paraît y avoir vécu quelque temps.

Une quittance signée femme Champy, le 2 avril 1790, est datée de Samois. Béranger y a passé, à plusieurs reprises, dans son enfance des moments dont le souvenir lui était agréable.

---

* Le second enfant était mademoiselle Sophie Béranger, née en 1787, qui entra en religion en 1809, avec sa tante Ursule, et qui a survécu à son frère.

Cependant je n'attendrai pas que cela soit fait pour donner ma signature dans l'affaire de l'hypothèque. Je ne veux que la promesse que tu mettras ordre à cette affaire, pour te faciliter le moyen de toucher les cinq ou six mille francs de M. de Viterne [1].

Tu m'as dit que ce que tu as fait pour moi équivalait bien à ce que tu me devais. Moi, je crois t'être redevable de beaucoup : heureux si quelque jour je puis t'être utile ! alors je ferai ce qu'un fils doit faire pour son père ; et cela, sans prendre pour base les comptes que nous aurions à régler ensemble.

Je sens trop bien que je te suis à charge pour aggraver davantage les malheurs de ta situation. Je vais tâcher de me suffire. Puisse Dieu bénir un dessein que m'inspire la raison !

Ne crois pas que ce soit orgueil ou colère qui me porte à me séparer de toi. Si j'eusse écouté ces sentiments, il y a longtemps que j'aurais fait ce que je fais aujourd'hui ; mais, pour mieux prouver encore, j'espère aller quelquefois manger la soupe en famille.

Je compte avant quelques mois mettre fin aux inquiétudes que ma situation pourrait t'inspirer.

---

[1] Un des cahiers de papiers d'affaires du père de Béranger porte pour titre : *M. de Viterne ; droits de mon fils*, et contient cinq lettres, datées de frimaire et de pluviôse an X dans lesquelles on voit que M. de Viterne, sans doute l'un de ses clients, lors de sa prospérité, lui avait acheté une maison sise au Gros-Caillou, rue Saint-Dominique, et que le vendeur avait fait prendre à son fils une inscription hypothécaire destinée à représenter, plus ou moins, la valeur de la succession maternelle. Béranger ne se prêta pas volontiers à ce genre d'opérations, et c'est surtout pour n'avoir rien à y démêler jamais qu'il désirait obtenir de son père un arrangement bien net de leurs intérêts.

Une note du père de Béranger porte : « Le 18 ventôse an X, Béranger, au bureau des hypothèques du département de la Seine, aux Petits-Pères, justifia de sa majorité et fit acte de nouveau domicile, rue Saint-Nicaise, numéro 486. »

C'est pour éviter les emportements que j'ai pris le parti de t'écrire.

Adieu, je suis pour la vie ton fils.   BÉRANGER.

Je compte bien toujours profiter du blanchissage. Je désirerais aussi que tu fondisses mon compte chez madame Greus avec celui d'Adélaïde. C'est sept ou huit livres que tu auras à acquitter. Elle est trop cher pour que je lui donne encore mes bas à blanchir : je prie Adélaïde de l'en prévenir.

Je voudrais que tu donnasses encore un petit écu à madame Jarry [1], pour ce que je lui dois [2].

Monsieur de Mersix, au cabinet littéraire, rue Saint-Nicaise, à Paris.

Cette fin de lettre, qui traite de choses si simples et qui atteste une misère si vraie, fera sourire peut-être des personnes qui s'étonnent de voir noter de si mesquines aventures. Ceux-là, par exemple, quand ils lisent quelques mémoires d'autrefois, se fatigueront à tout feuilleter dans leur bibliothèque pour dresser la liste des derniers petits-cousins d'un maréchal de cour ou d'un premier gentilhomme de la chambre du roi. Mais qu'importe ! Nous prenons enfin l'habitude de nous intéresser aux petites gens de la roture, lorsqu'il y a un motif pour que nous étudiions leur histoire. Ici nous avons affaire aux seuls souvenirs écrits qui nous restent de la jeunesse du plus puissant et du plus populaire des poëtes de notre France nouvelle : il n'y a pas besoin d'excuses pour les introduire où nous les avons placés.

Oui, à vingt ans, Béranger se trouvait dans la nécessité de regarder de près au prix de son blanchissage. Mais avec quelle noble décision il affronte la misère ! Et comme il est émouvant de songer à ces débuts d'un grand écrivain, lorsqu'on se rappelle aussi

---

[1] C'est *la mère Jarry* que *Ma Biographie* a rendue maintenant si célèbre.
[2] Lettre trouvée dans les papiers de famille.

quel fut cinquante ans plus tard le retentissement de son dernier soupir, la pompe merveilleuse de ses funérailles [1].

Revenons au temps où la gloire n'était pas venue, mais où la jeunesse du poëte s'en consolait aisément.

---

[1] L'*Indépendance belge* (correspondance du 18 juillet 1857) contenait alors une page qu'il est utile de conserver. Les journaux de Belgique et de Hollande ont gardé, au dix-neuvième siècle, une partie de l'intérêt historique qu'ils avaient au dix-septième et au dix-huitième.

NOUVELLES DE FRANCE.

Paris, 18 juillet.

« On ne s'est d'abord pas rendu un compte exact, hier, de la situation de Paris. Permettez-moi donc d'y revenir ; j'enregistrerai, après, les nouvelles politiques que j'ai à vous donner aujourd'hui.

« Un certain étonnement suivait la lecture de l'avertissement de M. Piétri : le déploiement des forces militaires l'augmentait. On savait que les troupes avaient été prévenues, à minuit, de se tenir prêtes à tout événement, et, ajoutait-on, leurs armes étaient chargées. A cinq heures du matin, seulement, M. Perrotin et les autres amis du poëte recevaient l'avis que l'autorité avait fixé l'heure de ses funérailles à midi : vingt heures après son dernier soupir, Béranger était mis dans la tombe.

« Aujourd'hui précipitation, précautions militaires et interdiction énergique aux hommes de parti de prendre place au cortége, s'expliquent comme suit ; bien entendu que je ne me fais ici que l'écho des rumeurs répandues. Des chefs d'établissements industriels auraient transmis au gouvernement des renseignements et des menaces qu'ils tenaient de leurs ouvriers. Ces derniers, montrant une exaltation extrême dans leur attitude et dans leurs propos, se croyaient à la veille de l'un des grands jours de 1848. Ils conseillaient aux maîtres d'enlever les médailles des dernières Expositions placées sur leurs enseignes, et tous les signes qui pouvaient rendre leurs établissements solidaires, en quelque sorte, du pouvoir, parce qu'on allait l'attaquer, *et cela va mousser*, ajoutaient-ils, avec cette effrayante verve d'expression qui ne fait jamais défaut au peuple de Paris. Tels sont les motifs que quelques personnes donnent aujourd'hui de l'attitude prise hier par le pouvoir.

« Voici, au reste, encore quelques détails sur cette journée ou sur la physionomie de Paris. Depuis l'église où le service a été célébré, toutes les rues jusques au Père-Lachaise étaient interceptées par d'imposantes forces militaires. On a compté environ 2,000 sergents de ville et onze généraux sur la route. Environ deux cent mille individus, ouvriers, artistes, bourgeois, bien que prévenus seulement le matin par les journaux, encombraient les rues adjacentes à celles que devait suivre le cortége.

« Les uns étaient accrochés aux barreaux des marchands de vins ; d'autres montés sur des murs, sur des charrettes, sur des bornes. Toute la population était aux fenêtres. Ç'a été partout un véritable triomphe pour la mémoire du poëte. Du sein de ces foules sympathiques, du fond de ces poitrines émues, il s'élevait à chaque instant, à chaque embranchement de rue, à chaque détour, de formi

III

A MONSIEUR GUERNU[1]

1803.

Qui de nous deux, mon cher ami, a droit de faire des reproches à l'autre ? nos lettres se sont croisées, et je t'avais écrit deux fois de suite.

> Je sais bien qu'il n'est pas permis,
> En fait de preuves d'un grand zèle,
> De compter avec ses amis,
> Plus qu'on ne compte avec sa belle.

Mais, que veux-tu ? quand il s'agit de s'excuser, tout est bon,

dables cris, de longues clameurs, et tous et toutes heureusement unanimes, et disant : *Honneur à Béranger !* Çà et là, les assistants agitaient leurs chapeaux et leurs mouchoirs; d'autres fondaient en larmes.

« Il eût été réellement malheureux que le convoi de Béranger fût le signal d'un désordre, car le poëte avait une grande horreur du tumulte des rues, il le disait bien haut dans les occasions solennelles, au risque de perdre la popularité, pensant de cette popularité ce que la Fayette disait de la sienne : « La popularité
« est un trésor précieux ; mais, comme tous les trésors, il faut savoir le dépenser
« pour le bien de son pays. »

« Heureusement, la douleur d'une émeute, ou seulement d'un trouble, a pu être épargnée à son cercueil. Mais, jusqu'au soir, les craintes ont été très-vives ; j'ignore si le conseil des ministres est resté en permanence toute la journée; mais je sais que M. le comte Walewski n'a pas eu de réception diplomatique à deux heures de l'après-midi, à l'hôtel du ministère, ainsi qu'il en a tous les vendredis, et les ministres des puissances européennes accréditées près la cour des Tuileries ont tenu, hier, au courant leurs gouvernements respectifs, par la voie du télégraphe, de tout ce qui se passait à Paris, toutes les deux heures.

« A ce propos, je dirai que le gouvernement français a de tels moyens de communication, qu'hier un ministre aurait dit : « Rien de sérieux n'est à craindre ;
« en cinq heures je me charge de tripler la garnison de Paris. »

Voilà qui relève bien haut, sans doute, les petits détails que nous nous plaisons jusqu'ici à recueillir. Une telle fin force au respect.

---

[1] Ami très-ancien dont on retrouvera le nom plusieurs fois. Il se piquait d'écrire et visait à la comédie. Il a laissé de jolies fables.

et je crois qu'en pareil cas je compterais avec la plus jolie femme. Ta lettre aurait dû cependant m'engager à répondre sur-le-champ; mais il faut te tout dire; nous avons eu quelques occupations ici. Madame Mellet[1], que tu connais fort bien, est tombée malade : quel désespoir! elle a été à la mort; quel malheur! elle est ressuscitée : quel!... Son cher époux, le faiseur de constitutions théâtrales, s'est avisé de devenir amoureux d'elle. Il a voulu fêter sa convalescence par spectacle et bal, et peut-être encore autrement, car on ne peut prévoir jusqu'où les deux tourtereaux ont porté leurs tendres ébats. L'époux a payé à Gabiot, auteur des boulevards, un vaudeville sur la joie générale; joie qui a surtout brillé dans la manière dont nous avons joué la pièce : les acteurs riaient comme des fous. Un des couplets les plus applaudis se terminait ainsi :

> Laissons parler la vérité,
> Notre mère entendra le reste.

Il faut dire à notre gloire qu'il y avait très-peu de nos connaissances à ce spectacle, et que nous avions eu bien soin de prévenir que la pièce n'était pas de nous. J'ai fait le jour même une petite chanson que je t'envoie, non comme bonne, mais comme amusante. Je ne donnerai pas de détails du bal, qu'on dit avoir été assez joli; je n'y suis point resté, peur d'ennui. J'ai ainsi perdu l'occasion d'y voir les demoiselles Prévost.

Nous nous occupons maintenant de la fête de mademoi-

---

[1] Femme d'un médecin qui avait loué, rue de Bellefonds, numéro 20, une partie de l'ancien hôtel du comte de Charolais et y avait organisé un établissement qui était à moitié un hôtel garni et à moitié une maison de santé. Béranger et ses amis s'y réunissaient souvent pour se récréer. Le maître de la maison était le premier à rire avec eux et à bisser leurs chansons. Il était vite devenu leur camarade. Sa femme et ses filles, qui étaient déjà grandes, n'étaient pas non plus ennemies des divertissements.

selle Latour; déjà la petite pièce est presque achevée, du moins pour ma part. Il est fâcheux que ton absence nous prive d'un collaborateur actif. Je t'avouerai que malgré des occupations d'un genre sûrement bien opposé, c'est avec un grand plaisir que je me suis mis à chansonner, ce que je n'avais fait depuis l'autre année. Je sens que si j'avais de la fortune, j'aurais peut-être l'excusable folie de ne faire que cela. Et, en effet, pourquoi tant se fatiguer dans des ouvrages qui, plus ils annoncent de prétention, plus ils vous attirent d'ennemis? Et pourquoi ne peut-on suivre les avis que nous dicte notre propre raison? La mienne semble me dire :

> De son talent se faire un jeu,
> Se mettre au-dessus de la gloire,
> En ne la cherchant point ou peu,
> Préférer vivre en paix à vivre dans l'histoire,
> Aimer à chanter, rire, boire,
> D'eau ne jamais noyer son vin,
> Rompre tout nœud vieilli qui nous lasse à la fin,
> N'estimer de l'amour que les plaisirs qu'il cause,
> Bien manger, bien dormir, voilà ce qui suppose
> Le destin le plus doux, si ce n'est le plus beau.
> Qui l'éprouve fait mettre un jour sur son tombeau :
> « Sans s'être fatigué, ci-gît qui se repose. »

Tu parais, mon ami, tenir fortement à ces principes; la demande que tu me fais d'un plan pour un vaudeville me le prouve. Je trouve inutile de remplir ton idée sur ce point : tu peux toi-même y satisfaire si tu veux ne pas être paresseux; si cependant tu insistes, nous verrons cela à une autre occasion.

Tu penses bien, sans doute, qu'Évrard [1] ne peut tarder à revenir ici : la guerre le nécessite.

---

[1] M. Évrard, artiste peintre, ami de Béranger qui lui a survécu. C'est M. Évrard qui a placé Béranger en 1806 dans les bureaux de Landon.

Les nouvelles sur mesdemoiselles Duchesnois et Georges se ralentissent un peu ; il faut dire, à la gloire des Parisiens, que la guerre les occupe ; aussi voilà la grande inquiétude :

> S'il faut recommencer la guerre
> Sur les flots et dans le parterre,
> Qui des deux dictera des lois
> De la France ou de l'Angleterre [1],
> De Weimer [2] ou de Duchesnois ?

Tu sens combien la dernière question est surtout intéressante. Adieu, mon ami ; sois un peu plus exact à m'écrire.

Béranger.

Colin d'Harleville vient de donner une pièce [3] en cinq actes chez Picard, elle a beaucoup de succès ; je ne l'ai point encore vue. Vigny est, à ce qu'on assure, égal à Molé dans le rôle du vieillard [4].

Le temps est venu où la protection de Lucien Bonaparte a pu donner un poëte à la France.

« En 1803, privé de ressources [5], las d'espérances déçues, versifiant sans but et sans encouragement, dit Béranger, sans instruction et sans conseils, j'eus l'idée (et combien d'idées semblables étaient restées sans résultats !), j'eus l'idée de mettre sous enveloppe mes informes poésies et de les adresser par la poste au

---

[1] Allusion à la rupture de la paix d'Amiens.

[2] Mademoiselle Georges qui disputait le prix de la beauté tragique à mademoiselle Duchesnois, sur la scène de la Comédie-Française. L'une était belle, l'autre était pathétique. Chacune avait ses partisans acharnés qui troublaient souvent la paix du théâtre. C'est à la fin de 1802 et au commencement de 1803 qu'eurent lieu les débuts de la jeune mademoiselle Georges.

[3] *Le Vieillard et les Jeunes Gens*, pièce jouée sur le Théâtre Louvois, dirigé par Picard, le 20 floréal an XI.

[4] Lettre communiquée par M. A. Guérin.

[5] Lettre du 15 janvier 1833 A MONSIEUR LUCIEN BONAPARTE.

frère du premier Consul, M. Lucien Bonaparte, déjà célèbre par un grand talent oratoire et par l'amour des arts et des lettres. Mon épître d'envoi, je me le rappelle encore, digne d'une jeune tête toute républicaine, portait l'empreinte de l'orgueil blessé par le besoin de recourir à un protecteur. »

Nous avons fait d'inutiles efforts[1] pour retrouver la trace de cette « épître ». Elle devait être datée du 26 ou du 27 brumaire an XII.

La réponse de Lucien a été conservée.

« Le sénateur Lucien Bonaparte a reçu, Citoyen, et a lu avec intérêt les poëmes que vous lui avez adressés. Il vous recevra avec plaisir pour en conférer avec vous ; il est ordinairement chez lui dans la matinée de midi à deux heures. J'ai l'honneur de vous saluer.   Thiébaut, secrétaire. »

Le 30 brumaire an XII.

Au citoyen Béranger, rue de la Fontaine[2], *numéro 6, Paris.*

La pièce suivante est datée de dix mois plus tard. Lucien avait quitté la France au mois d'avril. Cette pièce était dans une lettre que Béranger avait conservée et dont il a cité quelques lignes,

---

[1] Extrait d'une lettre que M. Pierre-Napoléon Bonaparte nous a fait l'honneur de nous écrire :

« Auteuil, 4 mars 1859.

« …. Mon père possédait des lettres très-intéressantes de Béranger. Malheureusement ses papiers, d'une grande valeur, manquaient, on ne sait comment, à la succession de ma mère. On n'a trouvé, ou, du moins, on n'a déclaré que quelques copies qui sont, je crois, aux Tuileries. On espère encore que ces précieux papiers ne sont pas à jamais perdus et que, déposés sûrement quelque part que j'ignore, ils seront un jour publiés. J'avoue que je ne partage guère cet espoir. »

[2] *Fontaine-Gaillon*, nom que portait alors la rue du Port-Mahon. Béranger a décrit les sensations qu'il éprouva en recevant cette lettre « d'une écriture inconnue » qu'il attendait au milieu de si vives angoisses et sur laquelle il comptait pourtant si peu. « Je l'ouvre d'une main tremblante : le sénateur Lucien Bonaparte a lu mes vers et il veut me voir ! Que les jeunes poëtes qui sont dans la même position se figurent mon bonheur et le décrivent, s'ils le peuvent. Ce ne fut pas la fortune qui m'apparut d'abord, mais la gloire. Mes yeux se mouillèrent de larmes et je rendis grâce à Dieu. »

mais que nous n'avons pas eue entre les mains. La lettre commençait ainsi : « Je vous adresse une procuration pour toucher mon traitement de l'Institut. Je vous prie d'accepter ce traitement, et je ne doute pas que, si vous continuez de cultiver votre talent par le travail, vous ne soyez un jour un des ornements de notre Parnasse. Soignez surtout la délicatesse du rhythme : ne cessez pas d'être hardi, mais soyez plus élégant. Etc. »

« Rome, le 27 octobre 1804.

« J'autorise M. Béranger, porteur de la présente, à recevoir pour mon compte, et à donner quittance de mon traitement fixe de l'Institut national de France, depuis l'époque où j'ai cessé de toucher ce traitement; la présente à valoir auprès du caissier de l'Institut comme procuration suffisante et spéciale [1].

« LUCIEN BONAPARTE, membre de l'Institut. »

Peu de temps avant de recevoir cette autorisation, Béranger avait écrit à Arnault [2] la lettre qu'on va lire.

---

[1] Cette procuration a été envoyée avec une lettre de Lucien Bonaparte de la même date, portant qu'il laisse et abandonne à Béranger pour le présent et pour la suite ledit traitement. Le tout fut adressé à Béranger dans une lettre à lui écrite par Guérin, que Béranger reçut le mercredi 30 brumaire an XIII (21 novembre 1804).
On a fait timbrer cette procuration à Paris, et elle a été enregistrée le 15 frimaire an XIII et signée par Lambert, qui a reçu un franc dix centimes.

[2] Arnault (Vincent-Antoine), né à Paris le 1er janvier 1766 et mort le 16 septembre 1834, est l'un des plus distingués littérateurs de l'époque républicaine et impériale. Il fut de la pléiade choisie que la fortune mit sur la route du jeune général Bonaparte, et cette rencontre, qui lui valut une part dans une amitié si glorieuse, le fit l'un des collaborateurs de la politique césarienne. Il crut que le 18 brumaire sauvait la fortune de la France et il resta, sous l'Empire, l'un des premiers serviteurs de Napoléon. C'est à lui, après Fourcroy, que l'organisation de l'Université doit le plus. Si Fontanes n'eût déjà réussi auprès du maître, Arnault occupait peut-être sa place, et Béranger avait un ami tout-puissant. Le zèle que mit Arnault à accepter le rôle de protecteur et de conseiller que lui offrait, après le départ de Lucien, la lettre du jeune poëte, honore son caractère. Béranger lui dut de nombreuses connaissances dans le monde littéraire, et bientôt des admirateurs.
Les tragédies d'Arnault méritent de ne point périr. On sait quel événement fut, en 1816, la représentation de *Germanicus*, dont l'auteur était alors en exil. Une bataille sanglante fut livrée dans la salle du Théâtre-Français. Arnault eut,

IV

A ANTOINE ARNAULT

Paris, ce 25 vendémiaire an XIII.

Monsieur,

Je n'ai point l'honneur d'être connu de vous, et ma démarche vous paraîtra sans doute extraordinaire ; quelques détails suffiront peut-être pour la rendre au moins excusable ; je dois, monsieur, vous les donner avant tout.

Il y a environ dix mois que je recherchai la protection de M. Lucien Bonaparte. Il connut différents essais de ma faible muse, entre autres, un poëme du *Déluge* et un du *Rétablissement du Culte*. Il daigna m'en témoigner sa satisfaction, me dit les avoir lus à différents littérateurs distingués (dont sans doute, monsieur, vous faisiez partie), m'engagea à beaucoup travailler, et comme je n'ai personne pour diriger ma jeunesse, me promit des conseils que dès lors ses voyages l'empêchèrent de me donner. A son retour à Paris, il y a six mois, je lui remis un poëme de la *Mort de Néron*, dont je lui devais le sujet. Il me donna des marques de son contentement, m'engagea de nouveau à lui faire parvenir mes ouvrages, et, par malheur, s'éloigna encore, sans qu'on

---

ce jour-là, l'insigne honneur d'être le héros de ces nobles idées de gloire et de liberté révolutionnaire qui passionnaient si vivement nos pères. On confondait l'Empire, la République et 1789 même dans la commune haine de 1788 restauré par l'ennemi. Confusion généreuse qui étonne aujourd'hui des petits esprits, mais qui fut, quoi qu'on dise, le salut de la Révolution et de la liberté elle-même.

Arnault a laissé des Fables d'une exécution originale. Il est à regretter qu'il n'ait pas mené plus loin qu'il ne l'a fait ses *Souvenirs d'un Sexagénaire*. Ce serait l'une de nos plus intéressantes histoires particulières et l'une des plus habilement écrites.

Béranger n'a jamais cessé de se féliciter de la hardiesse qu'il eut en réclamant e patronage d'Arnault.

puisse prévoir le moment de son retour. Les avis qu'il m'avait promis, les connaissances qu'il devait me faire faire, tout m'a manqué.

Voilà les détails qui, j'espère, monsieur, fourniront une excuse à mon importunité. Je viens maintenant au motif de ma lettre.

J'ai besoin d'avoir un guide éclairé, avant de me lancer dans la carrière des lettres. Vous êtes intimement lié avec M. Lucien Bonaparte; j'ose vous prier de m'en servir. A cet effet, je joins à la présente le petit poëme de *Néron*, et une ode que j'ai envoyée, il y a quelques mois, à celui pour qui j'ai conçu la plus vive reconnaissance. Soit par écrit, soit en m'accordant quelques instants, ce qui me serait infiniment agréable, indiquez-moi, de grâce, monsieur, les corrections à faire à ces deux morceaux. Permettez-moi aussi de vous en présenter d'autres; enfin, soyez pour ma faiblesse un appui aussi constant qu'il est nécessaire.

Je ne dirai rien de plus, monsieur; pour réussir auprès de M. Lucien Bonaparte, j'ai dédaigné la voie de l'adulation, et je pense même que mes manières franches m'ont mieux servi que tout autre moyen; je dois en agir de même avec vous, monsieur : de quoi me serviraient d'ailleurs les éloges que je pourrais donner à l'auteur de *Marius?* Lorsque la voix du public s'est fait entendre en pareil cas, celle des particuliers ne peut que paraître bien faible et même bien ennuyeuse.

J'espère, monsieur, que vous daignerez me faire une réponse quelconque. Je l'attends avec impatience, et quelle que soit votre détermination à mon égard, je n'en serai pas moins toujours, avec considération, monsieur, votre très-humble serviteur [1].

---

[1] Lettre tirée de la collection de M. Gilbert.

Il nous reste deux lettres de famille à recueillir. L'une est de M. Béranger. Le peu qu'elle dit de son fils prouve combien son père l'estimait. On y trouve une preuve de la délicatesse des sentiments de Béranger et des soins qu'il prenait pour mettre un peu d'ordre dans la maison paternelle, qui depuis longtemps pourtant n'était plus la sienne.

Tout ce qui nous fournit quelque trait de sa physionomie a ici de la valeur. On aimerait aujourd'hui à retrouver une lettre signée du père de Molière ou de Corneille.

Paris, le samedi 18 messidor an XII.

Cher beau-frère et ma sœur [1],

Il y a longtemps que j'aurais dû vous écrire : plus d'un motif m'en faisait une loi. Je serais encore en retard, si, en recevant votre lettre du 15 courant à M. Marchand, nous n'avions senti la nécessité de répondre promptement.

En vous écrivant, votre première envie est d'entendre parler de votre fils [2]; mais, sur ce chapitre, mon embarras est très-grand. Sa conduite est toujours si cachée, si dissimulée, qu'on ne sait rien des égarements dans lesquels on le soupçonne ; pas plus des études, travaux et opérations auxquels il se livre, ou doit se livrer.

Depuis le voyage de ma sœur, je n'avais point été à sa pension ; je craignais d'y apprendre des choses désagréables; et il aurait fallu vous en instruire. Hier, au reçu de votre lettre, que madame Marchand m'apporta, je fus chez madame De la Cour, qui m'a dit n'avoir aucun motif de plainte à faire de votre fils ; quant à ses comptes avec elle, il est, à peu de chose près, au courant; c'est tout au plus s'il lui doit quarante francs, compris sa chambre échue le 11 de ce mois. Il passe assez régulièrement les après-midi et les soirées dans la société de mon fils et de M. Bourdon [3]. Je suis content lorsqu'il est là ; je suis inquiet quand il y manque.

[1] Cette lettre est adressée à M. et à madame Forget.
[2] Florimond Forget, celui de ses deux cousins que Béranger a le plus aimé.
[3] M. Bourdon est mort peu de temps avant Béranger. Son nom se retrouvera plus d'une fois dans cette Correspondance.
Bourdon (Pierre-Michel), peintre d'histoire, est né à Paris en 1778. Il y a de lui à Pau un *Christ sur la Croix*. Le recueil intitulé le *Concours Décennal* et

Car alors je me dis : Où est-il ? Je ne puis le savoir, et mon doute est qu'il est en mauvaise compagnie. S'il fait de folles dépenses, ce ne peut être que là ; car partout ailleurs il est ladre et vilain ; il n'est ni assez honnête ni assez généreux pour payer une bouteille de bière en bonne compagnie : d'abord c'est que la bonne compagnie n'exige rien, et que c'est toujours par l'honnêteté et la prévenance d'un cavalier qu'elle accepte : et encore lorsque les choses offertes sont modiques et à la portée de celui qui offre. Mais ces procédés-là ne sont et ne seront jamais ceux de votre fils. Nous nous persuadons qu'il ménage beaucoup sur sa nourriture. D'après mon entretien d'hier avec madame De la Cour, je vois qu'il mange plus souvent chez moi que chez elle : il faut être juste, je vois aussi qu'il mange aussi souvent ailleurs que chez madame De la Cour et chez moi[1]. Mais où mange-t-il (s'il mange) ? Nous n'en savons rien.

Pour tout résumer sur votre fils, nous croyons sa présence à Paris absolument sans avantage ni utilité pour lui. Il paraît avoir un grand désir d'aller à Péronne, dans deux mois, pour les vacances. C'était là où je l'attendais pour vous dire notre façon de penser. Nous vous la disons aujourd'hui, mais avec la condition et l'engagement que je vous prescris et que je vous recommande, de patienter et de garder le silence à l'égard de votre fils jusqu'aux vacances. Dieu veuille que ce court délai puisse encore expirer sans de plus grandes commotions ! Au moyen de cette lettre, vous n'en recevrez pas de M. Marchand ; ils vous disent tous bien des choses. Madame Simon, la mère, est avec eux ; madame Simon (Charles)

---

le *Musée Filhol* (1804-1814, 10 vol. gr. in-8°), dont il a eu un moment la direction, contiennent des gravures de sa main.

C'était un élève de Regnault et un ami de Guérin. La table du *Salon de 1808*, de Landon, donne son adresse : rue du Port-Mahon, numéro 12, carrefour Gaillon. Il logeait donc alors dans la même maison que Béranger, qui, en 1808, demeurait au n° 12.

A la page 9 du tome II de ce Salon il y a la gravure et la description de son tableau de *Télémaque dans l'île de Calypso*. Le peintre y est traité comme un ami, de l'aveu même du rédacteur anonyme. Cet article finit ainsi : « M. Bourdon a exposé au dernier Salon un grand tableau représentant l'*Entrée d'Héloïse au Paraclet* : c'était son premier ouvrage. » La liste des artistes vivants, publiée en 1853, lors de l'exposition de peinture nous apprend que ce tableau (1806) valut à son auteur une médaille de seconde classe.

Rue Saint-Nicaise, au cabinet de lecture.

est accouchée avant-hier d'un garçon ; elle se porte bien. Par votre lettre du 24 prairial, à mon fils, vous m'avez fait remettre trois cents livres, que vous me prêtez. Je n'en ai été instruit par mon fils et Adélaïde[1] que quand les trois cents livres furent employées. Ils sortirent ensemble pour toucher la somme, et furent de là chez la blanchisseuse qui gardait mon linge depuis un mois, chez le boucher, chez la boulangère, etc., etc., si bien que quand ils rentrèrent et m'apprirent la chose, il ne leur restait pas douze livres. Mon fils vous avait demandé six cents livres, et vous avez promis d'aller jusqu'à cette somme. Je ne vous dissimule pas que j'y compte, et que j'attends le surplus avec impatience. Je vous devrai alors six cents livres, et je vous en enverrai ma reconnaissance, si je ne vous envoie pas la somme; car il me semble qu'avant un mois je vous prouverai encore que vous ne risquez rien ni ne perdrez rien avec moi. Dans le besoin, les secours sont chers, et appréciés lorsqu'ils viennent à propos : et on croit alors à la confiante amitié de la main qui nous les procure : viennent-ils trop tard, et lorsqu'on n'en a plus besoin, on est autorisé à révoquer en doute cette confiante amitié. Dans le temps, j'ai chargé votre fils de vous remercier pour nous du bon et du délicieux pâté que vous m'avez envoyé ; je vous en parle pour vous en remercier moi-même, et vous dire que j'ai presque le projet d'en manger de pareil avec vous à Péronne, aux vacances prochaines. Je voulais vous parler aujourd'hui de la belle et surprenante conduite de M. et madame Bouvet à mon égard, mais ce sera pour une autre fois. Le temps me presse, le papier finit et non l'amitié de votre frère   De Mersix.

L'autre lettre, tout à fait remarquable, est de M. Bouvet :

Saint-Quentin, ce 8 thermidor an XII.

Mon cher neveu,

Je ne vous ai pas répondu plus tôt, parce que j'étais tout en-

---

[1] Adélaïde Paron, dont il a été parlé et qui jusqu'à la mort du père de Béranger captiva son affection, jouit de sa confiance, même au préjudice de son fils et dirigea sa maison. A cette date de l'an XII, Béranger n'avait pas encore à se plaindre de sa cousine.

tier à mes affaires. D'après ce que vous m'avez marqué, l'étude est votre unique travail, et votre premier pas dans la carrière des lettres semble vous promettre des succès. Le jugement porté sur vous, au moment de l'initiation, par les hommes instruits, est déjà d'un présage heureux dont je partage avec vous la satisfaction. Si vous n'avez pas les ailes de l'aigle pour vous élever jusqu'à la sublime région, vous aurez incontestablement, à mérite égal, remporté le prix du courage et de la persévérance dans une entreprise aussi hardie et aussi difficile. Je vous ai connu depuis l'enfance jusqu'à l'âge où vos dispositions naissantes faisaient concevoir de vous de grandes espérances, et vous étiez devenu, sans vous en douter, l'objet de ma sollicitude. Alors, je ne pouvais que former des vœux stériles pour votre bonheur, et malgré tout ce qu'on pouvait attendre d'un jeune homme livré à la méditation par un penchant précoce, je ne pouvais me dissimuler les difficultés sans nombre que vous auriez à surmonter dans la profession honorable des lettres ; c'est pour cela que je me serais fait un devoir de la combattre raisonnablement si j'avais eu sur vous l'autorité paternelle. En effet, quelle ressource pour y parvenir ! Quand l'enseignement était le plus négligé, sans moyen du côté de la fortune, il fallait tout tirer de votre propre fonds, vous créer vous-même : c'était, autant vaille, partir du berceau du monde moral. Que de chances contre vous ! Sans doute, vous avez su mettre à profit les courts instants de prospérité de votre père, pour acquérir les connaissances dont un littérateur ne peut se passer, et difficiles surtout pour le genre élevé que vous avez adopté ; mais (je le dirai avec vous) vous aurez encore besoin de travailler longtemps pour cimenter la base d'une profonde érudition. Je ne dis pas assez, puisque l'étude de l'homme est de toute sa vie. Sans cette érudition les plus riches idées sont incommunicables ; ce sont des géants qui périssent dans l'embryon. En attendant de plus grands progrès, je remarque que vous avez beaucoup gagné quant à la méthode et à la clarté. Je sais que vous avez donné de votre temps à la langue italienne ; elle n'est pas inutile ; mais j'aurais préféré le latin et le grec : ces deux langues vivifiantes de la nôtre, sans le secours desquelles on ne peut que difficilement s'instruire. Vous devez en sentir aujourd'hui toute l'importance. Un littérateur a besoin de la science étymologique. Loin de chercher à décourager vos talents, je dirai qu'il n'est pas sans exemple qu'un homme se soit formé de lui-même, et même qu'il se soit montré transcendant; mais celui-là a été un prodige et vous serez aussi un prodige si vous y parvenez. La mesure de votre gloire sera celle des difficultés que vous aurez vaincues. J'aime à me le persuader et vous attends impatiemment au but. C'est le public qui vous jugera, et comme on est toujours sévèrement jugé à son tribunal, l'opinion qu'il porte est une autorité irréfragable. Il est trop jaloux pour être indulgent lorsqu'il s'agit des couronnes de vainqueurs.

Votre tante et moi vous embrassons sincèrement ainsi que votre papa, en attendant que j'aille à Paris, pour de là, aller peut-être plus loin, où une spéculation me conduit, vers le mois d'octobre. BOUVET.

On a remarqué quel ton sentencieux ont ces lettres de la famille de Béranger et quel goût pour l'emphase y est visible, goût qui n'est point le propre, après tout, des esprits médiocres. Le père même de Béranger écrivait à peu près du même style que son oncle Bouvet. Ceux qui introduisent dans la critique et dans l'histoire littéraire les procédés du naturaliste pourraient affirmer que les conversations d'un père, d'une tante, d'un oncle surtout qui s'exprimaient avec cette hauteur et prenaient soin de rechercher leurs mots n'ont pas dû être sans influence sur le développement de l'esprit de Béranger. Il y a pu puiser l'habitude des maximes et du style relevé et commencer ainsi, sans le savoir, son apprentissage du poëte lyrique.

Nous n'avons point de lettres datées de 1804 à 1808. De 1806 à 1808 Béranger travaille chez Landon, aux *Annales du Musée* et à d'autres publications du même éditeur. C'est son ami M. Évrard qui l'y avait fait entrer[1].

Béranger gagnait 1800 francs chez Landon. Il touchait en

---

[1] Landon (Charles-Paul), né à Nonant (Normandie), obtint en 1792 le grand prix de peinture. Le sujet du concours était *Éléazar préférant la mort au crime de manger des viandes défendues*. Quelque fraîcheur dans le coloris et d'assez jolies têtes de femmes ont fait goûter sa peinture, qui ne se recommandait pourtant ni par une science profonde du dessin ni par une grande élévation

même temps les 1000 francs du traitement de Lucien à l'Institut. C'est à la fin de 1807 ou au commencement de 1808 que s'arrêtent les *Annales du Musée* et la *Galerie historique*. Béranger perd tout à coup son gagne-pain.

« Retournons, dit Béranger dans *Ma Biographie*, à 1807. Ayant perdu ma place chez Landon, qui avait à peu près terminé son œuvre, et me trouvant réduit au traitement de l'Institut, avec des charges assez lourdes, je serais retombé dans la misère, sans un

---

de style. Ses tableaux de la *Leçon maternelle*, du *Bain de Paul et Virginie*, de *Dédale et Icare* ont été gravés, et les deux derniers ont longtemps figuré dans les galeries du Luxembourg.

Il est mort à Paris le 6 mars 1826, après être devenu peintre du Cabinet du duc de Berry, correspondant de l'Académie des Beaux-Arts, conservateur des tableaux du Musée du Louvre et de la Galerie de la duchesse de Berry.

Il laissa un fils qui, en 1813, obtint le second prix, et, en 1814, le premier grand prix d'architecture.

De bonne heure il s'était exercé à écrire, et presque aussitôt après être revenu d'Italie, il commença la longue série de ses publications de livres relatifs aux beaux-arts.

Dès 1801 parut le premier volume des *Annales du Musée et de l'École moderne des Beaux-Arts*, recueil de gravures au trait qui se compose de deux collections.

La première se divise ainsi :

État du Musée depuis sa fondation et productions choisies de l'École française jusqu'au Salon de 1808, 16 volumes in-8; *Choix de tableaux, statues*, etc., conquis par les armées françaises en 1805 et en 1806, 4 volumes in-8; *Paysages et tableaux de genre du Musée Napoléon*, 4 volumes in-8; *Galerie Giustiniani*, Paris, 1812, in-8 ; *Galerie de M. Massias*, 1815, in-8.

La seconde se compose exclusivement de gravures au trait d'après les œuvres de l'école moderne. Elle forme 15 volumes : le *Salon de 1808*, 2 volumes in-8; le *Salon de 1810*, 1 volume ; le *Salon de 1812*, 2 volumes; le *Salon de 1814*, 1 volume ; le *Salon de 1817*, 1 volume ; le *Salon de 1819*, 2 volumes ; le *Salon de 1822*, 2 volumes; le *Salon de 1824*, 2 volumes ; le *Salon de 1827* (après la mort de Landon, par Soyer, son gendre, et Fremy), 1 volume ; le *Salon de 1831* (par Ambroise Tardieu), 1 volume.

En 1824 Landon avait commencé une réimpression méthodique des *Annales du Musée*. Il publia les tomes I-X de cette nouvelle collection, qui fut acquise par le libraire Pillet. Celui-ci reproduisit en 1828 les dix volumes publiés par Landon, et acheva en 1835 la publication du vingt-cinquième et dernier volume.

Il est douteux que Béranger ait travaillé à la section des *Salons*, et en tout cas il n'a pu être employé qu'à la rédaction préparatoire de celui de 1808 ; mais il a écrit beaucoup d'articles pour la section des *Annales du Musée*. Ce sont les tomes XI, XII, XIII, XIV, XV et XVI des *Annales*, ainsi que les deux volumes du *Salon de 1808*, qui parurent de 1806 à 1808, pendant qu'il était employé chez Lande mes amis d'enfance, Quenescourt[1], de Péronne, qui me rendit facile l'attente d'un temps meilleur. Je me suis entendu accuser de fierté pour avoir souvent refusé les offres de beaucoup de gens riches ; on se méprenait. Seulement je n'ai voulu accepter que

don, et c'est là qu'on peut, si l'on veut, rechercher les pages qui peuvent le plus vraisemblablement lui appartenir. Il s'agit d'architecture et de sculpture comme de peinture dans ces articles. En général ils n'ont guère que deux pages de texte, et chacun d'eux sert d'explication à une gravure. La lecture de ces notices n'est pas toujours aride.

Landon demeurait rue de l'Université, 19, mais le bureau des *Annales* était rue du Doyenné, n° 2, chez le libraire Soyer. M. Soyer avait épousé la fille de Landon, qui dessinait avec beaucoup de talent et qui a exécuté un certain nombre de gravures pour les recueils de son père.

On travaillait dans ces bureaux, et c'est là que Béranger a composé la plus grande partie de ses notices.

Landon ne publiait pas seulement ses *Annales*, il avait songé à tirer parti de ses gravures pour former des recueils d'histoire. Ainsi fut mis en vente l'ouvrage intitulé *Vies et œuvres des Peintres les plus célèbres de toutes les écoles;* Paris (Treuttel et Wurtz), 1803 et années suivantes, 25 volumes in-4 ; et aussi la *Galerie historique des hommes les plus célèbres de tous les siècles et de toutes les nations*, contenant leurs portraits au trait, etc., par une société de gens de lettres ; Paris, Landon (Treuttel et Wurtz), 1805-1811, 13 volumes in-8, ornés de 936 portraits, et le *Choix de biographie ancienne et moderne* (1810, 2 volumes in-12).

Béranger a certainement pris une grande part à la rédaction de ces recueils.

L'un des prospectus imprimés à la fin des volumes des *Annales* contient ce passage :

« Les auteurs de la *Galerie historique* sont MM. Auger, Biot, de l'Institut, professeur de physique au Collége de France, Bourdois, docteur régent de la Faculté de médecine de Paris, Cuvier, de l'Institut, professeur et administrateur du Muséum d'histoire naturelle, de Barante, ci-devant auditeur au conseil d'État, préfet de la Vendée, de Maussion, ancien officier de marine, Desfontaines, Feuillet, bibliothécaire-adjoint de l'Institut, la Renaudière, le Breton, de l'Institut, Legrand, architecte des monuments publics, Leuliette, professeur de belles-lettres, Quatremère de Quincy, de l'Institut, Taillefer, professeur de belles-lettres.

« Quelques articles ont été fournis par MM. Bergasse, Cauchy, secrétaire des Archives du Sénat, Guinguené, de l'Institut, Moreau (de la Sarthe), médecin-bibliothécaire de l'École de médecine, Petit-Radel, de l'Institut, etc.

« Plusieurs des collaborateurs ont désiré garder l'anonyme. L'éditeur s'est réservé les notices concernant les peintres et les sculpteurs. »

Parmi les anonymes il paraît qu'il faut compter réellement des hommes distingués, comme Andrieux et Delambre, mais Béranger est celui qui a supporté le poids journalier de la rédaction pendant le temps qu'il a passé dans les bureaux de Landon.

On n'ignore pas qu'il y a dans les chansons anciennes de Béranger un chant funéraire composé après la mort de son ami. M. Quenescourt est mort à Nanle secours de mains amies; et si, dès qu'une espèce de rôle politique me fut marqué, j'ai résisté aux instances d'hommes recommandables dont je ne pouvais mettre en doute l'attachement, c'est que ces amis avaient eux-mêmes, dans l'opposition, un rôle trop important pour que l'indépendance du chansonnier ne dût pas craindre d'être suspectée s'il avait accepté de devenir leur obligé. Mais jamais, par orgueil, je n'aurais repoussé la main qu'un ami serait venu me tendre dans mes adversités : c'eût été me rendre indigne de secourir à mon tour des amis malheureux. Grâce au ciel, mon esprit d'ordre a pu, dans les bons jours, me permettre

---

terre, chez M. Gautier, son gendre, notaire du canton, le 20 janvier 1831. La note qui accompagne ce chant de mort suffirait pour recommander l'homme de bien qu'elle célèbre à la reconnaissance des amis des lettres.

« François Quenescourt, dit Béranger, né à Péronne, où j'ai passé six ans de ma jeunesse, est mort à Nanterre près de Paris. J'ai reçu de lui les preuves de l'amitié la plus tendre et la plus constante. Cette chanson n'exprime qu'imparfaitement tous les services que cet ami m'a rendus. Voici l'épitaphe que je lui ai composée.

« Qui n'a pas connu cet homme d'un extérieur si simple, d'un ton si modeste, mais dont l'esprit était si élevé, le cœur si parfait, ne peut apprécier le peu qu'il y a de mérite dans ces quatre vers où j'ai tâché de le peindre :

> Vous qui le rencontrant, n'avez pas reconnu
> Qu'un esprit distingué, qu'une âme tendre et fière
> Brillait sous l'humble habit de cet homme ingénu,
>   Saluez-le sous cette pierre. »

Avec Lucien Bonaparte, c'est à M. Quenescourt que revient l'honneur de nous avoir donné Béranger.

M. Quenescourt (François-Gabriel) naquit à Péronne en 1784 de parents assez âgés et fut presque toute sa vie maladif et mélancolique. La Révolution avait fort appauvri, sans la ruiner, sa famille, et il fut élevé d'une manière si triste qu'il prit dès sa plus tendre jeunesse des habitudes de réflexion et de solitude que n'altéra pas la gaieté du commerce de plusieurs de ses amis. Quoique un peu plus jeune que Béranger, il fut à Péronne son camarade dans les écoles fondées par M. de Bellenglise; et de bonne heure il aima et devina le génie du poëte dont il a été le généreux et simple Mécène. Son dévouement était si noble et son amitié si douce que ses amis le nommaient *l'Ange*.

Prédisant à Béranger sa renommée future et sachant bien quels fruits sa muse philosophique devait un jour retirer de la gaieté des réunions de jeunes gens, M. Quenescourt fonda, pour lui ouvrir une carrière, la petite académie joyeuse de Péronne qui, sous le nom de *Couvent des Sans-Souci*, vivra dans notre histoire littéraire. Une grande partie du premier recueil de Béranger y a été faite ou du moins y a été chantée.

La frivolité des quelques lettres de Béranger qui datent de ce moment de sa

d'obliger souvent, et je n'ai jamais pensé qu'on eût à rougir d'avoir accepté des services qui ne pouvaient causer à ceux qui en étaient l'objet autant de joie qu'à moi-même. »

Béranger est le chantre de l'amitié; il a donné à l'amitié dans ses chansons quelque chose de la divinité de l'amour. On ne saurait trop mettre en lumière ce caractère du poëte et cette morale de sa poésie. Voici les vers qui résument, à ce point de vue, la doctrine de Béranger :

> Aimer, aimer c'est être utile à soi;
> Se faire aimer, c'est être utile aux autres.

Il est difficile d'exprimer d'une manière plus courte une pensée plus significative. On voit tout de suite que ce n'est pas un frivole rimeur d'élégies qui parle, et qu'il ne met pas toute sa gloire à trouver d'heureux refrains pour ses chansons. Comment se fait-il qu'un démolisseur de renommées (M. Proudhon, par exemple) vienne se méprendre à de pareils vers et reproche sa muse efté-

vie ne pouvait nous empêcher de les placer dans son histoire. Tout fleuve est parti d'une source étroite. Ici, du moins, la sincère amitié, une gaieté franche et la muse des chansons anoblissent la rive.

> Las sur les flots d'aller, rasant le bord,
> Je saluai sa demeure ignorée.
> Entre, et chez moi, dit-il, comme en un port,
> Raccommodons ta voile déchirée.
>
> Proclamé roi de ses festins joyeux,
> A son foyer je fais sécher ma lyre.

En 1813 Béranger décida son ami à quitter Péronne et à venir habiter Paris. De 1813 à 1819 il le visita presque chaque jour, lui payant de sa gloire naissante le prix de sa noble amitié. Madame Quenescourt était alors la ménagère du poëte : elle pourvoyait à ses besoins et soignait son linge. En 1819, M. Quenescourt alla s'établir à Passy ; et c'est en l'allant voir que Béranger prit l'habitude de la route et du pays jusqu'à y placer lui aussi ses pénates.

M. Quenescourt maria sa fille en 1829 et alla demeurer chez son gendre, à Nanterre où il est mort. Béranger ne s'est jamais consolé de sa perte. Son œil se mouillait de larmes quand il allait revoir la maison où étaient restées la veuve et la fille de son ami.

Puisse l'exemple de M. Quenescourt susciter des amitiés prévoyantes et constamment généreuses comme l'a été la sienne!

minée à un écrivain qui, par ce seul distique, proscrit l'égoïsme, même raffiné, de l'amour et élève les grâces du caractère à la dignité d'une vertu civique? C'est plutôt cette proscription de l'amour tendre et chevaleresque que plusieurs peuvent trouver dure; mais, dès qu'on raisonne en philosophe, n'est-il pas tout à fait remarquable que Béranger ait placé dans les plus doux plaisirs du cœur le devoir le plus nécessaire? Une telle manière de comprendre la vie et le rôle de l'individu prédispose Béranger à préférer moralement à un amour dont il connaît les voluptés dangereuses cette tranquille et féconde amitié qui n'a que des plaisirs utiles à nous offrir. Voilà pourquoi Béranger a été toute sa vie un ami incomparable, et pourquoi il y a eu peu de place dans cette vie pour le roman de l'amour.

Le chantre des joies faciles de la Rome antique, Horace, n'a-t-il pas également mis l'amitié au-dessus de l'amour et pratiqué cette morale avec une joie sans mélange? Quand il rencontre, dans son voyage à Brindes, et Varius, et Plotius, et Virgile, avec quel sincère élan de l'âme il s'écrie :

> O qui complexus et gaudia quanta fuerunt !
> Nil ego contulerim jucundo sanus amico

« Non, il n'y a rien pour l'homme de sens au-dessus d'un aimable ami. » Ou bien

> Les longs romans qui font pitié
> Ne vaudront jamais quelques pages
> Du doux roman de l'amitié.

A citer toutes les pièces de Béranger dans lesquelles il a loué l'amitié, ou chanté ses amis, ou prouvé combien il les aimait, l'énumération serait longue. Il y en a vingt dans l'ancien recueil; il y en a tout autant dans les *Œuvres posthumes*. Cette tendresse, qui se marquait par des actions plus encore que par des couplets, prend dans *Ma Biographie* une couleur plus sentimentale que dans les chansons de la jeunesse. Béranger, oubliant son rôle et sa renommée, va jusqu'à recueillir naïvement des vers dont le plus grand mérite est de dater de loin et de lui rappeler ses plus chers souvenirs. Non-seulement il donnait toutes ses pensées, tout son crédit et tout son temps à ses amis; il leur eût donné jusqu'à sa gloire. Ne soyons pas sévères pour ces quelques chansonnettes qui n'ont pas le grand coup d'aile lyrique, mais qui gardent un si charmant parfum d'amitié.

Dans la *Couronne retrouvée*, le poëte illustre, le vieil ami est seul, à Fontainebleau, devant ses souvenirs de jeunesse. Il se raconte les joies passées, et une larme mouille ses yeux.

> Et ces convives si fidèles
> Au joyeux chant qui rend l'aï plus doux,
> Que plus tard j'ai pris sous mes ailes,
> Pensent-ils même à moi, qui pense à tous?
> Oiseaux charmants, au souvenir volage,
> Tous sont épars, chacun dans son enclos.
> Nous n'avons plus le même ombrage,
> Plus les mêmes échos.

Quand on songe que c'est Béranger qui se plaint ainsi, si délicatement, si tendrement, lui qui n'a besoin de personne, lui qui s'est toujours voué au bonheur d'autrui, on comprend que sa maxime sur l'amour et l'amitié n'est pas une maxime de théâtre, bonne à débiter, mais qui ne se pratique pas.

« Quelle douce chose que des amis! » écrit Béranger dans *Ma Biographie*. Et n'est-ce pas un conseil exquis que celui qu'il donne de ne vous laisser point séparer de vos amis d'enfance qui n'ont pu parvenir comme vous, et à qui sans doute vous devez une partie de votre première séve? » Il ajoute : « Déjà homme d'expérience, je me suis cramponné à tous mes vieux amis. »

Pour eux s'ouvrait toujours avec joie la porte de sa retraite.

> J'ai bâti ma ruche à l'écart.
> Là, si peu que le miel abonde,
> Je puis craindre encor les fourmis;
> Mais là, moins je me donne au monde,
> Plus j'appartiens à mes amis.

L'amour n'a pu être pour Béranger, même en théorie, qu'une amitié charmante échangée entre les deux sexes. L'amour est autre chose encore; mais il ne l'avilissait pas sans doute en disant :

> D'une amante faire une amie,
> Mes amis, ce n'est pas vieillir.

Ni en écrivant, à la fin de sa vie : « J'ai toujours regardé la femme, non comme une épouse ou comme une maîtresse, ce qui n'est trop souvent qu'en faire une esclave ou un tyran, et je n'ai jamais vu en elle qu'une amie que Dieu nous a donnée. »

Certes, c'est une noble chose que la passion, et il nous vient de Dieu, cet amour lyrique,

> Amour, fléau du monde, exécrable folie!

Elle descend du ciel, cette étincelle d'une électricité superbe qui frappe au sein les plus vaillants, les plus sages, les plus cruels, comme elle a charmé ou désespéré les Sapho et les la Vallière; elle est admirable encore, en ses jeux enfantins, la respectueuse religion de la faiblesse et de la beauté dont les chevaliers du moyen âge, au prix de leur sang, défendaient partout l'honneur. C'est l'amour qui a jeté dans le monde les plus beaux cris poétiques; c'est l'amour qui a révélé à l'âme ce qu'il y a de plus délicieux dans la joie, ce qu'il y a de plus fier dans le courage, dans l'espérance de plus ardent, de plus gracieux dans le souvenir; mais peut-être est-il utile qu'une voix s'élève, et, non plus au nom de l'esprit d'humiliation et de pénitence, mais au nom de ces devoirs si nombreux que les siècles en marchant nous imposent, parle aux voluptueux des caresses menaçantes de la *Sirène*. Béranger l'a peinte, dans un merveilleux paysage, à l'heure où tout s'endort,

> Le vent, le travail, la gaieté,

à l'heure où seulement, dans le silence et dans les dernières lumières du soir,

> Du sein de l'onde un mot surnage,
> Mot que la nuit fera redire au jour :
> Amour ! amour !

La sirène (c'est l'amour même) appelle les jeunes gens qui ont leur vie courageuse à vivre :

> La vie, enfant, la douce vie
> N'est parmi nous, qui savons l'attiser,
> Qu'un long baiser.

Le malheureux l'écoute, hésite et disparaît pour jamais sous les flots. C'est en vertu d'un système à la fois philosophique et politique que Béranger, pour combattre les amours énervantes, a loué l'amour rapide et, plus tard, l'amour-amitié.

Quand nous voulons nous faire chacun notre élégie du *Lac*, nous sommes perdus pour longtemps et courons risque d'être perdus pour toujours : au contraire, l'amour, tel que l'entend Béranger, laisse l'homme à la patrie, à la raison, à l'avenir. Il sait bien qu'il y a un temps pour la rêverie nonchalante, et que nous n'avons pas été créés pour prononcer toujours ou pratiquer des sentences ; mais la vie est courte, le temps nous presse ;

> Chaque baiser qu'on se donne
> Peut être un dernier baiser.

Au galop ! Si nous tenons à vivre en hommes, ne nous attardons pas aux enivrements de la passion,

> Notre vie ainsi lancée
> Ira cent fois dans un jour
> De l'amour à la pensée,
> De la pensée à l'amour.

Point de faiblesse, pas de servilité (et c'est ici le correctif qui ne manque pas de fierté) :

> Jamais la tendre volupté
> N'approche d'une âme flétrie,
> Doux enfant de la liberté,
> Le plaisir veut une patrie !

Ainsi parle au jeune Grec, qui n'avait plus de patrie, l'*Ombre d'Anacréon*.

Sans doute, c'est mettre de la raison en toute chose, et jusqu'en ce qu'il y a de plus ennemi de la raison. Béranger n'est pas loin, en réalité, de croire lâche un cœur qui ne veut s'emplir que d'amour, et il considère comme des cris de folie, en un siècle chargé de fatigues et de peines, ces voluptueuses et dédaigneuses déclamations que tant de poëtes, et, à leur imitation, tant d'hommes lancent à la face des champs, des bois, des prés, des eaux, comme si la nature éternelle n'était qu'un théâtre dressé pour leurs plaisirs d'une heure. Lisez la parabole de la *Rivière :*

> Qui parle ainsi ? c'est l'âme folle
> D'un poëte qui dans ce lieu
> Oublie aux pieds de son idole
> Ceux qui travaillent devant Dieu.

Béranger ne nous corrigera pas tous : il y en aura toujours quelques-uns parmi nous pour aimer la solitude, pour mener leurs amours au plus profond des bois, pour supprimer en rêve ce qui environne cette retraite, pour prier Dieu d'éteindre autour d'elle toutes les lumières et d'assoupir tous les bruits. Mais qu'ils se relèvent, qu'ils se réveillent de cette langueur, qu'ils songent à leur tâche : voilà ce qu'il demande.

Si la passion, l'ancienne passion chevaleresque, si l'amour romanesque et dramatique était une part nécessaire de la vie, si chacun devait aimer à la façon des héros de nos livres, Béranger aurait tort de nier le grand caractère de ces crises ; mais combien y a-t-il d'hommes capables d'une belle passion ? même enivrante, même énervante, combien y en a-t-il qui connaissent la folie de l'amour ? La plupart n'en veulent qu'au plaisir : c'est ce plaisir que Béranger veut rapide.

Les Lisettes de Béranger resteront dans l'histoire de l'amour littéraire comme de plus pures figures que les Marguerite Gauthier et leurs rivales du demi-monde. Et le genre d'amours qu'il a chantés vaudra toujours le genre de mariages, honnêtes, dit-on, que notre société s'est habituée à regarder comme si naturels : un vieillard épousant une jeune fille qui veut être riche ou célèbre (la pauvre femme !), des jeunes gens même s'unissant sans s'être jamais vus, parce que leurs parents savent que les fortunes se conviennent. Ce n'est pas la peine d'insister : cependant il y a peut-être, parmi ceux qui blâmeraient Béranger, un grand nombre de ces époux ou de ces pères de famille si peu délicats en matière d'hyménée.

Béranger, le spiritualiste, a dit, dans sa chanson du *Corps et de l'Ame*, que l'âme ne doit pas absolument mépriser son premier vêtement, la *guenille* de Chrysale :

> Guenille, si l'on veut, ma guenille m'est chère.

Le corps, dans cette chanson, dit son fait, et très-vertement, à l'âme vieillie et repentante : c'est un avis à ceux qui, vers leurs derniers jours, sont moins francs, moins raisonnables que Béranger.

> Enfin nous surprend la vieillesse,
> Tous deux las, tous deux abattus.
> De mon déclin naît ta sagesse;
> L'impuissance abonde en vertus.
>
> Là-haut ne t'en fais pas un titre;
> Cette sagesse a ressemblé
> Aux fleurs d'hier que sur la vitre
> Fait éclore un soleil gelé.

Ne calomniez donc pas, par dépit, la gaieté, l'enjouement, l'amour du plaisir qui anime la jeunesse. Les jeunes gens vieilliront aussi.

Béranger composait ses chansons les plus légères, les plus lestes (et quelques-unes sont des œuvres d'art irréprochables), à une époque où, après avoir fait bon marché de ses premiers rêves littéraires, il se résignait à n'avoir pas de renommée. Il y a un moment dans la vie où l'homme se sent de la force et devine son rôle. Avant la journée d'Arcole, le général Bonaparte ne se croyait pas supérieur aux autres généraux de la République : de même, avant 1815, et l'explosion de douleur, de patriotisme, d'espérance aussi qui se fit dans son cœur, Béranger ne savait pas qu'il devait être autre chose qu'un faiseur de chansons épicuriennes. A mesure que sa pensée s'est élevée, il a abandonné ce qu'il y avait dans ses premières œuvres de trop vivement décoché contre le funeste esprit de mortification; mais il a toujours maintenu cette vérité souriante, que

> Le plaisir fait croire au bonheur.

C'est l'écho du grand vers de Voltaire :

> Mortels, à vos plaisirs reconnaissez un Dieu,

et l'écho de la belle apostrophe du vieux poëte romain Lucrèce à Vénus, « *Alma parens rerum*[1]. » Sachons admirer la même mo-

---

[1] Amour, réparateur du monde !
(*Prière d'un épicurien.*)

rale supérieure et ces mêmes grandes vues d'ensemble, quelques nuances qu'elles revêtent, dans une ode, dans une épître ou dans une chanson. Les philosophes donnent à la pensée un extérieur austère et veulent que toutes les lois aient de la majesté; mais Béranger, sans les contredire, les raille à bon droit.

> Tout l'amas de leurs œuvres vaines,
> Dont quelques fous vantent l'attrait,
> Calmera toujours moins de peines
> Qu'une chanson de cabaret.

A diverses reprises, Béranger a expliqué ses chansons les plus anciennes, qui sont les plus libres, et a tenu, non certes à les désavouer, mais à dire quelle fut la part des circonstances et de l'époque dans ces premiers essais de son talent.

Sa note XIII des *Notes inédites* dit : « Toutes les chansons du temps de l'Empire ont une uniformité insupportable, à l'exception de celles de Désaugiers et d'un ou deux autres de ses collègues. La chanson graveleuse devait renaître alors : elle appartient aux temps de despotisme. »

Plus tard, il vit le parti qu'il y avait à tirer de la chanson et comprit que la gaieté même devait avoir son utilité; mais alors il n'y avait pas d'idéal, si ce n'est pour les chants de guerre.

Dans *Ma Biographie*, Béranger est revenu sur ses explications. Ce qu'il dit est bon à répéter.

« Il est une observation que je dois faire : les chansons mises à l'index ont été faites sous l'Empire. Or il est remarquable que c'est habituellement à des époques de despotisme qu'on voit naître de pareilles productions. L'esprit a un tel besoin de liberté, que, lorsqu'il en est privé, il franchit les barrières les moins bien défendues, au risque de pousser trop loin cet élan d'indépendance. »

Mais, ces remarques faites, et une fois allégué que notre ancienne littérature était bien plus hardie; qu'il avait cru pouvoir l'imiter; qu'en tout cas nul ne lui aurait cherché querelle s'il n'eût, en élevant le ton de la chanson, attiré l'attention sur elle, Béranger ne se repent pas outre mesure. Il est trop bien entré dans son esprit, il fait trop bien partie de sa conscience, que « le plaisir révèle des cieux intelligents ! »

Si, en 1815, il fait chanter à *Roger Boutemps* :

> Je me fie,
> Mon père, à ta bonté;
> De ma philosophie
> Pardonne la gaieté;
> Que ma saison dernière
> Soit encore un printemps !

En 1843, il écrit à M. Antier :

> Cher ami, loin que je me gronde
> D'avoir tant chanté le plaisir,
> Quand je finirai pour ce monde,
> Je n'y laisserai qu'un désir :
> C'est qu'à la saison printanière
> D'heureux enfants, au teint vermeil,
> Viennent, où dormira ma bière,
> Sur les fleurs danser au soleil.

Et il tombe,

> De son art même fatigué,
> Et l'on grave en or sur sa tombe :
> DES MORTELS CI GÎT LE PLUS GAI.

Cette gaieté, ne l'aimons-nous plus ? : « elle n'offense pas la tristesse; » elle se hâte pourtant de consoler, de ranimer quelques âmes.

> Car sur ce monde il faut pleurer
> Sitôt qu'on n'ose plus en rire.

Quand arrive le jour des Morts, ce n'est pas d'une voix impie, c'est avec un accent mêlé encore d'enjouement et de mélancolie qu'il pense à nos pères,

> Ils ont ri de leurs misères;
> Des nôtres rions aussi,

et qu'il pense à notre postérité,

> Puissé-je, à ma dernière heure,
> Voir nos fils plus gais que nous !

Chose singulière, quoique connue déjà par tant d'exemples semblables! Béranger, « le plus gai des mortels, » a commencé par être profondément mélancolique, et ce n'est que par une violence de sa raison, vers trente ans, qu'il a chassé de son sein la tristesse.

Il est bon de rappeler ces vers et les maximes qui font à la fois leur force et leur grâce à l'endroit où commencent les lettres que Béranger a écrites à ses amis dans sa jeunesse :

> Que de soupers ! que d'amourettes !
> Que de vrais amis à vingt ans !
> C'est là le temps des chansonnettes !
> Oh ! le bon temps ! oh ! le bon temps !

V

A MONSIEUR QUENESCOURT

Samedi 1808 [1].

Je crains, mon cher Quenescourt, que vous ne m'attendiez ce soir, la fièvre m'a pris hier sur les quatre heures et me dure encore. Je suis aussi abattu que si j'étais malade depuis quinze jours. J'espère cependant retourner demain à Péronne et coucher *chez moi*[2], mais aujourd'hui la chose est impossible. Adieu, mon ami, tout à vous.

BÉRANGER.

Monsieur Quenescourt, rue Saint-Jean, Péronne[3].

A cette place doit être insérée l'une des lettres de Lucien Bonaparte que Béranger avait conservée. Celle-ci prouve que, dans son

---

[1] Lettre écrite en Picardie, soit sur la route de Paris à Péronne, soit dans le voisinage de Péronne, chez un parent.

[2] Ces mots font allusion sans doute à quelque lettre où M. Quenescourt aura écrit : « Vous êtes chez vous quand vous êtes auprès de moi. »

[3] Cette lettre et toutes celles qui sont adressées à M. Quénescourt ont été communiquées par M. Gautier de Nanterre.

exil volontaire, le frère de l'Empereur n'oubliait pas le jeune poëte encore inconnu.

Rome, 21 mars 1808.

J'ai reçu, mon cher Béranger, votre lettre du 26 février. Je vois avec beaucoup de peine votre état de souffrance et vos embarras domestiques; mais j'espère que vos pressantes sollicitations vous obtiendront enfin l'emploi qui vous serait nécessaire, et que sûrement personne ne mérite mieux que vous.

Recevez l'assurance de mes sentiments, votre affectionné,

LUCIEN BONAPARTE.

Ci-joint un billet sur M. Campi.

M. de Béranger, rue du Port-Mahon, n° 12.

VI

A MONSIEUR DE FONTANES [1]

1808.

Monsieur,

Mon nom vous est inconnu; la circonstance qui aurait pu lui donner une place dans votre mémoire est trop éloignée pour que vous puissiez vous le rappeler. Je crains même de retracer inutilement à votre souvenir cette circonstance qui seule me donne l'espoir de vous inspirer quelque intérêt.

Il y a quatre ans que M. Lucien Bonaparte, mon protecteur, vous lut, monsieur, deux poëmes, l'un du *Rétablissement du culte*, et l'autre du *Déluge*. Selon ce qu'il m'a dit, ces ouvrages, quoique chargés de fautes, obtinrent votre

---

[1] Cette lettre a été écrite à Péronne ou à Paris, avant le départ de Béranger pour Péronne. C'est Arnault qui la fit écrire. Elle paraît être datée du mois de septembre, car c'est en septembre 1808 que M. de Fontanes fut nommé grand maître de l'Université impériale.

éloge. Apparemment que quelques-uns de ces traits que parfois le hasard fait rencontrer à la médiocrité vous portèrent à l'indulgence envers une muse novice. J'ai su, monsieur, que votre suffrage ainsi que celui de M. Arnault, qui depuis m'honore de son amitié, contribua dans le temps à me faire obtenir la protection de M. Lucien : la pension qu'il m'a accordée, des bienfaits particuliers, et les lettres aimables et flatteuses qu'il daigne m'adresser, me donnent la certitude qu'il n'a pas cessé de s'intéresser à moi. Malheureusement j'ai des charges qu'il n'est pas obligé de connaître, et l'état de gêne dans lequel je vis me fait hasarder de vous faire la demande, monsieur, de quelque emploi dans l'Université; non dans le corps enseignant, je n'ai reçu aucune éducation, et c'est contre toute raison que je cultive les muses, mais dans l'administration de ce vaste établissement à la tête duquel vous êtes si dignement placé.

Dans ce moment sans doute, monsieur, un grand nombre de personnes de mérite s'adressent à vous pour le même objet; aussi n'est-ce pas une injustice que je sollicite; mais, lorsque vous aurez pourvu ceux qui ont des droits réels à votre bienveillance, j'espère, monsieur, que vous voudrez bien songer à moi, dont le plus grand regret, si mon espoir était trompé, serait d'avoir perdu l'occasion de connaître particulièrement l'un de nos poëtes les plus distingués. Je suis, monsieur, avec le plus profond respect, votre très-humble et très-obéissant serviteur.

P. J. DE BÉRANGER.

P. S. M. Arnault doit avoir la bonté de vous confirmer les détails que j'ai l'honneur de vous donner.

Rue du Port-Mahon, numéro 12 [1].

---

[1] Précédemment le numéro de la maison était le numéro 6. Béranger avait-il changé de maison ou la maison avait-elle changé de numéro?

Cette lettre se trouve dans l'étude générale que M. Sainte-Beuve a publiée en 1832, sur Béranger. Elle est introduite de cette manière :

« Le hasard m'a procuré la lettre honorable et modeste par laquelle Béranger sollicite M. de Fontanes. C'est une pièce intéressante de plus à ajouter à toutes celles qui témoignent de ces luttes secrètes du talent et de la fortune. »

A la fin de la lettre, il y a cette réflexion :

« On saisit bien, ce me semble, dans cette lettre digne, mesurée, touchante, le point de départ littéraire de Béranger, et comment il a dû suppléer à tout. Fontanes répondit à cet appel du jeune homme ; mais nous voudrions savoir ce que dirait aujourd'hui quelqu'un de nos célèbres poëtes, en s'entendant appeler tout simplement un *poëte distingué*. » Cette note est juste et finit par un trait piquant ; mais M. Sainte-Beuve s'est trompé, sans le savoir, en disant que Fontanes répondit à l'appel de Béranger. On verra tout à l'heure comment il lui mesura sa faveur et chercha même à le dégoûter de tout emploi. Béranger était un ami de Lucien. Fontanes, qui devait à Lucien son élévation, traitait alors les amis de Lucien disgracié comme des gens dangereux. Il était pourtant d'un naturel doux et d'une humeur obligeante ; mais ces personnages, qu'un heureux hasard et les services d'une plume servile ont élevé à de grands postes, sans que leur mérite y réponde, deviennent bientôt jaloux et ombrageux. Ils sentent plus vivement qu'on ne croit ce qu'il y a de factice dans leur grandeur et d'incertain dans leur fortune. Napoléon ne s'y méprenait pas. Se frappant la poitrine, un jour qu'on lui parlait des beaux discours de Fontanes : « C'est très-bien, dit-il, mais il n'y a pas de cela. » C'était traduire le *Pectus est quod facit disertos* de Quintilien [1].

VII

A MONSIEUR BOSQUILLON WILHEM [2]

Péronne, 24 septembre 1808.

Eh bien, mon cher Bosquillon, que dites-vous de votre

---

[1] On dit que Fontanes a laissé des Mémoires.

[2] Wilhem a été l'un des quatre ou cinq amis les plus chers à Béranger. Dans

ami qui, renonçant tout à coup aux charmes de la capitale, s'accommode des manières picardes, de l'air brumeux de la Somme, et projette de passer l'hiver où il avait juré de ne jamais mettre les pieds? Vous allez le nommer inconsé-

---

une des lettres écrites à M. Trélat, lettre datée du 7 mai 1842, que l'on trouvera à sa place, Béranger dit : « Louis-Guillaume Bosquillon est né à Paris en 1782. C'est en voyant le goût français pour tout ce qui a un air étranger, surtout en musique, qu'il prit le nom de Wilhem, traduction d'un de ses prénoms, et qu'il faut lui conserver, puisqu'il l'a mis en réputation. »

On a écrit diverses notices sur Wilhem. La plus complète est le *Discours sur la vie et les travaux de G. L. B. Wilhem*, prononcé à l'assemblée générale de la Société pour l'instruction élémentaire, le 5 juin 1842, et publié peu de temps après. L'une des plus intéressantes est celle qu'a mise M. Trélat dans la *Revue du Progrès* du 1er juin 1842. Béranger en a vivement remercié l'auteur ; et il est difficile, en effet, de rencontrer un travail de ce genre où il y ait en moins de mots plus de sentiment d'un caractère et une meilleure intelligence d'une œuvre féconde comme l'a été l'œuvre musicale de Wilhem.

Wilhem est né à Paris le 18 septembre 1781 ; il y est mort le 26 avril 1842 dans les bras de son fils, M. Alexis Wilhem, tout plein de son art et rêvant musique jusqu'à la dernière heure de sa pénible maladie.

On a essayé et l'on essayera vainement de remplacer la méthode de chant dont il a enrichi nos écoles et qui allége la chaîne

Du pauvre enfant de l'ouvrier.

C'est une véritable œuvre de génie, et surtout c'est l'œuvre d'un homme de bien.

Wilhem a laissé un récit naïf et charmant de ses premières années. Nous en reproduisons quelques pages qui resteront ainsi attachées aux lettres de son ami.

« Au temps de la République, on transféra de Paris dans le château dévasté de Liancourt les élèves du chevalier Paulet, de la caserne Popincourt, et ceux de Léonard Bourdon (les enfants de la patrie) venus de l'abbaye Saint-Martin. On leur adjoignit les élèves d'une école militaire instituée dans le même village, par le duc de la Rochefoucauld (l'un des fondateurs des caisses d'épargne actuelles), et le nouvel établissement prit, sous la direction du docte et très-excellent Pierre Crouzet, le nom d'École nationale de Liancourt.

« Là, au nombre d'environ trois cents, élevés et entretenus aux frais de la République, nous manquions à peu près de tout. Je me souviens qu'en une certaine année, couverts de vestes assez légères et portant des culottes courtes, nous étions presque tous sans bas et sans souliers, au mois de nivôse (janvier). Nous n'avions pas de pain, et chaque jour on envoyait quelques-uns de nous sur la route de Paris, pour voir s'il n'arrivait pas de farine.

« Dans ce château, les vastes appartements, dépourvus de vitres, étaient devenus nos dortoirs, et nous avions des couchettes d'hôpital sur lesquelles figurait une paillasse surmontée d'un mince matelas dont nous nous servions en guise de couverture. D'autres salles à double ou triple courant d'air formaient

quent, inconstant même; cependant il n'est rien de cela. Je vous ai mis dans le secret de mes affaires : vous pourrez donc sentir de quel avantage est pour moi l'économie avec laquelle je vis ici. Je n'ai pas un sol à dépenser, et je vis

les classes où le pauvre professeur cherchait à ne pas transir en concentrant la chaleur de sa respiration dans les plis de l'énorme cravate qui lui montait jusqu'au nez : nous, sans cols et la face violacée, nous l'écoutions en grelottant.

« Le service de surveillance se fit d'abord par une compagnie de vétérans, mais ils ne surent pas se faire obéir, et on nous organisa à la manière du chevalier Paulet. Les meilleurs et les plus capables devinrent donc officiers ou sous-officiers pour la police générale ou répétiteurs pour l'intérieur des classes : c'était déjà presque l'enseignement mutuel rapporté d'Angleterre en France par M. Jomard, en 1815. Dès lors tout se passa avec ordre et sévérité. Exemple : l'inspection de propreté des mains et de la tête se faisait à six heures du matin, dans la cour du château, en ouvrant les rangs du bataillon. Les jeunes chefs passaient devant et derrière chaque file, tandis que les élèves, le corps droit et la tête fixe, montraient vivement le dessus et le dedans de leurs mains ou laissaient examiner leur coiffure; personne ne disait mot, celui qui recevait un coup de baguette sur les doigts ou une tape quelconque était ainsi averti, en bon camarade, d'être plus propre le lendemain.

« Au réfectoire, nous étions tous debout et rangés par escouades de dix à treize autour de petites tables rondes et grossières. L'élève de corvée pour chaque table apportait de la cuisine souterraine une soupe claire dont chacun prenait une cuillerée à son rang. Arrivaient après, et en nombre exact, de petites portions de basse viande; la ration de pain brun et pâteux était grande et épaisse comme un jeu de cartes. Au souper, c'était une *gamelée* de riz liquide où surnageaient quelques grignons de lard qui étaient enlevés au premier tour par les plus adroits. Cet unique plat du soir variait, selon la saison, en vieux fromage ou en salade au pur vinaigre, en pois chargés de pucerons, en haricots tachés ou en pommes de terre mal épluchées.

« Tandis que nous étions ainsi attablés (pour si peu), un habile lisait à haute voix les *Hommes illustres de Plutarque* ou l'*Histoire générale des Voyages*; mais les mauvais conseils de notre estomac l'emportaient quelquefois sur ces bons exemples de vertus et de dures privations, et la nuit, des champs de carottes, de navets et d'oignons, aussi bien que des plants d'oseille, étaient dévorés sur place ou transportés dans les dortoirs pour y être broutés comme par des lapins.

« Faute de pots et de carafes, nous mangions toujours sans boire. Avant ou après le repas on faisait queue à la pompe. Quand il gelait, les plus pressés cassaient la glace au bout du conduit de plomb sous lequel, bouches béantes, nous penchions nos jeunes têtes échevelées.

« Néanmoins cet asile, où nous étions si malheureux, est bien cher à notre souvenir : il a commencé des amitiés qui sont inaltérables, n'est-ce pas, mon bon Antier?...

« .... Le vent de l'adversité comme celui des orages transporte et sème en

dans la plus grande abondance ; tous les soins me sont prodigués. Jugez jusqu'où vont les attentions : le jeune homme chez qui je suis (car malgré les prières de mes parents j'ai voulu rester chez mon compagnon de voyage) ayant su que

grondant quelques bonnes semences. Un grain de musique vint à frapper au front de l'un des petits, puis un autre grain lui frappa sur le cœur. Était-ce heur ou malheur pour sa vie ? Il ne le sait pas encore. De plus dignes que lui furent plus sûrement partagés : ils sont devenus honorables dans les emplois civils et militaires, dans la magistrature, dans les sciences, les arts, les lettres et le commerce.

« Le père Guette, tambour des vétérans, était un homme prodigieux. Il enseignait la clarinette, le basson, la grosse caisse, le cor, les cymbales et la trompette ; il jouait du violon, de l'alto, de la basse, de tout enfin, excepté de la flûte. Une musique militaire fut donc assez promptement organisée, et l'un de nos camarades, qui avait été enfant de chœur, ayant une fort jolie voix, on nous fit entendre un hymne composé pour nous par notre directeur chéri et mise en musique par le célèbre Gossec.

« Tout à coup, à l'audition de ce chef-d'œuvre d'expression touchante et de simplicité, le grain de musique pousse un premier germe chez le prédestiné et il demande à s'instruire : « Impossible, dit le père Guette, le temps et les « instruments me manquent. Prends pourtant cette petite flûte, prends cette « méthode de Devienne, va et souffle. » L'enfant lut et souffla, le jour pendant les récréations, la nuit pendant le sommeil un peu dur de ses camarades ; bientôt son pipeau domina tous les autres dans les marches et au *Temple de la Raison* (à l'église).

« Cependant le nouvel adepte se mit à composer. Il notait ses chants d'après les sons de sa flûte, et il écrivait les accompagnements d'après ses remarques sur Devienne et Gossec, mais cela ne sonnait pas toujours aussi bien que dans ses modèles. Pourquoi ? A qui le demander ? — Il fouilla la belle bibliothèque échappée par miracle au vandalisme, et puisa dans les livres de l'école de Rameau des principes qu'il dut abandonner ensuite pour ceux des écoles d'Allemagne et d'Italie.

« Sur ces entrefaites, Ginguené, littérateur fort distingué et bon musicien, vint à Liancourt pour inspecter l'école. On exécuta devant lui je ne sais quelle ébauche de composition musicale à plusieurs parties, et il conseilla d'adresser l'apprenti compositeur à Gossec, pour le consulter sur l'avenir. — Joie et bonheur ! Guillaume-Louis ira à Paris !

« Deux jours après, l'élève de Liancourt, l'âme bondissante, se met en route à quatre heures du matin, ayant environ cinq francs dans sa poche, pour faire à pied, et d'une seule traite, les quatorze lieues de trajet. A moitié chemin, vers Champlâtreux, un pauvre assis près de la haie s'écrie : « La charité, s'il « vous plaît, mon bon jeune citoyen ! je prierai pour vous ! — Tenez, brave « homme, voici cinq sous, priez Dieu que je sois reçu au Conservatoire de mu-« sique, et je vous donnerai trois francs en repassant après-demain. »

« Le pauvre eut ses trois francs, car l'enfant avait été accueilli comme un fils par Gossec. Plus tard, il fut encore conseillé par Méhul, et encouragé par le sames dettes me forçaient de retourner à Paris, fait partir presque à mon insu cinq cents francs pour Bourdon, que je vais charger d'après cela de satisfaire mes créanciers. On donne rarement de pareilles preuves d'attachement. J'espère que l'oncle qui m'a élevé¹ me mettra à portée de rendre une partie de cette somme avant mon retour qui, d'après mes calculs actuels, ne doit pas avoir lieu avant la fin du mois de mai. Une seule chose pourrait mettre obstacle à ce plan, ce serait une lettre d'Arnault en réponse à celle que je viens de lui écrire², dans le cas où il prévoirait que ma présence est nécessaire à Paris pour solliciter une place dans les bureaux de l'Université. J'espère bien peu de ce côté et je compte à peine sur une réponse. Mais c'est assez parler d'affaires. Comment vont les amours? avez-vous fait quelques parties amusantes? Je regrette de n'avoir pu partager vos plaisirs au moins une fois (vous entendez de quel partage je veux parler); continuez-vous de voir ces dames³? Bourdon m'écrit qu'elles sont toujours d'une humeur aussi gaie. Vous n'allez donc pas les taquiner, car je sais que rien ne les amuse davantage. Mais que direz-vous de moi,

---

vant et trop modeste Perne, qui devint son ami. Le ciel et un travail assidu ont fait le reste. »

C'est à Béranger que l'on doit en partie le bienfait de la méthode Wilhem.

Le 23 juin 1819 (*Notice* de M. Trélat, p. 7), M. de Gérando, toute sa vie occupé de l'instruction et de la moralité des classes laborieuses, proposa à la Société d'enseignement élémentaire l'introduction du chant dans les écoles. Cette proposition fut sur-le-champ comprise et adoptée.

A quelques jours de là, son auteur rencontra Béranger : « Connaissez-vous, lui dit-il, un musicien qui puisse doter nos écoles des bienfaits du chant ? Le principe est admis, la mesure décidée ; il ne s'agit plus que de l'exécuter. — J'ai votre homme, » répondit Béranger, qui peu de moments après en parla à Wilhem. Celui-ci ne dormit pas, rêva toute la nuit à sa méthode, et courut le lendemain matin chez son ami qu'il éveilla pour lui dire : « Je l'ai trouvé, je suis sûr de mon affaire. »

[1] M. Bouvet.
[2] Cette lettre n'a pas été retrouvée.
[3] Madame et mesdemoiselles Mellet de la rue Bellefonds.

qui abandonne aussi facilement ma jeune conquête?

Je ne vous parle pas de musique, c'est à vous à traiter ce chapitre et à m'apprendre comment vous êtes avec le travail. Hélas! la poésie se trouve bien mal de l'air épais et des dîners copieux de ce pays. Cependant mon hôte prend de temps en temps sur lui de m'enfermer dans sa bibliothèque où je versifie tant bien que mal.

Je vous prie, mon ami, d'embrasser madame Mellet pour moi, embrassez aussi Constance et Virginie, vos chères sœurs. Dites bien des choses à Alphonse et à Pradon. J'espère que notre grand ami est tranquille désormais et qu'il n'est plus dans le cas de marcher à la gloire entre deux gendarmes.

Je vais écrire à Bourdon sous quelques jours.

Adieu, mon cher Bosquillon, patientez un peu, et j'espère que le mois de mai[1] nous verra vider une bouteille de Condrieu[2] ensemble. Votre dévoué et sincère ami.

Chez M. Quenescourt, rue Saint-Jean, à Péronne[3].

VIII

A MONSIEUR QUENESCOURT

1808.

Mon ami, je suis arrivé samedi à deux heures après midi, nous n'avons pas passé Muirancourt la première nuit, et c'est au coin du feu qu'il nous a fallu attendre sept heures du matin; la seconde nuit nous sommes restés en plaine, ne sachant plus où nous étions; on a dételé, et nous

---

[1] Comme on va le voir, la maladie de son père rappela Béranger à Paris à la fin de l'automne.

[2] Vin blanc d'entremets de deuxième classe (Lyonnais).

[3] Cette lettre, et toutes celles qui sont adressées à Wilhem, ont été trouvées dans ses papiers.

avons dormi dans les voitures. J'ai couché la dernière nuit au Bourget, où le froid m'a empêché de dormir. Jugez combien j'ai été fatigué et combien je le suis encore. Tout cela ne serait rien, si je n'avais trouvé mon père dans un état qui me laisse peu d'espérance [1]. Sa tête n'est pas perdue, comme on me le faisait entendre, mais il ne voit plus, ne peut plus remuer et ne prend aucun aliment. Ma présence semble devoir lui apporter quelques consolations. Son premier mot, en me voyant, a été : « Je puis mourir maintenant. » Les idées les plus sombres l'occupent sans cesse. Il ne peut rester longtemps dans cette situation. Je vous écrirai dans peu de plus longs détails.

Mille amitiés à Laisney, à Delaporte, à De France, à Beaulieu. Ne m'oubliez auprès de M. Auger ; dites à mademoiselle Julie [2] que je me suis déjà aperçu plus d'une fois qu'elle n'est plus auprès de moi pour deviner tous mes besoins. Embrassez-la, je vous prie, et croyez-moi pour la vie votre sincère ami. BÉRANGER.

IX

A MONSIEUR QUENESCOURT

Paris, 29 décembre 1808.

Mon cher ami, la situation de mon père est loin de s'améliorer : peut-être dans quelques jours il n'existera plus ; il ne peut rester longtemps dans cet état de souffrance. Le médecin ne s'explique pas assez clairement pour que je puisse juger quel est véritablement le mal qu'il

---

[1] M. Béranger (de Mersix) avait eu une attaque d'apoplexie.
[2] Plus tard madame Quenescourt.

éprouve, ou du moins des progrès que ce mal a faits depuis que je suis ici. Malheureusement il n'a pas été pris à temps. Enfin, je m'en remets à la Providence, mais je suis préparé à tout. Ce qui me console, c'est que, grâce à vous, mon ami, je suis à même de lui prodiguer des secours. Il ne fallait rien moins qu'une obligeance comme la vôtre pour cela, car j'ai beaucoup à dépenser, et je n'ai cependant point encore vu de mémoires de médecin ni de comptes de gardes : vous pensez que ces braves gens-là m'étrilleront d'importance. Mais plus le besoin de nouvelles ressources se fait sentir, plus aussi l'instant qui doit m'en procurer semble approcher. Arnault ne paraît pas douter que je n'obtienne une place, qui, bien que d'un revenu très-modique, me fournira peut-être un jour de l'avancement et le moyen d'acquitter les dettes que je suis forcé de contracter. J'ai bien besoin que l'avenir me sourie un peu, car le présent prend à tâche de me désoler. Combien n'ai-je pas d'occasions de regretter les jours de tranquillité que j'ai passés chez vous ! J'y jouissais du bonheur que j'ambitionne le plus, un sort paisible, exempt de tout souci, qui ne me laissait point à m'occuper même de moi ; de moi qui suis si souvent un fardeau incommode à moi-même. Mais enfin de quoi me serviront mes regrets ? supportons le joug qui m'est imposé.

Mille souhaits de bonne année à mademoiselle Julie.

Dites à Laisney que j'aurais voulu lui écrire et le charger de me rappeler aux souvenirs de ses bons parents, mais que dans ce moment je suis trop tourmenté pour faire tout ce que je voudrais.

Parlez de moi à Delaporte, à De France, à Beaulieu [1], qui,

---

[1] Ouvrier de l'imprimerie Laisney qui donna à Béranger ses premières leçons de casse.

je l'espère, ne m'oublieront pas en un jour. Rappelez-moi aussi au bon souvenir de M. Auger et de Sauvage. Mes compliments à M. et à madame Noël. Je suis, pour la vie, votre ami sincère. BÉRANGER.

P. S. Bourdon se promet de faire avec moi le voyage du mois de mai, s'il y a possibilité. L'oncle de mademoiselle Julie vous dit bien des choses. Je n'ai pas encore fait la commission de Laisney.

X

A MONSIEUR QUENESCOURT

Paris, 3 janvier 1809.

Mon ami, je viens de perdre mon père. Le jour de l'an, à neuf heures du soir, il a rendu le dernier soupir. Ma douleur est vive ; elle est d'autant plus forte dans ce moment, qu'il s'y mêle une profonde amertume causée par les affaires malheureuses où je suis jeté et par les injustices révoltantes dont je suis la victime. La nièce [1] pour qui mon père a tout fait, pour qui il a fait dix fois plus que pour moi, me dépouille du reste du mobilier de mon père et de ma mère, seule compensation que je pusse recevoir des dettes que je contracte aujourd'hui pour subvenir à toutes les dépenses que le moment exige. Je ne suis point intéressé, mais j'abhorre l'injustice. On a été jusqu'à fabriquer des calomnies pour justifier le don qu'on dit avoir été fait par mon père de ces objets, peu considérables il est vrai, mais qui sont à moi. On a fait plus, on a gagné sur les dépenses qu'il m'a fallu faire depuis mon arrivée, et chaque chose m'a été comptée le double, le triple de sa valeur, ou, pour

[1] Adélaïde Paron.

mieux dire, on a refusé de me faire aucun compte pour pouvoir me voler plus facilement. J'ai demandé au ciel un peu de patience ; j'en ai eu tant que mon père a respiré, mais maintenant je n'y tiens plus. Je n'en veux point à mon père ; cependant il est la cause de tout ce qui m'arrive : je suis à en tomber malade [1]. J'ai déjà dépensé beaucoup d'argent, et celui que Laisney m'avait donné pour Prieur y a passé ; dites-le-lui, et priez-le de me dire quel terme est fixé pour son payement, afin que je sache si j'aurai le temps de faire les fonds nécessaires.

Je ne sais à quoi en est ma place. Je n'ai eu que peines et qu'embarras. Ah ! si je n'avais point à remplir d'autres devoirs, je fuirais d'un pays où je ne suis revenu que pour être en proie aux tourments, aux injustices et aux regrets. J'irais auprès de vous tous, mes amis, retrouver quelque tranquillité. Ah ! je n'y porterais plus la même gaieté. J'ai pour longtemps à souffrir, et mon cœur est trop ulcéré.

Adieu, mon cher Quenescourt, pardonnez-moi de répondre par une jérémiade à l'aimable lettre que vous m'avez écrite et que j'ai sous les yeux dans ce moment pour me rafraîchir un peu le sang ; mais je ne suis pas maître de mon indignation.

Excusez-moi, je vous prie, auprès de Laisney, et dites-lui bien que dans quinze jours on doit me faire un prêt qui me mettra à même de lui rendre les 200 fr. Il est seulement nécessaire qu'il m'envoie une autre lettre.

Adieu, Quenescourt. Laisney, Delaporte, De France, Julie ; adieu, plaignez-moi.

---

[1] Ajoutons quelques mots pour achever ici l'analyse de tous les renseignements relatifs au père de Béranger qu'il a été possible de réunir.

D'abord il faut produire les pièces justificatives des lettres qui, en ce moment, nous occupent. Béranger avait à se plaindre de son père ; il n'avait à attendre que des ennuis de son héritage ; il n'avait que de l'argent d'emprunt pour

XI

A MONSIEUR QUENESCOURT

Paris, 8 janvier 1809.

Envoyez-moi, mon cher ami, 400 francs. Je vous devrai 1400 fr. J'en dois deux à Laisney, cela fait 1600 fr., et Dieu sait seul quand je pourrai m'acquitter. La maladie de mon père, son convoi et mon deuil, et celui de ma sœur, tout cela me revient à plus de 900 fr. J'ai outre cela un acte de renonciation à faire, ainsi qu'un inventaire, et une vente

subvenir à toutes les dépenses de la maladie et de l'inhumation; mais il se conduisit aussi honorablement que possible et voulut que son père eût de justes funérailles. C'est ainsi que l'on a trouvé dans ses papiers divers reçus datés de cette époque. L'un, de la *Ville de Paris;* c'est une quittance de frais d'inhumation donnée le 2 janvier 1809. La somme est de 40 francs. L'autre est un reçu signé Poirot, prêtre, receveur des convois, de 78 francs pour les frais du service religieux fait le 3 janvier en l'église Saint-Germain l'Auxerrois. Un autre, des *Pompes funèbres*, monte à 147 francs. A ces reçus, il faut joindre une quittance de 60 francs, signée le 4 février 1809, par Balluet, docteur en chirurgie, et une autre quittance de 48 francs, signée le 6 janvier, par Demolle, docteur en médecine. C'est un total de près de 400 francs qui représentent presque 700 francs d'aujourd'hui. Béranger, aidé par ses amis, sut donc remplir jusqu'au bout et largement ses devoirs.

Un bordereau d'adjudication, trouvé avec les reçus et quittances dont il vient d'être fait mention, prouve qu'il acheta la montre et le matelas de son père à la vente après décès qui eut lieu le 18 janvier dans la maison paternelle. Le père de Béranger logeait alors de sa personne dans une chambre du cinquième étage, rue Saint-Thomas-du-Louvre, n° 19. Voici le commencement de l'acte de décès.

VILLE DE PARIS. *Premier arrondissement.* — « *Extrait du registre des actes de décès de l'an* 1809. — Du 2 janvier mil huit cent neuf, à une heure du soir, acte de décès de monsieur Jean-François de Béranger de Mersix, décédé à neuf heures du soir, rue Saint-Thomas, n° 19. Présent Pierre-Jean de Béranger, âgé de 28 ans, homme de lettres, etc. »

Ces détails funéraires achèvent de clore une existence agitée. En voici qui se rattachent au temps de la naissance ou de l'enfance de Béranger.

Parti de Paris dans le courant de février 1780, le père de Béranger alla vivre à Bruxelles, presque sans ressources, écrivant lettres sur lettres à sa jeune femme, moitié pour la diriger dans les embarras au milieu desquels il la laissait, moitié pour lui jurer une fidélité éternelle et lui parler du fruit de leur mariage.

du peu de chiffons qu'on m'a laissés de mon père. Ces derniers frais sont nécessaires pour me tirer de tous les embar-

De Bruxelles, où il ne trouva pas à s'occuper, il alla à la Haye, où il fut atteint par une misère cruelle, revint à Bruges par Rotterdam et rentra au bout de quelques mois en France par Lille.

En 1782, il est arrivé à Durtal, en Anjou, où il gagne 600 livres par an de son état de féodiste.

C'est dans cet emploi subalterne, tenant du clerc de notaire et de l'agent voyer, qu'il vécut pendant sept ans.

Les pièces suivantes, conservées en original, disent comment il finit, un an avant la Révolution, par se créer une position d'un genre qui lui plaisait tant.

1° *Provision de la charge d'avocat postulant* de la juridiction du marquisat de Jarzé, etc.; signé François-Joseph, marquis de Foucault, 31 décembre 1788.

2° *Provision de l'office de notaire* à Mercé pour le comté de Durtal, 20 août 1788, signé La Rochefoucault, duchesse d'Estissac.

3° *Sentence de réception*, 26 août 1788, comme notaire de Durtal, signé Leleu, sénéchal-juge du comté-pairie de Durtal.

4° *Sentence de réception*, comme avocat, 21 avril 1789, signé Ferrière du Coudray, sénéchal-juge du marquisat de Jarzé.

5° *Sentence de réception*, 11 juillet 1789, comme notaire de la châtellenie de la Chèze (du chapitre d'Angers), signé Lelong de Bel-Air, lieutenant général de la sénéchaussée royale de Beaugé.

6° *Extrait du registre des conclusions* du chapitre de l'église d'Angers, 11 mai 1789, relatif à la pièce précédente.

7° Discours prononcé à la séance de réception de notaire (28 août 1788), et discours prononcé à la séance de réception comme avocat (21 août 1789).

Il y a dans les papiers du père de Béranger un cahier contenant des pièces et des lettres relatives à deux ou trois des affaires qu'il a eu à traiter pendant le peu de temps qu'il fut notaire.

Une lettre du 17 février porte pour inscription : *A monsieur de Béranger de Mersix, notaire de Durtal et avocat de présent à Saint-Germain.*

D'autres lettres (du 15 mars au 28 octobre) lui sont adressées à Durtal où il était revenu et où il assista, sans grand plaisir probablement, aux premières agitations que la Révolution naissante répandit dans les campagnes. Son amour des titres et des distinctions de noblesse, et la position même qu'il avait acquise dans les siéges de judicature seigneuriale, tout se réunissait pour lui inspirer le dégoût des nouveaux principes d'égalité et d'affranchissement.

De Durtal il vint un instant à Angers, puis à Paris. Nous voyons qu'il y était dès le 24 décembre 1789 et qu'il logeait à l'hôtel de la Marine, rue Gaillon, dans un quartier que plus tard Béranger devait habiter assez longtemps.

Le 3 avril 1790, M. Béranger était encore à Paris. A la fin de l'année, le 1er décembre, il datait d'Angers un mémoire qu'il voulait adresser, qu'il a adressé peut-être à l'Assemblée constituante pour demander que les notaires seigneuriaux fussent considérés comme les notaires nationaux, après délibération des municipalités.

C'est pendant son court séjour à Paris, en 1789, qu'il fit placer son fils en pension, rue des Boulets, chez l'abbé Chantereau.

De 1780 à 1782, il ne l'avait vu qu'une ou deux fois en passant. Mais sa paras où pourrait me jeter le mauvais état des affaires de la succession. On voulait m'engager[1] à me faire déclarer héritier, en me faisant espérer quelque avantage pécuniaire, mais j'aime mieux perdre même ce qui m'est dû du côté de ma mère, que de risquer ma tranquillité. Eh ! que m'importe l'argent? N'ai-je pas des amis ! Je les mets à la gêne, il est vrai, mais ils ne me le reprocheront pas, et qui sait si la Providence ne me mettra pas à même de reconnaître un jour tout ce qu'ils font pour moi? N'y comptez cependant pas trop, mon cher ami[2] ; une personne qui m'est attachée voulait, et devait me prêter les 400 fr. que je vous demande ; mais elle a moins le moyen de les perdre que vous, et je vous ai donné la préférence.

Embrassez mademoiselle Julie ; dites-lui que si je n'ai point de place dans six semaines, j'irai lui donner encore de la besogne. Tout à vous.

Que n'étais-je à Nurlu[3]? Mais nous irons un autre jour. Adieu.
BÉRANGER.

ternité paraît lui avoir été plus chère que ne l'indique sa conduite. Dans ses lettres de 1780, avant la naissance de Béranger, il se préoccupe plus d'une fois de ce que sera un jour ce fils qu'il abandonne contre son gré, cet héritier inconnu d'une famille dont il a rêvé la gloire.

Un mot encore : Le père de Béranger, qui fit tant de métiers, aurait fini par réussir dans les opérations de banque qu'il avait entreprises sous le Directoire et qui échouèrent en 1798. Ce fut l'une des crises financières, dues à l'incapacité du gouvernement, qui détermina sa ruine et elle ne fut complète que parce que la plupart de ses débiteurs le trompèrent. Son naturel généreux et confiant fut la principale cause de son infortune. « Il fut malheureux dans tout cela, » lisons-nous dans une lettre particulière, écrite par un vieil ami de Béranger qui, plus âgé que lui, lui a survécu. « Il a eu à supporter des escroqueries de la part d'individus auxquels il avait prêté de grosses sommes. Il a été volé sur un prêt de diamants qu'il avait fait. Le directeur du théâtre de l'Ambigu, Picardeau, auquel il avait prêté 30,000 francs, fit banqueroute, etc. »

Mais si le père de Béranger n'eût pas succombé, s'il fût devenu riche, aurions-nous un Béranger?

[1] Son oncle Merlot, sans doute.
[2] Ce jour est venu ; il les a largement payés sur sa gloire. Heureux le poëte et les amis qui l'ont aidé !
[3] Village près Péronne.

XII

A MONSIEUR QUENESCOURT

1809.

Voilà deux jours que je devrais vous avoir accusé la réception de l'envoi que vous m'avez fait ; mes occupations momentanées m'en ont empêché. Aujourd'hui je vous remercie, et n'en dis pas davantage, imitant en cela le silence que vous gardez sur ce point dans la lettre jointe à l'envoi.

Vous vous êtes donc bien amusés. Pends-toi, brave Béranger, on s'est régalé à Péronne et tu n'y étais pas !

Il n'en sera pas toujours de même ; il faut que vous sachiez, mon bon Quenescourt, que malgré la bonne intention d'Arnault, malgré même l'assurance qu'il m'avait donnée, il paraît probable que je n'aurai pas de place.

On ne veut pas augmenter le nombre des employés, et Arnault ne compte pouvoir renouer les fils qu'il avait fait agir pour moi que dans quelque temps. J'en suis moitié triste et moitié gai ; on me parle d'autres places, mais qui ne me conviennent pas, par le genre de subordination, car vous savez que c'est à cela que je regarde, et nullement aux appointements. Mais il faut que je vous quitte, ma sœur m'attend pour faire les visites d'usage lors de la prise du deuil.

Je vais courir tout Paris. Ah ! si vous me voyiez tout en noir, je suis vraiment beau ; ce qu'il y a d'heureux, c'est que je suis gai sans trop savoir pourquoi. Salut à Laisney, au maître ivrogne Beaulieu, à De France, Delaporte, etc., etc. J'embrasse mademoiselle Julie. Continuez vos dîners jusqu'à mon arrivée, et buvez bien à ma santé ; mais je bavarde, je bavarde sans fin.

Adieu. Votre reconnaissant ami,   Béranger.

Bourdon est très-sensible à votre amitié.

XIII

A MONSIEUR QUENESCOURT

Paris, ce 6 février 1809.

Sûr que vous auriez de mes nouvelles par Delaporte, je ne me suis pas pressé de répondre à votre dernière. Il vous aura dit, mon ami, qu'il ne m'est pas possible d'être à Péronne pour le carnaval, quelque désir que j'en aie. Je comptais cependant faire les jours gras au sein de notre communauté, et jeûner avec vous pendant le carême ; mais, mon ami, le temps de la passion est déjà venu pour moi : une délicatesse, dont je finirai peut-être par me repentir, me jette dans la main des hommes de loi, et il me coûtera beaucoup d'argent et de peines pour renoncer à la succession de mon père, parce que je veux assurer les droits des créanciers, en leur facilitant les recouvrements dont j'abandonne ma part à ceux d'entre eux qui n'ont pas de titres. Vous voyez, mon cher Quenescourt, qu'il ne suffit pas toujours de faire des sacrifices pour avoir le repos, puisque malgré ceux que je fais, je suis tourmenté, vexé, pillé.

Voilà donc comme je vais passer mon carnaval !

Plus ce temps doit amener de joie, plus il aigrit mon humeur, et, malgré toute ma philosophie, je ne puis dans ce moment me défendre des regrets que le passé doit faire naître et des craintes que m'inspire l'avenir. Vous voyez que rien ne me réussit.

Sans vous où en serais-je? Je me suis endetté d'une manière effroyable, et la place qui semblait devoir m'aider à m'acquitter ne paraît pas devoir arriver de sitôt.

Quel avenir! Quoi! toujours dépendre des autres! devoir à tout le monde! ne vaudrait-il pas mieux mettre un terme à tant de peines que d'être continuellement obligé de montrer à ceux qui nous entourent un front serein et joyeux, qui contraste si fort avec ce qui se passe en nous! Ah! mon ami, je cherche en vain à m'étourdir; l'âge va bientôt m'ôter cette dernière ressource. N'allez pas au moins montrer cette lettre à nos amis; quand je serais avec eux, ils se défieraient de ma gaieté[1].

J'espère vous embrasser tous au commencement de mars; cependant ici on désapprouve ce voyage comme nuisible à mes intérêts; faudra-t-il céder encore à de vaines sollicitations? Embrassez tous les membres de la communauté pour moi; n'oubliez point la bonne demoiselle Julie; amusez-vous et pensez à moi quelquefois. Pourquoi Laisney ne m'écrit-il pas? Tout à vous.

---

[1] « En dépit de quelques folies de jeunesse et des épines que la misère laisse toujours aux jambes de ceux qui l'ont traversée, c'est de ce moment que ma vie put prendre un essor plus régulier. Je sortais d'une époque critique, surtout pour les hommes dont l'intelligence se développe d'elle-même et pour ainsi dire au hasard. De vingt-six à trente ans, il s'élève en eux un combat entre l'imagination exaltée par les sens et la raison éclairée par un commencement d'expérience, où celle-ci ne triomphe pas toujours. Quelle qu'en soit l'issue, le champ de bataille est profondément remué. La lutte fut en moi aussi douloureuse que longue, et il me semblait par instants que j'allais devenir fou. Enfin, la raison l'emporta; bientôt mon âme devint plus sereine, les accès de mélancolie disparurent; je vis les hommes tels qu'ils sont, et l'indulgence commença à pénétrer dans toutes mes pensées. Depuis lors, ma gaieté, d'inégale et bruyante, devint calme, soutenue, et ne m'abandonna plus que quelquefois dans le monde, mais toujours pour venir m'attendre dans ma retraite ou auprès de mes amis, qu'elle consola souvent. » (*Ma Biographie*.)

XIV

A MONSIEUR QUENESCOURT

1809.

Que vous êtes paresseux, mon ami! En vérité, ne dirait-on pas que toutes les affaires sont de votre côté! Comment, il y a au moins trois semaines que je vous ai écrit, et point de réponse! Avez-vous joué aux dames? avez-vous joué à la chique! voyez les belles occupations auprès des miennes! Outre mes affaires d'intérêts, auxquelles je me livre le moins possible, j'ai eu les embarras que cause le carnaval[1], un dîner, deux dîners, trois, etc., bal, soupers, etc., etc., car je ne me suis fait faute de rien. J'ai été l'ordonnateur des fêtes; j'ai fait des chansons, je me suis bien trémoussé, j'ai bien bu; enfin, grâce à mes bons amis et à quelques femmes aimables, j'ai si bien étourdi mon chagrin, que me voilà redevenu gai, content, farceur comme ci-devant; eh! vogue la galère! J'avais envie, pour vous le prouver, de vous envoyer mes chansonnettes, mais j'ai pensé qu'il valait mieux attendre que je pusse vous les chanter moi-même. Vous verrez qu'on peut n'avoir pas un sou, car nous sommes tous aussi avancés les uns que les autres, et se mettre au-dessus des chagrins réels, des peines imaginaires, par le seul charme qu'on goûte dans des réunions amicales où l'amour ne sert qu'à éveiller la gaieté et où le vin l'alimente sans cesse. Mais je ne vous apprends rien de nouveau;

---

[1] « Quelle douce chose que des amis! Mes méditations littéraires ne n'empêchaient pas d'avoir des chansons pour tous les joyeux dîners que notre bourse nous permettait. Pas un carnaval ne se passait sans mascarades; jouer la comédie fut un de mes grands divertissements, et je composais de petits vaudevilles pour mes fêtes particulières, ce qui rend plus extraordinaire le peu de plaisir que par la suite j'ai trouvé à aller au spectacle. » (*Ma Biographie.*)

si les réunions picardes ne sont pas tout à fait complètes, au moins ce n'est ni les bons amis ni les bons vins qui y manquent. Sans doute vos repas ont encore lieu ; y parlez-vous de moi? Je parle ici de vous à tout le monde, et Dieu sait avec quelle effusion de cœur! Laisney ne m'écrit pas ; est-ce parce que je suis son créancier? Delaporte a-t-il toujours la fièvre? Dites à Sauvage que je suis très-sensible à son souvenir. N'oubliez point mon Capitaine. Embrassez la bonne demoiselle Julie ; en vérité, quand je pense à tout ce qui me manque ici, je suis tenté de la regretter plus que vous tous ensemble.

La feuille est remplie, adieu.

XV

A MONSIEUR QUENESCOURT

Paris, ce 16 mars 1809.

Vous prenez tout au pis, mon cher ami ; dans l'une de mes lettres, vous me voyez prêt à me pendre ; dans l'autre, vous voyez un homme qui oublie ses meilleurs amis au sein des plaisirs. J'ai l'expression un peu trop vive, et votre manière d'interpréter ne l'est pas moins. Je suis loin d'avoir renoncé au voyage de Péronne ; mais vous me connaissez. Je n'ai personne derrière moi pour me pousser par les épaules ; on me retient plutôt, et je reste en pensant à partir. Il faut tout vous avouer. Dans le dessein bien formé de retourner dans mes terres, je ne voulais former aucune liaison de cœur, et je me contentais de quelques passades amusantes. Mais un diable de lutin [1] est venu s'emparer de

---

[1] Mademoiselle Judith qui, dès ce moment, se chargea de continuer l'éducation du jeune Lucien que sa mère abandonnait et à qui manquait le père de Béranger.

ma volonté, s'est fait aimer en dépit de moi, m'a séduit en me parlant raison, en exigeant de moi un entier retour à la poésie; enfin, une femme m'enivre d'amour en me parlant sans cesse de travail et de gloire. Le charme commence à opérer; ma tête est électrique. Mais, de tout cela, il ne m'en reviendra peut-être que peines et soucis, et cela par différentes raisons que je ne puis vous dire. Si bien que ce que vous croyez devoir être un obstacle à mon retour pourra fort bien me le faire avancer.

Dites mille choses à tous mes amis; chargez Laisney d'embrasser ses parents pour moi. Rappelez-moi sans cesse au souvenir de mademoiselle Julie, et croyez qu'au milieu des chagrins les plus vifs, des peines les plus grandes, je ne puis perdre le souvenir d'un ami tel que vous.

Je me hâte d'écrire parce qu'elle m'attend.

XVI

A MONSIEUR QUENESCOURT

Paris, le 26 mars 1809.

Mon ami, mes affaires sont à peu près terminées, et malgré tout l'argent qu'il m'en coûte encore, je rends grâces au ciel de me voir enfin débarrassé de cet embarras qui m'a causé le plus grand dégoût. Je fais donc mes préparatifs de voyage, et je compte être à Péronne vers le 8 avril, ou le 12 au plus tard; faites-moi savoir si cela s'accorde avec le dessein que vous aviez vous-même de venir à Paris. Si vous étiez toujours dans l'idée de venir à Paris pour le mois de mai, j'aimerais mieux attendre cette époque pour retourner, car vous savez combien il me coûtera de m'embarquer seul. Dites-moi aussi quelle est la voiture que je dois préférer ; irai-je par Noyon? Vous voyez, mon ami, que l'amour n'a pas encore assez d'empire sur moi pour m'arracher entièrement à l'amitié et à la reconnaissance. A propos, comment oserai-je me présenter dans une ville où j'ai fait tant de dettes? que répondrai-je aux débiteurs, qui ont au moins le droit de me demander quelques à-compte?

Adieu, mon bon ami, je ne vous charge de rien pour personne, je ferai bientôt mes commissions moi-même.

En attendant le plaisir de vous embrasser.

XVII

A MONSIEUR QUÉNESCOURT

Ce mardi, 11 avril 1809.

Mon ami, je prendrai la voiture vendredi, 14 du courant ; viendrez-vous le même jour jusqu'à Noyon? Cela ne me déplairait nullement. Cependant ne faites que ce que vous pourrez faire ; mais qu'il serait beau de souper, non-seulement deux, mais trois, mais quatre, dans ce lieu de rendez-vous ! Quant à mes effets, j'en aurai une petite partie avec moi, l'autre sera mise à la diligence jeudi. Je n'ai rien de plus à vous dire, sinon que si je ne trouve personne à Noyon, je gagnerai Ham, et prendrai pour cela une voiture, ne voulant pas me hasarder de pied sur les routes. Dans ce cas, je descendrai à Ham, au *Petit-Saint-Jean*. C'est ainsi, je crois, que se nomme l'auberge où nous avons dîné. Si je ne rencontre là aucun ami, j'en prendrai mon parti et pousserai ma route jusqu'au lieu où je suis sûr d'être bien vu et bien reçu.

Au plaisir de vous revoir, mes chers amis ; priez le ciel pour qu'il n'arrive aucun accident, et bientôt nous nous embrasserons.

XVIII

A MONSIEUR BOSQUILLON WILHEM

Péronne, 25 avril 1809.

Je t'écris, mais me répondras-tu[1] ? Tu me l'as promis : si j'étais sûr que tu ne tinsses pas ta parole, je ne t'en écrirais pas davantage. A tout prendre, je ferais aussi bien, car je n'ai rien à te dire de nouveau; il faut être à Paris pour avoir de longues lettres à remplir. Tu as appris sans doute par Bourdon que j'étais arrivé à bon port : aussi ce que je pourrais te conter serait plutôt relatif aux instants qui ont précédé mon départ qu'à ceux qui l'ont suivi : je pourrais te dire, par exemple, que ces demoiselles m'ont donné une dernière preuve de leur amabilité, en me faisant voir que je les gênais, dans les deux heures qui se sont écoulées depuis la fin du bal jusqu'à l'instant de mon départ. Le fait est que j'avais eu tort de rentrer avec elles chez madame Mellet, puisque j'aurais pu rester chez madame Prévost avec plusieurs jeunes gens de la noce. Je me suis en allé chez elles par la seule raison que, près de partir, je croyais devoir passer avec elles, Bourdon et Alphonse, le peu d'instants qui me restaient. Elles l'ont si peu senti, que j'ai été honteux de le leur avoir dit dans un moment de vivacité. Tu peux bien penser que ces amertumes qui restent à l'instant d'un départ influent beaucoup sur nos sentiments. On pourra bien

---

[1] Dans la dernière lettre écrite à Wilhem, Béranger ne le tutoyait pas encore. L'amitié avait marché. Wilhem, qu'on eût pu croire plus tard un peu mélancolique et réservé, chagrin même, avait dans sa jeunesse l'humeur vive et un caractère passionné. C'était un ami ardent; et ce n'était pas seulement dans l'amitié qu'il mettait de la chaleur. Béranger eut bien vite compris cette âme si tendre et si impétueuse.

ne pas me revoir souvent au Château[1]. Je vais me remettre à travailler après avoir mis fin aux dîners de famille et d'amis. Je suis heureux où je suis : on m'y montre tant d'amitié !

Voudras-tu me rappeler au souvenir de madame Paffe[2] et de mademoiselle Henriette. Je regrette beaucoup les parties que nous devions faire ensemble ; mais j'espère bien que, pour moi, ce ne sera qu'un plaisir différé.

Comment va la musique ? et les lycées abondent-ils ? Fais fortune, instruis-toi, marche à la gloire ; je te souhaite tout le bonheur possible. Dis bien des choses aux personnes de ma connaissance que tu pourras rencontrer.

Adieu, mon ami, compte sur mon sincère attachement.

P. J. DE BÉRANGER.

Chez M. Quenescourt.

XIX

A MONSIEUR B. WILHEM

1809.

J'apprends, en rentrant, que tu es venu me voir. J'ai été chez ta tante à peu près à l'heure de la sortie du bureau, croyant t'y rencontrer : nos pas ont également été inutiles. Je n'ai osé parler chez madame Paffe de ta place ; mais il paraît enfin que c'est une corde cassée. Il y a deux manières d'envisager la chose, et je t'engage à ne la voir que du bon côté. Pour l'embellir encore, n'y aurait-il pas moyen de saisir cette occasion de faire un acte de charité ? Tu connais madame Guermante : son mari est sans place ; il est honnête homme, intelligent et instruit. S'il t'est possible, en

---

[1] De la rue Bellefonds.
[2] Tante de Wilhem, pour qui a été faite la chanson de *la Bonne Maman*.

faisant retraite, de présenter un remplaçant, je t'engage à le faire en sa faveur. Il est père de quatre enfants, et je le sais dans une gêne qui est bien près de la misère, et qui doit finir par là avant peu.

Je ne veux pas, au reste, que cela te fasse faire une fausse démarche ou te faire préférer mon protégé à ceux que tu pourrais avoir; c'est seulement dans le cas où tout pourrait s'arranger sans inconvénient.

Adieu, mon ami, porte-toi mieux, et viens me voir dimanche, comme tu me l'as promis, ou écris-moi.

XX

A MONSIEUR QUENESCOURT

Paris, ce 20 mai 1809.

J'ai tardé à vous écrire, parce que je voulais vous annoncer ce qui en était de ma place; mais, cela étant encore dans le cas de traîner quelques jours, je crains de vous donner de l'inquiétude par un plus long retard. Je me bornerai à vous raconter ce qu'il y a de fait à cet égard. D'abord, le jour de mon arrivée, je me suis empressé d'aller trouver Arnault, qui m'a renouvelé les assurances que contenait sa lettre. Malgré mon peu de toilette, puisque ma malle n'était pas avec moi, il m'a emmené tout botté, en redingote et en linge sale, chez le grand maître[1], qui voulait me voir, et qui m'a fort bien reçu, à l'étonnement, sans doute, de tous les conseillers à vie, conseillers ordinaires, inspecteurs, etc., que mon costume devait un peu scandaliser. Ce jour-là même, Arnault m'a proposé une place de sous-chef

[1] Le grand maître de l'Université, Fontanes.

(et observez qu'il n'y a pas de chefs dans cette partie-là) avec 3,000 francs d'appointements. Le croiriez-vous! je l'ai refusée. Cette place est sujette à un travail extraordinaire, et me laisserait trop peu de temps. J'ai dit que je préférerais moins d'argent et plus de liberté. Je m'en tiens donc à la place de 2,000 francs; mais je pense qu'Arnault tâchera de m'en procurer une meilleure, et qui pourtant ne me gêne pas trop. Comme le grand maître est bien disposé, cela se pourra peut-être; quant à moi, je tiens à ne point avoir trop à faire, et je l'ai dit devant lui.

Vous voyez, mon ami, que, dans tous les cas, la chose ne peut que bien tourner; il serait assez drôle pourtant qu'elle tournât mal : dans ce cas, vous me reverrez bientôt. Vous me demanderez sans doute pourquoi Arnault me pressait de partir si vite, ce dont je suis assez fâché. Il a suivi en cela les intentions de M. Fontanes, qui lui demandait presque chaque jour si j'étais arrivé. Je vous avoue que lui et moi sommes encore à en deviner la raison.

Mon voyage a été heureux et même assez gai. Comment a été celui de Nurlu? Dites bien à Mascré que j'aurais voulu le voir au milieu de sa famille.

Que devient la malheureuse chanson?

J'ai fait les commissions de Laisney.

Je vous attends toujours avec le bon De France et mademoiselle Julie pour le 1er juillet, et Laisney et Delaporte pour le 10. J'ai déjà annoncé votre arrivée à Grappe. Remerciez M. Auger de la célérité qu'il a mise dans l'envoi de la cassette.

Mes compliments à ceux de mes parents que vous verrez. Je vous embrasse tous, mes amis.

XXI

A MONSIEUR QUENESCOURT

Fin mai 1809.

Vous êtes peut-être étonné, mon ami, de ne point recevoir de mes nouvelles. Je devrais remettre encore à vous écrire; mais je crains que vous n'attribuiez mon silence à la haute fortune où vous me croyez parvenu : « Sans doute, dites-vous, il est déjà au plus haut point d'élévation; il oublie ses amis. » Rassurez-vous, la fortune que j'ai faite ne me troublera pas le cerveau. Si j'avais la tête moins philosophique, il y aurait cependant de quoi. Vous allez en juger : je vous ai dit, je crois, déjà que le grand maître avait prié lui-même Arnault de m'écrire qu'il m'attendait avec impatience, que je lui avais été présenté au plus vite pour le satisfaire, qu'il m'avait dit de demander ce que je voulais, qu'un emploi de 3,000 francs m'avait été offert; je vous ai dit tout cela, mon ami, rien n'était plus vrai. Eh bien ! le croiriez-vous? lorsque les états ont été envoyés à Arnault, mon nom n'y était pas. Vous jugez de la surprise de celui-ci. Il court chez le grand maître. Ce cher homme fait l'étonné, ne se pardonne pas l'oubli qu'il vient de faire, sort du conseil pour le réparer, et plus de nouvelles de M. le grand maître! Si quelqu'un a été affligé dans cette occasion, c'est Arnault. Il était bien visible (du moins c'est mon opinion) que Fontanes s'était laissé aller à la crainte d'avoir auprès de lui un homme attaché entièrement à Lucien, crainte que d'abord il avait surmontée. Quant à moi, je n'ose vous dire que je n'éprouvai d'abord aucun regret, et que, si mes parents et mes amis ne m'avaient démontré la nécessité de me pendre pour un malheur aussi imprévu, je n'aurais été que médiocrement triste. Enfin, Arnault, qui se trémoussait pour moi, revit encore mon donneur d'eau bénite, et il paraît qu'il le pressa tant, qu'il ne put refuser quelque chose ; très-généreusement on m'offrit un emploi de 1,500 francs, avec des promesses d'avancement rapide. Vous croyez bien que je fus indigné, et que, si j'eusse alors rencontré le grand maître, j'aurais manqué de respect à l'Université. Ce qui m'a fait le plus souffrir dans cette affaire, c'est d'avoir été obligé d'accepter ; l'indignation s'est emparée de moi, et mes nerfs ne sont pas encore raffermis. Ce qui me console, c'est qu'il y avait un mois de surnumérariat à faire, et que, moi, on me laisse la liberté de me promener pendant ce temps. Je n'entrerai au bagne que le 1er juillet. Vous voyez, mon ami, à combien d'incertitudes nos destinées sont soumises : car observez bien que le peu que j'attends ne m'est pas encore assuré. Ah ! mon ami, sans un peu de philosophie, que l'on serait à plaindre ! Heureusement, je vous le répète, je ne me sens pas trop affligé. Je travaille un peu pour me distraire, et je fais des projets vastes pour m'amuser. Je pense toujours à l'Italie : je crois que j'irai.

Dites-moi par quel hasard vous avez vu M. Bouvet ; ma tante se porte-t-elle bien ? Madelon[1] m'a écrit des choses qui m'ont fait de la peine. Il paraît que madame Forget ne me pardonne pas : c'est ce qui m'inquiète le moins ; mais je serais fâché que mon oncle conservât quelque prévention contre moi. Donnez-moi des nouvelles de tous nos amis. Embrassez mademoiselle Julie. Je vous renverrai vendredi prochain la caisse et le sac.

Dites à Laisney que je n'ai point encore fait la commis-

---

[1] Sa cousine Madeleine-Catherine Paron, née en 1784.

sion, parce qu'il a négligé de me marquer où les personnes qui pourraient donner des renseignements à Denise Vivien devaient s'adresser.

P. S. Quand arriverez-vous avec Boniface? Que Laisney embrasse les parents pour moi. Dites bien des choses à François de Paule.

XXII

A MONSIEUR QUENESCOURT

Paris, ce 16 juin 1809.

On me reproche ma paresse; on n'a pas tort; mais êtes-vous moins paresseux que moi, mon ami? Il vous coûterait si peu de m'écrire un mot pour chaque lettre! Mais, je le sais trop, la paresse est comme la peur : cependant j'espère me corriger de ce vilain mal, ce n'est pas que je travaille beaucoup; mais je sens en moi ces battements de cœur qui, dans un âge moins avancé, me faisaient produire mes faibles essais. Je deviens méditatif; la gaieté que je montrais naguère commence à perdre de sa vivacité. Je cesserai d'avoir peut-être cette petite dose d'amabilité que vous me trouviez; mais enfin il faut être homme; je le sens, trop tard sans doute. Combien de temps n'ai-je pas perdu! Plaise au ciel que je n'en perde plus! Oh! je crains bien que ma résolution ne soit encore qu'un beau rêve! Pour m'armer contre moi-même, je me retire du monde. Je vais me loger au bout de la terre, rue de Bellefonds[1], près de Montmartre, au milieu d'un vaste jardin. Là, dans une maison dont je vous ai souvent parlé, et où mes amis se réunissent, je n'aurai de société qu'aux heures de repas; je serai loin des connaissances nuisibles; j'aurai des promenades solitaires,

[1] Chez le docteur Mellet.

de l'ombrage, une belle vue, et, s'il m'est possible d'être heureux, je le serai. En attendant que le petit logement qu'on m'y fait préparer soit prêt, je vais y camper et jouir de la belle saison et du temps de liberté que j'ai encore à passer d'ici au 1ᵉʳ juillet, jour où je dois entrer à mon bureau; vous me trouverez donc dans ma solitude. Je ne serai point encore en état de vous y bien recevoir; mais vous m'y verrez toujours le même pour vous et nos amis communs.

Depuis quelques jours, ma santé n'est pas bien bonne. Je souffre de la poitrine, j'attribue cela aux contradictions que j'ai éprouvées pour ma place. Je supporte facilement l'adversité; mais les vexations me font mal.

Dites à mes amis que, souffrant ou en santé, je pense toujours à eux avec le même plaisir.

Embrassez pour moi mademoiselle Julie et ma cousine Madelon, si vous la voyez.

J'ai commencé cette lettre avec l'intention de vous annoncer que je venais de faire porter la caisse chez Liévin, et je m'aperçois que je ne vous en ai point encore dit un mot : elle doit partir aujourd'hui. La clef et le cadenas sont dedans.

Bourdon est toujours très-sensible à la manière aimable avec laquelle vous voulez bien vous occuper de lui. Croyez qu'il désire faire votre connaissance.

Je suis tout à vous.   BÉRANGER.

Rue de Bellefonds, numéro 20.

XXIII

A MONSIEUR QUENESCOURT

24 juin 1809.

Je me suis acquitté de la commission que vous m'avez

donnée, mon cher ami ; mais il n'est pas possible de rien décider sans vous. Les prix de location diffèrent de ce que vous voulez mettre. Madame Gai, je crois qu'elle se nomme ainsi, ne pourrait vous donner le logement au premier pour 50 francs comme elle l'a fait l'année dernière. Le premier logement que vous aviez occupé est trop petit, dit-elle, pour y mettre trois lits. Elle vous propose deux chambres et un cabinet, ce qui vous conviendrait bien, pour 70 francs. C'est le nombre des lits qui fait cette augmentation, plutôt que la grandeur de l'appartement ; du moins, j'ai cru l'entrevoir aux explications qu'elle m'a données, explications qui m'ont paru si claires, que je crains de faire quelque bévue en vous les rapportant. Ce qu'il y a d'essentiel, c'est l'assurance que j'ai qu'elle aura toujours quelque logement de prêt à votre arrivée et où vous pourriez vous loger à la journée si le prix ne vous convenait pas.

Je vous attends donc le 30, à six heures du soir, faubourg Saint-Denis. Je vous dirai pour nouvelles que j'ai déjà été deux fois à mon bureau ; mais moins pour y travailler que pour y faire acte de présence. Je suis fâché que François de Paule[1] n'ait pu venir ; témoignez-lui-en mes regrets. Mes respects et mes amitiés à M. et madame Laisney, dont le souvenir m'est toujours si cher.

Rappelez-moi au souvenir du joyeux M. Auger. Assurez M. De France que je regrette extrêmement de n'avoir pu lier entièrement connaissance avec le père de l'un de mes meilleurs et de mes plus anciens amis.

J'embrasse Beaulieu, qui voudra bien embrasser sa femme pour moi ; mes amitiés à Rouillard[2]. Si vous voyez Larcher, faites-lui des compliments de ma part ; n'oubliez point Ca-

---

[1] F. de P. Forget, son cousin.
[2] Beau-frère de Laisney.

lixte, bien des choses à M. et madame Noël. Quant à Mascré, si vous le voyez avant votre départ, vous lui direz que je pense toujours aux folies que nous avons dites ensemble.

Je ne dis rien à ceux que j'attends avec impatience. J'ai écrit à M. Bouvet; mais je n'écrirai que dans quelque temps à ma tante.

XXIV

A MONSIEUR SOYER
Rue du Doyenné, 2 ou 1, magasin de librairie.

28 juillet 1809.

Monsieur,

Il m'est impossible de déterminer, ainsi que vous le désirez, le nombre des feuilles de la galerie mythologique. Vous avez ajouté des personnages qui la rendront plus volumineuse que je ne le pensais ; je vous avouerai même que je suis trop peu avancé pour fixer rien d'après mon travail. L'incertitude de ma situation, des distractions plus grandes qu'il ne l'eût fallu, et une espèce de dégoût, m'ont empêché d'avancer davantage. Je sens combien je suis coupable ; mais je vous rappelle qu'il y a longtemps que je vous marquai le désir de vous voir chercher quelqu'un d'expéditif pour achever cette besogne que je crois être à peine au quart. La forme que j'avais prise d'abord me plaisait ; j'ai vu que vous souhaitiez que je la changeasse ; je me suis conformé à votre goût. Il en est résulté que l'ouvrage en me plaisant moins ne m'en paraît pas plus facile. Vous le savez : je suis un mauvais manœuvre. Je conviens peu aux travaux de ce genre, et je serai toujours loin d'y trouver mon compte. Cette dernière réflexion n'est point celle qui m'arrêterait, parce que j'envisage l'utilité dont la chose peut vous être, et vous n'ignorez point l'intérêt que je vous porte, intérêt que vous méritez si bien d'inspirer.

Vous devez désirer de causer avec moi ; et, si je n'étais retenu chaque jour par des parents et des amis qui me sont venus voir, il y a longtemps que j'aurais été causer avec vous. En attendant ce plaisir, faites-moi celui de m'informer de vos résolutions en m'apprenant si vous prenez le parti de chercher un autre *gâcheur* ou seulement un collaborateur avec qui je puisse partager la besogne. Si vous n'en trouvez pas, soyez persuadé que pour la fin d'octobre, dussé-je passer les nuits, vous aurez l'ouvrage en entier.

J'attends votre réponse et suis votre redevable et votre ami, P. J. DE BÉRANGER.

M. Soyer était le gendre de Landon. Il avait, à ce qu'il paraît, projeté de publier une *Galerie mythologique* sur le plan de la *Galerie historique* de son beau-père, et c'est à la plume de Béranger qu'il avait eu recours.

On verra, dans une lettre de Béranger, du 4 décembre 1832, comment la partie du manuscrit qu'il exécuta a été conservée par M. Soyer lui-même et par quelle raison l'auteur s'opposa à ce qu'elle fût publiée dans l'*Encyclopédie des Gens du monde*, que dirigeait à cette époque M. Schnitlzer.

Nous n'enfreignons pas sa volonté en détachant de ce travail une seule notice qui ne doit être considérée que comme une ébauche des travaux auxquels il se livrait dans sa jeunesse pour Landon ou pour M. Soyer. Les études que ces travaux nécessitaient ont laissé leur trace dans ses vers.

Le manuscrit, tel qu'il existe encore, se compose de 84 pages in-folio. Il contient les articles suivants :

ACHILLE, page 1.
ADONIS, page 13.
AGAMEMNON, page 21.
AJAX, *fils de Télamon*, page 29.

(Ces quatre articles sont écrits au net par un copiste, mais il y a des corrections de la main de Béranger.)

AJAX, *fils d'Oïlée*, page 37.

ALCESTE, page 41.

ANTIOPE, *reine des Amazones*, page 51.

AMPHION, page 47.

APOLLON, page 57. (Il y a une lacune de six pages depuis la page 51.)

ATLAS, page 65.

BACCHUS, page 69.

CADMUS, page 75.

CHIRON, page 77. (Cet article est en partie déchiré.)

DEUCALION, page 79.

DÉDALE, page 81.

Tous ces articles sont du genre de celui-ci.

APOLLON

Apollon est le dieu dont l'imagination des anciens a le plus multiplié les attributs. Soit qu'on le confonde avec Phœbus, dieu du jour ou le soleil, ainsi que cela est permis, puisque, malgré l'opinion de quelques savants modernes, c'est la même divinité à qui l'on rend deux cultes distincts, soit qu'on ne le regarde que comme le dieu de la poésie, le conducteur des Muses, ce personnage brillant semble avoir été pour les Grecs le type de la beauté idéale; on l'a entouré de tous les prestiges que les poëtes ont pu enfanter. La musique ne l'a pas moins célébré, et enfin la peinture et la sculpture ont rendu à ce dieu des hommages si éclatants, qu'elles en ont presque fait une divinité pour les peuples modernes.

Quelques mythologues ne veulent voir dans Apollon qu'un

être allégorique dont l'idée, selon eux, est due aux Égyptiens. Ils expliquent toutes les particularités qu'on en rapporte par les révolutions physiques que le soleil opère dans son cours. Cette opinion est fondée en partie, puisqu'en effet le culte du soleil, le plus ancien peut-être de tous les cultes idolâtriques, celui que les Perses et les Mèdes adoptèrent dans les temps les plus reculés, fut adapté par les Égyptiens et par les Grecs à celui qu'ils rendaient, les uns à Orus, fils d'Osiris et d'Isis, prince dont ils avaient reçu les plus grands bienfaits, les autres à trois personnages célèbres qui portèrent le nom d'Apollon et qui étaient originaires, selon Cicéron, l'un de Crète, l'autre d'Arcadie et le troisième des régions hyperborées. On sent d'après cela qu'il doit être presque impossible de reconnaître ce qui appartient à l'histoire de ce qui est du domaine de la fable dans les aventures dont Apollon est le héros. Nous les rapporterons donc sans en faire un examen approfondi.

Jupiter ayant entretenu un commerce amoureux avec Latone, fille de Cœus et de Phœbé, exposa cette princesse à la fureur de Junon, qui la fit poursuivre par le serpent Python pendant tout le temps de sa grossesse. Latone chercha vainement un refuge dans diverses contrées; enfin il fallut que Neptune fît sortir des flots l'île de Délos afin que cette infortunée pût se cacher pour faire ses couches. C'est là qu'elle donna le jour à Apollon et à Diane. Le Jupiter dont il est ici question est vraisemblablement le plus ancien des princes de ce nom qui régnèrent sur la Crète.

Selon la théogonie des Égyptiens, Latone n'était que la nourrice d'Apollon ou plutôt d'Orus, et, pour soustraire cet enfant d'Osiris aux persécutions de Typhon, usurpateur du trône d'Égypte et qui nous est peint dans la Fable comme un être effroyable et monstrueux, elle s'enfuit dans une île flottante qui ne se fixa que lorsque le jeune prince fut hors de danger. La tradition relative à l'Apollon Crétois s'est visiblement accrue de celle qui concerne le prince égyptien. Lorsque Apollon eut atteint l'âge viril, il voulut venger sa mère des persécutions qu'elle avait éprouvées et tua le serpent Python à coups de flèches, victoire dont il lui revint le plus grand honneur et qu'il voulut rendre à jamais célèbre en couvrant le trépied d'un temple qu'il avait à Delphes de la peau de cet énorme animal, né du limon resté sur la terre après le déluge de Deucalion.

Un brigand à la tête d'une troupe nombreuse infestait les environs du temple de Delphes : le prêtre d'Apollon eut le courage de l'aller combattre avec quelques troupes, et, l'ayant vaincu, suspendit l'armure de ce brigand dans le temple qu'il venait de délivrer : voilà tout ce qu'il y a de vrai dans ce récit, à moins qu'on ne préfère en puiser l'explication dans la physique et dire que les exhalaisons fétides de la terre, après les ravages du déluge de Deucalion, ayant été dissipées par l'influence bienfaisante du soleil, donnèrent lieu à cette allégorie.

Quoi qu'il en soit, ce fut à cette occasion qu'on donna à Apollon le nom de Pythien et qu'on institua des jeux qui se célébraient de quatre ans en quatre ans avec une solennité extraordinaire. Tous les peuples de la Grèce envoyaient à Delphes des députations ou théories composées de jeunes garçons et de jeunes filles chargés de présenter au dieu les plus riches offrandes et de faire des pompeux sacrifices. On chantait dans ces fêtes des hymnes en l'honneur d'Apollon, et une branche de laurier était le seul prix décerné au vainqueur.

Apollon, ayant conçu de l'amour pour Coronis, fille de Phlégias, fut averti par le corbeau, son oiseau favori, que cette nymphe aimait un jeune homme nommé Ischis. Il tua les deux amants et retira des flancs de Coronis le fruit de l'amour qu'il avait eu pour elle, et qui, élevé par le centaure Chiron, se rendit célèbre sous le nom d'Esculape. La naissance de l'Esculape grec, car il y en a aussi un égyptien, étant de beaucoup antérieure au temps où a vécu l'Apollon crétois, on doit penser qu'il s'agit ici de celui qui était originaire d'Arcadie et que nous croyons moins ancien. Dans la suite, Esculape étant devenu médecin habile et ayant ressuscité Hippolyte, fils de Thésée, la Fable raconte que Jupiter, irrité, de voir un mortel usurper ainsi le pouvoir de la divinité, foudroya ce savant homme, et qu'Apollon, pour venger son fils, perça de ses traits les Cyclopes qui avaient fourni à Jupiter la foudre dont Esculape avait été frappé.

Le maître des dieux voulut venger à son tour ses fidèles serviteurs et il exila Apollon de l'Olympe. Ce dieu, réduit à la condition humaine, se retira chez Admète, roi d'une partie de la Thessalie, qui lui confia le soin de ses nombreux troupeaux. La mort inopinée d'Esculape et les malheurs de quelque prince fameux par son goût pour la poésie, peut-être de l'Apollon arcadien, furent la source de cette fable. Cet Apollon, réfugié chez Admète, fut chargé par ce prince du gouvernement de plusieurs contrées, et, comme le nom de pasteur et celui de roi étaient presque synonymes alors, on représente Apollon gardant les troupeaux d'Admète. On suppose que, lorsqu'il avait cette occupation, Mercure s'amusa à lui dérober des bœufs et les traits dont il était resté armé, et qu'il employait avec tant de succès contre ses ennemis. Désespéré de cette perte, le dieu, réuni à Neptune, disgracié ainsi que lui, alla offrir ses services à Laomédon, qui faisait construire les murailles de Troie et qui les employa à faire les briques dont il avait besoin. Quand l'ouvrage fut terminé, il leur refusa le salaire qu'il leur avait promis. Neptune, pour l'en punir, envoya un monstre marin qui ravagea les environs de Troie et Apollon frappa son peuple de la peste. Ces diverses circonstances ne peuvent avoir d'autres fondements que les malheurs que Laomédon s'attira par sa mauvaise foi et que les poëtes attribuèrent à la vengeance des dieux.

Enfin l'exil d'Apollon eut un terme, et il reprit sa place dans l'Olympe; mais il eut auparavant différentes aventures amoureuses que nous allons rapporter d'après les poëtes. Leucothée, fille d'Orchame, roi des Perses, lui inspira la tendre passion. Ayant pris la figure d'Euryomène, mère de cette princesse, il abusa d'elle et l'exposa ainsi à la colère d'Orchame, qui, averti par Clytie, autre maîtresse d'Apollon, fit enterrer vive la malheureuse Leucothée qu'Apollon métamorphosa en l'arbre qui produit l'encens. Cet arbre ayant porté autrefois le nom de Leucothée, et Orchame passant pour l'avoir planté le premier dans la Perse, cette fable s'explique facilement. Les anciens, ayant cru remarquer que la plante qu'on nomme héliotrope inclinait toujours ses fleurs vers le soleil, donnèrent un sens moral à ce phénomène : ils supposèrent que Clytie, fille de l'Océan et de Thétis, désespérée d'être abandonnée par Phœbus, qui lui préférait Leucothée, se laissa mourir de faim après s'être vengée de sa rivale, et fut métamorphosée en fleur par le dieu qui l'avait trahie.

Les anciens naturalistes croyaient aussi que le voisinage du tournesol ou héliotrope était nuisible à l'arbre qui porte l'encens, ce qui avait fait dire que Clytie, jalouse de Leucothée, était cause de sa mort.

Apollon éprouva aussi le plus vif attachement pour Cyparisse et Hyacinthe, jeunes gens dont la fin fut également malheureuse. Jouant un jour au palet avec Hyacinthe, il atteignit de son disque le front de son ami qu'il blessa mortellement, ce qui fit dire que Zéphyre, épris aussi des grâces d'Hyacinthe et jaloux de la préférence que celui-ci accordait à Apollon, s'en était vengé en dirigeant le palet contre le favori du dieu. Quant à Cyparisse, qui n'a passé pour avoir inspiré de l'amour à Apollon que parce qu'il obtint des succès dans la musique et dans la poésie, on raconte qu'ayant tué par mégarde un cerf qu'il chérissait, il se donna la mort de désespoir. Apollon changea Hyacinthe en la fleur qui porte son nom, et Cyparisse en cyprès. La ressemblance des mots a seule fait inventer ces deux métamorphoses.

Si l'on recherche quelle cause a pu faire regarder Apollon comme le dieu de la poésie, il faut la rechercher dans quelque circonstance particulière à l'un des Apollons grecs. Nous croyons que l'un d'eux est vraisemblablement celui qui régna sur un canton de l'Arcadie, cultiva la musique et s'en servit pour donner des lois aux peuples qui lui étaient soumis. Une partie des premiers législateurs usèrent de ce moyen; et, parmi des hommes dont l'imagination était ardente, il devait les conduire à leur but. Apollon fut peut-être le premier qui fit connaître la lyre aux Grecs, et ce titre seul eût pu lui mériter l'apothéose; qui, le premier aussi, ait appliqué à ses lois un rhythme qui les ait fait différer un peu du langage ordinaire. Il n'en aura pas fallu davantage pour le rendre un éternel objet d'admiration, d'autant plus que la grossièreté des temps aura mis un long espace entre l'époque où il brilla et celle où il fut surpassé par ceux qui se crurent inspirés par lui. C'est dans cet intervalle que l'ignorance aura obscurci toutes les vérités historiques, et que la superstition se sera emparée de ce personnage pour le placer dans l'Olympe, et en faire à la fois et le dieu de la poésie et celui du jour. Cette double attribution lui faisait deux cultes bien différents dans plusieurs pays, mais qui, dans d'autres, se confondaient quelquefois.

XXV

A MONSIEUR QUENESCOURT

19 août 1809.

Vous devez m'accuser de paresse, mon cher ami; je suis coupable, je le sens, d'avoir autant tardé à vous répondre; ce n'est pas le temps qui me manque, je vous le proteste. Je suis toujours fort peu occupé à mon bureau, où je jouis de la plus grande liberté. Je n'y aurais que de l'agrément, sans la bonté que S. E. le grand maître a de s'occuper de moi, pour me faire toujours quelque nouveau tour désagréable, ce qui a tout l'air d'une persécution mesquine. J'ai encore éprouvé de sa part la foi qu'on doit avoir en lui; il a fait réduire mes appointements de 1,500 francs à 1,200, et ne me donne plus que le titre de commis expéditionnaire et d'employé extraordinaire. Arnault a vainement fait une note à ce sujet : elle n'a eu pour résultat que des promesses vagues et insignifiantes. Vous voyez, mon ami, que si le grand maître osait il me mettrait à la porte : mais je ne désespère pas que cela ne vienne. Je veux écrire à Lucien tout ce qui s'est passé dans cette circonstance : malheureusement je ne puis découvrir le lieu de sa retraite.

Je fais toujours des chansons pour me consoler de tous ces accidents, et, pour en faire en toute sûreté de conscience, j'ai cessé le travail ennuyeux dont je m'étais chargé[1] et qui me causait un dégoût invincible; vous direz que c'est bien mal choisir son temps; mais, ma foi, mon ami, il faut encore mieux bannir la tristesse que la misère.

Apprenez-moi comment François de Paule vit avec ses parents; dites-lui de me marquer si enfin il a reçu son paquet.

Si vous voyez ma bonne tante Bouvet, dites-lui que je ne l'oublie pas, que je ne passe pas un jour sans penser à elle, et qu'il me serait bien souvent nécessaire de l'avoir auprès de moi pour me rendre et plus sage et meilleur.

Defrance est-il remis de toutes ses fatigues? Ne pense-t-il plus à ce charmant Paris? Bien des compliments à M. et madame Laisney, qui ne m'oublient sans doute pas. Embrassez Laisney et Delaporte. Mes amitiés à mademoiselle Julie. Que Beaulieu pense à moi quelquefois. Je vous embrasse de tout mon cœur.

XXVI

A MONSIEUR QUENESCOURT

(Fin d'août) 1809.

Pardonnez-moi ma paresse, mon cher ami, elle est à une terrible épreuve dans ce moment; notre bureau est surchargé de besogne, et je ne travaille jamais moins de cinq heures par jour. Plaignez le paresseux. Mais vous tous, mes camarades, êtes-vous tranquilles? Cette garde nationale[2] vous laisse-t-elle en repos? Laisney est-il tou-

---

[1] Les esquisses mythologiques dont il vient d'être donné un échantillon.

[2] C'est le 29 juillet que parut devant l'Escaut l'expédition anglaise qui, profitant de l'absence de l'Empereur, occupé alors sur le Danube, essaya de prendre ou de détruire Anvers. Toute la France septentrionale fut émue de cette insulte. Fouché, qui en ce moment remplissait les fonctions de M. Crétet, le ministre de l'intérieur, prit sur lui d'organiser révolutionnairement la défense, et, en quel-

jours auprès de ses parents? Defrance a-t-il été obligé de marcher? Et vous, mon cher Quenescourt, avez-vous été obligé de prendre l'épaulette? Si vous allez à Boulogne, n'oubliez pas surtout d'emporter vos sabots, car François de Paule m'écrit que l'on n'y a pas très-chaud. Je vais répondre à ce brave François, qui semble tout disposé à se battre gaiement, si l'occasion s'en présente. Et notre caporal Poticier? est-ce sa présence à Anvers qui en a éloigné[1] les Anglais? cela pourrait être, au moins *on connaît M. Poticier*[2]. Vous savez que nous montons aussi la garde à Paris. J'ai tort de dire nous, car je ne sais comment cela se fait, mais je n'ai point encore eu mon tour. Je ne le désire pas, non que je veuille éviter les charges générales, mais parce que je me trouverais exposé à un examen sérieux au sujet de la conscription. Vous pouvez bien penser que, malgré cette réflexion et l'espèce de danger que je cours, je n'en suis pas moins tranquille. C'est le cas de parler de Delaporte; je ne le plains pas; je ne sais pourquoi il me semble que l'état militaire est le seul qui lui convienne; un bureau devait être une prison pour un homme de ce caractère : il a ce qu'il faut pour faire un bon militaire, et l'on ne peut que lui souhaiter un avancement rapide. Le cousinage avec Domont pourra lui être très-utile à cet égard. Si ma manière de voir n'est pas juste, au moins est-il à désirer qu'elle soit la sienne. Faites-lui bien des amitiés de ma part, et dites-lui que, s'il veut prendre sur sa paresse pour m'écrire, il me fera plaisir.

ques jours, sous le commandement de Bernadotte, il poussa vers l'ennemi toutes les gardes nationales de nos départements du Nord.

[1] Les Anglais se retirèrent le 3 septembre.

[2] Allusion à des couplets de Béranger qui commençaient ainsi. M. Poticier était l'un des frères du couvent des Sans-Souci.

Si vous voyez Forget, dites-lui que je m'occupe de sa affaire, mais sans trop savoir comment m'y prendre pour remplir son intention, étant fort peu au courant de tout ce qui regarde cette partie. Dînez-vous quelquefois ensemble? Parlez-vous de Paris? Comment se portent les bons parents de Jean-Louis? M. Defrance est-il en meilleure santé? Beaulieu est-il toujours frère Ripailles? Je chante fort souvent les chansons que j'ai faites à Péronne, et je vois que tous ceux qui les entendent voudraient pouvoir faire partie de la société pour laquelle elles ont été faites. J'en fais toujours de nouvelles. Je vous en porterai une provision au printemps prochain ou au commencement de juin sans faute.

Bien des amitiés à mademoiselle Julie. N'oubliez pas le chansonnier vengeur des chevaliers de l'arc[1]. Embrassez tout le monde pour moi et croyez à l'attachement de votre ami.   BÉRANGER.

J'écrirai incessamment à ma tante Bouvet.

XXVII

A MONSIEUR QUENESCOURT

(Septembre) 1809.

Eh bien, mon cher ami, qu'y a-t-il de nouveau dans votre ville? Comment se portent tous les amis? Projetez-vous encore quelque voyage de Paris? Attendrez-vous celui que je dois faire à Péronne au printemps? Il y a bien loin d'ici au printemps? Voilà les questions que j'ai à vous faire. Quant à vous, mon ami, au nom de tous les moines du couvent,

---

[1] Béranger a raconté dans *Ma Biographie* toute cette histoire des chevaliers de l'arc de Péronne dont il railla la maladresse et qui faillirent lui faire éprouver le sort de Piron à Beaune. Il paraît que quelque poëte du monastère (M. Defrance) avait chansonné Béranger à cette occasion.

vous me demandez sans doute ce que je fais. J'ai à vous répondre qu'il y a de mon côté plus de plaisir que d'argent, ce qui ne doit pas vous surprendre ; j'ai bien aussi quelques affaires, je m'en occupe le moins qu'il m'est possible, comme vous pouvez bien le croire. C'est la meilleure excuse que je puisse donner à ceux qui me reprochent de n'être point exact à remplir les missions et commissions dont on peut me charger : ceci vient à propos de la négligence que j'ai mise à faire ce que Forget m'avait prié de faire pour lui, et, en conscience, je ne me rappelle plus trop ce que c'est. Je présume, au reste, que son affaire est maintenant finie.

J'ai reçu il y a quinze jours une lettre du sergent-major[1] qui paraît se plaire infiniment à Boulogne; il me demande une chanson militaire ; j'ai bien des chansons de corps de garde, mais je n'en ai pas encore fait dans le genre qu'il semble m'indiquer.

J'avais dit que j'attendais notre réunion pour vous faire connaître les nouvelles chansons que j'ai faites, et il y en a de très-grivoises ; mais cependant je cède au désir de vous en envoyer une très-sage sur ma vocation[2] ; vous la chanterez entre vous, et elle vous rappellera un ami qui, dans les sociétés où de pareilles futilités le font applaudir, n'est nulle part aussi content ni aussi joyeux qu'il l'a été avec vous tous.

Bourdon et Bosquillon ne peuvent vous oublier ; mais j'oublie, moi, de vous témoigner pour eux le plaisir que votre souvenir leur fait toujours.

---

[1] François de Paule Forget.
[2] C'est celle qui commence par ces vers :

> Jeté sur cette boule
> Laid, chétif et souffrant.

Il est agréable de la relire après avoir lu toutes ces lettres. Elle est bien à l'unisson des sentiments qu'elles expriment.

Bien des amitiés à mademoiselle Julie; que Jean-Louis embrasse ses bons vieux parents pour moi.

P. S. Mes compliments à tout ce qui est connaissance. Quant à mes amitiés, vous savez à qui vous les devez faire.

XXVIII

A MONSIEUR WILHEM

Université impériale, le vendredi 1er décembre.

Air : C'est le meilleur homme du monde.

Dimanche[1], nous verrons cinq rois
Faire oublier Dieu dans l'église.
Ils m'y chercheront, je le crois,
Et j'ai fait blanchir ma chemise.
J'ai le chapeau, j'ai l'habit noir,
J'ai des bas fort bons pour la crotte
J'aurais tout ce qu'il faut avoir,
S'il ne me fallait point de culotte.

Vive cette bonne Geoffrin,
Qui culottait l'Académie!
Des neufs Sœurs, et c'est mon chagrin,
Bien différente est la manie!
Leur honneur, auquel je crois peu,
Est en grand péril sous leur cotte;
Car ces dames se font un jeu
De voir leurs amants sans culotte.

Toi, dont le cœur est généreux,
Toi, que j'ai vu toujours sensible,
Toi, qui jamais d'un malheureux
N'as trouvé la plainte risible,
Toi, qui vis comme Robinson,
Tandis que le sort me ballotte,
Toi, qui peux garder la maison,
Veux-tu me prêter ta culotte?

[1] Le dimanche 5 décembre 1809 il y eut un *Te Deum* à Notre-Dame. Napoléon était revenu récemment de Vienne. Les rois de Saxe et de Wurtemberg

C'est ta culotte de soie noire dont il est question ; sans elle, je renonce au *Te Deum ;* mais avec ou sans culotte, je n'en serai pas moins ton plus sincère ami.

XXIX

A MONSIEUR QUENESCOURT

Ce 20 décembre 1809.

Malgré la volonté bien ferme de vous répondre à la date que vous me donniez, mon ami, il ne m'a pas été possible de le faire. Des accidents de tous les genres m'en ont empêché. Quatre de mes parents ont été à la mort depuis un mois, et j'ai été continuellement occupé autour d'eux. La tante[1] chez laquelle demeure ma sœur est presque dans un état complet d'infirmités ; ma grand'mère[2] est tombée en paralysie ; c'est un surcroît de charges. Un oncle[3], pour qui j'avais souscrit un billet de 150 livres, a été aux portes du tombeau, et j'ai été obligé de faire des fonds pour payer le billet que j'avais fait par complaisance ; enfin je ne puis vous dire combien d'événements fâcheux ont rempli une partie de mon temps. Je mets du nombre le chagrin que m'a causé le départ de Forget[4] pour l'Espagne. Du mercredi où je l'ai revu, jusqu'au dimanche où il est parti, je n'ai pas été avec lui autant que je l'aurais voulu. Nous nous sommes fait nos adieux en pleurant, et tout le temps que nous avons passé ensemble, il m'a paru très-affecté. Je ne vous ai pas dit, lorsque je vous ai écrit sur l'objet des démarches qu'il m'avait prié de faire, que je ne voulais pas me mêler d'une affaire qui, par sa

---

Murat et son frère Jérôme l'attendaient ; cette pièce de vers, un peu corrigée, se trouve dans *Ma Biographie.*

[1] Mademoiselle Sophie Béranger n'était pas encore entrée en religion.
[2] La grand'mère Champy.
[3] L'oncle Merlot, probablement.
[4] Florimond Forget.

réussite, pourrait l'exposer au danger d'aller en Espagne. Je regrette beaucoup qu'elle ait réussi ; puissent mes pressentiments n'être pas vérifiés ! Je lui ai expédié, à Bayonne, une lettre de recommandation du baron Larrey, inspecteur en chef des hôpitaux de l'armée, pour le pharmacien en chef de Madrid ; cette lettre, que je n'avais pu avoir pendant son court séjour ici, lui sera utile, je l'espère. D'ailleurs, M. Larrey partant dans peu pour l'Espagne, et ayant promis de le servir si l'occasion s'en présentait, je ne négligerai pas de faire passer à Forget les lettres nécessaires pour le rappeler au souvenir de cet homme bon et serviable. Puisqu'il y est, il faut tout faire pour lui rendre ce nouveau parti heureux. Vous voyez, mon ami, que par tant de raisons je dois obtenir mon pardon de n'avoir pas répondu à l'invitation que vous m'aviez faite de vous écrire et de vous envoyer une chanson pour la Saint-Nicolas. J'ai pourtant fait cette fête, et Forget avec nous encore ! Vous savez que je ne néglige jamais les occasions de m'amuser, même au milieu des malheurs et des embarras. J'ai donc fait une chanson pour notre société ; mais elle n'a été commencée et finie que le jeudi, lendemain du jour où vous deviez rire. Je vous la chanterai au mois de mai, ou au carnaval, si le diable me pousse du côté de vos caves. Adieu, mes amis ; adieu, mes pères, mes frères, soutenez la gloire du couvent. Embrassez pour moi mademoiselle Julie. Quant à vous, mon ami, comptez sur mon éternelle amitié.

XXX

A MONSIEUR QUENESCOURT

12 janvier 1810.

Je vois, mon cher ami, que vous voulez que je vous fasse ma visite de bonne année avant que vous me fassiez la vôtre.

Et je voudrais bien savoir, monsieur, sur quoi vous fondez cette distinction à votre avantage. L'âge milite en ma faveur ; les rangs sont nuls des deux côtés ; les titres, il est vrai, ne sont pas égaux ; car parmi nous l'on a un titre sans avoir de rang, et vous êtes prieur tandis que je ne suis qu'un pauvre frère quêteur. C'est sans doute là-dessus que vous vous fondez ; vous savez trop que l'amitié est au moins égale de part et d'autre, et que s'il n'en est pas de même de la fortune, c'est faute d'avoir terminé nos comptes, puisque vous m'avez proposé de partager la vôtre, et que vous m'avez même déjà donné plusieurs à-compte. C'est donc en qualité de frère que je vous fais mes souhaits de bonne année, et non autrement, entendez-vous ? Ne les en croyez pas moins sincères ; chargez-vous de ceux que je fais pour mademoiselle Julie, qui, j'en suis sûr, en fait aussi pour moi, sans prendre garde si les miens ne sont pas un peu tardifs. Passons à des objets plus sérieux : Je viens de recevoir une lettre de Forget ; il paraît que sa santé n'est pas bonne, ce qu'il est inutile de dire à ses parents. Il ignore encore la retraite du comte Dejean, son protecteur[1], et il n'y a pas de doute que cela doive l'inquiéter. J'espère toujours que la lettre que je lui ai fait parvenir à Bayonne, où il m'annonce l'avoir trouvée, lui sera une bonne recommandation, et je n'oublierai pas de le faire recommander de nouveau à M. Larrey lorsque celui-ci se rendra en Espagne. Instruisez-en mon oncle pour le tranquilliser à cet égard. M. Larrey peut beaucoup, et je crois même qu'il peut plus que M. Dejean : le tout est qu'ils se rencontrent et que Forget lui convienne. Je présume que François de Paule doit être rentré chez ses

---

[1] Le comte Dejean, membre de l'administration de la guerre depuis 1802, venait de quitter cette place pour les fonctions de grand trésorier de la Légion d'honneur.

parents ou définitivement attaché au service. Mon oncle me laisse entendre que cela ne lui ferait pas grand'peine. C'est au fait ce que François de Paule a de mieux à faire avec un caractère comme le sien. La lettre de mon oncle m'a fait un grand plaisir ; je l'ai reçue en même temps que celle de Forget.

Un événement auquel je devais m'attendre, mais qui est venu dans le moment le plus contraire, c'est l'arrivée à Paris de cet enfant[1] dont je vous ai parlé quelquefois. La nourrice, impatientée de voir que la mère ne tenait aucun des engagements pris pour le passé, comme nous en étions convenus ensemble, a ramené l'enfant, et cela me fait un surcroît de charges considérable, d'autant plus que le premier moment a été doublement coûteux. Outre les embarras pécuniaires, vous ne sauriez croire, mon ami, et je le dis à ma honte, combien l'idée de ma liberté désormais enchaînée par le nouveau rôle que je suis obligé de jouer, me cause de chagrin ! Je ne suis pas maître des regrets que cela me donne ; mais vous pouvez bien penser que ma conduite envers l'enfant n'en est pas moins celle qu'il me convient de tenir. Ah ! mon ami, le dernier rire de ma jeunesse s'évanouit donc aussi ? La gloire, l'amour n'éveillent plus en moi qu'un sentiment fugitif ; mais la liberté me restait : elle réparait toutes mes pertes, et il y faut renoncer. Qui pourra compenser cette perte-là ? Rien, mon ami, rien. Je crains bien de dire adieu aux chansons. Ne voilà-t-il pas déjà que je n'ose plus nourrir l'espoir d'aller vous égayer aux jours gras, et pourtant j'en avais bien l'envie ! Je vous embrasse, mon cher Quenescourt, et vous prie de faire mes compliments à toutes les personnes que j'ai vues chez vous.

---

[1] Lucien Paron.

Communiquez la première partie de ma lettre à ma tante
Bouvet.

Dans la lettre XXXI, qui suit, le nom de mademoiselle Judith
Frère paraît pour la première fois.

Certains critiques[1], très-difficiles à contenter, ont pensé que
Béranger, dans *Ma Biographie*, leur devait une longue histoire
de l'amitié qui l'a uni toute sa vie à mademoiselle Judith. Pourquoi ne lui a-t-il pas donné, disent-ils, « dans l'histoire littéraire
la place qu'elle occupa dans la vie réelle? » Ces critiques oublient
qu'ils ont rétréci, dans les limites de la portion congrue, la place
dont Béranger a le droit de disposer dans l'histoire littéraire. Jamais blâme ne fut plus mal fondé que celui-là. Si Béranger
avait entretenu ses lecteurs des particularités de sa vie intime,
quels beaux cris ils eussent poussés! On les entend d'ici.

Les collecteurs d'anecdotes ont été mal renseignés lorsqu'ils
ont dit que mademoiselle Judith Frère était la nièce de M. Valois,
maître d'armes dans la pension où fut élevé Béranger en 1789,
et que son oncle se servait d'elle comme d'un prévôt pour donner
des leçons à ses élèves. Ce professeur d'escrime s'appelait Levalois. Il avait en effet une nièce que Béranger a beaucoup connue;
c'est madame Redouté, qui fut aussi la nièce du peintre de fleurs
de ce nom. Judith était sa cousine germaine. Ni l'une ni l'autre
n'ont touché aux fleurets de M. Levalois. Mademoiselle Judith
était la jeune fille la plus douce et la mieux élevée. Béranger,
qui l'avait entrevue dès le temps où il demeurait avec sa mère
dans la rue Notre-Dame-de-Nazareth, ne la connut bien qu'en 1796,
au moment où elle allait avoir dix-huit ans. Il la rencontra chez
une tante fort respectable, mademoiselle Robe, qui l'élevait et
qui lui laissa, en 1818, les chétifs débris d'une fortune détruite
par la Révolution. Quoiqu'elle n'ait demeuré sous le toit de
Béranger qu'à partir de 1835, on peut dire que cette amie a partagé sa vie tout entière : elle n'est morte que trois mois avant
lui. Elle avait été fort belle; elle avait conservé dans la vieillesse
l'art de chanter avec pureté et avec grâce; elle était pleine de

---

[1] Voir *Erreurs des critiques de Béranger*, p. 49 (in-32, 1858).

sens, elle était pour lui une digne compagne. Est-il nécessaire de dire que cette femme qu'il aima toute sa vie d'une tendresse si respectueuse n'est pas la coquette et légère *Lisette* des chansons? Il n'y a que deux ou trois chansons de Béranger où reste gravé le souvenir de mademoiselle Judith. C'est *Maudit Printemps*, c'est la *Bonne Vieille*, l'une des pièces les plus tendrement émues qu'il ait écrites, et la ravissante romance dont le refrain est :

> Grand Dieu, combien elle est jolie!

La plus exquise délicatesse y respire à chaque vers. C'est donc une erreur très-grave que de faire de cette excellente amie, si fière et si dévouée, l'héroïne de quelques couplets légers. Il suffisait de lire avec soin les anciennes chansons de Béranger pour ne pas tomber dans ces erreurs. Les chansons nouvelles montrent bien nettement que la Lisette n'est qu'un personnage de fantaisie que Béranger a emprunté au dix-huitième siècle[1].

> Va revoir chaque Lisette
> Qui t'a devancé là-bas,

dit-il quelque part. Ailleurs encore il dit :

> Et la beauté tendre et rieuse
> Qui de ses fleurs me couronna jadis
> Vieille, dit-on, elle est pieuse :
> Tous nos baisers les a-t-elle maudits?
> J'ai cru que Dieu pour moi l'avait fait naître;
> Mais l'âge accourt qui vient tout effacer ;
> O honte! et sans la reconnaître,
> Je la verrais passer!

Il est impossible d'appliquer ces vers, que le poëte consacre au souvenir de ses amours volages, à la tendre amie que Béranger ne quittait plus au moment où il écrivait ses dernières chansons. Jamais il n'a donné à personne le droit de mettre un nom qu'il vénérait sur les marges de son livre. Mademoiselle Judith, jusqu'à la fin de sa vie, a séduit tous ceux qui l'ont connue

---

[1] Chaulieu avait depuis longtemps chanté une *Lisette*. M. Sainte-Beuve, dans un article fort louangeur (1833), a indiqué le rôle tout à fait imaginaire que le personnage de Lisette a joué dans les *Mercures de France* du dix-huitième siècle et qu'il continua de jouer dans les premières chansons de Béranger.

par la délicatesse de son esprit et la grâce sévère de son langage. Il arriva un jour où Béranger fut obligé de parler d'elle au public. On avait eu l'étrange idée d'annoncer le mariage de Béranger « avec sa servante ». Béranger n'exprima pas toute son indignation, mais il la fit sentir sous l'ironie de sa réponse.

Cette lettre se retrouvera à la date du 5 juin 1848. Béranger y venge Judith. C'est, dit-il, « une amie de ma première jeunesse à qui je dois de la reconnaissance. Plus favorisée que moi par sa position de famille, il y a cinquante ans qu'elle rendait à ma pauvreté bien des petits services d'argent. » Et d'autres services encore dont Béranger ne voulait pas alors entretenir le public. Lorsqu'en 1809, comme nous venons de le voir, il eut à se charger, dans sa détresse, du jeune Lucien Paron, Judith adopta cet enfant d'une mère qu'elle ne pouvait aimer et elle le soigna longtemps comme si c'eût été son propre fils.

Jamais aucun soupçon ne l'atteignit au milieu des compagnies où elle eut à paraître. Judith a été la constante, l'irréprochable amie de Béranger.

Voici un extrait du contrat de mariage des parents de Judith; Béranger avait conservé ce contrat parmi ses papiers de famille.

« 10 décembre 1777. Contrat de mariage passé devant M*e* Laisné, notaire à Paris, entre M. Louis Frère, demeurant à Paris, rue Sainte-Marguerite, paroisse Saint-Sulpice, maître pâtissier, et Madeleine-Judith Bourgeois, demeurant grande rue du Faubourg-Saint-Antoine, fille majeure de Nicolas Bourgeois, bourgeois de Paris.

« En présence, savoir : du côté du futur époux, de Marie-Thérèse Frère, sa sœur ; de demoiselle Élisabeth-Jeanne-Françoise Frère, aussi sa sœur; de Jean-Denis Decreuseux, beau-frère ; de Jacques-Bernard Frère, son frère ; de Jeanne-Félicité Gobille, femme Frère, belle-sœur ; de François Frère, cousin germain; de Charles-Louis Frère, son frère ; de Jean Chevalier, chanoine de Notre-Dame, cousin ; de Marie-Anne de Saint-Martin, femme Frère; de Marie-Adélaïde Frère, cousine germaine ; de Nicolas-Remy Blondeau, prêtre, curé de Saint-Denis, ami ; de sieur Louis Dubois, officier, ami ; de Louis-Jacques Deveaux, pâtissier, ami ; de Marie-Louise Rambour, femme Deveaux, amie.

« Et du côté de la future épouse : de Denise-Catherine Bourgeois, veuve de sieur Nicolas Robbe, tante paternelle ; de sieur Julien Lévalois, cousin ; de Marie-Adélaïde Bourgeois, fille majeure, sœur ; de Jean-François Olivier, cousin ; de Marie-Adélaïde Cavernier, cousine germaine ; de Marie-Victoire Cavernier, cousine germaine ; des sieur et dame Cottelle, cousin germain ; de François Robbe, sculpteur à Paris, cousin germain ; de Anne-Nicole Brasseur, marchande mercière ; de Anne Robbe ; de Charles-Bernardin, congier ; de Debeaureceul, prêtre, curé de Sainte-Marguerite, licencié en théologie de la Faculté de Paris, ami ; de maître Jean-Charles Courtin, avocat en Parlement, ami ; de Jean-Baptiste Midy, ami ; de Marguerite Midy, amie ; de René Magin, huissier ; de madame sa femme, amie ; et de Jean-Louis Magin, ami.

« La future apporte 1,500 livres de rente perpétuelle et 5,500 livres en créances. »

Mademoiselle Judith-Nicole Frère est morte le 8 avril 1857, à Paris, rue Vendôme, n° 5, trois mois et huit jours avant Béranger, âgée de soixante-dix-huit ans et demi.

XXXI

A MONSIEUR BOSQUILLON WILHEM

14 janvier 1810.

A demain, mon cher Bosquillon. Judith viendra de trois heures et demie à quatre heures, et t'amènera mon Normand, dont elle ne peut plus se séparer, ce qui prouve plus en sa faveur qu'en faveur du personnage.

Ma sœur sera aussi des nôtres. Le restaurateur fera-t-il crédit pour tant de monde ? Arrange-toi : je n'ai pas un sou. Tout ce que je puis faire, c'est de porter un gâteau des rois, ce à quoi tu ne penserais pas sans doute, et qui ne fera pas mal, quoique nous soyons le 14 ou 15 janvier. J'espère que celui qui sera roi n'en aura pas un règne moins heureux pour être venu un peu tard. Bien des choses à mademoiselle Henriette, si tu la vois avant moi. Ton ami, Béranger.

J'oubliais de te dire que nous sommes tous enrhumés, ce qui pourrait bien nuire un peu à nos plaisirs[1].

XXXII

A MONSIEUR QUENESCOURT

Ce 20 (janvier) 1810.

Je vous réponds à la hâte, parce que l'heure de la grande poste me presse.

En me tirant d'une situation désagréable, vous m'avez placé dans une autre qui ne l'était pas moins. J'ai d'abord cherché à me rappeler si dans mes lettres je vous avais dit quelque chose qui eût l'air d'une demande d'argent; il m'a semblé que je ne vous avais parlé que de mes embarras. Quant aux vôtres, je ne les ignorais pas, et c'était une raison de plus pour moi de vous peindre les miens. Avec plus de détail et moins de circonspection, je n'aurais pas dû douter que vous fussiez dans le cas de faire un effort en faveur d'un ami; mais vous devez penser qu'en en sentant tout le prix, j'ai regretté de voir que vous vous missiez dans une très-grande gêne. Sans l'extrême besoin que j'avais, et que vous connaissiez, je ne sais si j'aurais profité du sacrifice que vous me faisiez; mais j'ai senti que c'eût été m'en rendre indigne, et c'est surtout ce qui m'a déterminé.

Comptez sur ma reconnaissance et sur celle de tous ceux

---

[1] Cette lettre se peut passer de commentaires. Elle est du temps où le chantre des *Gueux* trouvait ses tableaux sans se mettre l'imagination à la torture. Il subissait alors les leçons et connaissait les joies de la misère. Rien n'est consolant comme ces lettres d'un homme célèbre écrites avec gaieté dans une chambre sans feu où l'envie n'entra pas, d'où l'espérance ne sortit jamais.

qui m'entourent, et qui tous sont habitués à prononcer votre nom avec ce sentiment de satisfaction que fait naître le récit des bonnes actions.

Pardonnez à mon griffonnage; mais j'ai les doigts engourdis par le froid. Je vous embrasse, ainsi que mademoiselle Julie.

Adieu, mon ami. Vous voyez que je ne me fatigue pas en remercîments; mais vous savez aussi bien que moi ce qui se passe dans mon cœur.

Bien des choses à tous les frères.

XXXIII

A MONSIEUR QUENESCOURT

15 février 1810.

Je viens de mettre à la diligence le petit paquet contenant l'aune de toile que vous m'avez demandée.

Que mademoiselle Julie m'excuse si je l'ai fait attendre. La personne que j'avais chargée de l'acquisition ne s'est point hâtée, et, l'achat fait, j'ai négligé pendant plusieurs jours de le faire partir; mais enfin tout vient à point à qui veut attendre, et je ne suis fâché maintenant que dans la crainte que j'ai que l'étoffe ne paraisse pas assez conforme à l'échantillon; elle ne me semble ni aussi fine ni d'un carreau tout à fait pareil. Dans tous les cas, le mal serait facile à réparer.

Vous ne devez pas douter, mon ami, que je ne partage vos craintes à l'égard de Delaporte. Je ne puis expliquer autrement que vous son silence. Vous auriez dû écrire au dépôt, et nul doute qu'on ne vous eût donné les renseignements que vous désirez. Si, au reste, il vous en est parvenu, je compte que vous vous hâterez de me les communiquer. Je les attends impatiemment.

La honte que vous montrez à propos de certaine *bêtise*, qui vous coûte 200 francs, m'a paru tout à fait aimable. Il est digne de vous de rougir devant ceux que vous obligez.

Mon ami, je travaille, dans ce moment, à en perdre le sommeil. Ce que je fais n'aura peut-être aucune suite; mais enfin c'est encore une tentative qu'il faut faire. Je me contenterai de vous dire maintenant que ce que je fais est pour moi d'un grand agrément.

Bonjour à tous les amis. Je les embrasse, ainsi que vous et mademoiselle Julie. Bien des choses pour moi à vos parents. J'attends des nouvelles de Forget, datées de Madrid. Je vous ai dit sans doute que j'en avais reçu de Bayonne.

XXXIV

A MONSIEUR QUENESCOURT

Université impériale[1], samedi, 1810.

J'allais vous écrire, mon cher Quenescourt, lorsque j'ai reçu votre lettre. Je vous croyais malade des suites du voyage. Votre lettre m'a fait d'autant plus de plaisir que j'avais déjà reçu deux missives du Mont-Saint-Quentin, l'une de mon oncle[2], l'autre de ma tante, et que j'étais assez embarrassé pour répondre à la première, dont le sens, tout à fait amphigourique et sentencieux, n'est devenu clair pour moi qu'à la réception de la lettre de ma tante. Cependant je ne pouvais pas m'en servir, puisqu'il me paraît

---

[1] Ces mots : *Université impériale*, sont un entête imprimé sur le papier de la lettre.
[2] Bouvet.

qu'elle m'était écrite en secret. Enfin, j'ai répondu au *Contemplateur des merveilles de la nature*, et ma lettre est presque aussi haut montée de style et aussi inintelligible que la sienne : pourvu qu'elle ne produise pas un effet contraire à celui que j'en attends ; c'est tout ce que je demande.

Ce que vous me dites de Laisney me tranquillise ; dites-lui que je me rappelle en ce moment lui devoir une réponse, et que je la lui ferai incessamment.

Je suis très-fâché de voir Defrance persister dans un projet si peu raisonnable et si peu d'accord avec son humeur. J'espère que son père aura assez d'empire sur lui pour le faire renoncer enfin à cette idée, qui vraisemblablement ferait son malheur.

J'ai eu une grande querelle avec Lucien ; à peine sommes-nous raccommodés. Le chagrin que ces tracasseries-là me causent m'a engagé à m'occuper de le mettre en pension. Dumouchel[1] m'a parlé d'un homme respectable, et d'un caractère aimable, qui tient une petite maison d'éducation près de Magny, à douze lieues de Paris. Comme je ne me soucie point qu'il soit élevé à Paris, j'ai commencé à prendre les informations nécessaires, et malgré le prix un peu fort qu'on me demande, il est vraisemblable que je m'arrangerai avec ce brave homme. On[2] m'avait proposé de le faire entrer dans un lycée de province, à trois quarts de bourse, peut-être même à bourse entière, mais je ne puis me décider à cela ; je crains trop qu'il n'en résulte une espèce d'abandon forcé, et que le caractère, qu'il est encore plus essentiel de bien diriger que l'éducation, n'ait à souffrir sous la férule de quelque pédant.

D'aujourd'hui en huit, à cette même heure, Bosquillon

---

[1] M. Dumouchel est l'un des vieux amis de Béranger. Il lui a survécu.

[2] Cet *on* désigne Arnault.

prononcera le *oui* solennel. Je n'ai point encore décidé si j'irais à sa noce. Il vous dit bien des choses, et regrette toujours de n'avoir pu vous faire ses adieux.

J'oublie la nouvelle affaire des archers[1] : sont-ils encore en colère ? c'est pour le coup que je n'oserai plus retourner à Péronne ! et M. Auger ! Je pardonne à Defrance de s'être laissé voler sa chanson, puisqu'il a démasqué le Tartuffe de gaieté. Embrassez mademoiselle Julie. Bien des choses à madame Noël, et mille amitiés à tout le monde.

C'est ici le lieu de placer deux pièces infiniment curieuses. Elles ont été écrites sans doute un peu plus tard que la lettre qui précède ; mais elles prouvent d'une manière si touchante les soins que Béranger prit pour former l'intelligence et le cœur du jeune Lucien Paron qu'elles viennent à merveille à la fin d'une lettre où il se plaint de voir sa sollicitude suivie de si peu d'effet. L'enfant était d'une nature rebelle à toute éducation morale, si bien dirigée et si vigilante qu'elle fût.

L'une de ces pièces, que nous copions sur le brouillon original, est une lettre de reproches écrite par Béranger et portant pour suscription : *A monsieur Lucien*. C'est un morceau exquis qui ne peut manquer de plaire.

Je ne sais si je dois croire à ce que vous me dites. Quand on a pris l'habitude du mensonge, on a peu de droits à la confiance des autres. Le meilleur moyen de me persuader eût été d'agir d'une manière convenable. Vous savez que je suis pauvre moi-même, et par rapport à vous ; et pour secourir des gens que je veux bien croire malheureux, vous disposez de vos effets comme si ce n'était pas disposer de ma bourse.

Je pourrais pousser plus loin les réflexions, mais vous n'êtes peut-être qu'imprudent. Si, lorsque je vous ai pressé,

---

[1] Les archers de Péronne qui visaient si mal leur geai.

vous m'aviez ouvert votre cœur, je n'aurais sans doute qu'applaudi à votre action. J'aime aussi à secourir les malheureux. Mais j'aime encore à ne pas nuire au bonheur de ceux qui s'intéressent à moi. L'ingratitude est un vice que toutes les bonnes actions du monde ne sauraient effacer. Je puis donc me plaindre. Cependant revenez me donner les renseignements dont j'ai besoin, pour savoir si je dois vous accorder ce que vous me demandez. Seulement n'espérez pas me tromper. Vous sentez que la sévérité que je vous témoigne ne tient point à l'usage que vous dites avoir fait de votre argent, mais à votre dissimulation, à votre paresse et au peu de respect que vous montrez toujours pour mes volontés, qui, toutes, sont dans l'intérêt de votre bonheur.

L'autre pièce est un devoir à corriger écrit en cacographie de la main même de Béranger et portant deux espèces de corrections : à l'encre, celles de Lucien ; au crayon, celles que Lucien ne sut pas faire. Nous le transcrivons tel qu'il est, avec la naïveté même des fautes volontaires dont il est chargé.

Je voudrais bien qu'il ne restât pas de fautes à ce devoir.

DEVOIR A CORRIGER

Je te le repeterai tant que tu sera auprès de moi : travailles et tu en recueillira le fruit. Le seul moyen que tu ais de me prouver ta reconnaissance, cest de me faire voir que tu profitte et de mes conseils et de mes leçons. Voudrais tu que je puisse douter de ton cœur? Je ne te croi pas assez malheureusement né pour vouloir passé pour ingrat. J'ai fait de grands sacrifices pour toi et ils me semblerait payé suffisemment sils te profitait. Les privations que je me suis imposé pour ton eduquation ne t'ont pas profitées jusqu'à ce jour. Cependent j'espere encore. J'attends du developement de ta raison la récompense du bien que j'ai désiré te faire. Mais toi même tu doit sentir que ce nest pas en ne donnant qu'une heure ou deux par jour à l'étude que tu pouras aprendre le peu que j'exige de toi. Il faudrait que tu reglas ton travail de manière à remplir toutes les heures de la matinée. Toi seul sait ce que tu fais de ton tems. Cela doit me laissé penser que tu l'emplois mal et que la lecture meme en a rarement remplit le vuide.

XXXV

A MONSIEUR LUCIEN ARNAULT[1],

AUDITEUR AU CONSEIL D'ÉTAT, ALORS INTENDANT DE L'ISTRIE
A TRIESTE, PROVINCES ILLYRIENNES.

Paris, mars 1810.

Mon cher Arnault, une lettre de vous me fait toujours plaisir, et si je ne me plains pas d'en recevoir si rarement, c'est parce que je me fais bien une idée de vos continuelles occupations. Elles ne sont pas telles cependant que vous ne

---

[1] La *Biographie Rabbe* termine ainsi l'article qu'elle consacrait à M. Lucien Arnault : « Il est peut-être dans la haute littérature, le seul exemple d'un fils qui n'a point dégénéré de son père. » L'éloge est entièrement mérité ; car la tragédie de *Régulus*, représentée le 5 juin 1822 sur le Théâtre-Français, contient des beautés de premier ordre et n'est pas indigne du *Marius à Minturnes* et des *Vénitiens* d'Antoine Arnault. M. Lucien-Émile Arnault, son fils, est né à Versailles le 1ᵉʳ octobre 1787. Il porte le nom de Lucien Bonaparte. Élève de Sainte-Barbe et du Prytanée de Saint-Cyr, il fit son droit et entra de bonne heure dans l'administration. La lettre de Béranger indique de quelles fonctions il était chargé à vingt-trois ans. En 1815 M. Lucien Arnault partagea l'exil de son père. Il revint en France vers 1818 et entra dès lors dans la carrière littéraire. On sait qu'il y a brillamment réussi. Après *Régulus* vinrent *Pierre de Portugal*, le *Dernier jour de Tibère* et *Catherine de Médicis*.

M. Arnault s'est lassé trop tôt de ses succès : il est rentré en 1830 dans l'administration et y a laissé, comme dans les lettres, les plus honorables souvenirs.

En nous communiquant cinq lettres de Béranger, M. Lucien Arnault a vivement exprimé le regret de n'avoir plus diverses autres lettres, dont quelques-unes plus anciennes en date, où il était question de plusieurs des essais de Béranger, de son *Clovis*, par exemple, et de ses élégies.

puissiez encore quelquefois causer avec les muses. J'ai vu dans une lettre écrite à M. le comte Regnaud de Saint-Jean-d'Angély[1] quelques témoignages de votre bonne intelligence avec elles :

> Vous donnez aux neuf pucelles
> Du goût pour les intendants :
> Il était bien temps pour elles
> De s'éloigner des pédants !
> Vous leur ferez bonne chère,
> Leur foyer sera chauffé,
> Et pour prix de leur eau claire,
> Vous sucrerez leur café.

Elles ont trop d'intérêt à tenir cet accord pour que je craigne de le voir rompre de leur part; mais je crains que vous ne négligiez d'en profiter.

> Peut-on rimer dans ce vaste palais,
> Où, d'un air si tranquille et d'un ton si modeste,
> Vous présidez aux destins de Trieste ?
> Commis, chevaux, suppliants et valets,
> Autour de vous font un affreux tapage.
> Voulez-vous fuir ? Est-il un lieu sauvage,
> Où tout ce bruit ne vous poursuive pas,
> Où passant à travers les rosiers, les lilas,
> Les murs d'ormes épais, le feuillage du chêne,
> Le zéphyr pénètre avec peine ?
> Un flatteur y suivra vos pas ?
> Le traître arrive et vous étiez en veine !
> L'ambition aussi peut avoir des appas.

---

[1] Regnaud de Saint-Jean-d'Angély était le beau-frère d'Antoine Arnault. Béranger lui fut présenté dès les premiers moments. « Je me rappelle, étant bien jeune alors, dit M. le maréchal Regnaud de Saint-Jean-d'Angély, son fils, dans une lettre qu'il a bien voulu nous écrire pour répondre à notre demande de communications, ses premières chansons chantées chez mon père et l'effet qu'elles y produisirent ; mais je n'ai retrouvé dans mes papiers de famille aucune lettre de notre illustre poëte, et il ne me reste que des souvenirs. » Il est possible, d'ailleurs, que Béranger, qui voyait familièrement Arnault et Regnaud de Saint-Jean-d'Angély, ait eu rarement l'occasion de leur écrire. Nous n'avons donc pas de lettre adressée à Regnaud de Saint-Jean-d'Angély.

> Vous êtes jeune : elle vous presse,
> Et surtout défend de rimer :
> Adieu les vers ! elle défend d'aimer,
> Ou du moins d'aimer trop ; vite ! adieu la tendresse !
> Avec elle adieu les beaux jours !
> Et que vous donnera le fantôme des cours
> Pour remplacer les vers, l'amour et la jeunesse ?

Vous voyez, mon cher auditeur, qu'au milieu de ma diatribe contre l'ambition, je ne dis pas qu'elle vous fera renoncer à vos amis : elle n'aura jamais ce pouvoir, j'en suis sûr ; et vous m'en donnez une preuve par ce que vous me dites pour la personne dont je vous avais parlé dans ma dernière lettre. Je compte sur vos bonnes intentions à ce sujet, et peut-être l'occasion de lui être utile se présentera-t-elle plus tôt que nous ne le pensons.

Je ne vous donne aucune nouvelle de notre Paris ; je sais que M. Arnault ne manque point de vous mettre au courant de ce qu'il y a de plus intéressant, et la lecture de mon journal ne vous satisferait guère après le sien.

Bosquillon a été on ne peut plus sensible à votre souvenir. Vous me demandez ce qu'il fait : il s'est marié, et il fait un enfant ; du moins sa femme est grosse. Voilà du neuf, et peut-être ne vous attendiez-vous pas à apprendre qu'un pauvre artiste avait fait une pareille folie ; et cependant s'il n'était pas artiste, la chose serait inconcevable.

Madame Arnault se reproche sa paresse ; mais vous sentez que depuis quelque temps il lui a été presque impossible de faire autre chose que de pleurer. Oh ! mon cher Lucien ! quel coup a frappé cette malheureuse mère, et dans quel état j'ai vu ce bon M. Arnault ! Ses lettres vous auront sans doute entretenu de sa douleur. Elle devait être moins vive quand il vous écrivait, car votre nom seul est pour lui un sujet de consolation, et il m'a été bien doux de le lui prouver souvent dans ces moments affreux, où je l'ai peu quitté.

Mademoiselle Laure vous en veut beaucoup de ne lui avoir pas écrit quelque lettre particulière : je lui ai promis de vous en faire des reproches; mais je crains toujours qu'une lettre de plus écrite aux autres ne vous empêche de m'écrire à moi; aussi je me chargerais volontiers de toutes les excuses que vous voudriez lui faire.

Il faut que je vous dise aussi quelque chose sur mon compte.

Ma place est toujours aussi peu lucrative, et dernièrement j'ai écrit au grand maître pour obtenir une augmentation; mais je n'ai point eu de réponse, et n'espère rien. Au défaut d'espérance, se joint la crainte de perdre le traitement de Lucien Bonaparte à l'Institut. Eh bien, mon ami, croiriez-vous que, grâce à la philosophie que je me suis faite enfin, tout cela ne trouble pas la tranquillité dont je jouis? Je suis vraiment heureux. Mes prétentions en littérature se bornent à des chansons, ou du moins mes essais dans d'autres genres sont si secrets que je suis absolument inconnu; car je ne publie même pas les chansons, quelque éloge qu'elles me vaillent de mes amis, et particulièrement de M. Arnault. Vous ne sauriez croire combien je trouve de douceur à mon obscurité; peut-être aussi tout ce que j'ai sous les yeux contribue-t-il à me la rendre plus chère.

Vous me parlez de votre retour de manière à me faire croire qu'il pourrait être prochain : je n'ose le désirer, de peur qu'il ne soit en contradiction avec vos vues; mais je ne puis vous dire assez combien il me serait agréable. Adieu, mon ami. Vous accusez les Parisiens de paresse : voici une lettre qui vous donne un démenti formel[1].

[1] Lettre communiquée par M. Lucien Arnault.

XXXVI

A MONSIEUR QUENESCOURT

Université impériale, lundi, 1810.

Je ne vous ai pas écrit plut tôt, mon cher Quenescourt, parce que d'abord je voulais voir la tournure que prendraient mes affaires ici, et qu'ensuite je suis tombé dans le découragement aussitôt que j'ai eu le pied dans ce maudit Paris. Je ne puis vous dire encore comment tourneront les embarras du bureau. Je crains bien que ma liberté soit à jamais enchaînée pour 1,500 francs. Il y a eu de la maladresse, comme je l'avais bien jugé, et certes, si j'avais été là, les choses eussent autrement tourné. Depuis neuf heures un quart je suis à bâiller dans le bureau, et je me sens même incapable de faire le peu de besogne que j'ai. Quelle différence de cette vie à celle que je menais naguère ! Aussi je m'ennuie bien.

J'ai trouvé tout le monde en bonne santé ; mais j'ai eu à essuyer ici les mêmes reproches qu'à Péronne, et ce n'est qu'hier, dimanche, que j'ai rendu mes visites. J'en ai rejeté la faute sur ma malle, qui n'est arrivée que samedi. Cependant ce n'était qu'un prétexte, et cela tenait plutôt à mes contrariétés.

J'ai su, à mon passage à Compiègne[1], que l'Empereur ne devait partir que le lendemain, ce qui, en effet, paraît avoir eu lieu. François de Paule est-il satisfait ?

Je vous en écrirai plus long une autre fois ; l'heure de la poste me presse. Donnez-moi des nouvelles de tout notre

---

[1] Napoléon, nouvellement marié avec Marie-Louise, partit de Compiègne le 27 avril 1810 pour visiter la Belgique avec elle. La lettre de Béranger est donc de la fin d'avril ou du commencement de mai.

monde. Comment êtes-vous retourné à Péronne? Mademoiselle Julie est-elle rétablie de son rhume? Le mien me tourmente plus que jamais. Laisney est-il encore de mauvaise humeur? Chargez-le de dire bien des choses à ses parents pour moi.

Arnault est parti pour la campagne le lendemain de mon arrivée. Je n'espère pas pouvoir lui aller rendre souvent visite; aussi n'en ai-je jamais eu plus d'envie. J'ai trouvé à mon retour une lettre de son fils, où il me répète que si je n'étais auprès de son père mieux que partout ailleurs, il m'engagerait à l'aller trouver.

Mille amitiés à M. Defrance; mes compliments à maître Poticier; à M. Auger, tout ce que bon vous semblera. Mais surtout embrassez Mascré pour moi, et chargez-le de me rappeler au souvenir de sa femme.

Si vous voyez mes parents, vous savez ce que vous avez à leur dire. J'embrasse tous les amis, et croyez-moi bien sincèrement le vôtre. BÉRANGER.

N'aurais-je pas oublié chez vous un mouchoir blanc et neuf à bordures blanches?

XXXVII

A MONSIEUR QUENESCOURT

Mai ou juin 1810.

Mon ami, c'est de mon lit que je vous écris. Le malheureux rhume de cerveau que je traînais depuis un mois a pris un caractère tellement sérieux que, quelque effort que j'aie fait, il m'a fallu appeler la médecine à mon secours[1]. Je

---

[1] Béranger n'a rien exagéré quand il a dit :
Jeté sur cette boule
Laid, chétif et souffrant.
Toute sa vie il est resté maladif. Voltaire se plaignait dans chacune de ses

vous avoue que je crains un dépôt dans la tête, et j'ai passé la nuit dernière avec une fièvre si violente dans cette pauvre partie de mon chétif être, qu'il m'étonne de n'avoir point eu de délire. Le reste du corps est bon, quoique faible. On me fait prendre une poudre de perlimpinpin qui me fait beaucoup éternuer ; mais cela ne me procure que des moments de soulagement. Croiriez-vous qu'au point de maladie où je suis, ce n'est que d'aujourd'hui que j'ai manqué au bureau ; nous ne nous débarrasserons jamais de la contrainte qu'on nous a imposée, et comme mon voyage a été une occasion de jaser pour les meneurs, je redoutais cette nouvelle absence. Voyez à quoi l'on est réduit quand l'existence des autres dépend de nous. Certes, si j'étais seul, je ne pousserais pas la docilité aussi loin. Mais il faut porter son joug, et je me console par l'espoir que cela ne durera pas toujours.

Pour revenir à mon mal, si ce qu'on me fait à présent n'opère pas assez efficacement, il faudra en venir à un vésicatoire. J'aurais désiré qu'on commençât par là ; mais il faut être expédié dans les règles, et mon docteur n'y veut pas changer un iota. Je me laisse donc faire, et reste maussadement dans le lit ou dans un coin de la chambre sans pouvoir parler. Je chante encore moins, vous devez le penser. Cependant mon mal de gorge ne m'empêche pas de fredonner les airs. Je repasse tout bas la plupart de ceux que je chantais si clairement il y a peu de temps, vous savez bien où.

Mes amitiés à toute la bande noire et à mademoiselle

---

lettres des maux qu'il endurait ; et il avait raison s'il y trouvait un prétexte pour écrire des lettres courtes. Béranger a fait quelquefois de même ; mais on voit bien que presque toujours ses plaintes ne sont pas celles d'un homme qui s'amuse à se plaindre.

Julie. Écrivez-moi pour me consoler un peu, et parlez-moi de tout ce qui se passe chez nous.

J'ai dit bien des choses pour vous tous à Bourdon et à Bosquillon. Mais dites à Defrance que je n'ai pas encore vu la sœur de ce dernier.

BÉRANGER.

Je n'ai point éprouvé de difficulté pour toucher tout le mois d'avril à l'Université. Judith et Lucien se joignent à moi pour vous embrasser.

XXXVIII

A MONSIEUR QUENESCOURT

Université impériale, juin 1810.

J'ai l'air d'en réchapper, mon cher ami ; l'ipécacuana et les médecines vont leur train ; on ne me menace plus des vésicatoires, ou, pour mieux dire, je recule encore ce moyen de me tirer le mal qui, depuis plus de six ans, me tourmente le cerveau ; peut-être est-ce reculer pour mieux sauter, car il y a longtemps que j'aurais dû recourir à cet expédient, pour éviter les accidents sans nombre dont Galien et sa clique me menacent. Pour suivre un traitement aussi complet, il faudrait avoir plus de temps et d'argent que je n'en ai, et redouter moins l'ennui d'un régime que je ne le redoute ; ainsi ne parlons plus de cela.

Je suis bien fâché d'apprendre la rechute de mademoiselle Julie : elle est vraisemblablement la suite des fatigues que ma présence lui a occasionnées ; c'est par de grands soins qu'elle réparera le mal qu'il faut qu'elle nous pardonne en attendant, si tant est que la cause de ce nouvel accident soit celle que je présume.

Quoique je la plaigne bien sincèrement, je vous plains aussi d'être obligé ou de vous obliger de faire votre ménage ; j'ai été plus heureux, et j'ai une garde-malade qui a eu les plus grands soins de ma pauvre petite personne.

Je vais retourner à mon bureau incessamment, où, malgré que vous en disiez, je suis astreint, tout comme un autre, à signer la maudite feuille. Arnault ne peut guère me tirer de là sans faire des jaloux, et peut-être même sans me faire courir le risque d'être supprimé. Croyez-vous que sans cela j'aurais été souffrir au bureau, pendant huit jours, plutôt que de rester chez moi à me dorloter ?

Embrassez, je vous prie, tous mes amis, et donnez de mes nouvelles à ceux de mes parents que vous verrez.

J'espère ne vous écrire maintenant que hors de la chambre, où je me suis assez passablement ennuyé.

Apprenez-moi comment s'est passée la Saint-Jean-Porte-Latine [1], et quelles nouvelles nouvelles Laisney a sur son imprimerie [2].

Et le geai ? avez-vous pu m'écrire sans m'en parler ?

Embrassez mademoiselle Julie et croyez-moi votre dévoué.

XXXIX

A MONSIEUR QUENESCOURT

Université impériale, 8 juin 1810.

Comme je présume que vous n'êtes plus inquiet de ma

---

[1] Fête des imprimeurs.

[2] En 1810, Napoléon qui redoutait si fort la liberté de la presse, fit réglementer l'imprimerie à Paris et dans les départements. On sait combien il détruisit d'existences en supprimant la plupart des établissements. M. Michelet a raconté, dans l'une de ses préfaces, les douleurs de sa propre famille qu'atteignit alors, comme tant d'autres, sans qu'on pût murmurer, la main de l'Empereur tout-puissant.

santé, je ne me suis pas empressé de répondre à votre dernière. J'ai vu avec plaisir et étonnement la guérison miraculeuse de mademoiselle Julie; je l'engage cependant à se bien ménager. On ne doit pas trop compter sur les miracles, si bon chrétien qu'on soit.

J'approuve fort le parti que Defrance a pris; je l'engage, lui, à persévérer; il sera, à cet égard, plus sage que moi, à qui l'on a ordonné une espèce de régime de convalescence, et qui n'ai pu le suivre huit jours; cependant je me rétablis bien, et si ce n'est une faim ruineuse, je n'ai pas trop à me plaindre.

Je me suis livré à différentes occupations depuis mon retour, et j'ai enfin corrigé mes idylles, et j'en ai même fait une nouvelle, dont je suis assez content, peut-être parce qu'elle est nouvelle. Je n'ai plus d'objet de distraction maintenant, et j'espère travailler tant bien que mal, sans que les plaisirs apportent d'obstacle à ce beau dessein. Ce que vous me dites de la Saint-Jean me fait peine : est-ce ainsi qu'on s'amuse?

Mais que diable a donc le pauvre Laisney! M. Ducoroy ne connaît-il rien à son mal? ou bien lui faut-il une demoiselle D... pour emplâtre?

Quelle bonté vous avez de vous occuper ainsi de ce qui peut me plaire! Oui, mon ami, le papier que vous avez été chercher à Saint-Quentin est de mon goût; mais n'eût-il pas mieux valu du mauvais papier gris pris à Péronne, à moins de frais et de peines?

Notre situation à l'Université est toujours la même, et bien que vous en riiez, nous n'en rions pas. Quant à votre calcul, il est faux, et je crains bien que les voyages de Péronne ne soient arrivés à leur fin. Comment voulez-vous que nos cerbères nous laissent franchir aussi facilement la rive infernale? Non, non, ces messieurs ne sont nullement partisans des voyages d'agrément.

Dites bien des choses, je vous prie, à tous nos moines; embrassez pour moi mademoiselle Julie, et remerciez bien Mascré et maître Poticier de l'intérêt qu'ils me portent. Tout à vous. BÉRANGER.

P. S. Il y a déjà longtemps que je voulais vous dire qu'en me faisant ses adieux Calixte m'avait parlé d'un voyage qu'il doit faire à Paris. J'aurais du plaisir à l'y voir; mais vous savez que cela m'entraînerait à des dépenses que je ne puis faire. Je voudrais donc que vous pussiez, adroitement toutefois, m'éviter le désagrément de ne pas le recevoir comme je le voudrais, ou celui de faire plus que je ne puis. Je ne crois pas que vous puissiez désapprouver cela.

XL

A MONSIEUR QUENESCOURT

Université impériale, 1810.

Votre silence passe les bornes : seriez-vous malade? Je commence à le croire. Je crains aussi que le post-scriptum de ma dernière ne vous ait mis martel en tête : peut-être êtes-vous encore à chercher un moyen pour éviter de donner mon adresse à Calixte. Il se peut même que vous me trouviez un tort à ce sujet; cependant réfléchissez qu'étant très-occupé maintenant, vivant même loin de tous les plaisirs, ne voyant plus que mes amis, et me trouvant toujours au-dessous de mes affaires, il m'est pardonnable de vous avoir fait les réflexions que je vous ai faites à cet égard. Ce sont de ces réflexions qui ne viennent jamais quand il s'agit de voir un ami, mais qui peuvent naître quand il n'est question que d'une connaissance. Au reste, il ne faut pourtant pas croire que la visite de Calixte me fût assez pénible pour qu'une fois ici j'en eusse du regret. Ne vous fatiguez donc pas le cerveau, si toutefois vous vous en êtes occupé, pour me tirer d'affaire sur ce point.

Je viens de faire un opéra-comique en dix jours ; je déteste ce genre méprisable, mais le désir de fournir à Bosquillon un poëme sur lequel il pût s'exercer, m'a donné le courage de l'entreprendre. J'en suis mieux sorti que je ne le pensais. La musique faite, le plus aisé sera terminé ; la difficulté sera de le faire recevoir, d'essuyer les dédains de MM. les acteurs, les maux de tête de mesdames les actrices, etc., etc. J'espère cependant que, si dans dix ans nous nous revoyons encore à Paris, nous pourrons aller à la première représentation. Au reste je n'y attache d'autre intérêt que celui que je porte à Bosquillon.

Je viens d'écrire à Lucien [1] (peut-être vous l'ai-je déjà dit), et lui ai envoyé mes idylles corrigées. Je n'en espère pas de réponse.

Tout à vous, tout à nos amis.

XLI

A MONSIEUR QUENESCOURT

30 juin 1810.

Mon cher ami, j'ai reçu hier, 29, votre lettre et votre argent ; je ne vous remercierai pas : vous ne m'obligez pas pour que je vous remercie. Je ne vous dirai pas combien mon cœur a été touché : vous me connaissez assez pour le deviner. Je vous dirai seulement qu'il était impossible que le tout arrivât dans un moment où j'en sentisse mieux le

---

[1] Lucien Bonaparte.

prix. C'était le jour de ma fête, et j'allais la faire assez modestement, avec quelques personnes qui me sont chères, mais non avec toutes celles que j'aime ; il en est résulté uelque extraordinaire, un peu fou peut-être, mais non pas déplacé. Je n'avais pas de quoi payer le piètre déjeuner préparé, mais vous jugez bien que mon opulence subite a opéré ; vous ne m'en voudrez pas d'avoir prodigué 15 ou 20 francs à cette petite fête, pleine pour moi de charmes, puisqu'elle m'était donnée par vous, par vous envers qui je ne saurai jamais comment m'acquitter ; par vous, le plus vrai des amis, le plus désintéressé des hommes et celui de tous ceux que je connais qui sacrifie le plus ses propres plaisirs au bonheur des autres. J'ai donc fait la Saint-Pierre gaiement, et je ne le regrette pas ; je ne me plains seulement que de ce que le sacrifice que vous m'avez fait ait retardé votre présence ici, mais je vous attends.

J'espère, mon ami, que vous ne vous occuperez pas de me procurer d'autre argent : il serait superflu ; je n'ai pas perdu tout espoir pour le traitement de l'Institut ; le dernier mois m'a encore été payé. Regnaud de Saint-Jean-d'Angély a pris cette affaire à cœur de la manière la plus noble, et je prie le ciel pour qu'il lui donne une bonne tournure. Ne vous gênez donc pas davantage pour moi.

Ma santé est assez bonne en ce moment, mais vous savez combien elle est variable ; au reste, quelque événement heureux suffit pour me distraire de tous mes maux. Je souffre et je jouis par la tête : n'allez pas croire au moins que le cœur n'en a pas sa part.

Je ne répondrai à rien autre chose de votre lettre, l'heure de la poste me presse, et je vous embrasse pour moi, pour Judith et pour Lucien.

Mille amitiés à mademoiselle Julie et à tous les amis.

XLII

A MONSIEUR QUENESCOURT

Université impériale, ce 8 août 1810.

Je veux vous écrire tous les jours, et je ne sais quel démon s'y oppose.

J'ai pris le plus vif intérêt à tout ce que vous m'avez dit de Defrance : Laisney, trois ou quatre jours avant vous, m'en avait aussi entretenu dans sa lettre. J'espère qu'enfin ce pauvre frère Boniface est hors de danger. Le caractère de Grégoire se peint bien dans ce que vous m'en racontez; heureusement qu'il est plus heureux que sage.

Je ne vois pas trop ce que Laisney a à faire, à moins qu'il ne prie M. Conte lui-même de parler au préfet, ce qui vaudrait mieux que ses propres démarches.

Ce que vous me dites de l'épouse de Beaulieu me fait craindre qu'il ne soit maintenant dans le chagrin; dites-lui bien, dans ce cas, que je prends beaucoup de part à son affliction. Je pense, au fond, que la mort de sa femme n'est pas le plus grand malheur qui lui puisse arriver, et que, s'il en pouvait trouver une qui eût soin de lui et lui servît de Mentor, il aurait tout gagné à cette perte.

Vous demandez des nouvelles de mon petit : je n'ai rien de nouveau à vous en dire, et, sauf son œil, sa santé est fort bonne; il ne fait pas de grands progrès, son esprit est lent et paresseux, sa mémoire est ingrate. Cependant, comme il ne me paraît pas trop dénué de sens, je crois qu'il ne faut qu'avoir patience.

Vous avez sans doute entendu dire que Lucien était parti

pour les États-Unis[1]. La nouvelle paraît être prématurée; mais je tiens d'assez bonne part qu'il a obtenu des passe-ports pour se rendre à Philadelphie. Vous pensez bien que j'ai éprouvé quelques inquiétudes pour mon traitement de l'Institut; mais Arnault ne les ayant pas partagées, je me tranquillise à cet égard. J'aurais bien voulu que Lucien répondît à ma dernière lettre. Je suis toujours dans le même embarras pour mes poésies, ne sachant à quoi me décider, et craignant même de prendre une décision.

Quand vous m'écrirez, donnez-moi donc des nouvelles de François de Paule; donnez-m'en aussi de ma tante Bouvet, à qui j'ai écrit pour leur affaire[2] qui ne finira jamais, et qui ne m'a pas répondu.

Bien des amitiés à mademoiselle Julie, qui, je l'espère, est maintenant en parfaite santé. N'oubliez pas Mascré, ni sa femme. Mes compliments à M. Poticier.

XLIII

A MONSIEUR QUENESCOURT

Université impériale, ce 10 novembre 1810.

Il y a bien longtemps, mon cher Quenescourt, que je

---

[1] Après l'inutile entrevue qu'il eut à Mantoue (novembre 1807) avec son frère Napoléon, Lucien se rendit à Rome. Cette ville ne lui offrant bientôt plus l'asile libre qu'il recherchait, il se retira dans sa terre de Canino, près de Viterbe. Mais se voyant de plus en plus menacé par les progrès de la toute-puissance de son frère, Lucien se détermina à passer aux États-Unis. Il mit à la voile dans le port de Civita-Vecchia au mois d'août 1810. Une tempête le jeta sur la côte de Cagliari, où il lui fut défendu de débarquer. Il reprit la mer, fut bientôt enlevé par une croisière anglaise et conduit à Malte, où il attendit quatre mois la décision du ministère de S. M. Britannique. On croyait à Londres qu'il était d'accord avec son frère et allait aux États-Unis pour organiser quelque coalition ultra-maritime. L'ordre arriva enfin de le conduire à Ludlow, dans le Sropshire, où il devait rester sous la surveillance d'un commissaire. Lucien, cédant à la nécessité, appela alors sa famille auprès de lui et acheta près de Ludlow une belle habitation où il resta jusqu'en 1814, uniquement occupé de l'étude des beaux-arts et des lettres.

[2] De l'abbaye du Mont-Saint-Quentin.

dois vous répondre; mais les plaisirs et les affaires sont à la fois mon excuse. Depuis le mariage de Bosquillon, j'ai été très-souvent dans les fêtes; d'autres circonstances ont amené d'autres amusements; enfin j'ai passé plusieurs jours à la campagne[1]; il est vrai que j'y ai travaillé autant que je m'y suis diverti. Arnault a été chargé de la rédaction finale du rapport de la classe de littérature sur les prix décennaux; il n'avait que dix jours pour coudre les différents rapports des membres qui se sont occupés de ce travail, assez difficile et très-fastidieux, et il lui a fallu faire entièrement la partie préliminaire et les conclusions; il m'a prié de l'aider à accoucher, comme il le dit, et j'ai eu le bonheur de rencontrer quelques idées qui ne lui ont pas été tout à fait inutiles. De même que toutes les circonstances joyeuses où je me suis trouvé ont amené des chansons bonnes et mauvaises, mon séjour à Ville-d'Avray en fait naître une que je vous dirai un jour, en vous racontant le tour que les dames de la maison m'ont joué, et qui en a fourni le sujet. J'ai eu occasion de renouer la connaissance intime avec Perceval-Grandmaison, l'auteur des *Amours épiques*, que j'avais beaucoup connu autrefois, et qui joint à un talent remarquable une bonhomie égale à celle de la Fontaine. Depuis ces jours de gaieté, j'ai vu Arnault et sa famille dans la plus grande désolation : après huit jours d'agonie, une petite fille de trois ans et demi leur est morte hier, et j'ai partagé bien sincèrement leurs inquiétudes et leur douleur. J'ai eu occasion, dans ce triste moment, de juger, d'une manière bien avantageuse, un homme dont jusqu'alors j'avais un peu fait ma bête noire : c'est Regnaud de Saint-Jean-d'Angély, qui a prodigué à ses parents les consolations les plus touchantes et les marques de l'affec-

[1] A Ville-d'Avray, chez Arnault.

tion la plus sincère et la plus en opposition avec le caractère qu'on lui suppose.

Mon oncle Forget est venu à Paris : à peine l'ai-je vu, et un peu par sa faute. Le jour où j'ai su son arrivée, mon départ était forcé pour le lendemain, et je n'ai eu que le temps de lui souhaiter un bon retour.

Vous avez sans doute entendu parler de Lucien : il a été pris par les Anglais ; est-il resté à Malte, ou est-il en Amérique ? voilà ce qu'on ne sait pas encore. Cet événement, dont les résultats ne me laissent pas l'espoir de faire paraître mon poëme, quoique j'eusse déjà fait un arrangement assez avantageux avec mon libraire, me donne lieu de craindre aussi pour ma pension ; il faut m'attendre à tout, et, comme vous dites, je ne suis point heureux en affaires d'argent.

A propos, M. Bouvet m'a écrit de nouvelles lettres où il y avait de nouvelles folies ; j'ai répondu par de nouvelles bêtises, et nous sommes quittes sur ce point ; mais comme dans sa dernière il me dit que s'il ne m'a pas payé les 300 francs, si anciennement dus, c'est qu'il avait pensé que ma tante me les avait payés en secret, j'en prends occasion de les lui demander. Si vous voyiez la lettre que je lui écris à ce sujet, vous étoufferiez de rire : je voudrais que ma tante pût vous la montrer ; c'est une vraie lettre de comédie ; j'ai bien ri en l'écrivant pour l'intérêt de la somme, et il pestera bien de m'avoir mis sur cette voie-là.

J'ai rencontré Coquart deux fois, mais n'ai pas fait semblant de le voir ; si j'avais su alors l'aventure, je l'aurais abordé ; il m'a paru assez gai. Peut-être avait-il encore en poche une ou deux roues du cabriolet emprunté. Si j'avais été à Péronne, j'aurais sans doute chansonné ce petit événement scandaleux. Vive le scandale pour la chanson ! Eh !

mais vous ne m'avez rien dit de l'effet qu'a produit le *Din-Din*[1] : n'oubliez pas cela à la première occasion.

Je plains bien Laisney sur ce que vous me dites de la santé de son père, que je regarde comme un homme perdu. Il aura vraisemblablement beaucoup de peine à passer cet hiver. Si ce malheur m'épouvante pour lui, j'avoue cependant que la perte de son état m'inspire encore plus de craintes; mais il paraît que M. Barry le sert bien. Le changement de préfecture ne lui sera-t-il pas aussi un peu favorable? Comment se porte mademoiselle Julie? Le mauvais temps n'a-t-il pas altéré sa santé de nouveau?

Lucien va, comme externe, dans une pension qui est près de ma demeure; j'ai raisonné comme vous à son égard.

Voilà bien des choses que je passe en revue : il me semble que j'en aurais encore beaucoup à dire, mais le papier me manque.

Compliments et amitiés à tous les moines.   BÉRANGER.

P. S. Judith et Lucien vous embrassent. Depuis quelques jours je suis étourdi de la nomination d'Esménard à l'Institut[2]. Le ministre de la police a forcé les portes pour

---

[1] Chanson que Béranger a insérée dans *Ma Biographie*.

[2] Béranger parle ici d'Esménard comme en parlaient alors la plupart des gens de lettres. Il est fort difficile de dire jusqu'à quel point Esménard avait donné lieu à de pareilles appréciations, et il est probable qu'on était véritablement injuste pour lui à cause de la faveur dont il jouissait auprès du ministre de la police.

Joseph-Alphonse Esménard, né à Pelissane, en Provence, au mois de novembre 1769, d'une famille considérée, ne partagea jamais les idées des promoteurs et des conducteurs de la Révolution française. Feuillant déclaré en 1792, il fut proscrit après le 10 août et alla visiter Louis XVIII à Venise. Il était rentré en France quand le 18 fructidor l'en chassa une seconde fois. Le 18 brumaire commença sa fortune. Il devint chef du bureau des théâtres sous Lucien Bonaparte et s'attacha fort à l'Empire.

En 1805 parut son poëme de la *Navigation*, où il y a des pages heureuses ; en 1806 il fit jouer à l'Opéra, pour le retour de l'Empereur, un intermède de circonstance ; en 1807 il donna la tragédie lyrique du *Triomphe de Trajan*,

cet homme, connu comme espion et comme escroc : ce qui me faisait dire à de Jouy, qui en riait, qu'il fallait cette fois qu'Esménard y prît bien garde, car c'était un vol avec effraction.

XLIV

A MONSIEUR LAISNEY ET A MONSIEUR QUENESCOURT

Université impériale, 10 décembre 1810.

Mes chers amis, je reçois vos deux lettres au même instant, et je réponds à toutes les deux ensemble.

Celle de Laisney est le texte de mon premier chapitre. Ton découragement m'afflige ; il faut ou que tu aies quel-

---

dont Chénier n'a guère loué que la mise en scène. En 1809 fut joué son *Fernand Cortez*. Savary se l'attacha alors et bientôt il fut à la fois, avec les plus riches appointements, censeur du *Journal de l'Empire* et chef de la troisième division du ministère de la police. Ses défauts, ses dettes, son inconduite lui firent une réputation qu'on se plut encore à noircir. Il paraît qu'il était dans son intérieur doux et aimable. Lorsque arriva sa mort, à la suite d'une chute affreuse de voiture, près de Fondi, le 5 août 1811, il y eut beaucoup de ses amis qui le pleurèrent.

Voici un passage des *Mémoires de Savary* (t. V, p. 15), qu'il nous a paru bon de citer pour l'équité d'un jugement définitif à porter sur cet homme de lettres, qui ne fut pas un des plus médiocres écrivains de la littérature impériale.

« J'avais lu son poëme de la *Navigation*, et je ne comprenais pas qu'un homme qui avait fait une aussi belle chose pût mériter d'être abreuvé de la calomnie. Lorsque je me l'attachai, j'entrepris de le secourir. J'aidai M. Esménard et j'eus un homme entièrement dévoué et d'un talent supérieur, qu'il me consacra tout entier, ainsi que son temps. Il m'a servi fidèlement ; il aimait l'Empereur avec sincérité et n'a jamais craint de me dire la vérité. Il m'a fait faute plus d'une fois et j'ai eu lieu de regretter sa mort.

« C'est par lui que j'ai connu les hommes de lettres, tant sous le rapport du talent que dans ce qui leur était personnel. J'étais préparé à ce qu'il me dirait beaucoup de mal, ayant autant d'ennemis, et j'en eus encore une bonne opinion parce qu'il ne décriait même pas ceux qui le déchiraient sans pitié. Cet homme de talent me coûta bien des soins, car la jalousie qu'il inspirait ameuta tout le Parnasse contre son protecteur.

« Je formai le projet de faire entrer M. Esménard à l'Académie, et m'employai si bien, que je lui fis donner une majorité de suffrages sans laquelle elle aurait été infailliblement rejetée.

« Je fus aidé en cela par des hommes en place qui faisaient partie de la classe des belles-lettres. »

que sujet de chagrin caché, ou que ta santé soit en mauvais état; tu as des amis que tes petites boutades peuvent bien contrarier, mais dont le cœur s'est toujours ouvert, j'en juge par le mien, et les torts qu'ils sont en droit de te reprocher disparaîtront toujours à leurs yeux dès que tu leur ouvriras ton cœur. Quant à l'abandon que tu sembles prêt à faire de ton état, il est déraisonnable, puisqu'il te reste des parents dont l'existence est attachée à la tienne.

Tu parles d'un voyage à Paris : pour quoi faire? Pour solliciter? C'est un métier qui ne te convient pas plus que tu n'y conviens. Tu n'avancerais pas tes affaires dans un pays où les manières avantageuses font tant d'effet; passe encore pour Amiens, où tes pas seraient peut-être moins perdus; et cependant j'aimerais encore mieux qu'un autre que toi s'y employât pour tes intérêts. Voilà, je crois, ce qu'il faut que tu fasses : Écris de nouveau à M. Barry, à son domicile rue de l'Université, n° 2; on m'a dit, rue des Grands-Augustins, que toutes les lettres parvenues à l'ancienne adresse lui avaient été remises; mais tu peux paraître craindre que cela n'ait pas eu lieu pour celle que tu lui as écrite il y a quelque temps; prie M. Defrance de lui écrire lui-même : ce point ne peut être indifférent; hâte-toi surtout, et il est vraisemblable que ton affaire aura une heureuse issue. Je voudrais connaître quelqu'un auprès de M. Portalis[1]; malheureusement le peu de relations que j'ai ne s'étendent pas jusque-là. Bien des choses à tes bons parents et à Beaulieu[2].

A vous, mon cher Quenescourt.

[1] Directeur de la librairie et de l'imprimerie.
[2] Laisney était le plus vieil ami de Béranger, avec M. Quenescourt. C'est lui qui enseigna, tant bien que mal, les règles de la versification à l'auteur de l'*Orage*. Il avait quelques années de plus et de très-bonne heure s'était mis à faire des chansons.
Le père de Laisney était libraire et expert en écriture à Péronne : l'impri-

Je ne savais rien du mariage de François de Paule ; ce que vous m'en dites me cause autant de surprise que de plaisir. Vous n'avez pas besoin de dire que vous m'en avez parlé. J'ai écrit dernièrement à son frère. Je n'ai point de nouvelles du Mont-Saint-Quentin. Quand vous verrez ma tante, dites-lui de m'écrire. Lucien Bonaparte est à Londres, prisonnier des Anglais; sa situation est bien pénible. Vous me faites trop d'honneur pour le rapport de l'Institut ; et, dans ma lettre, je vous avais dit seulement que j'y avais mis la main. Ne croyez pas pourtant que les grosses fautes, qu'on y remarque à bon droit, soient de moi : N. Lemercier est le principal *fauteur* pour la langue, à l'article : comédie.

Chateaubriand ne pouvait être rangé dans aucune classe, et c'est en partie ses ouvrages qui ont fait naître l'idée de

---

merie fut fondée par Laisney et organisée par un ouvrier nommé Profils qui figure dans ces lettres et dans *Ma Biographie* sous le nom de Beaulieu.

Devenu veuf et n'ayant pas d'enfants, Laisney s'est remarié vers 1816 avec madame Deprez qui avait trois fils et une fille. L'un des garçons prit l'imprimerie au décès de sa mère. C'est M. Constant Deprez, aujourd'hui médecin à Paris. Il vendit bientôt l'établissement à M. Quentin qui l'exploite. L'imprimerie où Béranger fut apprenti existe donc toujours à Péronne. L'un des enfants de l'ouvrier Beaulieu (M. Beaulieu aîné) y travaille encore. Elle occupe cinq ou six personnes.

Laisney est mort en 1844.

Il a laissé d'assez nombreuses chansons dont M. Gautier (de Nanterre) possède le manuscrit ; mais ce maître de Béranger n'a pu lui enseigner que bien juste les règles de la versification. Il n'y a que de la grosse gaieté dans ses couplets. Le style y fait défaut.

Béranger a dédié deux de ses chansons à son vieil ami Laisney : *Bonsoir*, dans le premier recueil, et *Petit Bonhomme vit encore* dans les œuvres posthumes.

C'est Laisney qui donna à la maison de M. Quenescourt le nom de couvent des Sans-Souci. La communauté se composait de sept frères qui étaient : M. Quenescourt, frère gardien ou prieur, Poticier, sommelier, surnommé frère Asinard ; Laisney, dit le frère Chopine ; Béranger, dit frère Hilarion ; Defrance, surnommé frère Boniface ; Beaulieu, à qui on avait décerné le surnom rabelaisien de frère Ripailles, et Mascré. Quelquefois M. Antier alla visiter le couvent ; il y reçut le nom de frère Bienvenu.

On a composé des petits volumes à l'usage des bibliophiles et des articles à l'usage de tout le monde sur des académies joyeuses et des compagnies littéraires qui n'ont pas valu aux lettres, comme celle-là, un Béranger.

demander un prix pour un écrit dont le genre ne serait pas déterminé. Vous me demandez mon exemplaire : je le demande aussi et ne puis l'avoir; Arnault n'en a encore eu qu'un. Dites à Defrance[1] de mieux traiter ses amis, surtout quand ils sont malheureux.

Venons à Mascré ; voilà donc le seigneur de la Motelette qui veut prendre des ailes! Il a donc été sur le point de dire adieu à son grison ! Ah! Sancho Pança, toi qui, renonçant aux grandeurs, te reprochais si amèrement de les avoir désirées, et qui remontais avec tant de joie sur ton âne, que penserais-tu du philosophe de Nurlu? La fourmi a voulu avoir des ailes, et les oiseaux l'ont mangée, disais-tu pour toi. Qui sait? les oiseaux auraient peut-être aussi mangé notre ami, si le destin ne lui avait fermé au nez les portes de la fortune. Mais, je le vois, il faut qu'il renonce à être le premier de son village pour devenir le second d'une bicoque, et comme c'est agir un peu autrement que César, j'en augure assez bien pour lui. Au reste, qu'il écoute son démon : ce n'est pas celui de Socrate; mais il est plus heureux que le sage Athénien, et il n'a point Xantippe pour femme. Mes conseils lui sont inutiles ; vous êtes sur les lieux et vous devez tout voir, tout prévoir et tout calculer ; ce que je puis dire seulement, c'est qu'il y a plus loin de Péronne à Nesle que de Péronne à Nurlu; mais aussi Nesle se rapproche de Noyon, vers lequel je tourne toujours mes regards, et où il me semble que j'irai mourir, si Dieu permet que je me fasse enterrer à ma guise. Qu'il aille donc où le pousse son démon familier, et que le bonheur l'accompagne. Nous l'irons voir à Nesle; mais que dis-je? J'ai tout à gagner à cela. Je pars pour Noyon, j'y couche; je pars pour Nesle, je vous y trouve : rien de mieux vu.

[1] M. Defrance, l'un des chansonniers de Péronne, est mort le 4 janvier 1836.

Oui, bon Mascré, soyez percepteur à Nesle ; il n'est pas possible qu'un projet si favorable à l'amitié ne soit sage et n'ait un résultat heureux.

Me voici au bout de mon verbiage. Bien des compliments à tous ceux qui m'en font. Embrassez mademoiselle Julie. Mille amitiés de la part de Judith et de Lucien. Il faut que je vous apprenne qu'Arnault et sa femme, inquiets pour ma pauvre tête, m'ont mis enfin entre les mains des médecins, et qu'on m'a mis les sangsues il y a quatre jours. Je suis un régime médical qui, à ce qu'on espère, m'ôtera les douleurs de tête que j'éprouve depuis ma dernière maladie.

XLV

A MONSIEUR QUENESCOURT

Université impériale, 1811.

Il faut convenir, mon cher Quenescourt, que vous êtes bien avare de lettres. J'espérais cependant une prompte réponse à ma dernière, vu l'intérêt que devaient m'inspirer les divers sujets qui me faisaient vous l'écrire. Je voudrais savoir où en est Laisney, ce qu'a décidé Mascré ; je voudrais savoir si ma lettre a produit une réconciliation complète entre Laisney et vous tous, ce qui était l'un des objets que je m'étais proposés, en ne faisant qu'une réponse aux deux lettres que vous m'aviez écrites le même jour. Que vous dirai-je de nouveau? rien.

J'ai écrit à toute ma famille pour le jour de l'an : j'ai répondu à François de Paule qui m'a fait part de son mariage ; quant au Mont-Saint-Quentin, je n'en ai toujours pas de nouvelles. J'ai fait les Rois fort gaiement ; comment les avez-vous faits? Mais dites-moi donc ce que devient le poëte

Auger! Il ne faut pas que j'oublie de vous faire les souhaits de bonne année.

Embrassez pour moi mademoiselle Julie, et embrassez-la aussi de la part de Lucien, qui en a conservé un tendre souvenir.

Mille et mille amitiés à Laisney, à Defrance, à Mascré, à Poticier, à Beaulieu. Mes respects à M. Defrance et à M. et madame Laisney, et à madame Mascré.

Ne m'oubliez pas auprès de madame Noël.

Si j'oublie quelqu'un, suppléez au défaut de mémoire, et recevez mes embrassements sincères; ainsi que beaucoup de compliments de la part de Judith.

XLVI

A MONSIEUR QUENESCOURT

1811.

Vous avez tardé, dites-vous, à m'écrire, parce que vous supposiez que les jours gras me donnaient trop d'occupations pour me laisser le temps de vous lire; au contraire, une lettre de vous m'eût fait faire mes jours gras, et m'eût tiré agréablement de l'espèce de sommeil dans lequel je les ai passés. Je n'ai pris aucun divertissement, j'aurais bien voulu être auprès de vous. J'aurais bien pu trouver place à la table de quelque indifférent; mais, dans pareils moments, si je ne m'amuse point avec mes amis, je préfère rester seul et libre : la liberté me console de la solitude, et ma gaieté, plus d'une fois alors, pourrait faire envie à gens qui font plus de bruit que moi. Je vous dis tout cela, pour que vous ne me plaigniez pas trop d'avoir commencé mon carême dès le jeudi gras. J'ai bien pensé qu'il n'en serait pas de même pour vous, et je l'ai souhaité de tout mon cœur. Pourquoi n'ai-je pu partager vos plaisirs! Soyez sûr que c'est là le seul regret que me laisse le carnaval. Je commence à sentir le besoin d'une vie tranquille; il me semble que je consentirais bien à passer le reste de mes jours dans quelque ville de province où l'on n'entendrait même pas parler de Paris.

Je puis me tromper; mais ce qu'il y a de sûr, c'est que ma philosophie se fortifie de plus en plus, et que la promenade et l'air de la campagne me sont plus nécessaires que jamais. La poésie est pour moi maintenant une occupation douce qui ne me nourrit point d'idées chimériques, mais qui n'en charme pas moins tous mes instants. Voici du moins ma situation actuelle. Il faut que je vous avoue pourtant que le dernier ouvrage de Chateaubriand a réveillé en moi le désir des voyages, non pas en terre sainte, mais en Italie, terre sacrée des arts et presque aussi poétique que la Grèce. Je dis presque, mais laissons ma philosophie et mes désirs. C'est avec la plus vive satisfaction que je vois la paix rétablie dans le couvent, et que j'aperçois du mieux dans les affaires de Laisney; j'espère qu'il en sortira bien, grâce à l'intérêt qu'il inspire à tous ceux qui le connaissent. Dites-lui donc de me répondre. Je plains ce pauvre Beaulieu : sa situation doit être bien triste, et je crains qu'elle n'aille toujours en empirant.

Remerciez Defrance de ma part de s'être enfin rendu aux conseils de l'amitié envers Laisney, et dites-lui de les écouter pour ce qui le regarde.

Mille amitiés à mademoiselle Julie. Lucien, qui l'embrasse, est toujours indisposé : j'ai été obligé de lui faire mettre un vésicatoire. Judith est très-sensible à votre souvenir.

Félicitez Mascré de son retour à la raison, mais dites-lui

bien que je n'ose compter sur lui : il ne fallait pas qu'il eût même une idée qui sentît l'ambition.

Adieu, mon cher Quenescourt, pour la vie, votre ami,
                                        BÉRANGER.

Lucien Bonaparte a obtenu des Anglais de passer à Philadelphie. Il a été traité avec toute sorte d'égards et de distinctions en Angleterre.

Écrivez-moi donc un peu plus souvent.

XLVII

A MONSIEUR QUENESCOURT

Université impériale, 1811.

Je m'empresse de vous répondre, mon ami, pour vous tirer de l'erreur où semble vous avoir mis la lettre que j'ai écrite à François de Paule. Je m'étais figuré que son mariage était pour le mois d'avril, et l'éloignement me laissait l'espoir d'assister à sa noce; mais la chose m'est impossible dans ce moment, vous ne pouvez douter du plaisir que j'aurais à me retrouver au milieu de vous et à y ramener la paix qui ne devrait point avoir fui du couvent, mais il faut un peu subordonner ses désirs aux circonstances, et vraiment elles ne me permettent pas d'écouter la voix de l'amitié.

Je suis très-charmé de l'avancement de Delaporte, et je le crois en beau chemin; c'est celui qui lui convenait le mieux de suivre : aussi je pense que maintenant il ne changerait pas de sort, à moins que ce ne fût pour être capitaine. Encore dit-on qu'un fourrier est plus heureux qu'un capitaine qui n'a que ses appointements.

J'ai écrit à François de Paule une lettre où je me moque de la brièveté de son style; il me demandait une chanson;

mais vous savez, et je lui dis, que je ne puis faire de chansons que quand je les chante moi-même; répétez-lui bien que ce n'est pas mauvaise volonté, et que, d'ailleurs, cela lui est absolument inutile.

J'espère que les affaires de Laisney s'arrangeront, faites-lui mes amitiés, et dites-lui qu'il ne cesse d'écrire à M. Barry, qui vraisemblablement aura autant d'accès chez M. de Pommereul[1] qu'il en avait chez M. Portalis.

Ordonnez à Defrance, sous peine de ne boire que de l'eau au couvent, lorsque tous les moines seront réunis, de faire un meilleur accueil à Laisney, et sous la même peine, ordonnez à frère Chopine d'être plus gai et de ne plus donner d'humeur au frère Boniface.

Judith et Lucien vous embrassent, ainsi que mademoiselle Julie.

XLVIII

A MONSIEUR QUENESCOURT

1811.

Je me reproche chaque jour, mon cher ami, de ne pas répondre à votre dernière lettre; mais je l'ai égarée chez moi, et c'est en vain que j'ai tout retourné pour la trouver, afin d'avoir les renseignements sur ce militaire de Devise dont vous me parlez. Envoyez-moi-les donc de nouveau et je ferai faire les recherches aux bureaux de la guerre, ce qui, au

---

[1] M. de Pommereul était officier d'artillerie avant 1789 ; il fut l'un des examinateurs du jeune Bonaparte. De 1796 à 1800 il servit en qualité de général de division. De 1800 à la fin de 1810 il fut préfet de l'Indre, puis du Nord. Pendant qu'il était à Tours, il fit restaurer le mausolée d'Agnès Sorel. Le 5 janvier 1811 il remplaça M. Portalis comme directeur de la librairie et il resta dans ces fonctions jusqu'à la fin de l'Empire. Le gouvernement de la Restauration le persécuta. Il dut s'exiler en Belgique et ne rentra en France qu'en 1819 pour y mourir en 1823 à soixante-dix-huit ans. Il a laissé de nombreux ouvrages dans tous les genres et particulièrement des études sur les arts. Son histoire de la campagne de 1796 et de 1797, publiée l'an VI, est intéressante. Il ne l'a signée que de son titre d'officier général.

reste, n'aurait pu être fait que depuis quinze jours, la personne qui s'en charge pour moi ayant été absente.

Vous me félicitez dans votre dernière du calme de mon âme; vous aurez sans doute su par ma tante combien il a été troublé. Le nom de Lucien, effacé sur les derniers exemplaires de l'Almanach Impérial, du nombre des membres de l'Institut (et cela par un carton, car les premiers exemplaires l'y portaient encore), a dû me donner de grandes craintes. On a refusé de me payer; cependant Regnaud de Saint-Jean-d'Angély m'a fait payer encore le dernier mois; mais cela ne peut durer. La volonté de l'Empereur paraît trop prononcée; pour comble de peine, je ne puis espérer d'avancement à l'Université. Une lettre que j'ai écrite à M. de Fontanes est restée sans réponse. Je vous avoue que cela ne m'a point étonné; je ne m'étais recommandé que de Lucien, et ce n'était pas lui faire ma cour. Arnault est trop froidement avec le grand maître, par rapport à l'affaire de Chateaubriand, pour en rien obtenir. Je vois tout cela avec philosophie; mais enfin je ne suis pas seul; et, si je n'avais la poésie pour me consoler, je ne serais point heureux.

Vous aurez peut-être su aussi que j'ai, sous couleur d'emprunt, tiré 150 francs de M. Bouvet. J'ai au 5 juin un billet de 200 francs à payer, et j'ai recouru à cet expédient pour me tirer d'embarras. Les mauvaises nouvelles sont en partie cause que je ne vous ai point écrit plus tôt.

Les corrections que je fais à mon poëme sont immenses. Il ne sera pas reconnaissable. Je viens de changer mon épilogue à Lucien : je vous enverrai ce morceau pour que vous en jugiez, mon ami. Si l'amour-propre ne m'égare pas, je crois commencer un peu à comprendre ce que c'est que la poésie. Mais qu'il y a encore à apprendre !

Je vois avec peine que tous nos amis ne sont pas heureux non plus. O fortuné Mascré! quand par hasard je ne vous réponds pas, ne restez donc pas sans m'écrire. Vous savez que je suis un peu plus occupé que vous. Lucien, le petit, est toujours d'une faible santé; mais il n'est point douillet. Judith a été et est encore malade. Je ne me porte pas bien non plus; le sang me tourmente toujours.

Mille amitiés à mademoiselle Julie et à tous les moines.
Tout à vous,   BÉRANGER.

P. S. Faites-moi savoir si l'on a des nouvelles de Forget; je n'en reçois pas.

XLIX

A MONSIEUR LAISNEY FILS
IMPRIMEUR-LIBRAIRE A PÉRONNE

16 juillet.

Mon cher Laisney, voici plusieurs fois que je vais inutilement chez l'ancien chef de bureau de la librairie, qui m'avait servi dans ton affaire, pour savoir quelle marche il faut que je suive désormais; mais je ne puis plus rencontrer mon homme. Je me déciderai à aller à la librairie, quoique je pense bien que l'absence de l'Empereur doive ajourner cette affaire *indéfinitivement.*

Nous sommes très-inquiets du silence que Quenescourt garde avec nous. Judith est vraiment alarmée: je le lui ai écrit il y a quelques jours, et je ne conçois pas qu'il ne nous ait pas répondu. Si quelque circonstance le met dans l'impossibilité d'écrire, ne peut-il te charger de nous tranquilliser?

Nous craignons tous ici pour la petite. Moi je ne me figure rien, mais je commence à redouter quelque malheur. Ma dernière était pressante, et ce ne peut être par négligence qu'il ne me répond pas. Je te prie, mon ami, aussitôt la présente reçue, de vouloir bien faire cesser nos craintes. Vraiment Judith est bien affligée, bien tourmentée. Je n'ai pas le courage de te parler de chansons ni d'amusement, je crains trop que nos amis ne soient dans l'affliction. Embrasse tes bons et respectables parents pour moi, pour Judith et pour Lucien. Tous les trois faisons mille amitiés à Beaulieu.

Parle-moi de mes parents, et parle de moi à ceux que tu verras. Comment se porte ma tante Bouvet? A-t-elle su que Lucien avait été à Péronne? Je te réitère mes instances pour une prompte réponse. Nous comptons les instants. Adieu, mon ami, je t'embrasse et t'attends au mois d'août.

Ton fidèle ami [1],   BÉRANGER.

L

A MONSIEUR BOSQUILLON WILHEM

Octobre 1811.

Mon ami, je t'envoie la chanson d'Arnault et sa lettre de consentement, pour les faire imprimer toutes deux, si cela est encore possible, comme je le désire bien maintenant.

Le titre de la première doit être *la Morale universelle*.

Pour signature, à toutes les deux, il faut mettre ainsi :

Par A. V. A., *m. de l' et de l'* [2].

Tu trouveras aussi ma note pour *Marie Stuart* [3].

Tu as sans doute reçu mon petit mot hier ; mais ce qui

---

[1] Lettre communiquée par M. Fr. Deprez (de Saint-Quentin), beau-fils de Laisney.

[2] Antoine-Vincent Arnault, membre de l'Université et de l'Institut (probablement?).

[3] La chanson des *Adieux de Marie Stuart* dont Wilhem a fait la musique.

va t'étonner peut-être, c'est la prière que je te fais aujourd'hui de retirer cette chanson de *la Nature*, qui, par réflexion, ne me paraît plus devoir être imprimée, au moins séparément de mes autres chansons. Je t'en donnerai les raisons un autre jour. Rends-moi ce service-là. S'il était absolument besoin d'en fournir une autre, je ne m'y refuserais pas.

Je te répète encore une fois que je suis honteux de t'occuper autant de pareilles bagatelles.

Tout à toi, BÉRANGER.

Mes hommages à madame Wilhem.

LI

A MONSIEUR QUENESCOURT

18 octobre 1811.

Je vous ai écrit un peu à la hâte vendredi; mais aujourd'hui que je suis bien reposé, je puis vous donner plus de détails sur mon retour. Pour commencer par les affaires, en homme rangé, je vous dirai que j'ai été dès le samedi à mon bureau, où je n'ai trouvé rien d'extraordinaire et où je n'ai d'abord voulu faire autre chose que toucher mon petit traitement. J'ai également touché à l'Institut. Vous voyez que mon voyage est bien loin d'avoir nui à mes affaires. Quant à mes plaisirs, point le plus important pour un homme qui se voue au régime des Gueux [1], il faut que je vous fasse part de tout l'agrément que j'ai eu au dîner de retour. Nous étions huit, Paffe [2], sa femme, Antier et la sienne, Judith, Hersent, Bosquillon et moi. J'ai eu autant de sur-

---

[1] La chanson des *Gueux*, faite à Péronne, avait obtenu un grand succès à Paris, partout où Béranger l'avait chantée; et ce succès lui rendait chère la philosophie pratique dont cette vive chanson est si pleine.

[2] Oncle de Wilhem.

prise que de plaisir de revoir ce dernier qui heureusement était veuf depuis quelques jours et qui a pris la part la plus vive à toutes nos folies. Peut-être pensez-vous que la fatigue du voyage et de l'insomnie avait éteint mes facultés. Vous vous trompez, mon ami, j'avais toute ma gaieté et toute ma voix, et quoique en effet un mal de tête effroyable me tourmentât, j'ai tant bu de vin de Calabre, que j'ai chanté jusqu'à minuit, et qu'il n'est pas jusqu'à *la Philosophie* [1] qui n'ait retenti aux chastes oreilles de nos dames. Que vous dirai-je de plus? Tout le monde fut de la gaieté la plus franche et la plus folle. Antier m'emboîta bien, comme dit Mascré, et chanta entre autres une chanson que vous trouverez ci-jointe [2] avec celle que j'ai brochée au plus vite pour la même occasion. Ce que vous aurez peut-être peine à croire, c'est qu'il a chanté à sa femme, et pour la première fois, la chanson du *Din-Din* et sa chanson d'adieu. Aussi ai-je chanté celle que j'avais faite à son départ, et toutes nos polissonneries ont beaucoup fait rire. Ce qui peut-être n'a pas été moins plaisant, c'est d'entendre chanter au frère Hilarion [3] les deux couplets de Laisney, *Les deux font la paire.*

Au reste, les couplets ont été trouvés fort jolis.

J'ai aussi chanté les adieux que je vous ai faits; et je crois inutile de vous assurer que l'éloge du couvent et surtout celui du gardien s'est mêlé à tous les commentaires que toutes les chansons ont dû occasionner. Le frère Asinard n'a pas non plus été oublié.

Ces détails, qui ne vous fatigueront pas, j'en suis sûr, vous donneront l'idée de tout mon bonheur dans cette soirée

---

[1] Cette chanson a été perdue.
[2] La chanson ne s'est pas trouvée dans la lettre
[3] Béranger.

à jamais mémorable. Je ne suis rentré, ainsi que Judith, qu'à près d'une heure et demie, et c'est une fois rentré que j'ai senti mon mal de tête; il était si violent, que je fus obligé de prier Judith de me déchausser, ne pouvant plus me baisser. Ce seul trait me peint tout entier : à table avec mes amis, je n'ai pas fait la moindre attention à la souffrance que je trouve la plus aiguë. Si j'étais bon catholique, il ne tiendrait qu'à moi d'être martyr. L'imagination peut tout sur ma frêle machine, pourtant ne suis-je pas quelquefois bien raisonnable? Mais parbleu, voilà une question bien placée? Ah ça, mon ami, hâtez-vous de me donner des nouvelles de Julie : Judith en attend avec autant d'impatience que moi. Je n'ai plus de papier; adieu donc! Je vous charge de toutes mes amitiés.

Tout à vous pour la vie, BÉRANGER.

P. S. Le brochet a été trouvé excellent. J'ai dîné hier chez M. Lisarde[1]; on m'a grondé fort pour n'en vouloir point dire le prix. Mais vous savez si, en conscience, je le pouvais.

LII

A MONSIEUR BOSQUILLON WILHEM

1811.

Arnault a fort bien pris la chose : si les journaux s'emparent de cela[2], il se contentera de nier : il trouve même le cas plaisant, et lorsqu'en l'abordant il a vu mon désespoir : Je sais tout, m'a-t-il dit, il faut vous consoler, et nous nous retournerons d'un autre côté. De quoi croirais-tu qu'il me parlait? Tu ne peux deviner ce maudit quiproquo. Il

---

[1] Beau-père de M. Antier et maître de pension.
[2] On n'a pas pu deviner de quoi il s'agit.

croyait qu'on m'avait instruit que l'Empereur venait de supprimer tous les traitements de Lucien, et que Regnaud de Saint-Jean-d'Angély ne savait plus comment s'y prendre pour me faire continuer le payement du traitement de l'Institut.

Tu vois, mon ami, dans quelle situation va me plonger cette mesure; cette circonstance se compliquant d'ailleurs avec d'autres événements d'une nature aussi gueuse. Ainsi j'ai passé d'une peine à une autre. Voilà un beau moment pour se désoler.

N'en fais pas moins mes compliments à M. Malo [1]. Mes respects à madame Wilhem. Ton ami,

Béranger.

LIII

A MONSIEUR QUENESCOURT

Ce 22 octobre 1811.

Vous receviez sans doute ma dernière à l'instant où je recevais la vôtre; vous ne doutez, mon ami, de la satisfaction que nous avons éprouvée, Judith et moi, en apprenant le soulagement de Julie, soulagement qui nous fait espérer son entier rétablissement, ainsi que je compte l'apprendre bientôt. Ces demoiselles et mademoiselle Duchesne n'ont pas appris avec moins de plaisir que nous cette heureuse nouvelle. Quant à mademoiselle Juliette, comme il est dit qu'elle doit crier au moins pendant quatre mois, ses petites colères ne nous inquiètent nullement et nous nous en rapportons à son embonpoint. Vous auriez dû me parler aussi de votre santé.

---

[1] M. Charles-Malo, cousin de Wilhem, qui a beaucoup écrit dans tous les genres et qui a fondé le *Cercle des sociétés savantes*. M. Charles-Malo est né en 1790.

Ce que vous me dites de *** m'étonne un peu ; cependant, comme chaque jour nous apprend à connaître notre monde, cela m'eût plus étonné il y a deux ans : défions-nous toujours des petites têtes. Si l'on doit peu les craindre, aussi n'en doit-on rien espérer. Faites au reste comme je fais à cet égard ; l'amitié est une chaîne trop peu tendue pour qu'elle se casse d'elle-même : ce n'est point comme l'amour. Or, puisque c'est volontairement qu'on la brise, disons toujours *adieu* à ceux qui nous quittent et *jamais au revoir*. Vous me parlez de la tristesse du couvent : en effet, je n'y ai plus trouvé la même gaieté ; mais je m'y attendais, vu d'ailleurs les circonstances aggravantes des maladies et des indispositions. Quant à moi, à part mon extinction de voix, je dois vous avoir paru le même, car vous savez que j'ai le don de mettre ma gaieté au ton de ceux qui m'entourent et que je n'éclate qu'avec ceux qui éclatent, sauf à amener le moment d'explosion. Je ne vous dirai rien de Laisney à ce sujet ; il faut nous faire à son changement de caractère et redouter pour nous-mêmes un pareil malheur : on peut perdre sa gaieté comme on perd sa voix, par une mauvaise disposition des humeurs. Quels changements peut amener un malaise d'estomac ! Après tout, soyez sûr, mon ami, que la tournure que tout cela a prise ne me fait plus aller à Péronne que pour vous et ce qui vous est cher. Je commence à vieillir, mon ami, et je deviens plus difficile. Cependant, je me garde toujours d'être injuste. Venons-en au voyage de Judith ; elle dit ne vous avoir promis d'aller vous rendre visite que sous quelque temps, ce qui remettrait, selon elle, son voyage à quinze jours, un mois. Le beau temps ne paraît pas lui importer beaucoup. Au fait, qu'en fait-on à Péronne ? Je puis d'ailleurs vous rappeler, en confidence, qu'elle est obligée de penser un peu à ses petits intérêts, et que la besogne qu'elle a exige résidence. Je vous dirais bien aussi que Lucien, qui déjà ne travaille guère, ne prendra point goût au travail pendant un si long congé ; mais j'oublierai cette dernière raison aussitôt que Judith voudra s'embarquer.

J'ai vu Théophile hier 21 ; il a un peu d'occupation et continue ses démarches, qui jusqu'à présent ont été infructueuses : je lui ai tracé une autre route ; nous verrons s'il réussit mieux. Je me suis acquitté de votre commission, et lui ai dit être chargé de lui remettre davantage si cela lui était nécessaire ; mais il m'a assuré n'avoir pas besoin de plus dans ce moment. Je vous remercie d'avoir si obligeamment pris soin de faire parvenir des secours à ma pauvre femme de Liéramont.

J'ai fait une réflexion qui peut vous coûter encore quelque argent ; la voici : Ne feriez-vous pas bien d'envoyer un petit panier de poisson à ces demoiselles[1] ? Le cadeau leur serait utile, et je leur fais l'honneur de croire qu'elles seraient sensibles à cette attention. Je sais bien que vous ne leur devez rien, mais, puisque vous avez l'habitude de terminer vos comptes d'une manière qui vous est toujours désavantageuse, ajoutez encore ceci à celui que vous avez fait avec elles. Leurs affaires ne sont ni plus mauvaises ni meilleures qu'elles ne l'étaient lors de votre départ.

Antier vous fait mille amitiés ainsi qu'à tous nos frères. Bosquillon se joint aussi à moi.

Dites à Laisney que j'ai vu plusieurs fois madame Babin, mais n'ai pu rencontrer son mari ; qu'elle m'a cependant assuré, samedi dernier, que tous les livres allaient être expédiés, et que Laisney lui avait aussi envoyé une autre per-

[1] Mesdemoiselles Mellet.

sonne pour hâter l'envoi. Dites-moi ce que cela est devenu. Chargez aussi Laisney de me rappeler au souvenir de ses parents.

Adieu, mon ami, embrassez Julie et Juliette pour moi, et croyez-moi pour la vie votre ami le plus sincère,

BÉRANGER.

Écrivez-moi souvent.

LIV

A MONSIEUR QUENESCOURT

2 décembre 1811.

Vous ne sauriez croire, mon ami, combien la mort de ce pauvre Poticier m'a été sensible! Les détails que vous me donnez à ce sujet ont ajouté aux regrets que j'avais de sa perte, regrets qu'Antier et Judith même, qui ne le connaissait pas, ont partagés. Comme cependant, en attendant que nous le suivions, soit par ordonnance du Destin, soit par ordonnance du médecin, il faut toujours voir les choses du bon côté, j'ai fait un *De profundis* pour notre pauvre frère Asinard [1].

Antier, qui a dîné avec moi hier chez Judith, avec Henriette, que vous connaissez bien, a fait chorus, et nous avons

---

[1] Voici ces couplets, qui se trouvaient intercalés dans la lettre de Béranger à M. Quenescourt.

DE PROFUNDIS

POUR LA CÉRÉMONIE FUNÈBRE DE FRÈRE ASINARD, SOMMELIER
DU COUVENT DES SANS-SOUCI.

Air : Plus on est de fous plus on rit.

Asinard, Asinard expire!
Hélas! encor tout interdits,
Mes amis, chantons-lui sans rire,

répété plusieurs fois ces couplets, qui étaient de règle après tous ceux que nous a inspirés le défunt.

Dans la cave, un De profundis.

CHŒUR GÉNÉRAL.

Ah ! le ciel veut que chaque frère
Désormais gémisse en buvant,
Puisqu'il fait tomber sa colère
Sur le sommelier du couvent.

Matthieu Lensberg, ce grand prophète,
A lu sans doute, au haut des airs,
Que son trépas, par la comète,
Était prédit à l'univers.

Ah ! le ciel veut que chaque frère, etc.

Maudits soient les charlatans rogues,
Maudit surtout soit l'assassin,
Qui l'a fait périr par les drogues,
Lui qui ne droguait pas son vin !

Ah ! le ciel, etc.

Homme joyeux, homme équitable,
Il fournit en toutes saisons,
D'excellents vins pour notre table,
D'heureux sujets pour nos chansons !

Ah ! le ciel, etc.

Sur son monument funéraire,
Que par nous ces mots soient gravés :
Hélas ! vous n'avez plus de père,
Pauvres petits enfants trouvés !

Ah ! le ciel, etc.

Vins exquis, pour une hécatombe,
Par tonneaux quittez le cellier,
Mais, pour couler jusqu'à sa tombe,
Passez, passez par mon gosier.

Ah ! le ciel veut que chaque frère,
Désormais gémisse en buvant,
Puisqu'il fait tomber sa colère
Sur le sommelier du couvent.

Nous regrettions bien de n'être pas à Péronne pour donner plus de solennité à cette cérémonie touchante. Je vous envoie la chanson; elle est sur l'air : *Plus on est de fous plus on rit*. Quelque peine que la mort de Poticier vous ait causée, je ne pense pas que vous trouviez déplacé le ton un peu burlesque que j'ai pris, et je suis sûr que, si vous vous rappelez l'air, vous ferez un beau chœur, au milieu des verres et des bouteilles.

Laisney, dans sa lettre, m'a mis une phrase latine qui a fait baisser pavillon à Antier[1]; la voici :

Mortuo asino etiam lora sumuntur[2];

du moins c'est ainsi que nous avons lu. Antier n'ayant rien compris à cela, moi qui ne veux jamais rester court, j'ai traduit ainsi : L'âne est mort lorsqu'il était sur sa monture, traduction qui ferait entendre que Poticier fut frappé sur madame C***. Si Laisney n'est pas content de l'interprétation, qu'il ne me donne plus de latin, car je ne le traduirai jamais mieux.

Judith doit vous répondre de son côté. Nous avons tous été charmés des détails que vous nous donnez sur Julie, et sur mademoiselle Juliette, qui, je le vois, est déjà gâtée. Mademoiselle Duchesne va mieux; elle ne sait comment témoigner la reconnaissance que lui inspirent et l'intérêt que vous lui portez et l'invitation que vous lui faites.

Antier vous dit mille et mille choses à tous.

Moi, je ne vous dis plus rien, sinon que je suis pour la vie votre ami.   BÉRANGER.

P. S. Je voudrais avoir les chansons que Laisney me dit avoir faites depuis peu.

---

[1] M. Antier était le savant de la compagnie.
[2] Quand l'âne est mort, on prend le bât et les courroies.

LV

A MONSIEUR QUENESCOURT

Ce 10 janvier 1812.

Mon ami, je vous avais promis quelques éclaircissements sur mes affaires ; mais le désir de vous annoncer la tournure qu'allait prendre ma situation m'a fait reculer jusqu'à ce jour, et c'est inutilement, car je ne suis guère plus avancé qu'il y a douze jours. Cependant j'ai encore touché aujourd'hui le mois de décembre à l'Institut, par la protection de Regnaud de Saint-Jean-d'Angély. Je sais même que son intention est de tout faire pour qu'on me continue le payement ; mais malheureusement il a cessé d'être de la commission administrative, et je ne compte plus sur rien ; aussi fais-je des démarches autant qu'il m'est possible, et en fais-je faire pour changer mon sort dans les bureaux ; on m'a fait proposer de quitter celui d'Arnault. Vous devez juger que c'est, par rapport à lui, une position embarrassante, et je ne recourrai à ce moyen que lorsque mes autres espérances se seront évanouies.

Enfin, je me force pour me désembourber ; mais reprenons le tout d'un peu plus haut. Voici la cause de la suppression de tous les traitements de Lucien Bonaparte. M. de Bleschamp, père de sa femme, s'est avisé de s'adresser à l'Empereur pour lui demander des moyens d'existence. L'Empereur a cru voir le dessein de le tourmenter dans une pareille demande, et s'est emporté devant Regnaud, et a ordonné la suppression de tous les traitements dont le payement avait été continué jusqu'alors. Concevez-vous une sottise comparable à celle de ce malheureux beau-père, qui d'un titre de proscription veut se faire une recommandation? Ceci est venu d'autant plus mal, qu'une anecdote certaine et fraîchement rapportée de Londres avait adouci l'Empereur en faveur de son frère.

La voici, et elle est confirmée.

Lucien écrivit directement, il y a quelque temps, au Prince Régent, pour obtenir la permission de continuer son voyage vers l'Amérique. Lord Wellington lui répondit qu'il était extraordinaire qu'un homme qui connaissait comme lui les usages eût manqué aux formes en s'adressant directement au prince, et qu'il devait savoir qu'il y avait des intermédiaires entre les souverains et les particuliers. Notre homme, qui est partout le même, répondit en ces termes : « Je suis le frère du premier souverain de l'Europe : comme tel j'ai cru honorer le prince en m'adressant à lui directement, et je me serais déshonoré en faisant le contraire. »

Vous pensez bien qu'à Londres comme à Paris cette réponse a été admirée : la situation du personnage la rend surtout remarquable. L'Empereur en fut enchanté, et alla jusqu'à dire, assure-t-on : « Cela me réconcilie avec lui ; » mais cette belle disposition a été de courte durée, et vous savez le reste. Pauvre araignée, j'ai fait ma toile dans un palais, et mes petites affaires ont tout à souffrir de si grands intérêts! Cependant, si l'amitié d'Arnault n'était pas cul-de-jatte au dernier point, je pourrais peut-être espérer de prompts secours. Enfin, ma philosophie est à l'épreuve; je ne me plains point d'elle, je vous le jure; dans cette circonstance, je me suis reconnu assez bien : moitié folie, moitié raison, je suis un être amphibie, et vous m'eussiez admiré dans mes projets de réforme, lorsque je ne comptais plus que sur mes 1,500 francs. Déjà mon déjeuner en avait souffert. Comme vous êtes ma ressource immanquable, j'avais, sans vous consulter, pris le dessein de vous envoyer

Lucien, pensant que ce ne vous serait pas un trop grand fardeau.

Je voulais vous le laisser jusqu'au moment où j'aurais pu prendre d'autres arrangements; il n'y eût pas perdu.

Je me voyais déjà seul, philosophant à mon aise et poétisant avec lenteur; car il faut vous dire que je ne cesse de travailler à mon poëme, et que j'ai lieu d'être content : encore dix mois, mon ami, et je m'embarquerai au milieu des écueils du goût, de la satire, de l'envie et du succès.

P. S. Je vous fais à tous mes souhaits de bonne année; embrassez-vous tous pour moi. Embrassez Julie et Juliette; donnez-moi de leurs nouvelles. Tout à vous,   Béranger.

Judith vous embrasse, ainsi que Julie et sa filleule.

LVI

A MONSIEUR QUENESCOURT

1812.

Ma lettre sera longue, et c'est ce qui fait, mon ami, que je remets tous les jours à vous écrire. J'ai bien des choses à vous dire, et je vais procéder par ordre. Lucien, suivant Beauchêne, mon docteur favori, n'a point de fistule; il lui travaille un peu l'estomac, et promet une pommade qui, dit-il, sera suffisante pour achever la guérison de ses yeux, qui en effet vont de mieux en mieux. Combien n'ai-je pas à m'applaudir d'avoir été pauvre! Peut-être avec un peu plus d'argent l'aurais-je fait opérer; je dis peut-être, parce que j'avais bien quelques petites raisons pour retarder cette opération, qu'à défaut de mieux on pourra toujours faire faire dans un autre temps.

Laisney vous aura conté comment nous avons passé le temps de son séjour à Paris. Il a dépensé d'autant plus d'argent, qu'il a été obligé de me prêter 40 francs pour que je puisse lui faire les honneurs de chez moi, sans quoi je me serais trouvé dans l'impossibilité de payer l'extraordinaire, bien modique pourtant, que nous avons été obligés de faire. Quant à sa galanterie, ella a causé notre admiration : nous buvons encore de son kirsch-wasser; il a mené Judith, Lucien et moi au spectacle; enfin, l'habit bleu a ramassé tous les jours la crotte de Paris, ainsi que les bas à coins à jour : il ne faut désespérer de rien. Sans doute il vous a dit aussi que l'on s'occupait dans ce moment d'améliorer mon sort. Cette excellente madame Arnault avait cru la chose faite, et pensait m'avoir procuré un emploi de 2,400 à 3,000 francs, compatible avec la place que j'ai, ce qui eût été un joli surcroît; mais le frère du maréchal Suchet, qui le lui avait promis et que j'ai été voir, a fait devant moi une belle retraite, qui m'a prouvé qu'il s'était avancé plus qu'il ne l'avait voulu. J'en ai été quitte pour une démarche et une lettre qne je viens de lui écrire, et où je lui marque ce qu'il y aurait à faire de mieux pour moi. Il paraît, au reste, qu'il a fait des démarches auprès du Grand Maître, comme il me l'avait promis, et que si je voulais changer de bureau je pourrais avancer. Vous sentez combien je dois hésiter. D'un autre côté, on me parle d'une mutation possible dans notre bureau, qui me procurerait la place de Dumouchel, au contentement de tous les deux. Rien ne me plairait davantage, puisque j'y gagnerais 1,000 francs, et fort peu de travail et de gêne de plus. Au milieu de tout cela, j'ai le plaisir de voir que beaucoup de personnes me portent un vif intérêt, et je vous assure que je n'avais pas encore toute la mesure de celui que j'inspire à madame Arnault, qui, au reste, n'est pas payée d'ingratitude.

Quant à mes plaisirs, ils ne varient guère; mais j'ai

pourtant une obligation à Guérin, qui me procure toutes les occasions de me distraire. Je dîne fréquemment chez lui avec des sociétés aimables; je dois m'y trouver demain avec Roger[1] et Auger[2], rédacteurs du *Journal de l'Empire*.

Antier a passé ses vacances moins gaiement qu'il ne l'eût désiré; mais il n'était pas mieux que moi fourni d'argent. Il vous dit mille choses à tous.

Autre article : Vous m'avez promis de venir à mon secours pour la fin de septembre, et j'ai chargé Laisney de vous dire que je comptais sur vous pour 250 francs. Je voudrais bien que ce fût le dernier argent qu'il me fallût vous demander, non pas qu'il m'en coûte de vous devoir, mais je crains de vous obérer. Qui sait, au reste, si un meilleur temps n'est das proche? Croiriez-vous, mon ami, qu'il m'est presque impossible désormais de me passer de café après le dîner : c'est surtout lorsque je travaille que j'éprouve ce besoin. Vous travaillez donc? allez-vous me dire : oui, mais peu. Je crains bien de n'avoir point terminé pour l'hiver, mais je m'applaudis pourtant de ma lenteur; combien de corrections le temps ne me fournit-il pas! Mon premier chant y a gagné même depuis que vous l'avez lu. J'en ai encore fait disparaître dernièrement une omission assez étrange : j'avais négligé d'indiquer positivement la saison dans la-

---

[1] François Roger est né à Langres, le 17 avril 1776. Il fit de très-bonne heure de l'opposition à la Révolution, et fut l'un de ces modérés dont l'administration consulaire peupla volontiers ses bureaux. Fontanes le fit conseiller de l'Université. Ses comédies fines et élégantes lui valurent une réputation honorable de son vivant; mais son nom est aujourd'hui bien oublié. A partir de 1814 il fut comblé de faveurs par les Bourbons, dont il n'avait jamais cessé de désirer le retour. Il fut alors secrétaire général des postes, membre de l'Académie française, député.

[2] Auger (Louis-Simon), né à Paris le 29 décembre 1772, a laissé peu d'écrits originaux. Il jouit des faveurs du gouvernement royal qui, en 1820, le nomma censeur. Il était secrétaire perpétuel de l'Académie française lorsqu'il se donna la mort (le 5 janvier 1829) pour se soustraire aux douleurs d'une maladie nerveuse. Il avait débuté par des vaudevilles.

quelle se passe la scène; cela m'a fourni un trait heureux pour ce premier chant, et un autre au second. Je ne crois pas, mon ami, qu'il y ait de poésie plus difficile que celle de ce genre. Sans doute beaucoup d'autres genres sont au-dessus par la sublimité des conceptions et des pensées, mais aucun ne présente plus de difficultés de style.

J'ai renoncé absolument aux chansons depuis la *Mère aveugle* que Laisney vous a portée, mais dont il sait à peine l'air. Je vous promets de vous envoyer le *Petit bas de laine* qu'Antier ne m'a pas encore remis. Il en fait peu, sans cela je vous enverrais davantage des siennes.

Embrassez bien Julie et ma filleule pour Judith, qui ne peut se faire à l'idée d'être si longtemps sans les voir, pour Lucien et pour moi. Mille et mille choses à tous nos amis. N'oubliez point la mère Prouillet. Voyez mon oncle et ma tante Forget. Je suis moins inquiet de Forget depuis que je sais qu'il a écrit; je voudrais cependant voir Carrion-Nisas[1], mais je n'ai pu le trouver encore.

LVII

A MONSIEUR QUENESCOURT

1812.

J'ai reçu votre envoi, mon ami, et je vous en remercie. Cela a dû vous gêner, et je crains que vous n'ayez été obligé

---

[1] Officier de cavalerie en 1789, Carrion-Nisas, qui était d'une famille noble du Languedoc, embrassa la cause de la Révolution. Cependant il ne s'occupait guère que de littérature lorsque Bonaparte devint consul. Carrion-Nisas, qui avait été son camarade à l'École militaire, devint membre du Tribunat. Il y parla souvent, et quelquefois avec succès. Au moment où les amis du Premier Consul l'élevèrent à l'empire, il fut l'un de ceux qui combattirent le plus vivement la nobl opposition de Carnot. Plus tard il se lassa de ce rôle et redevint soldat. Il était à l'armée d'Espagne en 1812. En 1803 il avait donné, sans succès, une tragédie de *Montmorency*, et, en 1804, un *Pierre le Grand*. Carrion-Nisas était un des amis littéraires d'Arnault.

d'emprunter : je ne vous avais pas dit de rendre à Laisney les 40 francs, parce qu'il m'avait paru s'en fâcher, lorsque je lui avais dit de vous les redemander ; mais je suis content que vous lui ayez remis cette somme.

Vous ne me dites rien et promettez de m'écrire : apprenez-nous donc s'il a retrouvé sa redingote, et ce qu'il pense des compliments que je lui ai faits à cette occasion.

Judith se porte bien : il lui prend quelquefois, dit-elle, des envies de partir pour Péronne, qu'elle a bien de la peine à réprimer. Voilà ce que c'est que d'être si bien reçue !

J'ai dîné dernièrement (je crois vous l'avoir dit déjà) avec Arnault, Roger, Auger, chez Guérin. Ce dîner, où j'avais mené Arnault, parce que je ne me faisais point une idée fort aimable d'Auger connu pour la sévérité de son goût et la causticité de son esprit, a été pour mes chansons un petit triomphe.

Je n'en ai chanté que de gaillardes ; toutes ont obtenu des applaudissements extraordinaires ; Auger surtout me les a demandées avec instance ; et, si grands que soient les éloges que tous m'ont donnés, il m'a semblé qu'ils y mettaient de la bonne foi. Je n'avais jamais eu un auditoire aussi redoutable : aussi ai-je chanté assez mal. Tout le monde au reste a chanté, et les autres ne s'en tiraient guère mieux que moi. Le dimanche suivant, on voulait me retenir à Ville-d'Avray pour me faire dîner chez Étienne où j'ai déjà dîné plusieurs fois avec Désaugiers, mais je ne m'en suis pas soucié. Désaugiers chante on ne peut mieux, joue très-bien ses chansons, et toutes paraissent bonnes dans sa bouche : je n'ai point cet avantage, et dans une maison étrangère où je ne serais pas bien soutenu, j'aurais tout à craindre d'une pareille rencontre. Chez Arnault, je les redouterais moins, quoiqu'il me semble pourtant qu'il exalte beaucoup des chansons de Désaugiers, que, suivant mon goût, je ne voudrais pas avoir faites. Au reste, dans ce moment, je suis tout à mon poëme, et je ne suis point tenté de paraître comme chansonnier.

Mes plans de fortune en sont restés là, et je n'entends plus parler de rien. J'en suis plus tranquille.

Adieu, mon ami; embrassez Julie et Juliette pour Judith, Lucien et moi, et mille amitiés à tous les nôtres.

LVIII

A MONSIEUR QUENESCOURT

1812.

Mon cher ami, je vous écris les mains pleines d'argent; j'ai touché hier à l'Institut, ce qui est d'un favorable augure pour l'avenir. J'ai touché à l'Université, et le grand maître, toujours généreux, cédant au zèle des jolies femmes, m'a enfin augmenté! De combien, dites-vous? Devinez.... Oui.... de 19 francs par mois. C'est-à-dire que j'ai 1,800 francs, sur lesquels on me fait une retenue de 4 pour 100, ce qu'on ne faisait pas sur mes 1,500 francs. Ainsi mon compte est clair; qui de 25 ôte 6 reste 19.

Mademoiselle Laure m'a annoncé cela hier, moitié gaie, moitié triste. Je suis presque honteux pour elle de la démarche aimable qu'elle a faite, et qu'elle était sur le point de répéter, démarche à laquelle j'ai été beaucoup plus sensible qu'à l'augmentation, comme vous le croirez sans peine. Mais enfin ce petit surcroît, en supposant la continuation de l'Institut, ne sera pas nul pour ma petite aisance : d'ailleurs, la retenue qu'on me fait me donne droit à une pension de 900 francs dans trente ans, ce qui ne laisse pas d'offrir une perspective fort agréable.

Le haut et bas ne manque point dans mon histoire; mais seulement je ne puis m'empêcher d'observer que je tombe de beaucoup plus haut que je ne monte, ce qui présente un problème à résoudre aux Lagrange[1].

Judith doit vous écrire. Je voulais qu'elle vous annonçât mes bonnes nouvelles comme elle vous avait annoncé les mauvaises[2]; mais j'ai vu qu'elle y mettait trop de temps.

Il n'est pas question de carnaval ici; chez vous, qu'en dit-on? Donnez-nous souvent des nouvelles de Julie et de Juliette. Embrassez-les pour nous tous.

Je n'écris pas à mon oncle Forget, parce que je pense que vous lui communiquez mes lettres; dites-lui que je l'embrasse, ainsi que ma tante, et François de Paule.

LIX

A MONSIEUR BOSQUILLON WILHEM

16 avril 1812.

Arnault, mon ami, vient de m'annoncer que, demain, la *Gazette* contiendrait un article intitulé : *A propos des étrennes lyriques*. Il l'a voulu faire lui-même, et j'en ai vu le commencement qui renferme quelques mots sur le recueil, et une petite poétique de la chanson. Je devine pourquoi il n'a pas voulu me communiquer la fin. Je lui avais recommandé de parler de la musique d'*Agnès* et de *Marie*, et il en avait l'intention, quoiqu'il craignît cependant de ne pouvoir le faire à propos, et d'être obligé de rejeter cela dans les paragraphes qu'on laisse aux imprimeurs la

---

[1] Le mathématicien Lagrange, dont le génie a jeté tant d'éclat au dix-huitième siècle et qui, né à Turin en 1736, mourut à Paris en 1813.

[2] Nous avons, en effet, trouvé parmi les lettres adressées à M. Quenescourt une lettre de Mlle Judith, datée de la fin de 1811, qui annonçait le danger où Béranger allait se trouver de perdre le traitement de l'Institut. « Notre pauvre ami est bien désolé, » disait-elle. Béranger se plaignait plus gaiement dans ses lettres.

faculté de supprimer quand le terrain manque. Ce n'est pas cette raison, tu penses bien, qui l'a fait être discret sur la fin de l'article, puisque je ne pouvais demander plus de lui; mais il aura vraisemblablement parlé de ce qui me regarde, ce dont il sait que je ne me souciais nullement.

J'ai cru devoir l'instruire de cela pour qu'enfin ton cousin [1] fût convaincu qu'il a eu affaire à un homme qui n'a pas de rancune : je parle d'Arnault.

Antier m'a fait espérer qu'il viendrait me prendre aujourd'hui pour dîner avec moi.

Mille compliments à madame Wilhem.

En attendant l'opéra buffa ou seria, tout à toi.

LX

A MONSIEUR QUENESCOURT

12 mai 1812.

Je vous suis obligé, mon cher ami, de m'avoir donné des nouvelles du voyage de Judith. Je pense bien qu'elle aura dormi encore longtemps après le départ du courrier de Péronne.

Ce que vous pensez devoir faire à l'égard de ma tante Bouvet est ce dont nous étions convenus à Paris. Si ma tante exigeait que le petit allât au Mont-Saint-Quentin, il faudrait bien en passer par là, mais ce doit être à la dernière extrémité.

Quant à mon oncle Forget, vous devez l'aller voir d'abord, et, s'il le désire, lui conduire encore Judith et le petit; mais le moins de dîners en ville possible! C'est vous qu'ils sont allés voir; quant aux autres parents, je crois les visites absolument inutiles, à moins que vous et mon

---

[1] M. Charles-Malo, éditeur des *Étrennes lyriques*, petit recueil, dans lequel il a paru des vers de Béranger.

oncle Forget n'en jugiez autrement. Il faut vous concerter avec lui pour cela; je suis persuadé que cela vous donnera de l'embarras et peut-être du désagrément; mais vous l'avez voulu.

Je n'ai rien à recommander à Judith, qui sait aussi bien que moi ce qu'elle a à faire, et qui ne sera nulle part aussi bien ni aussi satisfaite que chez vous.

Dites-lui que sa pauvre chatte s'ennuie bien; elle ne fait que l'appeler; son caractère y a déjà gagné beaucoup; elle caresse presque tout le monde, et n'égratigne plus personne. Vous savez que, pendant que vous êtes dans les bombances, moi, je fais le garde-malade [1]; j'ai encore passé la nuit du dimanche au lundi, et je crois bien passer encore celle-ci, qui sera la quatrième. Je me fatigue moins de ces soins que d'avoir affaire à un malade un peu trop difficile. J'espère, au reste, que sa maladie ne se prolongera pas longtemps. Pour égayer un peu mes veillées, je recopie mes anciennes chansons et j'en fais quelques nouvelles; mais mon poëme se repose, et ma conscience n'est pas tranquille.

Je remercie Laisney de vous avoir accompagnés à Noyon; priez-le d'embrasser ses parents pour moi; je veux lui écrire. Je voudrais bien savoir s'il n'a pas fait quelques chansons pour l'arrivée de Judith; s'il n'a rien fait, Judith doit bien lui en vouloir, ou elle n'a pas de cœur.

---

[1] Auprès du peintre Guérin. C'est de lui que Béranger a écrit dans *Ma Biographie* : « Un seul de mes anciens amis a rompu avec moi en 1815 par humeur politique. C'était un artiste célèbre, homme d'un caractère ordinairement aimable et doux, mais dont la vanité, sans doute, s'éprit des sociétés aristocratiques. Cet ancien ami se repentit de s'être éloigné de moi; mais, en amitié, je n'ai jamais cru les raccommodements possibles, à moins de malentendu. C'est à une longue maladie de cet artiste, pendant laquelle je ne cessai de le veiller, que je dus l'idée d'écrire mes chansons pour la première fois. Je m'en rappelai plus de quarante dans les nuits que je passai auprès de son lit. »

Chaque fois que le texte de *Ma Biographie* se trouve placé à côté des lettres, il y a quelque chose de surprenant dans la ressemblance des pensées et des mots

Vous ne me donnez pas de nouvelles de Julie. Embrassez-la pour moi, ainsi que Judith et Lucien.

Mille amitiés à Laisney, à Beaulieu et à Mascré.

Tout à vous, votre ami, BÉRANGER.

Lucien embrassera sa femme[1] pour le beau-père.

LXI

A MONSIEUR QUENESCOURT

18 mai 1812.

Mon cher Quenescourt, ce n'est point à Judith que je réponds ; elle ne prodigue point assez les lettres pour se plaindre de la rareté des réponses. Je vois par sa dernière que vous vous amusez assez joliment, tandis que moi, pauvre garde-malade, je perds les beaux jours que nous avons ici ; non pas que notre ciel soit toujours serein, mais il fait presque toujours bon pour la promenade. Il est vrai que je me console en faisant des chansons, que vous voudriez bien avoir, amour-propre à part ; mais je vous les réserve pour un autre temps. Judith me dit bien quelque chose dans sa

---

mêmes. L'unité du caractère moral et du caractère intellectuel de Béranger se manifeste nettement au milieu de ces rapprochements.

Guérin, né à Paris le 13 mars 1774, n'avait que six ans de plus que Béranger qui l'avait connu vers 1800, avec Bourdon et M. Évrard. Mort à Rome, le 16 juillet 1833, il repose à côté de Claude Gelée dans l'église de la Trinité du Mont. Nous possédons au Louvre les plus considérables de ses œuvres. Élève de Régnault, il a laissé des élèves célèbres ; mais sa réputation ne s'est pas soutenue à la hauteur où elle monta, et les élèves de Guérin n'ont pas imité sa manière de peindre.

Son *Marais Sextus* (nom imaginaire), qu'il faudrait appeler *le Retour de l'Exilé*, fut exposé en 1799 et salué par les émigrés qui virent là une image antique de leurs infortunes. On a vu plusieurs fois des œuvres d'art devenir soudain, dans des expositions publiques, un symbole de la pensée d'un parti ou devoir à l'émotion de l'opinion publique un succès extraordinaire. Le *Spartacus* de M. Foyatier a eu cette bonne fortune. Le succès du *Marais Sextus* agit sans doute sur l'esprit du peintre et, l'attachant à son tableau, l'attacha aussi aux idées qu'on y avait voulu voir.

[1] Mademoiselle Juliette Quenescourt, à présent madame Gautier.

lettre, mais il s'en faut qu'elle me dise tout ce que je voudrais savoir : par exemple, je n'ai pu apprendre d'elle si vous l'aviez accompagnée chez mon oncle. Je serais bien aise aussi de connaître la maladie de ma pauvre tante ; dites enfin à Laisney que je voudrais avoir les chansons qu'il a faites pour Judith et dont elle me parle avec tant d'éloges. J'avais bien pensé qu'un génie comme le sien ne resterait pas muet dans une pareille occasion, lui qui parle quelquefois si inutilement dans d'autres. Je ne vois que vous, mon ami, pour me faire une fidèle narration de tout cela. Ce que Judith ne me dit pas non plus, c'est ce que je lui avais surtout recommandé de me dire à son départ, savoir si vous nous la ramènerez avec Julie et la petite, comme je l'espère et souhaite tant. Dites-moi quelque chose de cela. Tâchez de répondre à mes désirs. Toute la maison vous souhaite, et surtout mademoiselle Duchesne, pour vous remercier de l'excellent gâteau que Julie lui a envoyé, et auquel j'ai goûté ce matin. Allons, mon ami, encore un voyage pour moi ; je pardonnerai à Judith de prolonger son absence à ce prix.

Et Mascré, notre grand philosophe, dites-lui que j'apprends avec peine que son ambition va toujours croissant. J'ai maintenant une bien piètre opinion de lui.

Je charge Judith de vous embrasser tous, et de faire mes amitiés à mon oncle, ma tante, à François de Paule et à sa femme. Tout à vous. BÉRANGER.

J'ai la goutte au pied gauche. Beau sujet de chanson !

LXII

A MONSIEUR QUENESCOURT

Ce 24 juin 1812.

Il est bien vrai, mon ami, que nous avons été assez paresseux de lettres depuis quelque temps ; mais je présumais bien que nous n'avions à nous apprendre que les différents résultats des malheurs publics. Sans doute, ils ne sont point tels ici que chez vous, mais on ne se ressent pas moins de la misère générale, et je vous assure que jamais loi n'a plus attristé notre capitale que celle de la garde nationale. L'exagération du mal, ajoutée au mal réel, avait d'abord répandu la consternation. Il n'a fallu rien moins que l'histoire des Mineurs de Liége et les querelles de Geoffroy pour nous distraire un peu. Ces distractions n'ont sans doute pas été bien puissantes pour les pauvres affamés de votre pays. Combien n'est-il pas heureux que mes affaires aient bien tourné! Cela vous donne plus de moyens d'être utile à tant de malheureux dont les cris doivent vous déchirer le cœur.

Ceux de Juliette sont un peu moins inquiétants. Il paraît que la demoiselle est bien volontaire; il paraît aussi qu'elle veut devenir une jolie fille; bon Dieu! avec deux pareils défauts, qu'en ferons-nous?

Ce que vous dites de *** m'aurait fait plus de plaisir autrefois; qu'il se marie, qu'il soit heureux, c'est-à-dire qu'il soit riche, et vivent les bonnes têtes!

Je conçois les inquiétudes de Laisney pour la santé de son père; mais il est des événements auxquels on doit se préparer, quoi qu'il puisse nous en coûter. Dites-lui que, par un vrai guignon, son affaire ne paraît pas devoir finir de sitôt peut-être, et que, pour surcroît, M. Cottineau, le chef de bureau que je connais, vient de quitter cette administration : ce qui nous livre à la merci du successeur, que je ne connais pas.

Vous ne me dites rien de Mascré; sa philosophie tient-elle bon contre la famine? Il faudrait maintenant que je la visse sortir triomphante des plus cruelles épreuves pour me réconcilier tout à fait avec elle. C'est une de ces philosophies babillardes qui n'ont de cœur qu'au coin du feu; qu'il y a loin de cela à ce brave Montaigne, que le seigneur de la Motelette dit aimer tant! Je n'en veux pourtant point trop faire l'éloge, car il n'est que trop vrai que nous nous donnons la main bien des fois; mais c'est aussi plutôt au coin du feu qu'en marchant : il est bien plus conséquent avec ses principes que je ne le suis avec les miens. Je l'ai pourtant lu, comme il lisait, à petites traites, et je suis arrivé à la fin tout disposé à recommencer, et sentant bien mieux alors tout le prix du cadeau que Laisney m'a fait. Il ne m'eût peut-être fallu que sa fortune pour le valoir de tout point, génie à part cependant. Mais que cet homme-là m'a volé d'idées! Je puis vous le dire, puisque vous me l'avez dit. C'est plaisir de se rencontrer avec un pareil homme; mais croyez-vous qu'il n'y ait pas beaucoup de Montaignes au monde? Je crois qu'il y en a plus qu'on ne pense, et que c'est peut-être parce qu'ils ont un degré de perfection de plus qu'on l'ignore. Michel ne devait jamais écrire : ce serait pourtant bien fâcheux! et puis les bonnes excuses qu'il se crée! comme il s'embabouine de prétextes! « C'est pour que mes fautes soient utiles, et non pour qu'il m'en revienne le plus petit lopin de gloire, » dit ce bon Perrigourdin! Fadaises! peut-on dire à mon philosophe, dans son langage si plaisamment raisonnable. Nous allons, au reste, voir l'éloge de Montaigne sortir de l'Académie [1] : soyez bien sûr qu'on ne lui reprochera pas d'avoir écrit : c'est peut-être là le plus grand joint de sa cuirasse.

J'écris aussi, et si ce que Buffon a dit du génie, que c'est une aptitude à la patience, est absolument vrai, j'ai furieusement de cette drogue; figurez-vous, mon ami, que je suis

---

[1] Allusion au concours d'éloquence où M. Villemain obtint le prix.

obligé de refaire les deux tiers de mon second chant; les cent premiers vers m'ont déjà occasionné des changements qui donnent à ce début un air tout nouveau. Je suis plus content que pour mon premier chant : celui-ci a déjà subi aussi plusieurs corrections depuis que vous l'avez lu. Enfin je travaille continuellement, mais j'avance peu : il faudra pourtant bien que cela finisse. Arnault, à qui dernièrement je faisais l'histoire de ces corrections, sans les lui communiquer toutefois, s'étonnait de ma constance et de mon peu d'empressement à me faire connaître ; il m'invite souvent à publier mes ouvrages : je n'en ferai rien que je ne les aie portés au point de perfection où je sens que je puis arriver ; ensuite il en sera tout ce qui plaira au sort ; mais je ne crois pas recueillir jamais le fruit des peines que je me donne. J'ai tort, au reste, d'appeler peines ce qui est plutôt un charme pour moi qu'une occupation.

Judith doit partir avec une parente qui va à Compiègne ; je trouve raisonnable cet arrangement dont elle dit vous avoir parlé ; quant à moi, vous ne pouvez pas croire à la possibilité du voyage. Lucien est toujours savant [1]. Mille amitiés à ce qui reste de moines. Embrassez bien Julie et Juliette. Écrivez-moi et donnez-moi des nouvelles de tout le monde. Antier se joint à moi pour les amitiés comme pour les embrassades.

LXIII

A MONSIEUR QUENESCOURT

1812.

J'apprends par Laisney l'indisposition de Juliette : j'aurais dû l'apprendre par vous. Mais il paraît, mon ami,

---

[1] C'est-à-dire très-paresseux et très-ignorant.

qu'il est tout à fait inutile de vous faire des reproches sur votre paresse. Je ne vous en ferai donc plus.

Je suis sûr que cette pauvre Julie est bien dans l'inquiétude, et qu'elle ne veut pas se persuader que les petits malaises d'un enfant sont un tribut qu'il faut payer pour éviter les maladies sérieuses.

La bonne constitution de la petite, sa conformation bien égale, et où ne se manifeste pas d'excès de force, chose bien redoutable, me donnent l'assurance et doivent vous la donner aussi, qu'il n'y a que les accidents à craindre, mais nullement une simple dentition qui ne s'opère jamais sans quelques douleurs.

Les mères ne se rassurent pas facilement, je le sais ; mais pourtant Julie ne peut trop s'en rapporter à vous qui n'avez pas moins intérêt qu'elle à bien voir dans cette circonstance. Je vous recommande seulement de laisser peu droguer Juliette. J'ai sous les yeux l'exemple du danger de trop multiplier les médicaments. L'enfant ne pouvant aider à démêler ses souffrances, offre trop de chances hasardeuses à la médecine, et la nature qui n'est point encore viciée opère d'elle-même, avec plus de certitude que l'art. Il ne faut employer que les adoucissants, éviter le trop grand échauffement et nourrir modérément. Je fais le médecin, comme vous voyez, mais c'est d'une manière si peu doctorale, que cela doit vous donner confiance.

Écrivez-moi pour Judith qui va compter les jours jusqu'à l'arrivée des nouvelles.

Embrassez bien pour elle et pour moi Julie, que nous engageons à la confiance et de qui Judith voudrait pouvoir partager la fatigue et la peine.

Adieu, mon ami, écrivez-nous, et comptez sur mon éternel attachement. BÉRANGER.

P. S. Laisney m'a fait bien plaisir de m'écrire, mais il ne m'a pas dit ce que je désirais tant savoir, ce qu'il faisait à Senlis quand la diligence l'y a laissé. Je tiens singulièrement à ce petit détail, qui ne peut que bien figurer dans son histoire.

LXIV

A MONSIEUR QUENESCOURT

Ce 2 juillet 1812.

Je voulais, mon cher ami, vous écrire le lendemain de ma fête, la tête encore tout échauffée, non de vin, mais de plaisir, car l'on n'a bu que raisonnablement ; et n'attribuez pas cela à notre pauvreté, mais bien à notre tempérance. Antier et les demoiselles voulaient me faire la surprise d'une partie de campagne ; le déjeuner que j'ai fait préparer a dérangé le complot. Nous avons donc déjeuné chez nous, Bourdon, Antier, Judith, ces demoiselles et Évrard qui, par hasard, est venu me voir ce jour-là. Nous n'avons éprouvé d'autre contrariété que Guernu qui s'est jeté un moment à travers notre gaieté, mais il n'est point resté, ce que ces demoiselles ont trouvé très-heureux. On a chanté comme vous pouvez le croire ; les impromptu même s'en sont mêlés. Je ne vous envoie pas les couplets qu'Antier a faits, parce que tout leur sel est d'être dans la bouche de nos dames, et que d'ailleurs vous ne pourriez pas les chanter ; quant aux miens, je les avais faits pour toutes les circonstances de notre vie, et ils vous conviennent comme à nous. Les voici, je les crois bons :

LA VIEILLESSE[1]

Air : De la pipe de tabac.

Nous verrons le temps qui nous presse
Semer les rides sur nos fronts ;
Quoi qu'il nous reste de jeunesse,

[1] Cette chanson figure dans le recueil de 1815 et nous pourrions n'en citer

> Oui, mes amis, nous vieillirons (*bis*).
> Mais à chaque pas voir renaître
> Plus de fleurs qu'on n'en peut cueillir,
> Faire un doux emploi de son être,
> Mes amis, ce n'est pas vieillir.
>
> En vain nous égayons la vie
> Par le champagne et les chansons,
> A table où le cœur nous convie,
> On nous dit que nous vieillissons (*bis*).
> Mais jusqu'à sa dernière aurore,
> En buvant frais, s'épanouir,
> Même en tremblant chanter encore,
> Mes amis, ce n'est pas vieillir.
>
> Brûlons-nous pour une coquette,
> Un encens d'abord accueilli,
> Bientôt, peut-être, elle répète,
> Que nous n'avons que trop vieilli (*bis*).
> Mais vivre en tout d'économie,
> Moins prodiguer et mieux jouir,
> D'une amante faire une amie,
> Mes amis, ce n'est pas vieillir.
>
> Si longtemps que l'on entretienne
> Le cours des folles passions[1],
> Puisqu'il faut qu'enfin l'âge vienne,
> Qu'ensemble au moins nous vieillissions (*bis*).
> Chasser du coin qui nous rassemble
> Les maux prêts à nous assaillir,
> Arriver au but tous ensemble,
> Mes amis, ce n'est pas vieillir.

Cette chanson a paru faire plaisir, et l'on n'attendait rien d'aussi honnête de ma part.

Nous avons tous bu à votre santé, et ce n'est ni Judith ni moi qui l'avons proposé. Nous avons fait plus; car vous avez été, ainsi que Julie, longtemps le sujet de notre entre-

---

ici que le titre ou le premier couplet; mais il y a plaisir à voir une de ces chansons de jeunesse dans le cadre où Béranger l'a placée.

[1] Béranger a corrigé plus tard et a mis :
  Le cours heureux des passions.

tien, et nous avons tous conclu que vous aviez mieux vu que nous dans nos affaires. Vous voyez que, quelque amusement que nous ayons pris, nous n'en avons pas moins dû regretter les absents.

Notre déjeuner a fini à cinq ou six heures. Nous avons joué un peu; nous avons été nous promener ensuite, et nous nous sommes réunis à table de dix heures jusqu'à minuit passé. Nous étions aussi bien accrochés que possible, et je crois bien que personne n'a regretté sa journée.

Deux autres déjeuners s'en sont suivis, grâce aux restes, et c'est ce qui m'a empêché de vous écrire plus tôt. D'ailleurs, tout cela n'était pas bien pressant à vous apprendre. Donnez-nous des nouvelles, et de mes amis, et de mes parents, mais surtout ne tardez jamais à nous en donner de Julie et de Juliette, pour que je puisse répondre à ceux qui m'en demandent, parmi lesquels mademoiselle Duchesne n'est pas la dernière. Adieu, mon ami, embrassez-les et rappelez-moi au souvenir de nos bons moines.

Judith vous embrasse mille fois tous.

LXV

A MONSIEUR QUENESCOURT

(Fin juillet) 1812.

Je ne vous écris, mon cher ami, que pour vous chercher querelle, non pas pour une seule chose, mais pour mille. Pouvez-vous bien, maudit paresseux, nous laisser dans l'inquiétude comme vous l'avez fait! Ma lettre à Laisney n'a pas dû vous laisser de doute à cet égard. Peut-être, sans les continuelles jérémiades de Judith, me serais-je moins alarmé; j'aurais pu même ne pas m'alarmer du tout; mais la peur des autres a fini par me gagner.

Autre querelle. Vous ne me donnez pas signe de vie à ma

fête, ce à quoi je n'aurais jamais songé. Mais ne voilà-t-il pas que, pour une margot[1], vous vous mettez en dépense et nous envoyez du vin qui eût été bu bien plus gaiement à la Saint-Pierre! A quoi diable pensez-vous? Quant au poisson, passe, je ne l'aime pas. Mais ce vin qui nous a paru si délicieux, et qu'il nous a fallu partager avec un monde de pensionnaires! Jamais la pension[2] ne m'avait paru aussi bien peuplée. Bourdon, Antier et moi pleurions à chaque coup versé à ces maudites gens, qui tous avaient, ce jour-là, une soif d'enfer. Je vous demande s'il y avait avec cela le moyen d'être gai : aussi n'ai-je point chanté une chanson que j'avais faite pour la circonstance et qui, par bonheur, à l'aide de quelques retouches, est devenue chanson de portefeuille fort gaie et fort gaillarde, intitulée *Margot*.

Le dimanche précédent, Antier m'avait apporté un déjeuner complet que nous avions expédié avec ces demoiselles. Retenus à dîner par elles, nous les avons conduites avec Bourdon à l'Odéon pour voir *Faldoni*. Judith a copieusement pleuré; Virginie a été sur le point de se trouver mal, et les trois cavaliers ont manqué d'étouffer de rire. Jamais peut-être, mon ami, il n'avait paru sur un théâtre de la capitale, les boulevards compris, un ouvrage aussi effroyablement mauvais. Je connais tel mélodrame qui est auprès de cette pièce ce que le *Misanthrope* est en comparaison de la *Chatte merveilleuse*, et ne croyez point qu'il y ait exagération.

Judith, Virginie[3], Bourdon et moi avons été à Saint-Germain mercredi pour la Sainte-Madeleine. Nous redoutions un peu d'ennui; mais le dîner, fourni des vins que nous

---

[1] Pour une fête de sainte Marguerite, celle de l'une des demoiselles Mellet.
[2] De la rue Bellefonds.
[3] Virginie Mellet.

avions portés, a fini on ne peut plus gaiement. Vous ne vous figurez pas toutes les folies que nous avons faites. Que ne nous avez-vous vus sur la route, nous battant, Bourdon et moi, contre des charretiers que nous voulions séparer et qui, sans nous, auraient cessé de se battre un quart d'heure plus tôt. Ils s'étaient accrochés, et en étaient venus aux cheveux; c'était bien certainement la première fois qu'ils se voyaient, Bourdon ne leur criait pas moins : Deux amis doivent-ils se traiter ainsi! Quant à moi, j'éclatais de rire de l'apostrophe un peu bachique, mais ces demoiselles criaient à tue-tête contre les charretiers et contre nous. Enfin, après avoir manqué d'être rossés à notre tour, par ceux que nous avions voulu faire vivre en paix, nous remontâmes dans notre wisky, et nous payâmes une place de lapin à un petit joueur de violon qui accompagna nos refrains de chansons jusqu'à Paris, où nous arrivâmes à minuit.

Vous voyez que depuis quelque temps j'ai eu des jours d'agrément, mais le détail que je vous en donne me fait oublier de continuer mes querelles.

Je reçois votre lettre, Antier est là; je la lis devant lui, et vous ne me dites pas un mot pour le pauvre frère Bienvenu[1]. Oh! gardien! heureusement qu'il ne doute pas de vous, et que je puis lui donner des répondants.

Je pourrais trouver encore je ne sais combien de motifs de noise, mais nous verrons comment vous vous tirerez de ceux-ci.

Virginie[2] doit vous remercier de son côté. Je ne vous dirai donc rien pour elle; Judith et Lucien vous embrassent, ainsi que Julie et Juliette, et vous prient de nous donner plus souvent de leurs nouvelles et des vôtres.

[1] Surnom accordé à M. Antier quand il visitait la communauté des Sans-Souci.
[2] Virginie Mellet, plus tard madame Bourdon, morte récemment.

LXVI

A MONSIEUR QUENESCOURT

Ce samedi, 1812

Je ne vous ai pas répondu plus tôt, mon ami, parce que ce n'est qu'hier que nous avons reçu votre envoi et que je voulais vous en accuser réception. Théophile n'est point encore venu; s'il tardait trop, je le ferais prévenir de passer chez nous.

Julie a été plus empressée que vous à nous annoncer son arrivée, car il me semble que vous avez tardé d'un jour, et nous comptions les instants. Mais enfin vous revoilà dans vos foyers et tous en bonne santé comme nous le souhaitions; quoique ce ne soit pas un long voyage, c'est toujours beaucoup pour un enfant. Nous craignions aussi pour Julie qui a dû avoir Juliette constamment sur les genoux, Fanny[1] n'étant point avec elle dans la voiture.

Quant au vide dont vous vous plaignez, vous devez bien croire que nous l'avons également éprouvé, et je suis sûr que Judith n'est point encore bien remise de cet ennui-là. Sa santé n'est pas très-bonne dans ce moment. Je crois même qu'elle se soigne, ce qui pourrait bien ne lui rien valoir. Moi, je me porte bien, grâce au ciel. Ma goutte me tourmente un peu cependant; mais je ne puis trop me plaindre, elle s'y prend si joliment avec moi ! Elle s'approche avec tant de civilité de peur de m'effrayer : c'est le bout du pied que d'abord elle me pince; elle montera sans doute insensiblement, et quand elle arrivera à l'estomac, je serai fait à elle comme Socrate l'était à sa femme; au fait, ce pourrait bien être là ma Xantippe.

---

[1] La servante.

Je n'ai point encore renoncé tout à fait aux chansons, mais cependant je m'occupe déjà de mes poésies.

Antier, chez qui Judith et moi avons dîné avec plusieurs amis, il y a huit jours, vous dit mille choses; il embrasse Julie et Juliette. Je vais lui écrire pour l'inviter à déjeuner avec nous dimanche. Ce déjeuner est mon banquet que je me donne. Pourquoi n'avez-vous pas pu rester jusque-là?

Une nouvelle. Sachez qu'il est certain que le pape est arrivé à Fontainebleau il y a trois jours. On dit le voyage pacifique[1].

Mille et mille amitiés à tout le monde de la part de tout le monde. Embrassez bien Juliette.

LXVII

A MONSIEUR QUENESCOURT

1812.

Nous nous impatientons fort, mon ami, de ne pas recevoir de vos nouvelles. Je ne pense pas que vous n'ayez point reçu ma dernière, écrite il y a dix ou douze jours; pour moi, je connais assez votre paresse pour lui imputer votre silence; mais Judith n'est point aussi tranquille et elle s'est déjà figuré une foule d'accidents plus jolis les uns que les autres, et dont le moindre est votre mort; celle de Julie et de Juliette, voire même celle de Laisney. Ah! vous pensez bien, mon ami, que vous ne sauriez trop vite lui envoyer un certificat de vie.

[1] En effet, Pie VII n'avait fait aucune résistance pour venir de Savone à Fontainebleau. Une petite indisposition l'avait seule arrêté sur la route du mont Cenis. A Fontainebleau il avait la permission de dire sa messe et de bénir les fidèles tous les dimanches. Peu de monde y allait. La papauté était bien déchue de son prestige et ses malheurs n'attiraient que l'attention du clergé. La nation y était indifférente. On suivait plus volontiers de l'œil l'armée immense qui s'était enfoncée dans le Nord.

Au fait, j'ai bien aussi quelques inquiétudes, mais qui ne vont pas tout à fait aussi loin. Dans tout autre temps j'aurais peut-être supporté plus patiemment votre négligence ; mais après avoir été quelques jours ensemble, lorsqu'on regarde presque encore autour de soi si l'on a tout son monde, il est nécessaire que les relations épistolaires soient entretenues avec un peu plus de zèle : ce n'est pas le cas d'être paresseux, convenez-en.

Je n'ai rien de bien important à vous dire. Grappe, le père, a fait une maladie violente qui l'a conduit aux portes du tombeau. Il est sur pied maintenant.

Je fais toujours des chansons ; mais moins pour mon plaisir que par une sorte de calcul. Je vous soumettrai mon raisonnement à cet égard. Qu'il vous suffise aujourd'hui de savoir que mes nouvelles sont honnêtes et que je crains que le calcul et l'honnêteté leur nuisent et même m'en dégoûtent.

J'ai été à la campagne (chez Arnault) il y a huit jours et ne me suis point ennuyé.

J'ai eu connaissance de différentes circonstances qui me prouvent que ce pauvre Bosquillon n'est pas heureux du côté de la fortune. J'en suis bien fâché.

Donnez-moi des nouvelles de Laisney, à qui je me promets d'écrire incessamment, de ses bons parents, de Beaulieu, de sa famille, et du seigneur de la Motelette[1] ; avez-vous bien dit à ce faux philosophe quelle mauvaise idée j'ai maintenant de sa raison et même de son courage, depuis qu'il a cru mourir d'une indigestion ? Dites-le-lui cent fois, je vous prie. Je parlais de lui ici avec une sorte d'orgueil ; mais je travaille maintenant à détruire la réputation que je lui avais faite : dites-le-lui aussi.

[1] Mascré.

Judith et Lucien vous embrassent de tout cœur, et vous chargent d'embrasser Julie et ma filleule pour eux, faites-en autant pour moi.

Tout à vous.   BÉRANGER.

P. S. Je n'éprouve toujours pas d'anicroche pour l'Institut. Les retenues de ce mois ont été même moins fortes.

Autre *P. S.* On parle encore, mais assez sérieusement, de faire vendre notre pauvre maison[1]. — Où irons-nous?

LXVIII

A MONSIEUR BOSQUILLON WILHEM.

8 octobre 1812.

Je voulais, mon cher Wilhem, t'écrire à la campagne; mais, pensant que tu ne pourrais rien changer à tes arrangements, j'ai préféré attendre jusqu'à ce jour, sûr que tu ne peux tarder à revenir. Voici ce que j'avais à te dire : J'ai écrit une lettre, qu'Arnault a signée avec plaisir, pour M. de Wailly[2]. La recommandation est pressante, et il est engagé à faire pour toi ce qu'il pourra, sans rien indiquer de positif. Peut-être eût-il été bon de le voir pendant les vacances; mais ton éloignement rendait la chose impossible. Au reste, vois-le le plus tôt possible. Je lui parle de la réserve de ton caractère, afin qu'il ne soit pas surpris du peu de démarches que tu feras auprès de lui. Celle-ci est absolument nécessaire, et il ne faut pas oublier de rappeler Arnault à son souvenir. Tout cela ne servira peut-être

---

[1] L'hôtel des bureaux de l'Université qui se trouvaient d'abord rue de Bourgogne, annexés à ceux du Corps législatif, et qui furent ensuite placés dans l'hôtel où est aujourd'hui l'École des ponts et chaussées.

[2] Étienne-Augustin de Wailly, né en 1770, neveu de l'architecte de Wailly, et parent de Fourcroy qui le fit nommer proviseur du lycée Napoléon si fameux, sous sa direction, dans les concours universitaires.

-à rien ; mais enfin nous aurons fait tout ce que nous pouvions.

Adieu, mille choses honnêtes à madame Wilhem.

LXIX

A MONSIEUR BOSQUILLON WILHEM

28 octobre 1812.

Je suis très-fâché, mon cher ami, du motif qui te fait remettre le dîner en question ; mais tu sens que c'est la plus grande peine que j'en puisse éprouver, puisque la partie n'est que remise. Je connais assez les maux de dents pour plaindre madame Wilhem de tout mon cœur, et je lui en aurais voulu singulièrement, si elle m'eût reçu aujourd'hui, en dépit de ses souffrances : à mercredi donc. Au reste, j'espère t'aller voir avant ce jour, car encore faut-il bien que nous laissions le temps à la fluxion d'arriver à son terme. Je ne prétends pas effrayer madame Wilhem, mais j'ai vu des fluxions durer plus de huit jours. C'est ce qui me fait prier Dieu pour que la sienne soit dissipée à l'instant où tu recevras l'assurance de mon sincère attachement.

Tout à toi.   BÉRANGER.

P. S. Lebrun[1] m'a fait faire des compliments par la nièce d'Arnault, et Antier m'a appris qu'il était parti pour Genève. Si tu lui écris, dis-lui que je me disposais à l'aller voir, mais qu'il est un peu loin.

---

[1] M. Pierre Lebrun, de l'Académie française. Nous retrouvons plus d'une fois le nom de cet ami ancien qui fut l'un des plus aimés et qui est resté le plus dévoué à la mémoire de Béranger.

LXX

A MONSIEUR QUENESCOURT

Paris, ce 14 janvier 1813.

Je m'étais bien promis, mon cher ami, de ne point vous écrire de sitôt, tant vos excuses m'avaient semblé mauvaises; mais la lettre que je viens de recevoir de Laisney me fait passer par-dessus mes griefs; elle m'a beaucoup affligé et vous affligera également; je suis obligé de vous la transmettre. Je ne sais si cela rentre dans ses intentions, mais je méconnaîtrais l'amitié que vous lui portez si je vous en faisais un mystère. Vous y verrez que nous avions trop bien prévu la suite que devaient avoir ses mauvaises opérations. Il se trouve, à ce qu'il paraît, dans une situation bien pénible. La vôtre, à ce qu'il paraît aussi, n'est point assez aisée dans ce moment pour que vous lui soyez grandement utile, au moins par des avances de fonds; mais des conseils, mais du crédit, ne peuvent-ils le retirer d'embarras? En est-il au point d'être tout à fait sans ressource? Je crains que sa tête, qui est si faible, n'exagère encore les malheurs de sa position. S'il y a des moyens que moi je ne puis ni deviner, ni trouver, ne serait-il pas convenable que vous vous mêlassiez un peu de l'administration de sa maison? Il n'y entend pas grand'chose. Vous ne pouvez rien à cela; mais j'en insiste davantage pour qu'il vous remette en main toute la connaissance de ses affaires : qu'il n'achète rien sans vous consulter; qu'il établisse des comptes de toutes ses dépenses et qu'il n'y ait plus deux bourses dans la maison. Sans doute c'est un fardeau à vous imposer, mais vous pouvez faire tout cela chez vous. Peut-être, au reste, ce parti est-il trop tardif, et devons-nous voir ce pauvre Laisney réduit au labeur de ses mains pour tout moyen d'existence.

Ce qu'il me dit de Beaulieu me fait aussi vous engager à faire des remontrances à ce dernier, mais avec cette fermeté que vous ne savez peut-être pas avoir, et qui cependant serait nécessaire dans cette occasion.

Quant à moi, je ne puis que donner des conseils; mais, si vous ménagez quelque ressource pour venir au secours de mes besoins trop fréquents, employez-les pour ce pauvre diable. Je suis bien résolu à ne vous plus importuner et à me suffire. Ne me comptez donc plus au nombre de vos pensionnaires, ou pour mieux dire de vos pensionnés. Croyez qu'avec un peu plus d'économie je couvrirai mes dépenses.

Embrassez mille fois Julie et Juliette pour Judith, Lucien et moi, qui tous trois vous embrassons, et mettez-vous bien dans la tête que je ne vous pardonne pas de ne me point tirer sur-le-champ d'inquiétude.

LXXI

A MONSIEUR QUENESCOURT

1813.

Je vous remercie, mon ami, de la promptitude que vous avez mise à me répondre et à me tirer d'inquiétude. J'ai écrit hier à Laisney. Je lui recommande de vous communiquer ma lettre. Vous y verrez que je ne lui farde pas les vérités qu'il mérite. Je lui parle aussi de mariage, et je suis bien de votre avis, que ce moyen est peut-être le seul qu'il y ait pour le mettre bien dans ses affaires. Il lui faut cependant souhaiter une femme de tête, qui sache allier la douceur à la fermeté. Ajoutez qu'il est nécessaire qu'elle soit entendue au commerce, et qu'elle apporte quelques écus. Connaissez-vous dans votre pays une réunion de tant de qualités? je serais tenté de le croire. Je crains bien que toutes ces affaires ne vous donnent plus d'embarras que vous n'aimiez à en prendre. Quant à ce que vous me dites de Beaulieu, j'en suis vraiment fâché. Il est assez difficile de savoir quel parti prendre à son égard. Je le crois maintenant hors d'état de gagner sa vie de son état, ailleurs qu'à Péronne, et Laisney doit maintenant s'occuper d'entretenir d'ouvrage son neveu, qui bientôt va lui-même avoir les charges que le mariage ne donne que trop tôt. En admettant qu'on parvînt à faire rétablir la *feuille d'annonce*, cela ne fournirait point encore assez.

Quant à ce petit Beaulieu, il vaudrait peut-être mieux, plus tôt que plus tard, engager le père à lui donner un autre état. Peut-être le temps amènera-t-il quelque moyen imprévu qui tirera encore Laisney d'embarras à cet égard. Je crains comme vous pour ce pauvre Delaporte; cependant on nous assure ici qu'on laisse si peu passer de lettres de la grande armée, qu'il serait encore possible qu'il eût échappé aux effroyables malheurs qui ont accablé nos troupes, et qu'il eût tenté vainement de vous le faire savoir. Maintenant on peut dire : « Heureux ceux qui sont en Espagne! » Nous allons éprouver des retenues dans notre administration pour un don de chevaux.

Adieu, mon ami; j'embrasse tout le monde.

BÉRANGER.

P. S. Judith ne cesse de rêver de vous tous et veut que je vous le dise. Elle vous embrasse tous trois et serait bien aise de savoir si Juliette est encore incommodée de sa chute. Que voulez-vous que je dise à Théophile?

LXXII

A MONSIEUR QUENESCOURT

20 février 1813.

Nous avons reçu avec le plus grand plaisir l'assurance que Juliette était mieux ; je craignais, mon ami, que vous ne nous fissiez attendre un peu longtemps ces détails satisfaisants : ce n'est pas que la lettre de Laisney m'eût donné des idées bien inquiétantes, mais ce qui nous eût donné l'alarme, c'eût été votre silence, et vous savez combien quelquefois le vôtre a de durée, soit dit sans reproche.

Nous sommes aussi dans les maladies jusqu'au cou. J'ai d'abord eu un rhume de cerveau d'une telle violence, qu'il m'a causé une fièvre de huit jours avant de se déclarer ; il est à sa fin. Lucien a été pris d'une fièvre rouge, scarlatine, comme bon vous semblera, qui l'a rendu assez malade ; et les suites étaient plus à craindre que la maladie même. Le voilà confiné à la chambre pour près d'un mois. Cette pauvre Judith l'a fait coucher dans son lit, et en a établi par terre un pour elle, ce qui n'est ni sain ni doux : cela, dit-on, ne pouvait s'arranger autrement. Il est vrai qu'il fallait qu'il fût couché et entretenu très-chaudement ; pour surcroît de peine, Judith est aussi la garde-malade de mademoiselle Duchesne, qui est tombée dans l'état de santé le plus affligeant. Mademoiselle Duchesne touche à sa fin, et aura le sort déplorable de se survivre à elle-même ; sa tête se perd tout à fait, et cette aliénation est d'autant plus pénible, qu'elle laisse trop d'intervalles lucides pour que la malade ne sente pas combien sa position peut devenir affreuse, ayant dans sa jeunesse éprouvé un semblable malheur.

Je vous laisse à penser combien Judith a à souffrir d'un

pareil spectacle. J'ai bien des sujets de chagrin aussi, mais je ne les lui ai pas encore communiqués, pour ne point aggraver les siens. Je vous en ferai part incessamment, non pour les faire retomber sur vous, mais pour en adoucir l'amertume. En attendant, ne vous alarmez pas trop, sachez même que je n'ai jamais plus travaillé qu'en ce moment, que je viens de finir un long épisode pour mon poëme [1], dont je suis assez content, et que je veux vous envoyer quand le morceau auquel il se rattache sera entièrement fini, ce qui, j'espère, du train dont j'y vais, ne tardera pas. Il y a longtemps, mon ami, que vous ne m'avez entendu parler sur ce ton. Il est bien vrai que depuis longtemps je ne m'étais senti la même ardeur : aussi fais-je des vœux pour qu'elle dure.

Je suis fâché que Laisney ne vous ait point communiqué ma lettre, mais j'en devine la cause ; elle lui fait honneur. Je lui parlais sur son compte avec une franchise que peut seule autoriser notre vieille amitié ; mais j'y poussais cette franchise jusqu'à lui parler de la nécessité d'un mariage, fondée sur la négligence de sa mère et sur le besoin que son pauvre père avait d'être décrassé. Enfin, mon ami, j'ai peut-être un peu passé les bornes, et je suis d'autant

---

[1] « Poëme pastoral, dont le sujet touchait à l'époque de Jeanne d'Arc, » dit Béranger dans *Ma Biographie*. Il dit encore : « Les corrections que je fis à mon poëme pastoral, ébauche restée inachevée, furent le travail qui me révéla le plus de secrets de notre langue. »

C'est dans la dédicace de ce poëme, auquel le censeur [Lemontey refusa de donner son visa, que se trouvait ce passage dont nos lettres nous font si bien comprendre le sens :

> Pourquoi faut-il, dans un siècle de gloire,
> Mes vers et moi que nous mourions obscurs ?
> Jamais, hélas ! d'une noble harmonie
> L'antiquité ne m'apprit les secrets.
> L'instruction, nourrice du génie,
> De son lait pur ne m'abreuva jamais.
> Que demander à qui n'eut point de maître ?
> Du malheur seul les leçons m'ont formé,
> Et ces épis que mon printemps voit naître
> Sont ceux d'un champ où rien ne fut semé.

plus tenté de le croire, qu'il n'a point répondu à cette rude lettre; cela me fait penser que vous ne répondez jamais à ce qu'on vous écrit, et que je vous avais prié de m'apprendre avec qui vous vouliez le marier.

Je pense quelquefois que voici le printemps qui vient, et que vous nous avez promis de venir tous nous voir pour ce temps. Judith y pense peut-être encore plus que moi, et Lucien ne l'oublie pas; moi je ne puis songer à ce que je ferai.

Nous nous réunissons pour embrasser la petite malade et Julie, à qui nous voudrions voir moins de penchant à s'inquiéter. Juliette est dans l'âge où les accidents se répètent sans cesse et ne sont pas pour cela plus dangereux. Mais il est bien difficile de faire entendre raison aux mères. Eh! mon Dieu, qui sait si cela ne fait pas le bonheur des enfants?

N'avez-vous point de nouvelles de Delaporte? Faites-moi savoir sous quelles désignations on pourrait en avoir. Donnez-moi aussi des nouvelles de ma famille si vous en avez; ma tante Bouvet m'a écrit en réponse à ma lettre de nouvelle année.

Tout à vous pour la vie.

LXXIII

A MONSIEUR QUENESCOURT

Ce 28 février 1813.

Je vous écris dans une mauvaise disposition, mon ami; vous saurez que cette pauvre mademoiselle Duchesne est morte le jour même où ma lettre a dû partir. Une crise nerveuse l'a emportée. On ne pouvait souhaiter qu'elle allât loin, vu son espèce de démence; mais on croyait cependant qu'elle avait plus longtemps à souffrir. Cette mort a été un coup pénible pour Judith ; vous la connaissez.

J'ai été le maître des cérémonies faute de parents, et le froid de l'église et du cimetière m'a si fortement saisi, que mon rhume de cerveau, qui touchait à sa fin, a été arrêté subitement et transformé en un gros catarrhe cérébral, semblable à celui que j'ai eu il y a deux ans. Il m'a été annoncé par une des fièvres les plus violentes qu'on puisse avoir.

J'étais à table chez des amis, à qui j'aurais manqué ; j'ai voulu tenir bon, et, en effet, quoique je sentisse mes dents claquer, j'ai bu, ri et chanté au point de faire illusion ; mais il m'en a coûté cher. Je suis rentré à la maison dans un état à faire pitié. J'ai eu des moments d'effervescence qui ressemblaient au délire ; enfin Judith a été obligée de me veiller. Un extrême embarras dans la tête, des douleurs aiguës et une fluxion m'ont mis au fait de mon mal. Je ne mange pas. J'en suis à la tisane et au bouillon aux herbes pour mes jours gras. Sans doute vos jours gras ne seront pas très-gais non plus ; cependant j'espère bien qu'ils ne seront pas aussi tristes que les nôtres.

Judith, et Julien qui se porte bien maintenant, dîneront mardi chez mon oncle. Votre pauvre ami sera tout seul. Buvez à sa santé, buvez surtout à sa résignation, et souhaitez-lui courage et joie : il en a bien besoin. Malheureusement mon indisposition a suspendu mon travail : je ne puis m'appliquer même à la lecture. Ma tête est trop malade, et le mal qui se calme un peu dans la journée reprend la nuit toute sa violence.

Je n'ai pu aller toucher à la poste le bon que vous m'avez adressé ; au reste, voilà quelque temps que nous n'avons vu Théophile. Quand je serai rétabli, j'irai à sa recherche pour lui remettre cet argent.

Dites bien des choses à Laisney et félicitez-le sur le sursis de Rouillard. Il faut bien espérer de cette affaire.

Judith et moi rêvons bien souvent de vous tous. Nous vous voyons toujours débarquant au milieu de nous. Embrassez et la mère et la fille pour vos bons amis, et écrivez-leur de temps en temps.

LXXIV

A MONSIEUR QUENESCOURT

1813.

Tenez-vous assuré du plus joli logement de Paris. J'y ai été ce matin à onze heures. C'est-à-dire vingt-quatre heures après le don du denier à Dieu. La propriétaire est arrivée d'hier. Je l'ai vue. C'est une femme qui me paraît aimable et de facile accord, et observez, je vous prie, qu'elle était au lit. Elle m'a répété ce que la portière avait dit. Jouissance assurée du jardin, une petite part aux fruits dans la saison, cave à son choix, bûcher, etc. Cette dame m'a dit aussi, et cela sur ce que j'avançais que d'abord vous auriez peu de meubles, les vôtres n'étant point de forme à figurer à Paris, elle m'a dit qu'elle pourrait vous céder quelques-uns des siens qui lui sont devenus inutiles. Vous verrez tout cela avec elle. Elle ne veut absolument pas faire d'informations : elle ne veut pas non plus du terme que nous étions convenus de lui payer pour sûreté. Elle va faire dresser un projet de bail, et regarde dès à présent le logement comme à vous. Elle ne vous empêchera cependant pas de payer six mois d'avance quand vous réglerez définitivement, clause générale de tous les actes de ce genre. Il eût été possible de ne pas faire de bail, et je sens bien que, si la maison a des désagréments qu'on n'aperçoit point d'abord, on se repentira d'en avoir fait un ; mais, d'un autre côté, vous

vous ôtez la crainte d'un changement qu'une offre peut occasionner ; vous vous faites considérer davantage par le propriétaire, et enfin ce n'est après tout que trois ans à passer dans un local qui vous a plu d'une manière tout à fait particulière et qui présente en effet toutes les commodités que vous pouvez désirer.

J'ai dit à cette dame que vous espériez être à Paris dans dix ou douze jours, au plus tard ; je pense qu'en effet c'est là le terme que vous vous fixerez : que votre première lettre m'en donne l'assurance, en m'annonçant le succès des démarches qu'il vous reste à faire à Péronne, et surtout de la cérémonie matrimoniale.

Judith vous recommande encore une fois sa robe. Elle vous embrasse ainsi que Julie et Juliette, que j'embrasse aussi en les attendant.

LXXV

A MONSIEUR WILHEM

1ᵉʳ juillet 1813.

Mon ami,

La fluxion de Quenescourt diminue : nous avons pris jour pour dîner ensemble ; on a préféré le samedi, parce qu'il nous a semblé que tu étais libre ce jour-là : il serait malheureux que nous fussions trompés, et Quenescourt nous en voudrait à moi et à Antier qui avons tout décidé. Dumouchel, qui sera des nôtres, me sacrifie un voyage de Versailles, et je lui en sais d'autant plus de gré que tu connais combien il a de répugnance à se trouver avec les personnes qu'il connaît peu. Il n'y a cependant que madame Quenescourt qu'il n'ait jamais vue, car, au fait, il s'est déjà trouvé une fois avec Quenescourt, et je pense bien qu'il n'a peur ni de Judith, ni d'Antier, ni de nous deux qui sommes les seuls convives.

Vu la liste que je t'en donne, je ne pense pas non plus que tu te fasses tirer l'oreille. Si cela t'arrivait, je te déclare la guerre au nom de tous, et cette guerre serait terrible, quoique les rencontres y fussent rares sans doute.

Adieu, mon ami; mes amitiés respectueuses à madame, et crois-moi pour la vie ton dévoué   BÉRANGER.

A partir de ce moment (juillet 1813) M. Quenescourt se fixa à Paris et Béranger n'eut plus à lui écrire. La plupart des lettres qui précèdent et qui lui sont adressées ne traitent pas sans doute d'événements bien considérables; mais elles forment à la tête d'une correspondance longue et variée une sorte de prologue qu'il eût été à regretter de n'y pas voir. Les premiers travaux de notre poëte, ses tentatives incertaines, ses peines presque constantes, sa gaieté victorieuse du chagrin, la franchise, la grâce de son amitié, tout y est peint au naturel et de manière à faire bien comprendre le rôle particulier que joua plus tard Béranger dans le monde, lorsque cette gloire qu'il n'avait pas cherchée vint le saisir.

La saison des festins enjoués et des jeunes amours achève ici de sourire. Bientôt le poëte, devenu coryphée de la nation, chantera d'une voix mélancolique :

> Combien de fois, auprès de la plus belle,
> Dans vos banquets j'ai présidé chez vous !
> Là, de mon cœur, jaillissait l'étincelle
> Dont la gaieté vous électrisait tous.
> De chants joyeux ma coupe était remplie ;
> Je la vidais, mais vous versiez toujours.
> J'entends au loin l'archet de la folie :
> O mes amis, prolongez d'heureux jours !

LXXVI

A MONSIEUR WILHEM

26 novembre 1813.

Mon cher ami, j'ai consulté. Il faut mettre mon nouveau titre ainsi : *Convive du Caveau moderne*, et l'on m'en a dit d'excellentes raisons que je n'ai pas le temps de te rapporter; mais j'ai celui de t'assurer de mon entier attachement.

LXXVII

A MONSIEUR LUCIEN ARNAULT,

AUDITEUR AU CONSEIL D'ÉTAT, ALORS ADJOINT AU SÉNATEUR COMMISSAIRE GÉNÉRAL IMPÉRIAL A METZ.

Paris, 16 avril 1814.

Je m'empresse, mon cher ami, de satisfaire à votre juste impatience. Vous n'avez sans doute pas cru que Paris était en cendres, mais vous avez cependant dû craindre pour nous. Enfin les papiers publics seront venus vous rassurer. Nous vivons et nous nous portons bien ; mais l'orgueil national a eu cruellement à souffrir. Votre père, qui reçoit aussi en ce moment une lettre de vous, va vous donner des détails circonstanciés. Les grands intérêts généraux ont jusqu'à présent absorbé toute notre attention ; mais enfin il faut bien penser à soi, et sans doute beaucoup de personnes auront à souffrir de ce changement de gouvernement : il faudra se remuer un peu pour se tirer d'affaire, et je prévois pour vous de nouvelles ressources. Nous autres universitaires, nous attendons, agités tant soit peu par la crainte de voir la prêtraille nous arracher la férule des mains. Vous pouvez conclure de vos réflexions et des miennes que ce qui peut devenir un bien général, comme on nous le fait espérer. entraîne beaucoup d'inconvénients particuliers, et que tout le monde ne rit pas encore. Cependant les vœux sont unanimes en faveur de cette paix générale tant désirée et depuis si longtemps inespérée [1].

---

[1] « En 1814, je ne vis dans la chute du colosse que les malheurs d'une patrie que la République m'avait appris à adorer. Au retour des Bourbons, qui m'étaient indifférents, leur faiblesse me parut devoir rendre facile la renaissance

Je présume qu'avant peu nous recevrons des nouvelles de votre frère. L'acte d'abdication rend les arrangements faciles avec les places fortes, et déjà sans doute les négociations sont entamées avec Anvers [1]. Mais de quoi vais-je vous parler? Vous vous entendez mieux que moi à tout cela, et il n'est pas jusqu'au métier de la guerre auquel vous ne devez plus être étranger. Quant à moi, de mon château, j'ai vu prendre Ménilmontant et Montmartre, et j'ai vu les obus menacer ma bicoque sans trembler. Après cela, je ne permets plus de plaisanter de ma bravoure.

Ma lettre devient longue, et vous devez vous apercevoir que je me dédommage de l'impossibilité où l'on était de communiquer avec vous depuis longtemps.

Adieu, mon ami, dépêchez-vous de nous revenir, et comptez sur mon inviolable attachement.

M. Bro [2] est ici, il paraît qu'on a des nouvelles de tout ce qui vous intéresse.

BÉRANGER.

---

des libertés nationales. On nous assurait qu'ils feraient alliance avec elles; malgré la Charte, j'y croyais peu ; mais on pouvait leur imposer ces libertés. Quant au peuple, dont je ne me suis jamais séparé, après le dénoûment fatal de si longues guerres, son opinion ne me parut pas d'abord décidément contraire aux maîtres qu'on venait d'exhumer pour lui. » (*Préface de* 1833.)

[1] Où Carnot résistait toujours. Il ne capitula que plus tard.

[2] Le colonel, plus tard général, Louis Bro, qui, né en 1781, n'avait alors que trente-trois ans. Soldat de l'armée de Saint-Domingue, il traversa tous les champs de bataille de l'Europe, et se fit remarquer à Montereau, où il fut nommé officier de la Légion d'honneur. Le 5 avril 1814, il fut promu au grade de colonel de chasseurs. En 1815, il fut blessé à Waterloo, et, malgré sa blessure, regagna sur les bords de la Loire les glorieux *brigands* que les Bourbons allaient licencier devant l'ennemi. Le général Bro a été l'un des amis de Béranger.

M. Alexandre Dumas a parlé dans ses *Mémoires* (tome IX) du colonel Bro, « propriétaire, rue des Martyrs, des logements de Manuel, Béranger, Géricault. »

LXXVIII.

A MONSIEUR RÉVEILLÈRE

17 août 1814.

Ne vous étonnez pas, mon cher collègue, de n'avoir point reçu d'épreuve de votre article. Il n'est point imprimé, et en voici la raison, dont peut-être on me fera un crime au Caveau, mais que vous trouverez bonne, j'en suis sûr. Votre prose était chez Poulet, que je l'ignorais encore, ne parlant de tout cela qu'au prote. Poulet m'avait précédemment remis un article de correspondant sur je ne sais quelle société épicurienne, article qui, vu sa longueur et le peu de chansons que je me voyais, faisait justement l'affaire du numéro. Je consultai Gassicourt[1], et tous deux nous fûmes d'avis qu'il fallait lui donner place au numéro, attendu que cela vous donnerait le temps ou de faire, ou de revoir le vôtre, et que d'ailleurs, puisqu'on voulait publier des notices en volumes séparés, plus il y en aurait d'inédites, mieux cela vaudrait. Ce que nous avons mal calculé, c'est l'étendue de l'article qui nous tient lieu du vôtre, puisqu'il a forcé l'imprimeur de donner deux feuilles et demie. Il est vrai qu'il nous est survenu plusieurs chansons sur lesquelles nous ne comptions pas. Tout cela vous donnera lieu de gronder, vous, trésorier d'une société aussi riche que bien unie. J'espérais au reste vous mettre au courant dans les Catacombes[2], mais vous ne nous avez donné que le plaisir d'inscrire votre joli couplet sur le registre mortuaire, consolation qui nous a été refusée par la plupart de nos collègues absents. Il est bon

---

[1] Cadet de Gassicourt (Charles-Louis).
[2] Les membres du Caveau firent, en 1814, une promenade dans les Catacombes. (Voir la *Prière d'un Épicurien*.)

que vous sachiez que nous n'étions que six membres du Caveau.

Adieu, mon cher collègue, croyez à ma haute considération[1]. BÉRANGER.

P. S. Si vous voulez revoir votre article, écrivez-le-moi.

LXXIX

A MONSIEUR BOSQUILLON WILHEM

11 octobre 1814.

J'autorise spécialement M. B. Wilhem à faire graver les paroles de ma romance intitulée *Beaucoup d'amour*, avec la musique de sa composition.   P. J. BÉRANGER.

---

[1] Cette lettre, ainsi que la lettre LXXX, et une autre qui est tout à fait insignifiante, se trouve dans le tome Ier des *Miettes* de François Grille, l'ancien directeur des Beaux-Arts, qui connut Réveillère et Béranger au *Caveau moderne*, où Philippon de la Madeleine l'introduisit.

C'est à la fin de 1813 que Béranger fut reçu membre du Caveau, à peu près malgré lui. « Je n'ai jamais eu de goût, dit-il dans *Ma Biographie*, pour les associations littéraires, et l'idée de faire partie d'une société ne devait pas me venir de moi-même : le hasard décida que je serais membre de celle-ci. Désaugiers eut occasion de voir de mes couplets, et chercha à me connaître. Arnault et le comte Regnaud de Saint-Jean-d'Angély arrangèrent, à mon insu, un dîner chez le frère du maréchal Suchet, où Arnault, qui redoutait ma sauvagerie, me conduisit en feignant de me mener chez le restaurateur. Désaugiers m'attendait là.

« L'intimité ne tarda pas à s'établir entre nous, et nous n'étions pas au dessert qu'il me tutoyait déjà. Ma réserve naturelle s'en fût peut-être blessée avec tout autre ; mais mon habitude de juger les gens au premier coup d'œil ne pouvait être que favorable à cet homme excellent et de mine si gaie. J'éprouvai un véritable entraînement et ne résistai point aux instances qu'il me fit d'accepter de dîner au moins une fois au Caveau avec tous ses collègues, que je ne connaissais que de nom. Je m'y rendis au jour fixé et j'y chantai beaucoup de chansons. Chacun parut surpris que, si riche en productions de ce genre, je n'eusse jamais pensé à les publier. « Il faut qu'il soit des nôtres ! » fut le cri de tous. Pour obéir aux règlements, qui défendaient de nommer un candidat présent, on me fit cacher derrière la porte, un biscuit et un verre de champagne à la main. J'y improvisai quelques couplets de remercîment pour mon élection faite à l'unanimité, au bruit de joyeuses rasades, et confirmée par une accolade générale. »

A peine reçu, Béranger fut si bien prôné par ses nouveaux confrères, et par Désaugiers tout le premier, qu'en huit jours il eut de la réputation à Paris.

LXXX

A MONSIEUR RÉVEILLÈRE

Ce 19 octobre 1814.

Je compte sur vous, cette fois, mon cher collègue, pour la
fallut bien qu'il sortît de sa retraite et courût un peu le monde. Mieux lui allait de rimer à loisir et de ne fréquenter que ses vieux amis ; mais il était écrit que sa vie active allait commencer.

Aujourd'hui que les sociétés chantantes ne sont plus en vogue, il est à la mode de railler ces réunions que nos pères aimaient si bien et où se développa une partie de notre ancienne littérature légère. L'institution d'un Caveau date de 1729. On peut voir en détail l'histoire de cette sorte d'académie dans un article rédigé par M. Ourry pour le *Dictionnaire de la Conversation*. Le spirituel épicier Gallet, ami de Piron, de Collé et de Crébillon fils, se ruinait volontiers à les héberger chez lui. Ils voulurent une fois le traiter à leur tour, et organisèrent chez le célèbre Landelle, rue de Buci, un festin d'apparat auquel ils convièrent, pour plus de solennité, Fuzelier, Saurin, Sallé, et en outre l'ombre de Crébillon le père qui était brouillé avec son fils, et qu'il s'agissait de désarmer de ses tragiques ressentiments. La réunion fut si gaie, qu'on la convertit en une fondation mensuelle. Les fondateurs s'adjoignirent successivement, pour soutenir leur œuvre, Duclos, Labruère, Gentil-Bernard, Moncrif, Helvétius, le peintre Boucher, le musicien Rameau, et d'autres. Plus tard Favart y brilla ; Vadé n'y vint jamais.

Quelquefois on y vit le savant Fréret, que sa vigoureuse et vaillante érudition n'empêchait pas d'aimer à rire, et jusqu'à l'ancien et futur ministre Maurepas, fureteur, amateur, collectionneur, et, au besoin, faiseur d'épigrammes et de chansons.

Cet ancien Caveau dura dix ans, de 1729 à 1739.

Un second Caveau fut institué en 1759 par les commensaux des dîners que donnait le mercredi le fermier général Pelletier. C'étaient Marmontel, Boissy, Suard et Lanoue. Ils appelèrent à eux Crébillon fils, Helvétius, Bernard, Collé et Laujon. Sterne, Garrick, Wilkes visitèrent cette assemblée, à laquelle mit une fin le malheureux mariage de Pelletier.

La Révolution de 1789 ne fut pas propice à un rétablissement de Caveau. En 1796 seulement furent étab lis les *Dîners du Vaudeville*, où figurèrent Barré Radet, Desfontaines, Piis, Deschamps, Desprez, les deux Ségur, Bourgueil, le Prévôt d'Iray, Demautort, Despréaux, Chéron, Léger, Rossière, Monnier, Chambon, puis Philippon de la Madeleine, Emmanuel Dupaty, Alissan de Chazet, Goulard, Dieu la Foy, Laujon, Philippe de Ségur, Armand Gouffé, Maurice Séguier.

Ces dîners furent clos le 2 nivôse an X.

La collection des chansons et pièces diverses auxquelles ils donnèrent naissance forme neuf petits volumes assez rares. On en a fait un choix en deux volumes in-18. Les *Dîners du Vaudeville* furent plus tard réorganisés sous la présidence de Désaugiers. Le *Caveau moderne* date de 1806. Il fut fondé par

prose du numéro ; vous ne vous plaindrez pas de moi : je vous laisse le temps de respirer.

Armand Gouffé et le libraire Capelle, qui recueillait les œuvres de la compagnie, publiait un cahier tous les mois, un volume tous les ans, payait la grosse dépense de la table, et faisait encore quelque profit. On vit bientôt au Caveau moderne, établi chez Baleine, au *Rocher de Cancale*, Antignac, Brazier, Chazet, Laujon, Désaugiers, Moreau, Francis, Philippon de la Madeleine, Piis, Ségur aîné, Demautort, Despréaux, Dupaty, Ducray-Duminil, Cadet Gassicourt, qui écrivait ses œuvres légères sous le nom de Charles Sartrouville, et enfin Grimod de la Reynière et le docteur Marie de Saint-Ursin, fondateur de l'*Almanach des Gourmands*, dont Béranger s'est moqué vertement.

Il y avait dans les départements de nombreux affiliés au Caveau.

Le second ban se composa de Lonchamps, de Jarry, Rougemont, Eusèbe Salverte, Gentil, Réveillère, Ourry, Tournay, Coupart, Jacquelot, Théaulon.

On admit, comme musiciens, Frédéric Duvernoy, Mozin, Doche, Alexandre Piccini, Lafont, Romagnesi.

On accueillit avec distinction, et plus d'une fois, comme membres d'honneur, Delille, Mercier, Boufflers, le docteur Gall, le fin dîneur d'Aigrefeuille et Regnaud de Saint-Jean-d'Angély.

La politique, quand les Bourbons furent revenus, fit tant de ravages dans cette académie, que, dès 1817, elle n'existait plus.

Le recueil du Caveau moderne forme onze volumes in-18.

Les *Soupers de Momus* étaient une sorte de succursale du Caveau, formée chez le restaurateur Beauvillier, où divers membres du Caveau se réunissaient. Béranger en faisait partie. Le *Tour de Marotte* y a été chanté. Les membres du Caveau trouvaient là des rivaux comme MM. Frédéric de Courcy, Justin Cabassol, Martainville, Jouslin de la Salle, Armand Dartois, Carmouche, Félix, Jacinthe Leclerc, Félix Dusaulchoy et d'autres.

Le recueil des *Soupers de Momus* forme quinze volumes. Cette réunion a duré jusqu'en 1828.

Voici quelle a été la succession des diverses académies de chansons. Béranger ne se plut guère au Caveau, mais il s'y fit des amis nombreux. On voit, dans la lettre écrite à Réveillère, qu'il fit, comme les autres, ses fonctions de secrétaire-rédacteur du recueil de la société. Il fut également trésorier, comme l'était alors Réveillère.

Le recueil du Caveau contient, de Béranger, en 1814, la *Gaudriole*, le *Mort vivant*, la *Bacchante*; en 1815, le *Voyage au pays de Cocagne*, *Roger Bontemps*, les *Infidélités de Lisette*, le *Roi d'Yvetot*, *Madame Grégoire*, *Ma Grand'mère*, *Mon Curé*, *Descente aux enfers*; en 1816, l'*Habit de Cour ou une Visite à une Altesse*, la *Mère aveugle, ou la Fileuse*, le *Deo gratias d'un épicurien*, *Vieux habits, vieux galons, ou Réflexions morales et philosophiques*, *Frétillon*, la *Grande Orgie*, le *Nouveau Diogène*, *Plus de politique*, *A mon ami Désaugiers*, la *Censure*.

En même temps avaient paru ou paraissaient dans l'*Épicurien français*, en 1813, les *Infidélités de Lisette*, le *Mort vivant*; en 1814, le *Voyage au pays de Cocagne*, *Roger Bontemps*, l'*Éducation des demoiselles*, *Madame Grégoire*, l'*Age futur ou ce que seront nos enfants*, le *Printemps et l'Automne*, le *Roi d'Yvetot*, le *Bon Français*, *Ma Grand'mère*, *Mon Curé*, *Descente aux enfers*,

Si, par hasard, je n'allais pas au dîner, ce que ma santé, très-mauvaise depuis longtemps, pourrait fort bien me dé-

la *Mère aveugle, ou la Fileuse, Vieux habits, vieux galons;* en 1815, *Parny,* romance, la *Grande Orgie, Frétillon,* le *Deo gratias d'un épicurien,* la *Censure,* l'*Habit de cour ou Visite à une Altesse, Plus de politique,* le *Vieux Célibataire,* le *Vieux Ménétrier.*

D'autres recueils plus tard continrent les chansons de Béranger. Les amateurs d'éditions originales iront les y chercher pour collationner les textes. On trouve par exemple, dans les *Étrennes lyriques,* en 1815, *Beaucoup d'amour;* en 1817, *Parny n'est plus!* romance, par P. J. de Béranger, mise en musique et dédiée à madame la vicomtesse de Parny par Wilhem; en 1818, *Si j'étais petit oiseau,* l'*Aveugle de Bagnolet;* en 1819, la *Double Ivresse;* en 1821, *On s'en fiche,* la *Fortune.*

Un certain nombre de chansons de Béranger, plus ou moins remaniées ou même répudiées depuis, figurent dans divers recueils de la fin du Consulat et du commencement de l'Empire comme la *Guirlande de fleurs,* de Cousin d'Avalon, et l'*Almanach des Muses.* Béranger a dit dans *Ma Biographie* que c'est son père qui les adressait, à son insu, aux rédacteurs de ces recueils.

Pour clore cette note, qui est consacrée à des détails bibliographiques, nous donnerons une liste de timbres que Béranger avait dressée pour son usage et qui, à en juger au papier et à l'écriture, date de ces premiers temps. Comme il chantait lui-même avec goût et avec justesse, on est sûr qu'il a fredonné souvent ces airs en courant après la rime.

Marlborough.
Mon père était pot.
Un grand prophète.
Vaudeville d'*Abuzar.*
Zéphire.
Nous nous marierons dimanche.
Vaudeville du *Jockey.*
On compterait les diamants.
Pas redoublé.
Fillette et propriétaire.
La pipe de tabac.
Ronde de Rabelais.
Les fraises.
Joconde.
Ne v'là-t-il pas que j'aime.
De *Pauline.*
Tambour battant.
Je jouais si joliment.
Il m'en souvient confusément.
Frère Jean de la Cuisine.
La *Fuite en Égypte.*
La Catacoua.
La fanfare de Saint-Cloud.
La petite poste.
Il était une fille.
Allez-vous-en, gens de la noce.
Il est pris.
Aussitôt que la lumière.
Au temps passé.
Claudine.
Contredanse des petits pâtés.

Escouta d' Jannette.
Du *Tonnelier.*
L'avez-vous vu?
La boulangère.
La comédie est un miroir.
Je n' saurais danser.
Femme sensible.
Eh! gai, gai, gai.
Zélie.
Mirliton.
Lorsque dans une tour obscure.
Triste raison.
Vendôme.
La mer Rouge.
Oh! oh! oh! ah! ah! ah!
Une fille est un oiseau.
La baronne.
Dès que j'ai connu.
Trouverez-vous un parlement?
De la *Parole.*
Mes chers amis.
Val de Vire.
La soirée orageuse.
Le la la landerirette.
Guillot trouva Lisette.
Voilà l'image de la vie.
Mon Hippolyte.
Trembleurs.
J'ons un curé patriote.
Visitandines.
Vaudeville des *Deux Chasseurs.*

fendre, je vous prie de remettre à Désaugiers votre article sur madame Duchâtelet.

Je dois vous prévenir que nous aurons pour invités

Le petit mot.
Les fleurettes.
On dit par tout le monde.
Périgourdine.
Réveillez-vous.
Lorsque vous verrez un amant.
Catinat.
Les bourgeois de Châtres.
Mon cousin.
Le jaloux malgré lui.
Oh ! le bel oiseau.
Un rigodon, zig, zag.
Je viens devant vous.
Le *Confiteor*.
Le curé de Pomponne.
Ah ! quelle école !
Ton humeur est.
C'est la petite Thérèse.
Daignez m'épargner le reste.
Dorilas.
Le sultan Saladin.
Vive le vin.
Fidèle époux.
Ce mouchoir, belle.
Les bossus.
Mes chers enfants.
Ca n' s' peut pas.
Clitie est laide à faire peur.
Femmes, voulez-vous éprouver.
Laisse en paix le Dieu.
Calpigi.
Amis de la belle Ninon.
Ah ! grands dieux !
A dîner ça me rapporte.
Tirez-moi par mon cordon.
Il pleut, bergère.
Vaudeville de *Rose et Colas*.
Dans les gardes françaises.
Comme a fait ma mère.
Lindor.
De la Pâris.
Dites, dites-moi.
Pour égayer le chagrin.
En quatre mots.
L'Anglaise.
Il faut des époux.
Vous m'ordonnez de la brûler.
Pour un maudit péché.
La croisée.
Ce fut par la faute du sort.
J'ai perdu mon âme.
De la *Bonne aventure*.
Vaudeville du *Sorcier*.
O ma tendre musette.
Oh ! c'en est fait.
Toujours le même.
Doit-il tant coûter de se taire.
Eh ! allons donc ! jouez, violons !
Les *Folies d'Espagne*.
Vaudeville de *Nice*.
L'amour est un enfant.
Nous sommes précepteurs.
Menuet d'*Exaudet*.
Vivent les fillettes !
Je viens de recevoir la fin.
Cahin caha.
Des *Portraits à la mode*.
Joseph est bien marié.
Des échos.
Non, je ne ferai pas.
Eh ! zon, zon, zon !
Où s'en vont ces gais bergers ?
Roulant ma brouette.
Oh ! Mahomet.
Jeunes amants, cueillez.
Notre demoiselle a dit oui.
Eh ! bon, bon.
Vaudeville de *Cruello*.
Lise demande son portrait.
Air de *Lisbeth*.
Intégrité, franchise.
Air des *Tricotets*.
Vive Henri IV.
Allons aux prés Saint-Gervais.
Un ancien proverbe nous dit.
Des jumeaux.
Lorsque Dieu fit Adam.
C'est un enfant.
Accompagné de plusieurs autres.
V'là c' que c'est qu' d'aller aux bois.
De la galopade.
Point de sévérité.
Souvenez-vous-en.
Lison chantait.
Au coin du feu.
Je l'ai planté.
Chacun à son tour.
Trouver le bonheur en famille.
Des *Pendus*.
Quoi ! ma voisine est fâchée.
Saint Éloy avait un fils.
N'en demandez pas davantage.
Contentons-nous d'une simple bouteille.
Une petite fillette.
Chantons, dansons. (*Fête du Château*.)
Des bonnes gens.
Quel désespoir !
Cœurs fidèles.
La Bourbonnaise.
Sous le nom de l'amitié.
Résistez-moi, belle Aspasie.
Monseigneur d'Orléans.
L'autre jour la petite Isabelle.
C'est ce qui me console.

MM. Vernet, père et fils[1], qui ont bien voulu se charger du dessin de la gravure qui doit être en tête du volume; de plus, Emery[2], notre acquéreur.

Dussé-je être un écho de calomnie, je vous dirai, quant

Aussitôt que j'aperçois.
Je brûle de voir le château.
De ta main tu cueilles les fruits.
Voyage.
Ah! que je sens d'impatience.
La foi que vous m'avez promise.
Du lendemain.
Avec les jeux dans le village.
Du serin qui te fait envie.
Monsieur l'abbé.
La Meunière.
Le grand roi Dagobert.
Nous n'avons qu'un temps.
Turlurette.
Ran tan plan tire lire.
Vaudeville de *M. Guillaume.*
Toujours seule, disait Mina.
Eh! lon lan la!

La marmotte a mal au pied.
La fricassée.
Oh! mais!
A vendanger, etc.
Le fleuve d'oubli.
A la façon de barbari.
Ah! que de maux un pauvre clerc.
Il n'est pire eau que l'eau qui dort.
Eh! mais, oui-da!
Le briquet frappe la pièce.
Grégoire.
Frère Jacques.
V'là qu'est bâclé.
Au beau milieu des Ardennes.
La Chimène.
La valse : *Quand l'amour.*
Id. *Paris n'est joli.*
J'attendais dans l'impatience

Combien de ces airs, depuis longtemps déjà, n'ont plus un seul écho parmi nous! Les chansons de Béranger en ont heureusement sauvé un bon nombre. C'est une partie de la vie de nos pères. Et il n'est pas sans quelque tristesse de rappeler ces souvenirs d'une gaieté qui n'est plus.

[1] Carle et Horace Vernet.

[2] Le libraire Emery, qui aimait beaucoup les faiseurs de chansons, qui les courtisait, les payait même assez bien, et avec qui Béranger allait traiter de son premier volume, qui fut publié à la fin de 1815. Il a paru dans les ventes une lettre de Béranger à Emery, datée du 5 novembre 1815, que nous avons demandée à son propriétaire (M. G***, de Genève), mais que nous n'avons pas reçue, et que nous regrettons de ne pouvoir mettre dans notre recueil, parce qu'elle contient les bases du traité que Béranger fit avec son libraire. L'édition qui ne lui rapportait rien devait être tirée à 2,500 exemplaires, dont 30 pour l'auteur. Pour éviter les frais, on ne devait graver que deux ou trois airs.

Il y a de Béranger, à cette même date 1815, deux lettres, indiquées par les catalogues de vente, que nous n'avons pu nous procurer. L'une est une demande de prêt de livres adressée à M. Duchesne aîné, de la Bibliothèque nationale. L'autre est écrite au confiseur Terrier qui tenait boutique de confiserie rue Saint-Honoré. Cette dernière contient un couplet familier relatif au *Roi d'Yvetot* dont M. Terrier avait reproduit l'image en sucrerie. Le voici :

Cher Terrier, quelle horreur pour moi !
Eh! quoi, sans flatterie,
Vous mettez de mon petit roi
L'histoire en sucrerie.
Grâce à vous ce roi généreux
Va faire à son gré des heureux.
Ah! pour lui quel doux lucre !
S'il n'en fait encor dans un an,

à ce dernier, que l'on m'a assuré qu'il n'était pas plus solide que beaucoup de ses confrères. Ainsi, cher trésorier, prenez vos précautions, quitte à rendre justice ensuite à qui il appartiendra.

Vous étiez lié avec ce pauvre monsieur Desmazières : ce doit être une véritable perte pour ses amis ; le peu que je l'ai vu, je l'ai toujours trouvé le meilleur des hommes. Je juge de vos regrets par ceux que j'éprouve.

Adieu, mon cher collègue.

> Cher Terrier, que je sois un Jean,
> Un Jean,
> Un Jean,
> Que je sois un Jean sucre !

« Le monument qu'il vient d'élever à la gloire d'un roi plein de douceur ne pourra échapper à la dent de l'envie, mais il sera goûté par les gens honnêtes et il méritera d'être le principal architecte du roi de Cocagne. » (*Catalogue Laverdet*, 26 février 1852, n° 85.)

Une autre pièce, plus intéressante, qui remonte encore à l'année 1815 et que nous avons trouvée dans les papiers de Béranger, est une lettre de M. Barthélemy Cabarrus, lettre du 17 février 1815, par laquelle on remercie Béranger, au nom de M. de Bleschamp, beau-père de Lucien Bonaparte, de tout ce qu'il a fait pour lui, et dans laquelle on le prie d'accepter, de la part de M. de Bleschamp, un exemplaire du poëme de *Charlemagne*, que Lucien Bonaparte venait de publier chez Firmin Didot.

M. de Bleschamp était en effet l'obligé de Béranger, qui, avec une délicatesse digne de grands éloges, n'eut pas plutôt appris l'état de gêne relative du beau-père de Lucien Bonaparte, qu'il lui écrivit pour lui dire que le traitement de l'Institut était à sa disposition. M. de Bleschamp l'accepta. Voici l'une des dernières quittances que Béranger en a reçues :

« J'ai reçu de M. de Béranger, pour le compte de M. de Bleschamp, la somme de quatre-vingt-un francs vingt-neuf centimes, montant de la pension du mois de décembre dernier due à M. Lucien par l'Institut, et échu le trente-un dudit mois de décembre dernier.

« A Paris, ce 10 février 1815.

« Barthélemy Cabarrus. »

Quinze reçus de ce genre ont été conservés par Béranger. Ils vont du 20 avril 1813 au 7 avril 1815. Les uns sont délivrés pour des fractions mensuelles, les autres pour des fractions trimestrielles du traitement de l'Institut.

Ainsi, dès le mois d'avril 1813, Béranger, qui n'avait guère de ressources que dans l'amitié de M. Quenescourt, renonçait de lui-même à la précieuse pension que lui avait laissée Lucien Bonaparte et que, malgré l'ordre donné par Napoléon, le zèle de Regnaud de Saint-Jean-d'Angély lui fit toujours conserver. Il la toucha en effet jusqu'à la fin de l'Empire et pendant la première année du règne de Louis XVIII; mais il ne la touchait que pour la donner au beau-père

Et adieu bientôt à la musette juvénile! adieu à ces vives chansons où Minerve fait la cabriole avec tant d'esprit! La patrie ensanglantée pleure, et c'est une lâcheté désormais que de chanter le troupeau d'Épicure. Béranger a senti se gonfler son cœur; il a vu la cavale du Cosaque déchirer d'une dent avide l'écorce de nos beaux arbres; il ne se veut pas longtemps payer, comme tant d'autres, de théories de liberté constitutionnelle et de vaines paroles de paix et d'oubli; il ne voit que la France meurtrie et mise en croix, il revient à ses anciens rêves d'orgueil, et, puisqu'il sait chanter, c'est au nom de la nation désespérée qu'il chantera.

> J'ai fait bien jeune un pacte avec l'orage,
> Tremblez, Bourbons! je vais chanter!

Et d'un seul bond il dépasse les plus hardis. La Révolution, qui a perdu son héros militaire, s'incarne cette fois encore en un homme. Elle a brisé son épée; elle prend une lyre. Béranger n'est plus le chansonnier de la petite académie de Péronne; c'est le chantre de la France vaincue, humiliée et menaçante.

Si on n'avait peur de paraître y chercher la matière de louanges littéraires qui, en effet, ne doivent pas partir de là, on montrerait la route difficile que Béranger a suivie pour arriver, de ce qu'il était, même à trente ans, à ce qu'il devint au moment où fut publié son second, puis son troisième, puis son quatrième recueil. Pas un artiste, pas un poëte n'a su tirer si grand profit de son fonds; il a sans cesse cultivé le sien, il l'a sans cesse agrandi et orné. A un âge où l'esprit fléchit, son esprit n'avait jamais été si vigoureux; au moment où l'imagination, comme un arbre battu par les vents, se dessèche, la sienne se couvrait de fleurs. Voilà donc une vie à citer, un type unique de volonté, de travail, de succès, à indiquer, une éclosion entière à raconter aux écrivains et aux artistes qui se découragent de bonne heure, ou de bonne heure s'endorment dans leur premier rayon de gloire.

---

de son protecteur. Son âme fière ne trouvait pas d'accommodements avec le devoir.

Cet excellent écrivain a écrit en vers comme Jean-Jacques Rousseau a écrit en prose, sans éducation, par une lente et volontaire initiation. L'histoire de l'un ressemble à l'histoire de l'autre : ils naissent dans les derniers rangs du peuple ; ils devinent la science, ils attendent longtemps que la carrière s'ouvre ; tout d'un coup ils s'en emparent ; ils conquièrent les secrets les plus mystérieux de l'art, ils deviennent les rivaux des grands maîtres, et en même temps ils agitent leur siècle et ils le poussent en avant.

Prenez-le donc, cet homme qui n'a pas eu de modèle, à la première heure de ses débuts, humble malgré son espoir, inhabile malgré la force vive de son intelligence, qui sera vantée comme l'une des plus larges et des plus claires qu'on ait connues. Il a reçu de la nature un cœur généreux et une raison indomptable ; il a reçu du hasard la naissance et l'éducation du dernier des plébéiens. Ajoutons qu'il vient au monde au moment où le monde va se rajeunir. Que sera-t-il s'il aime les vers, s'il apprend à en faire ; si, peu à peu, par miracle, il arrive à bien écrire ; si on l'encourage, s'il a de l'esprit, s'il a lu et relu Molière et Voltaire, s'il cherche un genre nouveau pour une époque nouvelle, s'il a une force d'étude et d'observation telle, qu'il analyse et s'approprie comme des formules les hardiesses de l'inspiration, si enfin la Révolution française paraît menacée et si on veut, en même temps que de ses principes, dépouiller la France de sa gloire ? Il sera fatalement ce qu'il a été. Il aura la malice, la gaieté, le bon sens du peuple ; il jouira de sa jeunesse tant qu'il sera jeune ; il publiera, à plus de trente ans, un recueil de chansons dont on louera l'enjouement ; et, tout à coup, de l'éloge du vin et de l'amour, il passera à la satire des rois ; de la satire des rois à l'éloge des armées de la République française ; il arrivera par là à une poésie inattendue et grandiose. Porté sur les ailes de sa renommée, il envisagera face à face l'avenir ; il prévoira ce que demain prépare, et consolera, en flattant leurs rêves, ceux qui souffrent ici-bas.

De 1815 jusqu'au dernier moment de sa vie, la poésie de Béranger est l'essieu sur lequel tourne notre histoire. Il a mû quarante ans nos destinées.

LXXXI

A MONSIEUR ÉTIENNE,
HOMME DE LETTRES A PARIS.

Novembre 1816.

Mon cher Étienne[1], si vous avez été au café depuis deux jours, vous avez dû trouver étrange de ne m'y point voir. Mais la proposition que vous m'avez faite était si séduisante, que j'ai craint que les instances de votre amitié, en rendant

---

[1] Étienne (Charles-Guillaume), né à Chamouilly, près de Saint-Dizier, le 6 janvier 1778, mort le 13 mars 1845, a joui de très-bonne heure d'une réputation d'homme de beaucoup d'esprit. Venu à Paris en 1796, il travailla aussitôt pour le théâtre et y réussit. Maret le choisit pour son secrétaire, et dès lors sa fortune fut faite. En 1810 il remplaça Fiévé comme censeur du *Journal de l'Empire* et devint peu après chef de la division littéraire et censeur général des journaux au ministère de la police. Sa comédie des *Deux Gendres*, jouée le 11 août 1810, lui ouvrit les portes de l'Académie française, où il occupa le fauteuil de Laujon.

« *Et elegerunt Stephanum, virum plenum spiritu*, » lui écrivit un ami en lui annonçant la nouvelle. Étienne n'avait que trente-trois ans.

On sait quelle querelle lui fut bientôt faite quand Lebrun-Tossa déclara que les *Deux Gendres* n'étaient que la traduction de *Conaxa*, pièce latine d'un jésuite. La politique envenima le débat. Mais il est rare que de pareils débats nuisent à un auteur, et M. Étienne n'en fut que plus connu dans le monde littéraire. Il n'était pas d'ailleurs coupable d'un plagiat réel. Savary a parlé de lui dans ses Mémoires (tome V, p. 17). Il dit :

« Je connaissais M. Étienne pour l'avoir vu souvent à l'armée, où il suivait la secrétairerie d'État et où l'Empereur l'avait plusieurs fois employé à écrire sous sa dictée au bivac, lorsque son cabinet était encore éloigné[*]. Je savais qu'il était agréable à l'Empereur, qui l'estimait beaucoup; mais M. Étienne avait une répugnance insurmontable à entrer en contact avec le ministre de la police générale. Ce ne fut qu'à la mort de M. Esmenard que je parvins, par l'intermédiaire de M. Arnault, membre de l'Institut, digne de la plus grande estime, à déterminer Étienne à accepter la division que cette mort laissait vacante, et qui n'avait pas le plus léger rapport avec le reste du ministère. L'Empereur approuva ce choix, et j'eus beaucoup à m'applaudir de l'avoir fait, tant je trouvai de loyauté et de raison dans M. Étienne. J'aurais de bien nobles traits à citer de cet homme, d'un esprit si brillant et d'un cœur si droit. »

A peine l'Empire fut-il tombé qu'Étienne se jeta à la tête des défenseurs de la Révolution compromise. Il paya de sa personne plus que tout autre, tant que le gouvernement de la Restauration ne fut pas renversé. La *Minerve* et le *Constitutionnel* lui durent leurs plus beaux succès. Il devint pair de France en 1839.

---

[*] M. Étienne suivait ordinairement l'armée à cheval, et s'approchait fréquemment du champ de bataille.

la séduction complète, ne m'empêchassent de considérer la chose sous son véritable point de vue.

Après avoir pris des conseils (avec la discrétion que vous m'aviez recommandée), je reste seul contre tous; et, malgré cela, je me sens encore la force de refuser une offre si brillante. J'ai une conscience trop timorée pour faire le métier de journaliste. Mon caractère ne serait point là placé convenablement, et, dès lors, plus de bonheur pour moi. La partie à laquelle vous vouliez m'attacher est, sans contredit, celle qui m'eût présenté le plus de charmes; mais, même dans cette partie, un journaliste qui craint le scandale devient bientôt froid, et c'est être ridicule. Il ne faut point être catin ni bégueule. Un autre cas de conscience se joint à celui-là: la route tracée par ceux dont je serais le successeur est diamétralement opposée à celle que mes principes et mes opinions me forceraient de suivre. Pour moi, Voltaire serait un modèle (au moins souvent) et Chénier une autorité. Ne regardant point le théâtre comme étranger à la politique, pensant même qu'une route immense serait ouverte à l'auteur qui oserait tenter de donner, par le spectacle, une direction à l'esprit public, il me serait impossible d'accorder mon utopie théâtrale avec les maximes précédemment débitées dans la chaire où l'on me ferait monter. Chaque jour même je jetterais du rez-de-chaussée des pierres à ceux qui occupent les étages supérieurs de la maison; et, comme ils tiennent à leurs vitres, sans faire cas de la lumière, il est à croire qu'ils videraient sur moi leurs cassolettes, pour se débarrasser d'un voisin incommode. Peut-être on me dira qu'il serait nécessaire d'abord de courber la tête; mais, puisqu'on vous demande un honnête homme, on ne doit point vouloir le soumettre à cette épreuve. C'est aussi en honnête homme que j'ai dû consulter mes forces littéraires. Sur ce point encore, accepter serait une témérité dont je me repentirais bientôt. Je suis dépourvu de cette première éducation qui doit être la base de toute critique. Je suis également privé de la plupart des connaissances particulières au genre auquel il faudrait que je me livrasse. Je veux parler ici et des productions théâtrales étrangères et des traditions de coulisses; ma pauvreté, vous savez que je ne rougis point du mot, ma pauvreté ne m'a jamais mis à même de suivre les spectacles. Or je crois que cette habitude doit être acquise depuis longtemps, pour écrire sur la manière dont les ouvrages dramatiques sont rendus. Enfin, j'ai bien fouillé dans tous les plis de mon cerveau, et il ne me semble point y trouver cette forme légère, ces tournures piquantes, cette facilité de style qui rendent un article agréable aux lecteurs, et permettent à celui qui les possède de parler cent fois de la même chose en paraissant toujours nouveau. J'aurais tout cela moins que Geoffroy[1]; bien d'autres qualités moins encore, et je n'aurais de plus que lui qu'un amour de justice qui ferait des ennemis au rédacteur et pas un abonné au journal.

Pardonnez-moi cette longue lettre : je ne voulais que vous écrire un mot, et j'ai été entraîné par mon sujet. Je reviens à ce que je voulais vous dire d'abord : c'est qu'il m'est impossible de n'être pas pénétré de reconnaissance pour l'amitié que vous me montrez dans cette circonstance, car je reste persuadé que je vous ai toute l'obligation de cette démarche. Ce n'est pas la première preuve d'intérêt que je reçois de

---

[1] Geoffroy (Julien-Louis), né en 1743, à Rennes, mort à Paris, le 26 février 1814, s'est fait, par ses articles de critiques théâtrales au *Journal des Débats*, une réputation difficile à expliquer, et qui pourtant dure encore. Cette réputation est une preuve de ce que peut le journalisme quand il affecte un air sévère, et de la facilité du public à se tromper sur ce qui est et sur ce qui n'est pas le talent.

vous : ne trouvez point, je vous prie, que j'y réponds mal. Ayez la bonté de peser mes raisons, de consulter un peu mon caractère, et vous verrez que ma reconnaissance doit rester d'autant plus entière que je n'aurai point accepté une fortune qui serait suivie de trop d'inconvénients.

Encore une fois pardonnez à cette longue lettre : c'est la seule fois que je ferai le Duviquet[1].

Tout à vous de cœur pour la vie.   BÉRANGER.

P. S. Voici le *Marquis de Carabas*. Faire des chansons, voilà mon métier ; c'est fâcheux qu'il soit peu lucratif[2].

LXXXII

A MONSIEUR TISSOT

7 décembre 1816.

Sur la demande de MM. Jai et Dumoulin, la Société des Apôtres[3] s'étant empressée de vous admettre au nombre de ses membres, j'ai l'honneur de vous prévenir qu'elle se réunira, pour dîner, jeudi 12 décembre, chez Brizzi, rue Helvétius, à cinq heures précises.

S'il ne vous était pas possible de faire partie de cette réunion, ayez, je vous prie, monsieur, la complaisance de m'en instruire avant le 10.

Permettez-moi de saisir cette occasion pour me féliciter en particulier de la nouvelle acquisition[4] que la Société vient

---

[1] Pierre Duviquet, né à Clamecy, le 30 octobre 1765, fut le successeur de Geoffroy au *Journal des Débats*. Il sut moins bien masquer la faiblesse de son talent et fut, par conséquent, moins redouté que lui.

[2] Lettre communiquée par M. Pagès, maître des requêtes au conseil d'État, gendre de M. Étienne.

[3] Réunion des libéraux dans laquelle Béranger portait le nom de *Jacques le Majeur*, et pour laquelle a été faite la chanson de *Judas*.

[4] Tissot (Pierre-François), né à Versailles le 10 mai 1768, a joui d'une certaine réputation littéraire sous l'Empire et sous la Restauration. Il la dut d'abord à sa traduction en vers français des *Bucoliques*, et plus tard à ses études sur

de faire, et agréez, monsieur, l'assurance de ma considération distinguée [1].

LXXXIII

A MONSIEUR WILHEM

1ᵉʳ mai 1817.

J'espérais, mon ami, te porter ma réponse moi-même :
Virgile que l'on néglige aujourd'hui. Tissot joua un rôle dans plusieurs des événements de la Révolution ; mais on lui a prêté des actions toutes contraires aux siennes. Au mois de septembre 1792 il faillit périr en défendant les prisonniers de la geôle de Versailles. Beau-frère de l'héroïque Goujon, député à la Convention nationale, qui fit une si grande mort avec Duroy, Duquesnoy, Romme, Bourbotte et Soubrany, il fut nommé député de la Seine aux élections de l'an VI ; mais cette nomination fut annulée. Après la journée du 3 nivôse, ses ennemis essayèrent de faire inscrire son nom sur les listes des jacobins dangereux que Bonaparte exila alors si injustement, puisque le coup venait des royalistes. Il paraît que ce fut le premier consul lui-même qui, sur de nouveaux renseignements donnés par Joséphine, fit rayer le nom de Tissot : il aurait été, sans cette radiation, périr, comme tant d'autres, à Sinnamari. Tissot se rallia dès lors au gouvernement du premier consul. En 1806 il était l'ami et le collaborateur de Français de Nantes qui ouvrait toutes grandes, aux gens de lettres, les portes de ses bureaux des Droits Réunis. Plus tard le ministre de la police Savary le chargea de signaler au gouvernement les écrivains qu'on devait encourager.

« M. Tissot, dit Savary, accepta ce genre de travail et s'en acquitta avec autant de zèle que de bienveillance. Plus d'une personne lui a dû, sans le savoir, d'honorables récompenses de l'Empereur. Les jeunes gens surtout avaient en lui un ami et un avocat plein d'ardeur. »

Tissot fut enfin chargé de rédiger la *Gazette de France*, confisquée comme tous les autres journaux, et il succéda, dans la chaire de poésie latine du Collége de France, à Delille qu'il avait suppléé quelque temps. Son cours eut du succès, surtout lorsque l'Empire tomba et que Tissot prit place parmi les principaux adversaires des Bourbons.

On le destitua. Il avait de nombreux ennemis et les devait sans doute à la connaissance qu'on pouvait lui supposer de bien des secrets, depuis qu'il avait été, aux environs du 18 fructidor, chef du bureau particulier de la direction au ministère de la police générale.

Le malheur l'éprouva cruellement. Il perdit presque coup sur coup son père, sa fille, sa femme, son gendre et deux petits-enfants. Resté seul et sans fortune, il reprit son poste au Collége de France après les journées de juillet 1830 et entra à l'Académie de France. Depuis ce temps il a vécu dans l'abandon. On n'a point remarqué sa mort.

Il ne restera rien pour protéger son nom contre l'oubli. Et cependant Savary a pu écrire : « L'Empereur fit toujours un cas particulier de la droiture et du jugement de cet écrivain. Je l'ai vu une fois le faire appeler auprès de lui pendant les Cent-Jours. »

[1] Lettre communiquée par M. H. Bonhomme.

voilà pourquoi elle te parviendra si tard. Je n'avais point oublié le premier dimanche de mai, et je m'étais promis d'éviter toutes les invitations pour ce jour; ainsi compte sur moi pour cinq heures, et présente mes amitiés respectueuses à madame Wilhem de la part de ton sincère ami.

LXXXIV

A MONSIEUR ROYER-COLLARD,
CONSEILLER D'ÉTAT, PRÉSIDENT DE LA COMMISSION D'INSTRUCTION PUBLIQUE.

21 juillet 1818.

Monsieur,

Le jour où j'ai eu l'honneur de vous voir chez M. Laffitte, je vous dis, dans la conversation, que, si la protection que vous m'aviez accordée jusqu'alors pouvait avoir, par la suite, quelque chose d'embarrassant pour vous, je vous priais, monsieur, de ne point compromettre un homme aussi éminemment utile que vous l'êtes pour l'intérêt d'un aussi mince personnage que moi. Peut-être l'instant que je prévoyais est-il arrivé. Les journaux, et, en dernier lieu, le *Spectateur*, me poursuivent jusque dans mon bureau. La modique place que j'occupe à l'Université sert de prétexte à plusieurs articles dirigés contre moi [1]. Chansonnier sati-

[1] Voici un morceau d'un feuilleton de Martainville : « Une des plus jolies chansons de M. Désaugiers, parce que c'est une de celles dont l'idée est la plus plaisante et la plus vraie, est sans contredit le *Commis indépendant;* elle lui a fait, dit-on, des ennemis implacables parmi les coupletiers libéraux, employés philosophes auxquels il ne manque pour jouir de toute leur indépendance qu'une lettre de réforme qui affranchirait ces âmes fières de l'esclavage de la minute. Mais, quand on les *pointe* pour être arrivés un quart d'heure trop tard, cette petite punition servile désillusionne un peu le charme de l'indépendance; cela écorne le prisme.

« Au nombre de ces commis rimeurs et libéraux qui ont secoué toute espèce de joug, mais qui vont exactement à leur bureau, qui foulent l'or aux pieds, mais qui ne manquent jamais d'émarger l'état du mois et de solliciter (quelquefois en couplets) des gratifications, il en est un qui se distingue par la hardiesse éminemment philosophique de ses chansons. C'est le chansonnier en titre des

rique, rangé sous les drapeaux de l'opposition, j'ai dû m'attendre à toutes ces attaques. Aussi fort de ma conscience que de ma conduite dans tous les temps, je dédaigne de répondre aux injures de ces messieurs, et ne m'afflige nullement de leurs calomnies. Mais je ne voudrais point que les traits qui me sont lancés pussent atteindre jusqu'aux personnes respectables qui veulent bien me porter un peu d'intérêt. Quelque nécessaire que me soit ma place, je n'hésiterai donc point, monsieur, à la quitter, si je ne puis la conserver sans inconvénient pour vous. Puis-je espérer que vous m'estimerez assez pour ne point hésiter vous-même à me tracer, dans cette circonstance, la conduite que je dois tenir? S'il me faut renoncer à l'emploi dont peut-être il me sera facile de trouver l'équivalent dans une administration particulière, je n'en conserverai pas moins, monsieur, une entière reconnaissance pour tout le temps où, sans vous, j'en aurais été privé; et, en quittant les bureaux de l'Uni-

indépendants; c'est le Tyrtée du parti libéral. Ce n'est pas assez pour lui d'avoir foudroyé avec l'artillerie de ses couplets les prêtres, les nobles, les grands, les rois de la terre, il va chercher plus haut des ennemis dignes de lui. Les saints, les anges et Dieu lui-même ont ressenti ses atteintes. Les chansons de M... sont d'un calibre qui porte loin.

« Nous avons vu ces sociétés libérales, où l'on demandait au candidat qui se présentait : « Qu'as-tu fait pour être pendu ? » Le droit à la potence en devenait un au diplôme: c'était la condition *sine quâ non*. Eh bien, malgré la rigueur du statut, ces sociétés étaient fort nombreuses, ce qui fait beaucoup d'honneur à l'esprit philosophique du siècle. Je serais tenté de croire que M... brigue son admission dans quelque société secrète où la première question adressée au récipiendiaire est : Qu'as-tu fait pour être damné? Il croit sans doute qu'il ne sera pas embarrassé pour répondre. Mais qu'on ne s'y fie pas, n'est point damné qui veut, et le ciel, pour contrarier M..., lui enverra, en temps utile, un bon mouvement de contrition qui le fera, en dépit de sa première vocation, chanter des louanges pendant l'éternité.

« Il faut qu'il ait de bien puissants motifs de rancune contre Dieu, et cependant peu de personnes ont été aussi bien traitées. Je ne parle ici ni des avantages extérieurs ni des dons de la fortune, qu'un philosophe dédaigne et rejetterait si l'on venait les lui offrir. Mais il a reçu en partage un lot plus précieux, un grand fonds d'esprit. Est-ce la faute de Dieu si M... en fait quelquefois un si mauvais usage ? »

versité, je me ferai encore un devoir de publier que je n'ai été effrayé que par l'idée de tout ce que pouvait faire pour ma défense un cœur aussi noble et aussi courageux que le vôtre [1].

Agréez l'hommage de la respectueuse considération avec laquelle j'ai l'honneur d'être, monsieur, votre très-humble et très-obéissant serviteur [2]. P. J. DE BÉRANGER.

[1] Lettre copiée sur un brouillon.

[2] La loi du 10 mai 1806 avait créé l'Université, mais les détails d'organisation ne furent réglés que par les décrets du 17 mars 1808 et du 15 novembre 1811. Un grand maître, assisté d'un conseil général, gouvernait l'Université. L'ordonnance du 22 juin 1814 maintint d'abord l'établissement impérial ; mais celle du 17 février 1815 le renversa. Après les Cent-Jours, la direction de l'Université fut confiée à une *commission de l'instruction publique* (ordonnance du 15 août 1815), et à la tête de cette commission fut placé Royer-Collard.

En 1822 seulement fut rétablie la dignité de grand maître, dont fut pourvu l'abbé Frayssinous, qu'on croyait alors un Bossuet accordé par Dieu à la légitimité. En 1824, fut institué le ministère des affaires ecclésiastiques et de l'instruction publique.

La commission de l'instruction publique, en 1818, se composait de Royer-Collard, conseiller d'État, *président*; de « M. le chevalier Cuvier, » conseiller d'État ; du baron de Sacy, professeur au Collége de France ; de Guéneau de Mussy, de l'abbé Éliçagaray, et de M. Petitot, secrétaire général de la commission,

Royer-Collard (Pierre-Paul), né en 1763, à Sommepuis, près Vitry-le-Français, et mort en 1844, a été le chef véritable de l'école connue en politique sous le nom de parti doctrinaire. Esprit très-libéral, il ne partagea point les passions républicaines et servit les Bourbons dans les conseils secrets que leurs agents formèrent pendant le Directoire. En 1811, sans se rallier nettement à l'Empire, il accepta la place de professeur de philosophie à la Faculté des lettres. Il n'était point philosophe, mais l'Empereur savait qu'il ne parlerait pas le langage de ces idéologues d'Auteuil, qu'il craignait et détestait si fort. En effet, Royer-Collard introduisit parmi nous les doctrines écossaises dont on ne s'était pas soucié, et, avant de fonder une école de politique, il créa un enseignement philosophique. M. Cousin devait continuer ses leçons. On avait si peu l'habitude de penser, que la philosophie de Royard-Collard passionna bien vite la jeunesse. Il suffisait qu'il y fût un peu question de liberté morale. La foule accourut autour de sa chaire ; et, quoiqu'il soit impossible que la philosophie s'enseigne, comme les langues ou comme les sciences, on crut que le temps des Platon et des Aristote allait revenir.

Louis XVIII, dès 1814, fit Royer-Collard directeur de la librairie. En 1815, il devint président de la commission d'instruction publique. En 1817, il fut élu cinquième candidat à la présidence, en remplacement de M. Pasquier. Dès ce moment, les doctrinaires disposaient d'une force réelle. Chef d'un tiers parti qui admettait un compromis entre les principes de 1789 et ceux de l'émigration,

A MONSIEUR DE BÉRANGER
LA MINERVE FRANÇAISE

Rue des Fossés-Saint-Germain-des-Prés, numéro 18.

Paris, le 9 janvier 1819.

Plusieurs souscripteurs de la *Minerve* se plaignent que nous négligeons la poésie et surtout que nous ne leur donnons pas assez souvent de vos chansons, tandis qu'ils en voient quelques-unes dans d'autres recueils que le nôtre. Vous savez que c'est parmi nous que vous trouvez les plus sincères appréciateurs de vos talents ainsi que vos meilleurs amis. Ne trouvez donc pas mauvais, monsieur Béranger, que nous recourions à vous pour nous fournir les moyens de faire cesser les plaintes que nous avons reçues. Accordez-nous la préférence pour les publications des poésies que vous mettez au jour; ayez même la complaisance de combiner vos compositions de manière que le plus grand nombre puissent convenir à notre recueil, et nous regarderons comme un véritable avantage de vous compter au nombre de nos collaborateurs. Si vous acceptiez ce titre, il vous soumettrait, comme nous sommes nous-mêmes soumis, à une censure naturelle que notre amitié pour vous ne doit pas vous faire craindre; mais ce même titre vous donnerait aussi le droit d'accepter de notre part le juste prix d'un travail qui contribuera puissamment au succès de notre entreprise.

Nous attendons votre réponse et nous espérons que ce sera une acceptation.

Vos amis,

Lacretelle, F. Tissot, E. Aignan, de Jouy, Étienne, Évariste Dumoulin, Benjamin Constant, A. Jay.

Royer-Collard cessa bientôt de remplir des fonctions pour agir avec une entière indépendance. En 1819, il quitta la direction de la commission de l'instruction publique. En 1827, il fut nommé président de la Chambre des députés.

Ce ne sont pas les doctrinaires qui ont fait la Révolution de 1830. Ils se fussent accommodés d'un Charles X qui les aurait appelés au ministère : aujourd'hui ils passent leur temps à examiner la question de la fusion du parti orléaniste et du parti légitimiste. Royer-Collard avait une sorte d'éloquence froide et didactique. Il avait encore plus d'esprit que d'éloquence, et ses épigrammes étaient redoutées. C'était, en 1827 comme en 1792, un Feuillant, et il eût fait meilleure figure comme magistrat que comme homme politique.

LXXXV

A MESSIEURS LES RÉDACTEURS DE LA *MINERVE*

11 janvier 1819.

Messieurs,

Mes chansons vous sont acquises depuis longtemps. Je tiendrai toujours à honneur de voir celles qui pourront vous convenir figurer dans un journal aussi distingué que le vôtre par le patriotisme et le talent. Je me soumettrai avec le plus grand plaisir à votre censure littéraire. Quant à l'esprit politique de mes couplets, je ne puis vous promettre une docilité aussi complète, quel que soit l'accord de nos opinions. Un chansonnier est un tirailleur qui s'aventure; aussi avez-vous dû remarquer, messieurs, que j'ai peu insisté pour l'insertion de chansons qui pouvaient compromettre votre responsabilité. Je n'agirai jamais autrement. Ce que j'ai de mieux à faire, c'est donc de continuer le marché tacite passé entre nous. Nous n'y changerons aucune clause, si vous le permettez. La proposition que votre amitié vous engage à me réitérer ajoutera seulement à ma reconnaissance pour chacun de vous; et j'espère, messieurs, que vous m'estimez assez pour ne point attribuer à un sot orgueil le refus que je fais du prix que vous désirez mettre à mes productions. Il n'est certes aucun de vous à qui je ne recourusse sans rougir, si je me trouvais dans la nécessité de le faire; et, si je me sentais capable de coopérer à la rédaction de votre feuille, le prix de mes articles me semblerait l'argent le plus noblement gagné; mais jusqu'à ce jour la poésie et les chansons ne sont point entrées en ligne de compte dans les dépenses de ces sortes d'entreprises. Il me convient moins qu'à personne peut-être d'établir un pareil usage.

L'intérêt que vous avez la bonté de me porter pourra seul vous faire improuver ce refus ; et, si je dois voir plus juste que vous dans cette occasion, je n'en serai pas moins sensiblement touché de toutes les objections que vous inspirera votre obligeante amitié [1].

Agréez, messieurs et chers amis, l'expression de la reconnaissance profonde et des sentiments distingués avec lesquels je suis votre tout dévoué.   BÉRANGER.

LXXXVI

A MONSIEUR LE BARON DE GÉRANDO
1819 [2].

J'ai mûrement réfléchi, depuis hier, à la demande que vous avez eu la bonté de me faire. Le choix que vous daignez faire de moi pour atteindre au noble but que vous vous proposez m'a inspiré d'autant plus de reconnaissance que la réflexion m'a fait voir toute la grandeur, et par conséquent toute la difficulté d'un pareil travail. En effet, monsieur, ces chants doivent se graver dans l'esprit de la jeunesse ; ils peuvent être transmis d'âge en âge au sein des écoles. Que d'idées saines, simplement exprimées, ne doivent-ils pas contenir ! Et vous voulez qu'en quatre ou cinq jours, moi, pauvre petit coupletcur, je termine un travail de cette importance ! La seule défiance que j'ai de mon talent

---

[1] Voici l'indication des chansons de Béranger qui parurent dans la *Minerve* : En 1818, la *Vivandière*, le *Vilain*, l'*Exilé*, la *Bonne Vieille* ; en 1819, *Brennus*, la *Sainte-Alliance*, les *Missionnaires*, *Mon Habit*, les *Enfants de la France*, le *Retour dans la Patrie* et le *Temps*.

[2] Cette lettre n'est point datée. Nous l'avons placée ici parce que c'est de cette année 1819 que datent les rapports authentiquement connus de Béranger avec M. de Gérando. C'est Béranger qui, en 1819, consulté par M. de Gérando sur les moyens d'enseigner le chant dans les écoles, lui indiqua son ami Wilhem.

M. de Gérando (Joseph-Marie), né à Lyon le 29 février 1772, mort à Paris le 10 novembre 1842, est assez connu comme homme de bien et comme historien de la philosophie.

m'empêcherait de l'entreprendre, si je ne voyais une sorte de gloire attachée même à des efforts infructueux. Comme vous me le dites, je trouve une jouissance réelle à essayer mes forces sur le canevas que vous m'avez tracé. Je crois de voir vous dire comment le sujet se présente à mon esprit : je voudrais encadrer et les idées morales et les sentiments patriotiques dans une espèce d'hymne adressée à la Divinité. Je crois pouvoir trouver dans cette forme le ton le plus convenable, en prenant mes couleurs dans l'âge et la position des jeunes élèves, et je pourrais fondre ainsi dans un même morceau les idées religieuses, morales et patriotiques. En admettant que cette manière d'envisager la chose vous convienne, il reste, monsieur, une très-grande difficulté : c'est le temps. Je me suis habitué à ne rien faire facilement : d'ailleurs, mon esprit est très-capricieux. La quantité d'idées à rendre, de convenances à observer, tout concourt à me rendre impossible l'exécution de cette hymne en cinq jours, comme vous le désirez, et je n'oserais vous rien promettre avant un mois et même deux ; car je ne puis compter sur moi. Il serait même possible que, l'ouvrage fait, il me parût indigne de son objet, et alors vous ne l'auriez point. Je vous soumets ces observations avec confiance ; elles vous prouveront quel prix j'attache à votre proposition et quelle importance j'y trouve. Quel que soit, monsieur, le parti que vous allez prendre, je n'en tenterai pas moins ce nouvel essai. Mais si, comme je le prévois, vous êtes obligé de recourir à un poëte mieux inspiré, ne pourriez-vous me faire savoir si vous pensez que les paroles que l'on consacrerait à votre intéressante jeunesse doivent être faites sur une ancienne musique ou destinées à recevoir une musique nouvelle ? Quant à moi, malgré mon goût pour les *ponts-neufs*, je crois qu'une musique composée exprès serait préférable et remplirait mieux le dessein que vous avez d'appliquer à l'art musical la méthode d'enseignement mutuel. J'ose espérer, monsieur, que vous me pardonnerez mon hésitation, et que vous ne douterez point du regret que j'éprouve de mon incapacité. Je voudrais pour beaucoup pouvoir concourir au succès de vos généreux efforts et mériter l'estime que vous voulez bien me témoigner.

Agréez l'assurance de la haute considération avec laquelle j'ai l'honneur d'être, monsieur, votre très-humble serviteur [1].

LXXXVII

A MADAME B***

1820.

Charmante Emma, puis-je le croire ?
Avec tant de vertus, vous enviez la gloire.
Sans elle n'est-il pas trop de sujets de pleurs ?
Ne peut-il vous suffire et d'aimer et de plaire ?
Le bonheur craint le bruit que la gloire aime à faire.
    Comme vous, le front ceint de fleurs,
    Ce Dieu que la paix seule escorte,
Ce Dieu qui près de vous habite avec raison,
    Dès qu'il entend du bruit dans la maison,
    Passe sans frapper à la porte.

LXXXVIII

A MONSIEUR CUVIER [2]

11 novembre 1820.

Monsieur, me pardonnerez-vous de vous témoigner la

---

[1] Lettre communiquée par M. de Gérando, procureur général à la cour de Metz.

[2] Cuvier avait remplacé Royer-Collard à la tête de la commission de l'instruction publique. Le ton de la lettre de Béranger montre assez qu'il eut à se plaindre de l'un comme il avait eu à se louer de l'autre. Cuvier, qui a montré un si grand et si beau génie dans l'étude et pour l'avancement des sciences, n'avait pas un caractère égal à son génie. Le reproche de servilité qu'il a encouru a

peine que j'éprouve en apprenant, par une voie indirecte, que vous croyez avoir lieu de vous plaindre de moi? Il paraît que, dans la conversation que j'eus l'honneur d'avoir avec vous il y a quelque temps, vous avez pensé que je prenais l'engagement de ne plus faire de chansons politiques. Je regrette, monsieur, que mon caractère ne vous soit pas mieux connu : mes paroles ne vous auraient pas paru équivoques. Selon le souvenir que j'en ai gardé, elles ne pouvaient exprimer que le désir de répondre à l'intérêt que vous vouliez bien me montrer. Je n'ai jamais eu assez de souplesse pour dissimuler ma façon de penser, et j'ai trop de conscience pour prendre des engagements que je saurais ne pouvoir tenir; mais, sensible à votre bienveillance, j'ai dû vous dire que je verrais avec chagrin mes futiles productions vous causer le moindre désagrément. C'est ce que je prends la liberté de vous répéter aujourd'hui, et j'ajoute que si vous éprouviez le moindre embarras pour me conserver ma modique place, je vous engage à m'abandonner à la vindicte ministérielle. Dans un autre temps, j'en agis de même avec M. Royer-Collard. La presse est esclave; il nous faut des chansons, et ce n'est pas ma faute si ce genre est trop français pour l'époque où nous vivons. Je ne ferai rien pour garder ma place, mais je puis vous assurer, monsieur, que, si on m'en prive, les couplets qui pourront m'échapper alors ne seront certes pas inspirés par le désir de me venger de ceux qui vous auront contraint à m'ôter ce morceau de pain, que je gagne par un travail journalier. Cela serait encore contre mon caractère. Mes opinions et ma conduite ne sont pas subordonnées à mon intérêt personnel. Croyez surtout qu'en perdant mon emploi d'expéditionnaire, je n'oublierai

---

paru fondé à ceux qui connaissent bien les petits secrets de l'histoire. En tout cas, Cuvier n'était pas fait pour comprendre et pour aimer Béranger.

pas que vous êtes une des personnes à qui je dois de l'avoir conservé jusqu'à ce jour. J'ose espérer que la différence de notre position respective ne vous fera pas regarder comme une inconvenance une explication dont ma délicatesse me faisait un devoir. Votre très-humble serviteur.

LXXXIX

A MONSIEUR CASIMIR DELAVIGNE[1]

28 janvier 1821.

Mon cher Delavigne, me pardonnerez-vous de prendre la liberté de vous demander un petit service? Je suis tourmenté par des gens qui me supposent un grand crédit auprès des auteurs en succès. « Faites-nous avoir des billets, » voilà le cri qui retentit sans cesse à mes oreilles. Scribe m'aide assez souvent à sortir d'embarras. Auriez-vous la bonté de vous joindre à lui pour me tirer de peine? On donnera sans doute les *Vêpres*[2] cette semaine ; si vous avez un billet de trop pour deux personnes, je vous prie de le remettre au porteur, vous m'obligerez.

On parle beaucoup dans le monde d'une tragédie du *Paria*. Au choix du sujet, j'augure bien de l'ouvrage ; il est vrai que j'ai vu les *Vêpres*. Mais on m'a dit aussi qu'on vous pressait beaucoup de travailler pour les petits théâtres : je n'en crois rien. Vos amis doivent vous aimer assez pour ne pas vouloir vous détourner de la noble carrière où vous êtes entré. Du courage, mon ami ! vous êtes l'espoir de notre littérature ; conservez la simplicité de vos goûts, et que dans votre indépendance votre esprit prenne enfin tout l'essor dont il est susceptible.

---

[1] Casimir Delavigne, né le 4 août 1793, n'avait que vingt-huit ans.
[2] Les *Vêpres Siciliennes* ont été jouées pour la première fois le 22 octobre 1819. Les *Comédiens* furent joués le 6 janvier 1820, et le *Paria*, le 1er décembre 1821.

Vous me saurez gré, j'en suis sûr, de vous entretenir ainsi de vous-même. Nous vous voyons peu ; mais comptez que toujours mes vœux et mes applaudissements vous suivront dans la route nouvelle que je vous crois appelé à parcourir.

Adieu, mon cher ami, pardonnez-moi tout ce bavardage, et voyez-y l'expression de mes sentiments pour vous.

Votre tout dévoué. BÉRANGER.

P. S. Si le commissionnaire ne vous trouvait pas, ayez la bonté de m'écrire un mot par la poste[1].

XC

A MONSIEUR COULMANN[2]

Mon cher Coulmann, je vous ai dit que j'avais le désir de faire une chanson en l'honneur de madame Dufrénoy. Je l'ai faite et vous l'envoie. Je ne sais si elle vous paraîtra digne de son sujet ; mais j'espère qu'au moins cette excellente femme y verra l'expression du plaisir que ses élégies m'on fait. Elle est pour moi la première de nos muses, et je la place même bien au-dessus de celles qui l'ont précédée. Si je n'ai pas exprimé plus positivement cette façon de pen-

---

[1] Lettre communiquée par M. Boutron.

[2] Cette lettre n'est pas datée. Comme les *Élégies* de madame Dufrénoy ont été réimprimées en 1821, il est probable que c'est en 1821 qu'a été écrite la lettre de Béranger.

Madame Dufrénoy (Adélaïde-Gillette Billet), née à Paris le 3 décembre 1765, est morte le 7 mars 1825. C'est la mère du géologue Pierre-Armand Dufrénoy, qu'on a perdu récemment. Ses *Élégies* ne manquent pas de chaleur. On a prétendu, mais à tort, que Fontanes écrivait une partie des vers de madame Dufrénoy. Ce qui est vrai, c'est qu'une partie des vers de madame Dufrénoy lui sont consacrés. Elle mourut, dit-on, du chagrin que lui causa la calomnie qui inscrivit son nom sur les fameuses listes d'espions de société que l'on fit circuler dans Paris en 1823 et en 1824. Le témoignage de Béranger la venge de cette injure.

ser dans mes couplets, c'est qu'elle pourrait appeler la contradiction de la part de certaines gens qui n'aiment point qu'un autre qu'eux décide ce qu'ils pensent. Je souhaite que ces couplets soient ce que j'aurais désiré qu'ils fussent. Dans le cas où ils vous feraient naître quelques réflexions, faites-m'en part, je vous prie, avant de les envoyer ; car c'est vous que je charge de les faire parvenir à leur adresse, attendu que je n'ai pas celle de madame Dufrénoy.

Pardonnez-moi la peine que cela pourra vous donner, et croyez à mon amitié sincère [1].

XCI

A MONSIEUR CAUCHOIS-LEMAIRE [2]

Instruction publique, 1821.

Je l'avais deviné, mon cher ami, M. Laffitte ne vous avait pas reconnu, et il a exprimé à Manuel le regret d'avoir été distrait quand vous lui avez dit votre nom. Je vous envoie un mot avec lequel vous pouvez vous présenter en toute confiance à M. Pierre Laffitte, chef des bureaux.

Pardon de ne vous avoir pas évité les démarches, mais c'était dans l'intérêt d'un homme que j'aime et que j'estime.

Tout à vous.   BÉRANGER.

---

[1] Lettre communiquée par M. Coulmann.
[2] Les lettres de Béranger à M. Cauchois-Lemaire sont nombreuses. Nous aurons plus d'une fois occasion de les annoter. Ici il s'agit de quelque escompte de billets de librairie que Laffitte faisait toujours galamment aux écrivains du parti libéral. M. Cauchois-Lemaire (Louis-Auguste-François, né à Paris le 28 avril 1789) ne fit la connaissance de Béranger que vers l'époque où nous sommes arrivés. C'est dans les réunions des *Amis de la presse* qu'ils se connurent. Béranger rechercha M. Cauchois-Lemaire, qui avait si courageusement combattu pour les idées démocratiques dès les premiers jours de 1815, et qui avait été exilé en même temps qu'Arnault.

XCII

A MADAME TISSOT

Paris, 23 juin 1821.

Madame,

Si je ne partais pour la campagne à l'instant même où je reçois votre lettre, j'irais moi-même vous assurer de tout le plaisir que j'aurai à me rendre à votre aimable invitation. Croyez, je vous prie, madame, que je tiens à honneur d'être au nombre de ceux qui s'empressent d'exprimer à Tissot tout le mépris que leur inspirent ses ennemis[1], et toute l'estime que le public fait de son talent et de sa personne. Il sait, au reste, quels sont mes sentiments pour lui, et je vous remercie bien sincèrement, madame, de la nouvelle et agréable occasion que vous me fournissez de les lui exprimer encore.

Agréez, madame, l'assurance de mon respect et de ma considération la plus distinguée.

XCIII

A MONSIEUR GUICHARD PRINTEMPS

4 juillet 1821.

Monsieur, j'arrive de la campagne après un grand mois d'absence, et me hâte de répondre à votre lettre. J'avais chargé M. Béjot[2], rue du Helder, de régler votre affaire. Vous savez qu'il n'a dépendu que de vous de la terminer, en établissant nos comptes. Vous paraissez croire que l'on a fait

---

[1] Tissot venait d'être écarté de sa chaire du Collége de France et évincé, par mesure de police, du journal *le Pilote*, dont la propriété formait alors toute sa fortune.

[2] M. Béjot, qui devint l'ami intime et l'économe de Béranger, était l'un des collaborateurs de M. Bérard.

continuer le tirage ; mais vous devez vous rappeler qu'il faut votre signature, pour cela, conjointement avec celle de M. Wilhem. On n'a donc rien pu faire sans vous. Vous auriez dû, ce me semble, hâter cette opération, si elle était nécessaire. Je vous avoue que j'ignore absolument à quoi nous en sommes ; mais je vous déclare qu'aussitôt que je serai couvert de mes avances je vous abandonnerai l'affaire, mon intention n'ayant jamais été de m'en attribuer les bénéfices. Les conditions que j'avais mises d'abord étaient uniquement dans l'intention de vous empêcher d'opérer d'une manière désavantageuse. Passez donc rue du Helder, terminez vos comptes et entrez en jouissance, si les frais sont couverts ; ou, si vous l'aimez mieux, substituez quelqu'un à vos droits, au prix qui vous conviendra d'y mettre, sans que j'aie à m'en mêler. Je vous répète que je ne veux qu'être à couvert de mes avances. Si elles sont remplies, je ne réclame plus rien et désire que la vente soit pour vous d'un prix égal à la peine que vous vous êtes donnée.

Si je n'étais obligé de repartir à l'instant pour la campagne, j'irais vous voir pour causer de cela ; mais je pense que vous voudrez bien vous donner la peine qu'exige encore la confection des nouveaux exemplaires.

Agréez l'assurance de ma parfaite considération. Votre serviteur.

XCIV

A MONSIEUR CADET DE GASSICOURT

10 novembre 1821.

Mon cher ami,

Je reçois ta lettre à l'instant de partir avec Bernard pour la campagne. Tu ne saurais croire le plaisir qu'elle me fait ; elle me soulage d'un remords. Je sentais vivement mes torts vis-à-vis d'un ami dont j'ai tant à me louer. Mais ce serait détruire le mérite de ton indulgence que de te dire aujourd'hui combien j'en ai de repentir.

Avant d'aller chanter mes refrains à nos devanciers, j'espère bien que nous les répéterons encore ensemble. Lundi, je t'irai tâter le pouls, et je suis sûr que la bonne action que tu viens de faire aura avancé ta convalescence.

Ton ami bien repentant, BÉRANGER [1].

Mille amitiés à Félix, envers qui j'ai aussi des torts.

XCV

A MONSIEUR CADET DE GASSICOURT

25 novembre 1821.

Mon cher Félix,

Je sais que tu crois avoir, et qu'un temps même tu as eu de réels sujets de mécontentement contre moi. Mais ce n'est

---

[1] Lettre communiquée par M. Félix Cadet de Gassicourt. La famille Cadet de Gassicourt a pour chef Louis-Claude, dit Cadet de Gassicourt, né en 1731, mort en 1799, qui, dès 1766, était membre de l'Académie des sciences, et à qui la pharmacie doit d'heureuses découvertes. Son désintéressement égalait son mérite. Cadet de Vaux, son frère, fonda, en 1777, le *Journal de Paris* sans renoncer aux sciences. On lui doit la suppression du cimetière des Innocents. Il perfectionna l'art de la boulangerie avec Parmentier et fonda les premiers comices agricoles. Il est mort pauvre en 1828, et a laissé un nom honoré de tous. C'est le fils de Louis-Claude, Charles-Louis Cadet de Gassicourt, né à Paris, le 23 janvier 1769, que Béranger connut au *Caveau*, et avec lequel il se lia d'une amitié dont cette lettre est la preuve. D'abord avocat, il avait adopté les nobles idées républicaines, mais il marcha contre la Convention dans la journée du 13 vendémiaire. Il rouvrit, en 1801, la pharmacie historique de son père, devint, en 1806, secrétaire du conseil de salubrité, et, en 1809, premier pharmacien de l'Empereur. Il a écrit, en cette qualité, une relation de la campagne d'Autriche. On lui doit de très-nombreuses brochures scientifiques et des poésies légères.

Dix jours après que Béranger lui eut écrit cette lettre, Cadet de Gassicourt n'était plus.

Son fils, M. Félix Cadet Gassicourt, a joué un rôle actif pendant les dernières années du gouvernement de la Restauration dans les rangs de l'armée libérale. C'est de son cabinet qu'est sortie, toute pliée et bonne à répandre partout, la chanson du *Vieux Drapeau*. (Voy. *Hist. de la Révol. de* 1830, par Cauchois-Lemaire; t. II, inédit.)

pas en ces derniers moments que tu dois ajouter au profond chagrin que tu éprouves celui d'avoir à te plaindre d'un ancien ami. Ma négligence m'a tenu éloigné de votre maison, et non point un manque d'attachement. J'ai toujours chéri l'homme excellent dont tu pleures la perte. Sa mémoire ne sortira point de mon cœur. J'étais loin de prévoir le terme d'une vie si honorable et si précieuse, et, lorsque je sollicitai le pardon de mon absence, j'avoue que j'avais encore l'idée de recevoir de ton père un adoucissement aux tracasseries qu'on me suscite[1]. Le ciel en a autre-

---

[1] Béranger parle dans cette lettre de désagréments qu'il a subis. C'est de son premier procès qu'il veut parler.

Son deuxième recueil avait paru le 25 octobre. Le lendemain il recevait la lettre suivante :

CONSEIL ROYAL DE L'INSTRUCTION PUBLIQUE

Le Conseil royal, monsieur, me charge de vous prévenir qu'il juge que, d'après les avertissements qui vous avaient été donnés précédemment, vous avez renoncé de vous-même à être attaché à l'Université, lorsque vous vous êtes déterminé à publier votre dernier recueil.

Recevez, monsieur, l'assurance de ma parfaite considération.

Le conseiller, secrétaire général,
PETITOT.

Le procureur du roi requérait, le 20 octobre, qu'il fût informé contre l'auteur ; le 5 novembre, que la chambre du conseil déclarât bonne et valable la saisie qu'on avait pratiquée. Le 7 novembre, le procureur persistait dans son réquisitoire. Le 20 novembre, l'avocat général Marchangy demandait la mise en accusation. L'arrêt de renvoi est daté du 27 novembre.

Quoiqu'on ait imprimé plusieurs fois l'histoire des procès de Béranger, nous reproduisons l'arrêt de renvoi qui résume la procédure, la liste des questions soumises au jury et l'arrêt.

ARRÊT DE RENVOI

La cour réunie en la chambre du conseil, M. de Marchangy, avocat général, est entré, et a fait le rapport du procès instruit contre Pierre-Jean de Béranger.

Le greffier a donné lecture des pièces du procès, qui ont été laissées sur le bureau.

Le substitut a déposé sur le bureau son réquisitoire, écrit, signé de lui, daté et terminé par les conclusions suivantes :

Nous requérons la mise en accusation de Pierre-Jean de Béranger, et son renvoi devant la cour d'assises du département de la Seine, pour y être jugé.

Le substitut s'est retiré ainsi que le greffier.

Des pièces et de l'instruction résultent les faits suivants :

Le 27 octobre 1821, le procureur du roi près le tribunal de première instance

ment ordonné, et quand, revenu de la campagne, et sorti de chez le juge, je pensais aller auprès du lit d'un aussi bon ami, j'appris par Bernard que tu jugeais prudent d'em-

du département de la Seine a porté plainte contre Pierre-Jean de Béranger, auteur d'un ouvrage en deux volumes, intitulé *Chansons*, et en a requis la saisie, en *articulant* et en *qualifiant* les outrages aux bonnes mœurs et à la morale religieuse, les offenses envers la personne du roi, et les *provocations* que cet écrit lui a paru plus spécialement renfermer ; il a incriminé notamment les chansons ayant pour titre la *Bacchante* et le *Vieux Drapeau*, le troisième couplet d'une chanson intitulée la *Mort du roi Christophe*, le septième de celle intitulée le *Prince de Navarre*, le dernier couplet de la chanson intitulée la *Cocarde blanche*, et le sixième couplet de celle qui a pour titre l'*Enrhumé*.

En vertu d'une commission rogatoire délivrée le même jour, 27 octobre, par le juge d'instruction, l'ouvrage a été saisi le 29, au nombre de trois exemplaires, chez la dame Goullet, libraire, et d'un seul chez le libraire Mongie aîné.

Le 30 du même mois, l'ordre et le procès-verbal de saisie ont été notifiés aux deux parties saisies. Une instruction a eu lieu au tribunal du département de la Seine ; elle a établi :

Que l'ouvrage avait été composé par Pierre-Jean de Béranger ; qu'après la déclaration exigée par la loi il avait été imprimé au nombre de dix mille exemplaires, sur un manuscrit de l'auteur et pour son compte, dans les presses de Firmin Didot, et qu'en suite du dépôt du nombre d'exemplaires prescrit, il avait été mis dans la circulation par les soins de l'auteur, qui en a vendu ou distribué tous les exemplaires.

De Béranger s'est reconnu l'auteur de cet ouvrage. C'est par son ordre qu'il a été imprimé, c'est au fils Didot qu'il en a remis le manuscrit, c'est lui qui a fait enlever de chez Didot les *dix mille* exemplaires imprimés, qui en a vendu la majeure partie aux libraires, et a distribué le reste aux souscripteurs. Après avoir invoqué, relativement à la chanson intitulée la *Bacchante*, insérée dans un précédent recueil imprimé en 1815, la prescription établie par l'art. 29 de la loi du 26 mai 1819, il a répondu aux inculpations dirigées contre d'autres passages de son ouvrage.

Par un second réquisitoire, en date du 5 novembre 1821, le ministère public a signalé plusieurs autres chansons de ce recueil, et notamment, tome Ier, le *Sénateur*, *Ma Grand'mère*, *Deo gratias d'un Épicurien*, la *Descente aux Enfers*, *Mon Curé*, *Margot* ; tome II, le *Soir des Noces*, les *Capucins*, les *Chantres de paroisse*, les *Missionnaires* et le *Bon Dieu*, comme constituant, avec celles signalées dans le premier réquisitoire, le délit prévu par les articles 1, 2, 3, 5, 8 et 9 de la loi du 17 mai 1819, et par l'article 91 du Code pénal.

De Béranger a été interrogé de nouveau le 7 du même mois ; il a opposé aux inculpations dirigées contre toutes les chansons comprises dans le premier volume, c'est-à-dire contre le *Sénateur*, *Ma Grand'mère*, *Deo gratias*, la *Descente aux Enfers*, *Mon Curé* et *Margot*, l'exception de prescription qu'il avait fait valoir relativement à la *Bacchante* ; il a aussi invoqué la prescription relativement à la chanson des *Missionnaires*, comprise dans le second volume, et l'a fait résulter de sa publication dans la 63e livraison de la *Minerve*.

Quant aux autres chansons comprises dans le deuxième volume, le *Soir des*

pêcher toute visite, vu l'état alarmant de sa santé. J'approuvais trop de semblables précautions pour te donner l'embarras du refus que tu te serais trouvé obligé de me faire. Bientôt

Noces, les *Capucins*, les *Chantres de paroisse* et le *Bon Dieu*, il a déclaré ne pas savoir en quoi elles pouvaient être contraires à la loi.

Le ministère public a déclaré persister dans ses précédents réquisitoires, et par une ordonnance en date du 8 novembre 1821, le tribunal de première instance du département de la Seine, en ce qui touche de Béranger, statuant sur les exceptions par lui proposées, a pensé qu'en se servant de ces mots : *du fait de publication qui donnera lieu à la poursuite*, le législateur n'a entendu par là que caractériser le fait qui doit donner lieu à la poursuite, et non pas distinguer entre les publications successives d'un même ouvrage, et excepter du bénéfice de la prescription les réimpressions qui pourraient avoir lieu après le délai de six mois, à compter de la publication légale de l'ouvrage ; et considérant que les chansons ayant pour titre le *Sénateur*, la *Bacchante*, *Ma Grand'mère*, *Deo gratias*, la *Descente aux Enfers*, *Mon Curé* et *Margot*, étaient comprises dans le recueil imprimé en 1815, dont cinq exemplaires avaient été déposés au ministère de la police générale ; qu'ainsi l'action publique était prescrite ; que les mêmes principes s'appliquaient à la chanson des *Missionnaires* insérée dans le 63ᵉ numéro de la *Minerve;* il a déclaré n'y avoir lieu à suivre contre lesdites chansons.

Mais, considérant que la chanson ayant pour titre les *Capucins*, tome II, présentait, notamment dans les troisième, quatrième et sixième couplets, un outrage à la morale publique et religieuse ;

Que le troisième couplet de cette chanson était une offense envers les membres de la famille royale, et que la chanson ayant pour titre le *Vieux Drapeau* présentait une provocation au port d'un signe de ralliement prohibé par la loi ; il a prévenu ledit de Béranger des délits prévus par les articles 1ᵉʳ, 5, 8 et 10 de la loi du 17 mai 1819.

Le procureur du roi a formé, le même jour, opposition à cette ordonnance, seulement en ce qu'elle a admis la prescription.

La cour, après en avoir délibéré les 20, 23 et 27 novembre présent mois, statuant sur ladite opposition : attendu que la *réimpression* d'un ouvrage est un *nouveau fait* de publication, assujetti aux *mêmes formalités* que la première publication, et peut dès lors constituer un *nouveau délit;* qu'ainsi la prescription qui aurait été acquise à l'égard de la première publication ne peut être invoquée comme exception relativement à la seconde ;

Attendu encore que l'ordonnance du 8 novembre 1821 *n'a pas compris tous les passages condamnables* signalés dans les réquisitoires des 27 octobre et 5 novembre précédents :

Annule ladite ordonnance. Mais, attendu que des pièces et de l'instruction résulte prévention suffisante contre Pierre-Jean de Béranger, d'avoir, en composant, faisant imprimer, publiant, vendant et distribuant un ouvrage en deux volumes, ayant pour titre *Chansons*, commis le délit d'outrage aux bonnes mœurs, notamment dans les chansons ayant pour titre la *Bacchante*, tome Iᵉʳ, page 22 ; *Ma Grand'mère*, page 58 ; *Margot*, page 234 ;

Attendu que des pièces et de l'instruction résulte prévention suffisante contre

les nouvelles que nous eûmes chaque jour me firent désespérer de revoir encore cet homme qui réunissait tant de titres à l'amitié de ceux qui le connaissaient, et à l'estime

ledit de Béranger, d'avoir, en composant, faisant imprimer, publiant, vendant et distribuant ledit ouvrage, commis le délit d'outrage à la morale publique et religieuse, notamment dans les chansons ayant pour titre *Deo gratias d'un Épicurien*, la *Descente aux Enfers*, *Mon Curé*, les *Capucins*, les *Chantres de paroisse* ou le *Concordat de 1817*, les *Missionnaires*, le *Bon Dieu*; et dans le troisième couplet de la chanson ayant pour titre la *Mort du roi Christophe*;

Attendu que des pièces et de l'instruction résulte prévention suffisante contre ledit de Béranger, d'avoir, en composant et faisant imprimer, publiant, vendant et distribuant ledit ouvrage, commis le délit d'offense envers la personne du roi, notamment dans le septième couplet de la chanson ayant pour titre le *Prince de Navarre, ou Mathurin Bruneau*; dans le quatrième couplet de la chanson ayant pour titre le *Bon Dieu*; dans le sixième couplet de la chanson ayant pour titre l'*Enrhumé*, et dans le dernier couplet de la chanson ayant pour titre la *Cocarde blanche*;

Attendu que des pièces et de l'instruction résulte prévention suffisante contre ledit de Béranger, d'avoir, en composant, faisant imprimer, publiant, vendant et distribuant ledit ouvrage, provoqué au port public d'un signe extérieur de ralliement non autorisé par le roi, dans la chanson ayant pour titre le *Vieux Drapeau*;

Délits prévus par les articles 1, 3, 5, 8 et 9 de la loi du 17 mai 1819;

Renvoie ledit de Béranger devant la cour d'assises du département de la Seine, pour y être jugé à la plus prochaine session, conformément aux dispositions de l'article 13 de la loi du 26 mai 1819, et maintient la saisie des instruments de publication;

Ordonne que le présent arrêt sera exécuté à la diligence du procureur général.

Fait au palais de justice, à Paris, le vingt-sept novembre mil huit cent vingt et un, en la chambre du conseil, où siégeaient M. Merville, président; MM. Cholet, Bouchard, Lucy, Delahuproye et Cassini, conseillers, tous composant la chambre d'accusation, et qui ont signé. Ainsi signé, MERVILLE, CHOLET, BOUCHARD, A. LUCY, DELAHUPROYE, CASSINI, et HEDOUIN, greffier.

QUESTIONS POSÉES AU JURY

Première question. — Pierre-Jean de Béranger est-il coupable d'avoir commis le délit d'outrage aux bonnes mœurs en composant, faisant imprimer, publiant, vendant et distribuant un ouvrage en deux volumes, ayant pour titre *Chansons*, et renfermant notamment les chansons ayant pour titre la *Bacchante*, tome Ier, page 22; *Ma Grand'mère*, tome Ier, page 38; *Margot*, tome Ier, page 234?

Deuxième question. — Pierre-Jean de Béranger est-il coupable d'avoir commis le délit d'outrage à la morale publique et religieuse en composant, faisant imprimer, publiant, vendant et distribuant un ouvrage en deux volumes, ayant pour titre *Chansons*, et renfermant notamment les chansons suivantes : 1° *Deo gratias d'un Épicurien*, tome Ier, page 55; 2° la *Descente aux Enfers*, tome Ier,

de ses concitoyens ; un autre accident m'a privé de la consolation de lui rendre les derniers devoirs. Mais ici je n'ai plus qu'à t'assurer que je mêle mes larmes aux tiennes, et

page 78 ; 3° *Mon Curé*, tome Ier, page 78; 4° les *Capucins*, tome II, page 67 ; 5° les *Chantres de paroisse* ou le *Concordat de* 1817, tome II, page 113; 6° les *Missionnaires*, tome II, page 144 ; 7° le *Bon Dieu*, tome II, page 207; 8° le troisième couplet de la chanson intitulée la *Mort du roi Christophe*, tome II, page 222 ?

Troisième question. — Pierre-Jean de Béranger est-il coupable d'avoir commis le délit d'offense envers la personne du roi, en composant, faisant imprimer, publiant, vendant et distribuant un ouvrage en deux volumes, ayant pour titre *Chansons*; ledit ouvrage renfermant notamment : 1° le septième couplet de la chanson intitulée le *Prince de Navarre* ou *Mathurin Bruneau*, tome II, page 125 ; 2° le quatrième couplet de la chanson intitulée le *Bon Dieu*, tome II, page 208 ; 3° le sixième couplet de la chanson intitulée l'*Enrhumé*, tome II, page 198 ; 4° le dernier couplet de la chanson ayant pour titre la *Cocarde blanche*, tome II, page 48 ?

Quatrième question. — Pierre-Jean de Béranger est-il coupable d'avoir provoqué au port public d'un signe extérieur de ralliement non autorisé par le roi, en composant, faisant imprimer, publiant, vendant et distribuant un ouvrage en deux volumes, ayant pour titre *Chansons*, et renfermant notamment la chanson intitulée le *Vieux Drapeau*, tome II, page 210?

Le jury se retire dans la chambre des délibérations. Il est quatre heures et un quart ; à cinq heures, la sonnette du jury annonce que sa délibération est formée. Les jurés sont introduits dans la salle. La cour reprend séance.

Le président : Messieurs les jurés, quel est le résultat de votre délibération ?

Le chef du jury, la main étendue sur la poitrine : Sur mon honneur et ma conscience, devant Dieu et devant les hommes, la déclaration du jury est :

Sur la première question, non, le prévenu n'est pas coupable ;

Sur la deuxième question, oui, le prévenu est coupable, à la majorité de sept contre cinq ;

Sur la troisième question, non ;

Sur la quatrième question, oui, à la majorité de sept contre cinq.

La cour se retire pour en délibérer, et dix minutes après, le président prononce l'arrêt suivant :

« La cour, après en avoir délibéré aux termes de l'article 351 du Code d'instruction criminelle et de la loi du 24 mai 1821, déclare se réunir à l'unanimité à la majorité du jury sur les deuxième et quatrième questions. »

Le greffier donne une nouvelle lecture de la déclaration du jury et de l'arrêt de la cour.

M. l'avocat général requiert l'application de la loi.

Le président : Le prévenu ou ses défenseurs ont-ils quelques observations à faire sur l'application de la peine?

Me *Dupin :* Monsieur le président, je ferai seulement observer que ce ne sont que des chansons, et que rien ne peut faire que ce n'en soit pas.

La cour se retire de nouveau à la chambre du conseil; et, après quelques

que, si mes regrets doivent être moins vifs que les tiens, ils seront aussi constants. Sois sûr, mon cher Félix, que personne au monde n'est plus dans le cas que moi d'apprécier l'étendue de la perte douloureuse que tu viens de faire. Puisses-tu trouver quelques consolations dans la part que tous les honnêtes gens prendront à ton deuil! Tu en trouves autour de toi de plus puissantes encore. Dans ce moment, elles ont seules le droit d'arriver jusqu'à ton cœur. J'ai voulu du moins te débarrasser du poids d'un reproche à me faire.

Adieu, mon cher ami, du courage! de la résignation! et compte sur les vœux que feront pour ton bonheur tous ceux qui ont connu ton pauvre père. Tout à toi de cœur.

minutes de délibération, la cour étant rentrée à l'audience, M. le président lit l'arrêt suivant :

« Considérant que le fait de provocation au port public d'un signe extérieur de ralliement non autorisé par la loi ou par des règlements de police, déclaré constant par la quatrième question, n'est qualifié ni crime ni délit par la loi; vu l'article 364 du Code d'instruction criminelle, déclare le sieur de Béranger absous du dernier chef de prévention contenu et déclaré constant en la quatrième question.

« Sur la deuxième question, résolue affirmativement, vu les articles 1er et 8 de la loi du 17 mai, et l'article 26 de la loi du 26 mai (desquels articles il a été donné lecture par le président), condamne de Béranger en trois mois de prison, 500 francs d'amende, en l'affiche et l'impression de l'arrêt, au nombre de mille exemplaires, à ses frais; déclare valable la saisie de l'ouvrage, en ordonne la suppression et la destruction des exemplaires saisis et de ceux qui pourraient l'être ultérieurement. »

Le jury était composé de MM. Becq (Louis-François), propriétaire, électeur; Barbier (Jean-Joseph), marchand de cristaux; Cheret (Jean-Louis-Baptiste), écuyer; Darte (Louis-Joseph), fabricant de porcelaine; Delacourtie, avoué de première instance; De Prémonville, avoué de première instance; Du Barry (Ange-François), propriétaire, électeur; Fruchat, chef de division au ministère de l'intérieur; Lambert Sainte-Croix, notaire; Légé, ancien notaire; Masson Saint-Maurice, commissaire-priseur; Rouleau, employé à l'état-major.

C'est à M. Cottu, l'un des juges, que Béranger dut la partie de l'arrêt qui le déclara absous du délit déclaré constant par le jury dans sa réponse à la quatrième question. Béranger, dans *Ma Biographie*, lui en témoigne sa reconnaissance posthume. Il se félicite aussi de la manière dont le président Larrieu conduisit les débats, et il loue même le talent de l'avocat général Marchangy.

Il fut condamné le 8 décembre 1821. On distribua ce jour-là dans l'auditoire des copies de la belle et fière chanson :

> Soleil si doux au déclin de l'automne,
> Arbres jaunis, je viens vous voir encore.

XCVI

AU RÉDACTEUR DU COURRIER DES PAYS-BAS

Monsieur, permettez-moi de déclarer, par la voie de votre journal, que je suis absolument étranger à l'impression de la contrefaçon de mon Recueil de chansons publiée dans votre ville[1], sans aucun égard pour mon droit de propriété et pour ma position actuelle. Je viens de recevoir l'assurance que cette contrefaçon contient des chansons qui ne sont pas de moi, et qu'on en a omis plusieurs sans lesquelles je ne me serais jamais décidé à faire paraître le Recueil de Paris[2].

XCVII

A MONSIEUR BÉRARD[3]
MAÎTRE DE REQUÊTES A PARIS.

Sainte-Pélagie, 27 décembre 1821.

Rien de nouveau ici, mon cher Bérard. J'ai appris que vous y étiez venu, et cela, je pense, faute d'avoir reçu ma

---

[1] De Bruxelles.

[2] Cette lettre se trouve dans le numéro du *Moniteur* du 4 décembre 1821.

[3] M. Bérard (Auguste-Louis-Simon) est mort à la Membrolles, près de Tours, au mois de janvier de la présente année 1859. Il était né à Paris, le 3 juin 1783. M. Bérard a compté parmi les plus intimes amis de Béranger et parmi les plus dévoués. C'est chez M. Cadet de Gassicourt qu'ils se connurent.

Fils d'un négociant qui fonda la dernière compagnie des Indes avant la Révolution française, et qui périt sur l'échafaud, en 1794, pour avoir défendu les jours de Louis XVI dans la journée du 10 août, M. Bérard fut l'un de ces magnanimes enfants des victimes de notre Révolution qui surent pleurer leurs pères sans maudire le temps où ils avaient péri. Sorti de l'École polytechnique en 1810, il était maître des requêtes en 1814. Il rentra au conseil d'État en 1817; mais, trois ans après, le ministère l'en fit sortir avec Jourdan et Royer-Collard.

M. Bérard se tourna dès lors vers la banque et l'industrie, et s'en occupa avec une activité qui trouvait encore du temps pour la culture des arts et des lettres. Bibliophile distingué il a écrit, en 1822, un *Essai* sur les belles éditions des Elzeviers. En même temps, il faisait exécuter la *Galerie métallique*

lettre aussitôt que je l'aurais désiré. Me voici dans une véritable captivité. Je suis cependant toujours le moins à plaindre, non qu'on ait plus d'égards pour moi que pour les autres, mais parce que le terme de ma délivrance est moins éloigné, et que ma résignation n'a pas été fatiguée par de longs précédents. Au reste, notre solitude va peut-être me faire travailler, ce à quoi je n'avais pas encore pensé. J'avais en vain invoqué Marchangy : je lui dois un grain d'encens, et il ne serait pas mal de choisir ce moment pour m'acquitter; nous avons eu justement ici une descente de justice qui m'y a fait penser. Il était temps : je commençais à l'oublier. A propos, que devient notre procès? est-il encore pendant chez M. Baudouin?

On s'attend ici à de nouvelles vexations. La justice et la police, qui nous ont honorés de leurs visites, blâment, m'a-t-on dit, la permission que nous avons de faire du feu. Vous verrez que je serai obligé de revenir à mes habitudes stoïques. Ma foi, je vous l'avouerai, il y avait danger pour moi; j'allais tomber dans l'épicuréisme. Encore un à-propos : n'est-ce point vous qui m'avez apporté du fromage de Brie, de la galantine et ce gros pot de cornichons, qui me fait venir l'eau à la bouche? Il y a là au moins deux choses que ma-

---

des grands hommes français. Ce fut lui qui encouragea le plus Béranger et qui le soutint le mieux lors de la publication du *Recueil* de 1821. En 1829, il fonda les forges d'Alais. Il était alors député depuis deux ans.

Le rôle qu'il a joué dans la Révolution de 1830 est considérable. La nouvelle Charte fut, en grande partie, son œuvre. On l'appela même longtemps la *Charte-Bérard*. Ses *Souvenirs historiques de la Révolution* sont l'une des pièces principales de notre histoire contemporaine. Nommé à la fin du mois d'août 1830 directeur général des ponts et chaussées et conseiller d'État, M. Bérard, qui voulut rester indépendant, abandonna bientôt ses fonctions, et retourna à l'industrie. Il dirigeait, près de Tours, une filature de lin et de chanvre lorsque en 1839 il fut nommé, par le ministère Molé, receveur général du département du Cher. M. Bérard était le beau-père du général Dumas, aide de camp de Louis-Philippe. C'est M. Bérard qui, pendant longtemps, fut le dépositaire de la petite fortune de Béranger. Il n'a tenu qu'à Béranger de lui devoir l'accroissement aussi bien que la conservation de ce pécule.

dame Bérard sait que j'aime beaucoup ; il n'y a qu'elle pour avoir pensé surtout aux cornichons. Dites-lui pourtant, en l'embrassant bien fort, qu'elle mette un peu plus de réserve dans sa correspondance avec moi. Toutes vos provisions finiront par y passer, si vous la laissez n'écouter que son cœur.

Adieu. Mille amitiés à mademoiselle Agathe, à madame Caroline, à Manuel, Dupont, Archiniard, M. et madame Vauchelle, Christian, M. et madame Luce, Dosne, Latour et compagnie.

Tout à vous de cœur et pour la vie. BÉRANGER.

Sainte-Pélagie, 27 décembre 1821, à onze heures du soir.

P. S. Ce 28, à neuf heures du matin.

Il n'y a rien de nouveau ici, si ce n'est un grand incendie rue Mouffetard ; car nous savons les nouvelles du quartier. Il est fort heureux que le feu ne nous ait pas gagnés. Enfermés comme nous le sommes, nous grillerions le plus joliment du monde[1].

Le procès dont il est ici question est celui que le ministère public intenta à Béranger et à son libraire, lorsqu'au mois de décembre 1821 parut le compte rendu du premier procès avec le texte des chansons incriminées. C'est M. Dupin qui l'avait publié sous le nom et au profit de Béranger. Il y a en tête de ce petit volume une préface, dans laquelle Béranger parle à la première personne : cette préface est de M. Dupin.

Vis-à-vis du titre du volume l'éditeur a placé un extrait de l'éloge de Philippe de Marnix, plus connu sous le nom de Saint-Aldegonde, écrit en latin par Verheiden. Le texte précède la traduction que voici : « Verheiden cite particulièrement, dit M. Dupin, sa chanson *aux Belges*, opprimés par la tyrannie du duc d'Albe, chanson si bien faite, et dont les paroles allaient si bien avec l'air qu'elle

[1] Lettre communiquée par MM. Bérard fils.

excita puissamment, dans l'esprit du peuple, l'amour de la liberté. En cela, le chansonnier se montra le digne émule de Tyrtée, que Platon célèbre en plusieurs endroits de ses ouvrages. En effet, l'éloge que le poëte fait du libérateur de la nation, les exhortations au courage, les consolations du passé et les salutaires conseils qu'il y donne pour l'avenir, jetèrent dans l'âme des citoyens une grande ardeur de défendre le nouveau gouvernement de liberté. C'est au point qu'on ne trouve rien de plus remarquable et de plus à propos parmi toutes les pièces du temps. »

M. Dupin avait choisi là un ingénieux et juste moyen de montrer la beauté et l'énergie du rôle de Béranger, qui commençait à mériter son titre de poëte national. Il n'était pas question alors, parmi ceux qui sont devenus si tièdes devant le souvenir de ces luttes, d'accuser Béranger d'avoir mis trop d'animosité dans ses colères lyriques. Ce n'est que récemment qu'une partie des vainqueurs de 1830 ont pensé à se repentir d'un triomphe qui serait leur gloire devant l'histoire, s'ils ne voulaient pas le renier.

Sans doute, il est bien qu'on cherche à apaiser jusqu'aux souvenirs de ce temps-là; mais que la Restauration, renversée par la bourgeoisie et par le peuple en 1830, se contente d'être excusée et pardonnée; qu'elle ne demande pas qu'on la réhabilite jusqu'à lui sacrifier la mémoire de tous ceux qui ont revendiqué contre elle l'héritage de 1789. On parle de l'hostilité qu'ils ont montrée dans la querelle; on reproche à Béranger l'implacable résolution avec laquelle il est entré en lutte. Un homme d'État, qui n'invente pas d'historiettes et qui eût aimé la Restauration libérale, a récemment publié cette anecdote intéressante[1] : « J'ai entendu à cette époque, raconte-t-il, une femme du monde, ordinairement sensée et bonne, dire à propos de mademoiselle de Lavalette aidant sa mère à sauver son père : Petite scélérate ! » Voilà les temps dont on cherche à dénaturer la physionomie ! voilà une preuve de la sérénité de ces âmes qu'on accuse les libéraux d'avoir aigries et troublées.

Les événements qui se sont produits depuis 1830 ne changent rien à la vérité des faits qui les ont précédés. On s'est divisé depuis; mais alors avec quelle sérénité on affrontait un gouverne-

---

[1] M. Guizot, au tome 1er de ses *Mémoires*.

ment qui, ramené par l'étranger, ne voulait pas reprendre contre l'étranger et à la tête de la nation l'œuvre généreuse de nos pères !

De sincères amis de la liberté, désolés de sa perte, creusent jusqu'au fond l'histoire contemporaine. Ils arrivent jusqu'à faire bon marché de l'œuvre de 1789 et rentrent dans l'ancien régime pour y chercher ce qui nous manque.

Le dépit est pour quelque chose dans l'injustice commise de cette façon vis-à-vis de la Révolution française. L'Assemblée constituante nous avait légué la liberté aussi bien que le reste ; nous nous sommes mis dans la nécessité de la sacrifier momentanément. Sachons la mériter et la reconquérir, sans médire de nos pères, qui l'aimaient autant que nous.

Il ne faut pas, quand nos enfants liront notre histoire, qu'ils se moquent de nous et qu'ils nous accusent d'une trop grande facilité à concevoir de la peur, et, sous le joug de la peur, à ne plus croire, ni dans l'avenir ni dans le passé, aux conquêtes pacifiques de la liberté. La Révolution française, dans ses premiers actes, a mérité qu'on l'admire sans relâche. Et ce n'est la faute ni d'un Mirabeau, ni d'un Lafayette, ni d'un Barnave, si cette belle nation, si confiante, si généreuse au jour de la fédération, comme en 1830, le lendemain de la victoire de Paris, si ce peuple de frères a perdu un moment son espoir et sa générosité ; s'il y a eu mille partis et mille écoles, pires que des partis, pour nous diviser jusqu'à la haine. Ne disons pas enfin, ce qui n'est pas vrai, que ces écoles et ces partis ont mis la France en un tel état qu'on n'a plus de repos que sous un régime de compression[1].

A qui s'en prennent la plupart de ces désespérés ? Pas à eux-mêmes, qui, ayant eu en main le pouvoir, ne s'en sont pas servis assez virilement, qui n'ont pas su intéresser les classes laborieuses à leur politique, qui ont négligé les grandes ressources de l'art de gouverner, l'enthousiasme, le patriotisme par exemple, et n'ont pas vu que, lorsqu'ils se disaient : « Enrichissons-nous en paix, » c'était provoquer dans tous les rangs de la nation le désir d'avoir part au même bien-être. Ils n'accusent que l'imprudence des amis du peuple, c'est-à-dire qu'ils en veulent à ceux qui ont réclamé

---

[1] *Philosophie et politique de Béranger*, page 98.

pour lui le droit de suffrage, qui se sont proposés garants de son aptitude à l'exercer; qui ont vanté son désintéressement, son patriotisme, son enthousiasme, son amour pour l'instruction, son attachement au travail libre; et, pleins de mépris pour des écrivains ou des philosophes qui ne sont plus pour eux que des politiques de carrefour, ils s'enfoncent dans l'on ne sait quelle définitive horreur du peuple, de la multitude, des masses.

Qu'un apôtre infatigable traverse les ruines récentes et marche encore en avant, ils l'arrêtent; mais Béranger leur répond :

> Paul, où vas-tu? — Je vais prêcher aux hommes
> Paix, justice et fraternité.
> — Pour en jouir, reste où nous sommes,
> Entre l'étude et la beauté.
> — Non, non ; je vais prêcher aux hommes
> Paix, justice et fraternité.

XCVIII

A MONSIEUR BERVILLE[1]

Sainte-Pélagie, ce 15 février 1812.

Monsieur, j'ai appris aujourd'hui que, chargé de la défense de MM. Baudouin dans l'affaire de mon procès, vous prépariez un mémoire pour éclairer la Cour royale. Leur intérêt est le mien, et je ne doute point de votre intention de m'être utile en les servant de tous vos moyens. Votre réputation, l'éclat de vos talents, me rendront bien précieuse la part

---

[1] M. Berville (Saint-Albin), né à Amiens, le 22 octobre 1788, était avocat à Paris depuis 1816. Il venait de défendre, en 1821, Paul-Louis Courier, qui a publié sa plaidoirie. Il fut chargé de la cause du libraire Baudouin et la gagna pendant que M. Dupin défendait celle de Béranger, c'est-à-dire la sienne. L'année suivante, M. Berville épousa l'une des filles d'Andrieux, qui donna l'autre à M. Labrouste, directeur de Sainte-Barbe. Les plaidoiries principales de M. Berville ont été recueillies dans les *Annales du Barreau français*. Très-lettré, et poëte à ses heures, le défenseur des accusés libéraux de la Restauration devint, après 1830, avocat général, puis président de chambre à la cour de Paris. Il a édité, de concert avec M. Barrière, l'intéressante *Collection des Mémoires relatifs à la Révolution française*. Peu d'existences ont été mieux remplies et laisseront de plus honorables souvenirs.

que vous voudrez me faire dans ce Mémoire, qui ne peut tarder à paraître, si j'en juge d'après le peu de temps qui nous reste d'ici à mardi prochain, jour où l'on pense que la chambre de mise en accusation doit prononcer.

Mes amis, dont plusieurs sans doute vous ont déjà parlé, voulaient que je communiquasse avec vous à ce sujet. J'ai cru la chose tout à fait inutile. L'affaire qu'on me suscite est dénuée de raison et de justice. Vous en aurez saisi tous les points avec cette logique qui vous distingue si éminemment; et, quant à l'idée de solliciter votre zèle pour moi, elle serait déplacée. Votre caractère m'est mieux connu que nos relations peu fréquentes pourraient le faire croire, et je suis sûr que vous n'avez pas attendu que je vous parlasse de cette extrême confiance pour être persuadé qu'elle existait en moi.

Je m'en rapporte donc tout à fait à vous, monsieur, et pour l'obligeance et pour la célérité, et je ne veux que vous témoigner d'avance la reconnaissance que je vous dois pour l'usage que vous voulez bien faire de vos talents en faveur de ma cause.

Agréez-en, je vous prie, l'expression et celle de ma considération distinguée[1].

XCIX

A MONSIEUR BIZET

Sainte-Pélagie, 15 février 1822.

Monsieur, vous trouverez sans doute que je tarde bien à répondre à votre lettre et au procès-verbal d'envoi des vins excellents que vous avez eu la bonté de me faire parvenir. Mais

---

[1] Lettre communiquée par M. Berville.

je voulais répondre par quelques couplets à la marque d'intérêt que me donnent vos compatriotes, et mes moments ont d'abord été occupés par les soins à donner à la nouvelle affaire qui m'est suscitée. Menacé de deux ans de prison par maître Bellart, je lui devais la préférence, tout ennuyeuse qu'elle pût être. Enfin, monsieur, j'ai tant bien que mal satisfait au désir que j'avais d'exprimer dans la langue qui m'est familière (je veux dire en chansons) tout le plaisir que m'ont fait MM. les Semurois.

Je vous envoie ma lettre pour M. Touzet[1], et vous prie de la lui faire parvenir. C'est un nouvel embarras peut-être que je vous donne, mais je vous en serai reconnaissant comme du premier.

Je me félicite, monsieur, que des preuves d'estime données par de vrais patriotes aient été pour moi une occasion de me mettre en rapport avec vous, et que ce soit ainsi une double consolation dans ma captivité. C'est surtout lorsqu'on est en butte comme je le suis à la malveillance du pouvoir qu'on a besoin de s'appuyer sur les suffrages d'un plus grand nombre d'honnêtes gens et de bons citoyens.

Recevez donc, je vous prie, monsieur, mes remercîments pour toutes vos bontés, et croyez à ma considération distinguée.

C

A MONSIEUR BERVILLE FILS

15 mars 1822.

J'ai l'honneur de saluer monsieur Berville, et le prie d'envoyer sur-le-champ le Mémoire pour notre affaire chez

---

[1] M. Touzet était l'un des Semurois qui avaient chargé M. Bizet de faire parvenir, avec une chanson, vingt-cinq bouteilles de vins choisis. La chanson de Béranger est celle qui a pour titre : *Ma Guérison*.

MM. Baudouin, avec les signatures qu'il a pu obtenir. Cette affaire est très-pressée, et je la recommande à toute la bonté de M. Berville[1].

CI

A MONSIEUR FORGET PÈRE, A PÉRONNE

5 avril 822.

Mon cher oncle et ma chère tante,

Delaporte est venu pour me voir à mon ancien logement et ne m'a point trouvé. Je ne l'ai point rencontré non plus à son hôtel. Je voulais le charger de vous dire que mon intention d'aller vous embrasser n'était point changée, et que vraisemblablement je l'effectuerais vers le 20 avril, étant retenu maintenant par diverses affaires et par les engagements d'amitié qui me sont prodigués depuis ma sortie de prison.

Je pense que vous vous êtes beaucoup inquiétés pour moi lors de mon dernier jugement. Plus le procès qu'on me faisait était inique, plus il y avait à craindre, aussi ne l'ai-

---

[1] Le lendemain du jour où cette lettre a été écrite, Béranger payait son amende, comme le prouve cette quittance :

« Je soussigné, receveur de l'enregistrement, reconnais avoir reçu de M. Béranger la somme de CINQ CENT QUATRE-VINGT-SIX FRANCS CINQUANTE CENTIMES, pour amende et frais auxquels il a été condamné par arrêt de la cour d'assises du 8 décembre 1821, pour chansons séditieuses ; savoir :

Amende		500 fr.	»
D°.		50	»
Frais		36	50
		586	50
Contrainte 5 40			
Pour procès-verbal d'écrou . 9 fr. 80		15	20
		601	70
Papier			35
		602	05

Dont quittance, à Paris, le 16 mars 1822. N° 88.

Mouis.

je échappé que d'une voix[1]. Cela a suffi pour couvrir de honte ceux qui m'avaient fait cette odieuse chicane. Au reste,

[1] Béranger avait gardé la pièce suivante, que nous transcrivons avec les chiffres et signes qu'elle porte. C'est la liste des jurés, pour le second procès, qu'on lui avait remise à Sainte-Pélagie. Elle est copiée de sa main.

« *Dans mon procès pour la publication des pièces, M. de Vezelai fut mon sauveur*.

1. Arnauld, propriétaire, électeur, rue Coquillière, n° 12.
2. Azam (Jean-Baptiste-Joseph-Eugène), sous-caissier au ministère des finances, rue Hauteville, n° 24.
    M. Bazin (Jacques-Edme), avoué, rue Vivienne, n° 7.
3. Beuzelin (Narcisse), propriétaire, rue Gaillon, n° 8.
    Bourquenay (François-Félix), chef au ministère des finances, rue Joubert, n° 22.
4. Brossin de Saint-Didier (Anne-Louis), référendaire à la cour des Comptes au ministère des finances.
    Brunel (Jean-Guillaume), homme de loi, rue Christine, n° 9.
    M. Ginot (Pierre-Joseph-Nicolas), négociant, rue de la Verrerie, n° 61.
5. Coster (Jean-Joseph-Marie), chef au ministère de la marine, rue de Vaugirard, n° 65.
    Cosette (François-Léon), électeur, rue du Coq-Héron, n° 11.
6. M. de Bray de Valfrède (André-Joseph), référendaire près la commission du Sceau, rue Louis-le-Grand, n° 6.
7. De L'Homel (Charles-Césaire), avoué, rue Béthisy, n° 20.
    De Monjay (Jacques-Christian-Thomas), marchand drapier, rue des Bourdonnais, n° 15.
8. M. Desmaisons (Charles-Pierre), électeur, rue de Bourbon, n° 81.
    De Vezelay (Louis), électeur, rue de Suresnes, n° 8.
    M. Foucher (Étienne-Thomas-Philippe), notaire, rue Poissonnière, n° 5.
    Frédy (Armand-Joseph-François), électeur, rue de Saintonge, n° 9.
    Fierson (François-Matthieu), chef au ministère de l'intérieur, rue du Doyenné, n° 12.
    Gachet (Charles), caissier à l'administration des postes, rue Neuve-Saint-Roch, n° 38.
    Godard (Claude-Félix), avocat, place Dauphine, n° 24.
9. Gomel (Jean-Baptiste-Samson), propriétaire, rue Neuve-des-Petits-Champs, n° 56.
10. M. Grippon-Despalières (Jacques-Philippe-Nicolas), sous-chef à l'administration des contributions indirectes, rue Saint-Claude, n° 3.
11. Hubert (Barthélemy-Paul), électeur, rue d'Enfer, n° 25.
    Langlade (Jean-Baptiste-Charles), directeur du bureau des postes, rue Duphot.
    Lechatellier (Louis-Pierre), électeur, rue Française, n° 2.
    Lefèvre (Ferdinand-Romain), notaire, rue Saint-Marc, n° 14.
    Lopinot (Charles-Nicolas), marchand mercier, rue Saint-Denis, n° 208.
    Martin (Théodore), électeur, rue Duphot, n° 19.
12. M. Maury (Joseph-Ferdinand), receveur des rentes, rue Cassette, n° 15.

je n'ai pas la force de leur en faire un crime. Ils m'ont valu trop de preuves d'estime et d'intérêt pour que je me plaigne de ma captivité et des persécutions qu'ils m'ont suscitées.

Je m'occupe de me chercher une place. Ce que j'ai gagné me met à même d'attendre; mais je crains que l'habitude d'une entière liberté ne finisse par me dégoûter des bureaux, aussi mon intention est de me dépêcher de prendre un emploi. J'en veux un très-modique, pour n'être pas trop occupé. On [1] m'en a proposé plusieurs. Je verrai à choisir ce qui me conviendra le mieux.

Je vous prie de dire bien des choses aimables à toute ma famille, et surtout à vos enfants. Je vais écrire à ma tante Bouvet. Elle m'a adressé en prison une seconde lettre plus amicale que la première. Je voudrais bien qu'elle ne pensât pas à m'avoir chez elle lorsque j'irai vous voir. Je craindrais de la gêner et de lui occasionner de la dépense. Je pense d'ailleurs que le curé Longate, qui, m'a-t-on dit, a prêché contre moi, ne me verrait pas avec plaisir chez sa paroissienne.

Adieu, mon cher oncle et ma chère tante. Je vous embrasse bien tendrement et suis pour la vie votre tout dévoué neveu, BÉRANGER.

P. S. Si vous voyez Laisney, dites-lui que je lui écrirai incessamment [2].

Bon. Morand (Raphaël-Henry), notaire, rue Meslée, n° 38.
15 Rigon de Bertz (Auguste-Maximien-Simon), directeur des contributions indirectes, rue de Tournon, n° 15.
Douteux. Scribe (Henri), marchand de soieries, rue Mesnard, n° 6.
14 Sylvestre (Ambroise-Jean), électeur, rue Chanoinesse.
Teissier (Charles), électeur, rue de Richelieu, n° 51.
Veytard (Joseph-Michel), inspecteur du Garde-Meuble, rue des Champs-Élysées, n° 6.
Vatrin (Charles-Louis), électeur, rue Copeau, n° 7.

[1] MM. Laffitte et Bérard, avant tout autres.
[2] Lettre communiquée par MM. Lefrançois.

CII

A LUCIEN

DUPLICATA.

Ce 15 juin 1822.

Je t'écris de Péronne, où je suis depuis huit jours. J'y ai apporté tes lettres, et j'ai vu celle que tu avais écrite à ton oncle Maison. Tu as sans doute vu les journaux de France depuis ton séjour à Bourbon; ils t'auront appris la publication de mon recueil, la perte de ma place, mon jugement, ma condamnation, mes trois mois de captivité, mon second jugement, et enfin ma sortie de prison. Mon ouvrage m'a rapporté quelque argent; mais tu penses bien que j'en ai dépensé beaucoup. Je vais m'occuper de chercher un emploi, ne pouvant vivre sans cela. Je n'en veux qu'un modique, parce qu'il est nécessaire que je conserve de la liberté pour m'occuper de littérature.

Tes lettres m'ont fait plaisir. Je suis bien aise du parti que tu as pris. J'espère que tu répondras aux bontés de M. Avanzini[1]. J'ai dans mes mains la lettre qu'il a écrite à mon sujet à M. Gévaudan[2]. Il me semble entrevoir que tu te plains de moi, au moins parce que je ne t'ai point encore adopté et permis de porter mon nom. Rien de tout cela ne se pouvait faire qu'à ta majorité, et j'y ai mis une autre condition. Tu ne peux oublier ce que j'ai fait pour toi. Tu sais comment tu y as répondu. Je ne veux te faire aucun

---

[1] Négociant de l'île Bourbon, chez qui on avait placé Lucien Paron en qualité de commis.

[2] M. Gévaudan, riche industriel, administrateur des Messageries, député libéral, compromis dans les affaires des *Amis de la presse*, et mari de mademoiselle Devienne, la comédienne si distinguée du Théâtre-Français. M. et madame Gévaudan ont toute leur vie lutté entre eux de bienfaisance. Béranger les aima de tout son cœur. Il allait souvent passer quelques jours chez eux dans leur campagne de Rungis.

reproche, mais il me faut aujourd'hui des garanties de ta part. Te voilà dans une bonne position. La maison où l'on t'a admis comme employé a des droits à ta reconnaissance. Le plus grand zèle peut seul t'acquitter avec elle. Renonce aux mauvaises habitudes que l'oisiveté t'a fait contracter; rends-toi utile, applique-toi à acquérir les talents que réclame le commerce. Si tu avais profité des soins que tu as reçus, tu ne rencontrerais pas toutes les difficultés qui t'attendent; mais qu'elles ne te rebutent pas. Tu en peux triompher encore. Tes oncles et tes tantes te portent de l'intérêt, mais tu sais que tu n'en dois rien attendre. Moi seul puis faire quelque chose pour toi, par mes amis. Donne-moi donc la satisfaction que je te demande dans l'intérêt de ton bonheur, et que je n'aie point à rougir devant ceux qui t'auront protégé. Renonce à la mauvaise société. Les bonnes mœurs, la probité, le travail, voilà ce qui peut faire oublier les étourderies de ta jeunesse et te mériter la récompense la plus douce, l'estime des honnêtes gens. Sois sûr que, si ta conduite répond à mes instructions, je n'hésiterai point à faire pour toi tout ce qui pourra te convenir. Si tu tiens tant à porter mon nom, je me ferai un plaisir de te le donner aussitôt que je serai sûr que tes actions sont conformes à tes principes, car je ne doute point de la bonté de ton cœur, et je me plais toujours à croire que tu es le premier à blâmer ce que ta jeunesse a pu avoir de déraisonnable. Mais laissons les sermons et parlons de tes affaires et de ta famille.

Tes tantes se portent bien; tes oncles font leurs affaires assez heureusement. Ta tante Merlot est pauvre, mais j'espère qu'elle ne manquera pas. Judith, qui a oublié tes petits torts, t'écrit pour te l'assurer. Tu connais son cœur; elle t'a tenu lieu de mère.

Tu me demandes une foule d'objets que tu dois pouvoir

te procurer où tu es. Si je t'envoyais ces objets, ils t'arriveraient trop tard. Si ces dépenses sont raisonnables, ne peux-tu les prendre sur l'avance qu'on t'a déjà faite? Si tu n'avais perdu tout ton bagage en route, tu n'aurais pas été réduit à faire un emprunt de 1,000 francs, somme énorme pour moi. Tu sens que si tu n'avais pas d'économie, je ne pourrais suffire à tes dépenses. Réfléchis bien que les appointements qu'on te donne, quels qu'ils soient, sont au-dessus de ce que tu peux gagner. Fais-en le meilleur emploi, et crois surtout qu'il me serait impossible de venir à ton secours si tu dépensais au delà.

A mon retour à Paris, je dois voir le capitaine Fresson. J'espère que ce qu'il a à me dire sera à ton avantage.

Mon cher Lucien, te voilà le pied à l'étrier, tu n'as plus qu'à vouloir pour te faire un sort. Le commerce est aujourd'hui la source de toutes les prospérités, et si petitement que l'on commence, on peut parvenir au comble de la fortune par l'activité, l'intelligence et l'économie. Tu serais maintenant impardonnable si tu négligeais l'occasion qui s'ouvre à toi. Tu me parles de ma vieillesse et de l'appui que tu veux m'offrir un jour. Je reconnais là ton cœur. Écoute bien sa voix, et je suis persuadé qu'il rectifiera les erreurs de ton esprit. Je te recommande surtout la reconnaissance pour les chefs de la maison qui t'a accueilli. Enfin, mon ami, ne regarde point comme une menace, mais comme un encouragement, ce que je t'ai dit de ton adoption. Oui, si tu marches dans la voie de l'honneur et de la probité, comme tu m'en as toujours témoigné le désir, sois sûr que je continuerai à te traiter comme un frère, comme un fils. M. Avanzini donnera de tes nouvelles à Gévaudan, et toutes les fois que j'apprendrai que ses bontés ne sont pas sans fruit, je me réjouirai de voir que je ne dois plus avoir d'inquiétude sur ta destinée future, et que tu n'en seras pas réduit à devenir soldat, seul état qui te conviendrait, si désormais tu quittais la carrière où tu es entré.

Compte sur mon amitié constante, sur mes soins, sur mon souvenir, et prépare-toi un retour en France honorable pour toi et heureux pour moi. Tu peux me procurer plus d'un beau jour. Si, jusqu'à présent, tu as négligé ton bonheur, fais quelque chose pour celui d'un ami qui mesure toujours son attachement à ta bonne conduite. Crois à toute ma tendresse, mon cher Lucien, et sois sûr que je ne t'oublierai jamais. Je t'embrasse du fond du cœur et te prie de m'écrire souvent [1].

Ton plus sincère ami.   BÉRANGER.

P. S. Dumouchel est parti pour un nouveau voyage.

CIII

A MONSIEUR ANTIER

21 novembre 1822.

Mon cher Antier [2], j'ai encore été un peu indisposé, ce qui m'a empêché d'aller vous voir. Je voulais vous inviter, toi et madame Antier, à dîner chez ces demoiselles, dimanche prochain, avec Wilhem et sa femme et le père Mellet. Je serais désolé que vous ne fussiez pas libres pour ce jour-là, n'ayant pu aller prendre le vôtre.

S'il n'y a point d'obstacle, ne me réponds pas; nous comptons sur vous à cinq heures et demie, dimanche prochain, entends-tu bien ?

---

[1] Cette lettre a été autographiée par la personne qui la possède et tirée à cent exemplaires. Il est heureux qu'elle ne soit pas perdue. L'*Indépendance belge*, dans son courrier de Paris du 8 avril, en a cité des fragments et l'a vantée, ainsi qu'il est juste de le faire.

[2] M. Benjamin Antier est né le 21 avril 1787.

J'ai vu Coupigny[1] il y a quelques jours; nous avons beaucoup parlé de toi. Il paraît que la dernière pièce que tu as lue n'a pas satisfait tes juges. Il m'en a dit les raisons. Il regrette que tu aies prodigué de jolis couplets sur un fond qui, selon lui, ne peut convenir au vaudeville. Il dit, au reste, le plus grand bien de ta *Lanterne sourde*. Il a la meilleure envie de t'être utile : reste à savoir s'il a l'autorité dont il se vante.

Tout à toi et aux tiens que j'embrasse.

CIV

A MONSIEUR FÉLIX CADET DE GASSICOURT

De la maison du faubourg Saint-Denis, 1823.

Je te renvoie tes proverbes, mon cher ami, et te remercie du moment de distraction qu'ils m'ont procuré.

Tu m'as écrit que tu solliciterais M. Duméril[2] de me mettre à la diète. Il n'en a tenu compte, et cela ne m'étonne pas; il me regarde un peu comme un malade imaginaire, et, quoique ma toux soit encore revenue avec assez de violence, ces jours passés, il ne me ferait administrer aucun médicament, si ton beau-père ne m'en ordonnait, ce qui est dit entre nous, comme tu le penses bien. On m'a purgé

---

[1] Coupigny (André-François de), né à Paris le 10 juillet 1766, et mort le 16 juillet 1835, faisait des pièces de théâtre, organisait de jolies fêtes de société, jouait à merveille les Arlequins et excellait dans la composition des romances. Il avait rempli des fonctions élevées dans les ministères de la marine et des cultes. C'était un homme du monde qui avait du goût. La passion pour la pêche l'avait rendu plus célèbre encore que ses romances. On a, sous son nom, un traité de la pêche qui est d'Horace Raisson.

[2] M. Duméril (André-Marie-Constant), né à Amiens le 1ᵉʳ janvier 1774, était alors médecin de la maison de santé, et Antoine Dubois, beau-père de M. Cadet de Gassicourt, en était le chirurgien. C'est M. Duméril qui a fait la partie myologique des *Leçons d'Anatomie comparée* de Cuvier. Le neuvième volume de son *Erpétologie* a paru dans ces dernières années. Médecin et naturaliste, M. Duméril a fondé le musée Anatomique de la Faculté de Médecine de Paris.

samedi : je prends du bouillon aux herbes depuis, et demain nouvelle purgation. Ce sera la dernière. Le vésicatoire est fermé; l'emplâtre d'émétique va disparaître, et j'espère quitter cette maison le 15. Quant au régime, je l'observe beaucoup mieux que tu ne le penses. Je déjeune assez bien, mais je dîne peu. Enfin, j'aurai fait tout ce qu'il m'a été possible de faire : après, ma foi, advienne que pourra! Tu as sans doute vu Lemaire[1] et sa femme à l'Ermitage. Elle vient de m'écrire, et me donne bien l'envie de répondre à l'aimable invitation, qu'à ton instigation, sans doute, M. Chevassut et son gendre sont venus me faire. Mais il faut d'abord que j'aille à Rungis passer quinze jours, puis j'irai demander l'hospitalité à l'Ermitage, où j'espère encore trouver ta femme et te voir quelquefois.

Adieu, tout à toi de cœur; ton ami.

CV

A MONSIEUR TISSOT

1823.

Mon cher Tissot,

Je viens de lire certain article du *Mercure*, qui m'aurait guéri de tous mes maux, si la louange avait tout le pouvoir qu'on lui suppose. Quoi! vous n'êtes pas honteux de dire autant de bien d'un pauvre chansonnier, et, qui pis est, d'un contemporain! Vous vous retranchez en vain derrière e titre d'ami; il y a telles personnes qui ne vous le pardonneront pas. Savez-vous bien que voilà peut-être la première fois qu'en France (je dis en France, car en Angleterre on a donné l'exemple) on me traite comme un grand garçon,

---

[1] M. Cauchois-Lemaire, presque toujours désigné sous le nom de Lemaire dans le courant de cette correspondance.

au moins dans les feuilles publiques. Je suis peu surpris, au reste, de recevoir de vous un témoignage d'amitié. Je ne vous en remercie pas, mais je m'en félicite, surtout par intérêt pour un genre auquel votre suffrage en méritera d'autres. Les encouragements qu'on lui donne peuvent seuls exciter les jeunes gens à l'agrandir encore et à faire mieux que moi.

Je voudrais bien savoir quel est l'état de votre santé. Vous étiez très-souffrant le jour où nous dînâmes ensemble. Moi, c'est le jour même qu'en rentrant chez moi, je fus saisi de la douleur aiguë qui m'a conduit dans la maison de santé, où enfin j'espère débarrasser ma pauvre poitrine. Vous feriez peut-être bien de prendre le même parti. J'y resterai jusqu'au 15 mai.

Adieu, mon cher Tissot; puisse le succès de vos grands travaux vous payer du bien que vous daignez dire de mes petits vers!

Soignez votre santé. Tout à vous de cœur[1].

CVI

A MONSIEUR DE JOUY

16 avril 1825[2].

Mon cher *Ermite*[3], quoique j'aime peu à me mêler des affaires des autres, je ne puis m'empêcher cependant de

---

[1] Lettre communiquée par M. Honoré Bonhomme.
[2] Lettre communiquée par M. Régnier, de la Comédie-Française.
[3] La vie de M. de Jouy donnerait ample matière à un volume très-romanesque et très-intéressant. Jusqu'à trente-cinq ans il n'écrivit guère. Victor-Joseph ÉTIENNE dit de Jouy, est né à Jouy en 1764, fut embarqué en 1782 à la suite d'une intrigue d'amour. Après un séjour en Guyane il revint en France, compléta ses études au collège d'Orléans, à Versailles, et alla ensuite rejoindre dans les Indes le régiment de Luxembourg. En 1790 il était de retour en France avec le grade de capitaine dans le Colonel-Général infanterie. Aide de camp du général O'Moran,

vous communiquer un article que Lemaire vient de me faire passer et qui a été refusé au *Miroir*. L'idée de cet article lui est venue en causant avec moi, sur ce que je trouvais étrange que le *Miroir* n'eût point parlé de votre condamnation. La représentation de *Sylla* lui en offrait l'occasion, au moins par allusion; il a renvoyé l'article, et a vu avec surprise qu'il était regardé comme dangereux et même comme inconvenant : dangereux, parce qu'il y fait de la politique, qui, selon moi, est bien faible auprès de telle phrase ou de tel autre article que je trouve dans le *Miroir;* inconvenant, en ce que ces messieurs ont cru que le premier paragraphe semblait les condamner de n'avoir pas gardé le silence.

Ces objections me paraissent si absurdes que je suis tenté d'en voir la cause ailleurs que dans l'article même.

Peut-être l'humeur un peu pointilleuse de Lemaire

---

il fut nommé adjudant général sur le champ de bataille, après la prise de Furnes. En 1794 il se retira en Suisse pour échapper à l'échafaud. Le 9 thermidor le ramena en France; le 2 prairial l'y vit chef d'état-major de l'armée de Menou à Paris. Commandant de Lille, il fut encore inquiété sous prétexte de liaisons politiques avec lord Malmesbury. En 1797 il obtint sa retraite à cause de ses blessures.

Il entra alors dans l'administration sous les auspices de Doulcet de Pontécoulant, qui organisait les bureaux de la Belgique. Lorsque Doulcet devint sénateur, de Jouy renonça à la vie des bureaux et résolûment se lança dans la carrière des lettres. Ses opéras, ses tragédies, ses poésies légères, ses articles de polémique, ses *Ermites* surtout, commencés dès 1812, lui acquirent une grande renommée, qu'il méritait en partie. Sa bienveillance, son empressement à accueillir et à vanter les nouveaux venus, sa générosité, sa gaieté le rendaient cher à ses nombreux amis. En 1815 il entra à l'Académie française. Il joua, dès ce moment, un rôle politique ; et c'est particulièrement dans le *Mercure*, dans la *Minerve* et dans le *Miroir* qu'il attaqua le gouvernement des Bourbons. Il ne se lassa point; chaque jour un article, une chanson, une épigramme, un vers tragique allait assaillir le pouvoir. Absous dans deux premières affaires, M. de Jouy venait d'être condamné à trois mois de prison pour un article consacré aux frères César et Constantin Faucher dans la *Biographie nouvelle des Contemporains* qu'il rédigeait avec Jay, Arnault et Norvins. De jouy et Jay écrivirent alors les *Ermites en prison*, qui eurent le plus grand succès.

Si M. de Jouy avait eu le temps d'acquérir une instruction plus solide, son nom

lui a-t-elle suscité quelques ennemis; mais en conscience, quand on le connaît comme je le connais, peut-on être disposé à le croire vain d'un talent dont il doute lui-même, et ne doit-on pas, lorsqu'on connaît les malheurs qui l'ont précipité dans la position où il se trouve, ne doit-on pas, dis-je, s'empresser de lui faciliter des moyens d'existence? Ce sont de ces choses que votre cœur sent trop bien pour que j'appuie cela d'autres arguments. Pourquoi donc les dégoûts qu'on semble vouloir lui donner au *Miroir?* Il avait demandé un surcroît de payement; mais, certes, il n'a jamais pensé à en faire un sujet de plainte pour personne! Il a pu (et je le crois) s'y prendre fort mal; mais cela n'est point une raison de lui faire payer trop cher une maladresse. Vous le connaissez assez, mon cher ami, pour croire qu'il rend parfaitement justice au talent des autres, et qu'il n'avait mis dans la balance, en sa faveur, que des titres qu'on n'est sûrement pas tenté de lui disputer, je veux dire ses malheurs passés et sa position présente. Vous devez avoir, plus qu'un autre, du crédit à un journal que vous avez créé. Voyez donc, je vous en prie, à faire disparaître des causes de dégoût qui agissent bien plus sur une tête comme la sienne que sur toute autre. Vous me jugez trop amicalement pour que je n'espère pas que mon intervention lui sera utile auprès de vous; pourtant je ne lui en dirai rien :

---

conserverait encore la renommée que lui valurent les qualités brillantes de son esprit. Sa meilleure œuvre est la tragédie de *Sylla*, que Talma jouait si bien.

La fin de la vie de M. Jouy fut assombrie par le chagrin et la maladie. Dès 1827 il perdit la grande partie de ce qu'il possédait pour avoir écouté les amis qui lui conseillèrent de publier à ses frais, en 27 volumes in-8°, ses *Œuvres complètes*.

Ami particulier du duc d'Orléans, M. de Jouy ne fit pas d'opposition au gouvernement du roi Louis-Philippe. Il est mort au château de Saint-Germain-en-Laye, le 4 septembre 1846, après avoir travaillé toute sa vie au double triomphe de la liberté et de la raison.

sa susceptibilité, un peu ombrageuse, pourrait s'en effrayer. Ne me mêlez point non plus dans cette affaire, parce que, je vous le répète, je sens qu'il y a quelque ridicule à se mêler des affaires des autres.

Je commence à sortir un peu ; mais vous êtes loin de moi ; pourtant je tâcherai d'engager mes jambes à me porter jusqu'à la rue des Trois-Frères, pour aller un de ces jours faire mon compliment à madame Boudonville[1], et m'informer des nouvelles de madame de Jouy. J'ai appris le départ de Boudonville, mais avec l'assurance de son prompt retour. Je vous en félicite.

Oh çà! vous allez donc en prison! si encore on vous donnait la maison de santé où je suis! J'y prolongerais mon séjour. Je vous verrai, je l'espère, avant votre reclusion. Dans tous les cas, je connais le chemin de Sainte-Pélagie.

Adieu, séditieux Ermite. Tout à vous du fond du cœur.

CVII

A MONSIEUR FÉLIX CADET DE GASSICOURT

1823.

Tu me pardonneras, mon cher ami, de partir sans t'aller voir, quand tu sauras qu'avec l'intention d'aller te remercier aujourd'hui de toutes tes attentions, je me trouve si peu de jambes, que moi, qui déteste d'écrire, j'aime mieux prendre ce moyen pour m'excuser auprès de toi, que de m'embarquer dans une course qui m'épouvante. J'espère bien que la campagne me rendra mes forces épuisées. Je pars à quatre heures, pour revenir dans une quinzaine. Aussitôt mon retour tu me verras, et je te dirai ce que j'aurai décidé pour l'Ermitage.

Tout à toi de cœur. BÉRANGER.

[1] Mademoiselle Emma de Jouy.

Mes respects à madame quand tu la verras. J'ai rencontré madame Chevassut et M. Lasserre à Sainte-Pélagie.

CVIII

A MONSIEUR BÉRARD

29 juillet 1824.

Mon cher Bérard, la société Manby me poursuit de notes et de demandes. A l'instant de partir, je trouve chez moi un mot d'une personne qui a passé pour me demander un quatrième cinquième. Je vous en donne avis, pour faire ce que bon vous semblera.

C'est le cas de vous faire part de mes réflexions au sujet de cette action de 2,500 francs.

De compte fait, je suis forcé, par surcroît de charges, de dépenser annuellement de 3 à 3,200 francs par an. Je ne sais si j'en pourrai diminuer quelque chose, mais je crains bien d'avoir plutôt à ajouter à ce compte.

Je juge donc inutile de rester chargé de cette action Manby, et il me semble plus simple, si je puis m'en défaire, de laisser les fonds que j'y consacrerais de côté, soit en caisse, soit dans un placement à court terme, pour m'en servir à combler mon déficit dans les deux premières années qui vont s'écouler.

Vous sentez que c'est forcément que je prends ce parti; mais enfin, il n'est pas convenable non plus que je m'endette ayant un petit capital, ou que je sois de nouveau à charge à mes amis. Si, à cet égard, le parti que j'indique n'était pas le meilleur, je suis tout disposé à m'en rapporter à vous pour en prendre un autre : nous en pourrons causer à mon retour. Mais, si vous l'adoptez, je vous délivre, dès à présent, du soin de remplir la bourse de MM. Manby, qui me semble furieusement sonner creux.

P. S. Je monte à l'instant en voiture avec Gévaudan, qui s'est foulé le pied, et qui va être confiné au moins quinze jours à Rungis.

CIX

A MONSIEUR ROUGET DE LISLE[1]

1823.

Je vous prie de m'excuser, monsieur, si j'ai tant tardé à vous envoyer la chanson que vous m'avez demandée ; la paresse est mon péché d'habitude. Je suis d'autant plus coupable cette fois, que j'ai à vous remercier de la charmante production dont vous avez bien voulu me donner un exemplaire.

---

[1] C'est ici la première lettre de Béranger à Rouget de Lisle. L'auteur de la *Marseillaise* a toujours été pour notre poëte l'objet d'une sympathie particulière et on pourrait presque dire d'un culte, car Béranger voyait dans l'homme la vivante image de la Révolution. Rouget de Lisle, qui a trouvé comme par hasard un chant sublime, l'un des plus grands coups de clairon qui auront retenti dans l'histoire des hommes, n'était sans doute pas le génie qui semblait inspirer à Béranger une amitié si pleine d'émotion et de respect ; mais qu'importait l'étendue de cet esprit : c'était de cette bouche qu'était sortie la chanson des héros ! aussi Béranger pensait que la France n'eût pas dû laisser dans l'abandon celui qui avait rhythmé la cadence de tant de victoires, et il jugeait que Napoléon, en laissant Rouget de Lisle dans sa misère obscure, s'était privé d'un de ces mouvements de reconnaissance nationale dont il savait souvent montrer au peuple la grandeur. Plus loin nous verrons que c'est Béranger qui paya la dette de la France.

Ame fière et triste, mais irrésolue et quelquefois coupable de trop d'abandon, Rouget de Lisle a vécu longtemps d'une façon misérable. La correspondance de Béranger dira quels furent, avec Béranger lui-même, ses amis et ses consolateurs.

Né à Lons-le-Saulnier, le 10 mai 1760, Rouget de Lisle est mort à Choisy-le-Roi, chez M. Voiart, le 25 juin 1835.

L'ouvrage dont il est question dans les lettres CVIII, CIX et CX, doit être le recueil de chansons faisant suite à l'*Almanach de Paris et des départements*, publié en 1823 par le libraire Ponthieu, ou plutôt les *Cinquante chants français*, de différents auteurs et musique de Rouget de Lisle, qui commençaient alors à paraître chez l'auteur et qui furent terminés l'année suivante. Le prix de souscription était de 20 francs.

CX

A MONSIEUR ROUGET DE LISLE

Rungis, 29 août 1823.

Monsieur,

Je n'ai pas encore fait usage d'eau de goudron, bien que les médecins en reconnaissent l'efficacité. Je n'en suis encore qu'aux eaux d'Enghien et aux vésicatoires volants : tout cela me retient à la campagne ; mais je n'oublie pas la mission dont M. Laffitte m'a gratifié. Je charge un de mes bons amis de vous porter les 300 francs que je viens de faire toucher chez lui. La personne qui vous remettra cette somme ignore d'où elle vient et pourquoi elle vous est remise ; comme elle ne vous connaît pas personnellement, ayez la bonté de lui donner un reçu si elle vous en demande ; mais faites-le en mon nom seulement et comme souscription à votre recueil. Dorénavant je m'arrangerai pour n'avoir pas besoin d'intermédiaire. Excusez-moi pour cette fois, et recevez, monsieur, l'assurance de la considération distinguée avec laquelle j'ai l'honneur d'être

Votre très-humble serviteur.   BÉRANGER.

P. S. Je viens de rappeler à M. Laffitte la promesse qu'il m'a faite de parler de vous au duc d'Orléans[1].

CXI

A MONSIEUR ROUGET DE LISLE

Je vous remercie pour tout ce que vous avez la bonté de m'apprendre. J'ai vu aujourd'hui vos annonces dans le *Courrier* et le *Constitutionnel;* j'espère que tout marchera

---

[1] Lettre communiquée par madame Élisa Voiart.

de soi-même maintenant ; je crains bien qu'il n'en soit pas ainsi de mon affaire. Cependant j'ai levé les obstacles relativement aux libraires, mais à mes risques.

J'avais omis de vous faire savoir que Bérard s'est toujours regardé comme un de vos souscripteurs pour un exemplaire, et qu'il vous prie de le lui faire parvenir.

Adieu, tout à vous.

Les catalogues de vente d'autographes annoncent deux lettres datées de 1823, que nous n'avons pu retrouver. L'une, peu importante, est du 14 février ou septembre ; elle est relative à une affaire de contrefaçon pour laquelle le parquet, qui est de nature inquiétante, inquiétait Béranger et dont il semble qu'il parle dans la lettre CXI. L'autre, du 1er août, est adressée à Bory-Saint-Vincent, et traite des races humaines (*Vente Laverdet*[1] du 2 juin 1857). L'analyse du catalogue contient, du moins, une opinion de Béranger et deux vers qui paraissent détachés du poëme perdu de *Clovis*.

« Il a toujours pensé, y est-il dit, que la race humaine n'avait pas eu qu'un seul auteur, et que Dieu n'avait pas mis plus de parcimonie dans la création de l'homme que dans celle de tous les autres êtres.... Mais en vérité ne suffit-il pas de tout ce qu'il voit pour croire à différentes espèces, et même pour les reconnaître à travers le mélange continuel qu'elles ont subi : « Oh ! « le beau travail qu'il vous reste à faire pour faire entrer ce sys- « tème complet dans la tête de nos bons Parisiens ! Ce peuple si « bariolé à qui je disais un jour en parlant des Gaulois :

> Les crois-tu de la terre enfants nés sans aïeux ?
> Ils n'étaient pas encor que le monde était vieux. »

[1] Nous ne saurions trop exprimer la gratitude que nous ont fait ressentir, dans nos recherches, les aimables attentions de M. Laverdet. Il entend son métier en artiste ; et c'est heureux quand une branche des études historiques vient à se former, qu'elle se trouve ainsi placée entre les mains délicates d'un homme qui la traite noblement. Nous devons beaucoup de lettres à l'obligeance de M. Laverdet ; nous lui devons encore plus d'indications.

CXII

A MONSIEUR ANTIER

Ce 14 novembre 1825.

Mon cher ami, j'ai eu enfin un moment de liberté pour aller à Passy [1]. La maîtresse du logis était d'une amabilité extrême ; elle m'a chargé de te faire savoir qu'elle t'attend à dîner, jeudi prochain, 20 du courant, à cinq heures, avec le docteur Puzin et autres convives dont Mellet et moi faisons partie. Je voulais que Quenescourt t'écrivît, mais il a prétendu qu'un mot de ma part suffisait. Si tu ne pouvais accepter cette invitation pour jeudi, fais-le-moi savoir sur-le-champ, pour que j'en prévienne les habitants de Passy. Mille amitiés à madame Antier, à tes filles et au camarade Ernest [2]. Tout à toi.

Nous croyons pouvoir placer à la date de la fin de l'année 1825, l'une des nombreuses lettres qui nous ont été adressées à propos de notre publication. Nous choisissons celle-ci parce que la valeur du service rendu par Béranger est assez importante. C'était bien avant 1830, c'est-à-dire bien avant de prendre sa retraite dans le genre d'égoïsme dont a parlé M. Cuvillier-Fleury que Béranger faisait hardiment le bien, sans s'inquiéter de ce qu'on en pouvait dire après sa mort. Si quelques-uns ont oublié sa vigilante et douce bonté, il est consolant de penser que quelques-uns de ses obligés s'en souviennent et n'en rougissent pas. Voici donc un extrait de la lettre de M. Julien Blanc :

« Ce fut chez un de ses amis intimes, M. Simon Bérard, que je fis la connaissance de Béranger. Il venait de publier, chez Didot frères, les deux premiers volumes de ses chansons. J'eus le bonheur

---

[1] Chez M. Quenescourt.
[2] Fils de M. Antier.

de lui rendre alors un petit service ; service de si minime importance, qu'il est vraiment inutile de dire ici en quoi il consistait. Au reste, je ne mentionne cette circonstance que pour montrer combien Béranger savait être reconnaissant de ce qu'on avait fait pour lui être agréable.

Dix-huit mois plus tard, un événement qu'il m'avait été impossible de prévoir vint me mettre tout à coup dans un grand embarras financier. J'eus à faire face à un remboursement de plus de 20,000 fr. J'étais dans l'industrie ; et, quoique je ne fusse pas dans une mauvaise position, mes ressources disponibles ne me permettaient pas de résister à ce coup. Ne pas rembourser à présentation devait nécessairement me faire perdre mon crédit, et m'obliger peut-être à arrêter mes travaux. N'ayant à offrir ni garantie hypothécaire, ni valeurs de portefeuille, je ne savais à qui m'adresser. Pourtant je savais parfaitement que cette impossibilité de rembourser cesserait au bout de cinq ou six mois.

Fort de cette conviction, j'eus l'idée de m'adresser à Béranger.

Un ami commun, M. Bejot, fut chargé de lui dire que je désirais le voir pour lui demander un service. Un rendez-vous me fut donné pour le soir même. Grande était mon émotion ; cependant l'empressement que mettait Béranger à me recevoir me rassura. Évidemment, me disais-je, ses dispositions doivent être bonnes, puisqu'il n'hésite même pas à m'entendre.

Je ne comptais pas trouver chez lui toute la somme dont j'avais besoin ; mais j'espérais que, s'il consentait à m'en donner une partie, son exemple me servirait à trouver, parmi ses propres amis (c'est-à-dire tout à fait en dehors de mes relations de commerce), quelques imitateurs.

Béranger m'accueillit avec bienveillance. Je lui exposai ma situation, mais surtout j'insistai sur la certitude que j'avais de pouvoir rembourser dans quelques mois l'argent qu'on voudrait bien me prêter.

J'ai confiance en vous, mon cher Blanc, me dit Béranger, et je serais très-heureux si je pouvais vous être utile. Vous connaissez bien votre position ; dites-moi donc franchement quelle somme vous serait nécessaire ; car, vous le savez, quand il s'agit d'argent, il est toujours dangereux de faire les choses à moitié. — J'aurais besoin de 20,000 fr., répondis-je. — 20,000 fr.! mais, mon cher Blanc, je n'ai pas pareille somme à ma disposition, Bérard a placé presque tout le produit de mon édition, et il doit lui rester peu de chose à moi.

J'allais lui répondre que je ne demandais pas qu'il me prêtât la totalité des 20,000 fr., lorsque, me coupant brusquement la parole : Il me vient une idée, me dit-il; je verrai Bérard demain matin; revenez me voir à midi; j'espère que nous trouverons ensemble le moyen de vous tirer d'embarras.

Le lendemain, en effet, par les soins de M. Bérard, agissant au nom de Béranger et sous la garantie de ce dernier, un crédit de 20,000 fr. me fut ouvert pour six mois chez MM. Vassal et Cie, banquiers.

Pour qu'on puisse apprécier à sa juste valeur l'action de Béranger, il convient que je rappelle ici quelle était, à ce moment, la situation de mon bienfaiteur. Il avait perdu sa place de 1,800 fr. au ministère de l'instruction publique; et son édition avait produit 32,000 fr., qui était toute sa fortune. Ainsi, sans la moindre hésitation, cédant à l'élan de son bon cœur, et sans autre garantie que ma parole, Béranger risquait, pour me sauver d'une catastrophe, les deux tiers de son avoir !

Après trente-quatre ans, le souvenir de ce beau jour excite encore chez moi des larmes d'attendrissement. Si je fus sensible au service d'argent qui sauvait mon crédit, je fus surtout profondément touché de la manière dont il venait de m'être rendu; et, pourquoi ne le dirais-je pas ? je fus fier, aussi, d'avoir inspiré une pareille confiance à un homme comme Béranger.

CXIII

A MONSIEUR VAISSIÈRE [1]

29 avril 1824.

Je reçois à l'instant votre lettre et votre charmante chan-

---

[1] M. Vaissière avait un talent réel pour la chanson, et son petit recueil est estimé. Il fut, avant 1830, rédacteur de l'*Ami de la Charte*, journal libéral, et même républicain, de Clermont-Ferrand, et eut maille à partir avec le parquet

son. Je vous remercie de tout ce que l'une et l'autre ont d'aimable et d'obligeant pour moi, et me hâte de vous faire savoir que ce serait avec le plus grand plaisir que je recevrais votre visite, si vous vouliez vous donner la peine de me venir trouver, vers midi, rue du Faubourg-Poissonnière, 21.

Je vous demande pardon de ne pas faire la démarche moi-même, mais l'état de souffrance où j'ai été depuis trois mois me prive de ce plaisir. Je ne sors que par ordonnance du médecin, et je ne vais pas encore loin [1].

CXIV

A MONSIEUR GUERNU

5 mai 1824.

Mon cher Guernu, j'ai lu ta pièce avec une scrupuleuse attention. Il y a de fort jolies choses; mais j'y trouve peu d'intérêt, encore moins d'action. Ton Dorlis est un beau parleur à qui tout sert de texte pour des tirades plus ou moins heureuses, mais qu'il eût fallu, je crois, entourer tout autrement pour en tirer des effets comiques. Les personnages qui se meuvent autour de lui rentrent trop dans les données communes : peut-être eût-il fallu le rendre victime ou dupe de fripons et de sots : mais alors même naissait l'inconvénient de ridiculiser trop l'enthousiasme, qui, certes, n'est plus à craindre chez nous, n'étant pas la maladie ordinaire des sociétés blasées. Cette disposition d'esprit ou de caractère, comme tu voudras, ne m'a jamais paru susceptible de succès au théâtre. Je crains que ton

---

de cette ville. Après 1830, il se rallia. Il est mort en 1855. Son caractère était facile, et si ses principes politiques varièrent, ses amis particuliers n'ont eu qu'à se louer de la sûreté de son commerce.

[1] Lettre communiquée par madame veuve Vaissière.

sujet ne t'ait porté malheur. Il se peut aussi que la manière dont je le considère m'ait porté à juger ainsi de ton ouvrage. D'ailleurs, je suis bien sûr que mon opinion ne fait pas loi pour toi, et que tu n'en feras pas plus de cas qu'elle ne mérite. Je suis donc à ton service, si tu penses qu'une lettre de moi puisse être bonne à quelque chose auprès de Damas ou de Baptiste aîné [1].

Pardonne à ma franchise, et crois-moi ton dévoué [2].

CXV

A MADAME DAVILLIER [3]

10 mai.

Vous qui êtes si bonne, voulez-vous faire un acte de charité? Voici un ouvrage en trois volumes de ce pauvre Magalon [4], qui depuis un an est encore à Sainte-Pélagie. Ces trois volumes se vendent dix francs. S'il vous convient de les garder, vous rendrez grand service au malheureux prisonnier. Il vous suffit de me répondre un *oui*, en ne me renvoyant pas l'ouvrage; nous compterons après.

Vous voyez que je suis toujours occupé de prisonniers: on se donne bien de la peine pour R... [5]; je crains toujours

[1] Acteurs de la *Comédie-Française*. Baptiste aîné se retira en 1827.
[2] Lettre communiquée par M. Leroux, graveur.
[3] Madame Davillier, femme du célèbre industriel de ce nom, est la Marie de quelques-unes des chansons de fête de Béranger, comme le *Poëte de Cour* et les *Missionnaires de Montrouge*.
[4] J. D. Magalon, écrivain politique, né en 1794, qui avait d'abord adopté les idées légitimistes, mais que les crimes de la *Terreur blanche* en écartèrent. Il avait fondé, en 1822, le petit journal *l'Album*, qui fut des plus hardis dans la grande querelle qui se vidait entre le parti de la Révolution et le parti de l'Église. Arrêté le 3 février 1823, puis condamné, le 21 avril, à treize mois de prison, il fut, de Paris à Poissy, lié à la chaîne des forçats. Cet indigne traitement excita les plus vives clameurs; et c'est à Chateaubriand que Magalon dut d'être transféré, au bout de quinze jours, à Sainte-Pélagie. Sans l'iniquité des agents de M. de Corbière, il eût été moins connu.
[5] M. R..., pour qui et à qui Béranger a écrit plusieurs fois des lettres, où se

cependant que le succès ne nous échappe. En vérité, ce ne sera pas de notre faute. C'est encore là un infortuné pour qui je vous mettrai à contribution, ainsi que vous avez eu la bonté de me le promettre.

Adieu, madame, je vous baise les mains, et vous prie de faire mes amitiés respectueuses à M. Davillier.

Votre tout dévoué [1].

CXVI

A MONSIEUR FÉLIX CADET DE GASSICOURT

Août 1824.

Mon cher ami, je t'envoie la lettre que Dupont m'adresse pour toi; il me dit et te dit sans doute aussi pourquoi il ne t'a pas apprécié plus tôt, et combien il en est honteux.

Ton beau-frère Paul [2] m'est venu voir hier. Il m'a appris, à ma grande surprise, que Dubois désirait la députation. Pourquoi ce diable d'homme ne nous a-t-il pas dit cela plus tôt : nous l'eussions fait passer si facilement au grand collége! J'en ai parlé à Laffitte, qui éprouve le même regret que moi, et qui se promet bien de faire ce qu'il sera possible pour le faire porter comme remplaçant de l'un des six députés à réélir à Paris. De ton côté, fais tout ce que tu pourras pour lui assurer un arrondissement. Le 6e me paraîtrait assez convenable. Crois-tu nécessaire que j'écrive à Barthe [3]

---

marque si noblement la bonté de son cœur et sa pitié pour l'infortune, n'a pas lassé son bienfaiteur, même au bout de trente ans.

[1] Lettre communiquée par M. Pérignon.
[2] M. Paul Dubois, aujourd'hui doyen de la Faculté de médecine.
[3] M. Félix Barthe, né le 28 juillet 1795, alors simple avocat du parti libéral, plus tard ministre de l'instruction publique, ministre de la justice, premier président de la cour des Comptes, pair de France, et enfin sénateur. Béranger avait pour M. Barthe plus que de l'estime de parti ; il l'aimait, et, comme on le verra, son affection ne s'est pas évanouie tout entière lorsque M. Barthe se trouva dans le

ou que je le voie à ce sujet? Si mon avis pouvait être de quelque poids, je dirais que je ne connais pas de nomination qui puisse être plus populaire à Paris. La basse classe croirait avoir son représentant, et les classes supérieures ne pourraient qu'applaudir à ce couronnement d'une vie si honorable et si utile.

Enfin, mon cher ami, autant par amour de la chose publique que par amitié et reconnaissance, il n'est rien que je ne fasse pour gagner des voix à Dubois[1]. Indique-moi donc ce qu'il faut que je fasse, hors du cercle où j'ai déjà agi, pour arriver au résultat que nous nous proposons. Je m'y mettrai jusqu'au cou.

Mes hommages à madame Gassicourt. Tout à toi de cœur.

CXVII

A MONSIEUR MACCARTHY[2]

Rungis, 29 août 1824.

Monsieur, à l'instant où j'allais retourner à Paris pour avoir le plaisir de vous voir et pour causer encore de l'affaire à laquelle vous voulez bien vous intéréresser, ma position a éprouvé un nouvel échec, qui ne me permet pas ce petit voyage. Comme je crains que vous ne partiez bientôt pour Londres, si, comme je l'espère, votre santé est rétablie,

---

camp opposé à celui où continuaient à lutter le plus grand nombre des amis de Béranger. Il disait que c'était un homme de bon cœur, et qu'il mettait le bon cœur au-dessus de tout. Ce témoignage de l'auteur du *Dieu des bonnes Gens* vaut bien des éloges, et l'emporte, à ce qu'il semble, sur bien des avantages de la vulgaire fortune.

[1] Antoine Dubois, né à Gramat, près de Cahors, le 17 juillet 1756, avait alors soixante-huit ans. Il n'est mort que le 30 mars 1837. Il avait été destitué du poste de chirurgien en chef de la maison de santé où il était entré en 1802, et qui s'appelait dès lors, comme elle se nomme aujourd'hui la maison Dubois.

[2] Lettre communiquée par E. de Blosseville.

je prends le parti de vous rappeler en peu de mots ce que j'ai eu l'honneur de vous dire :

Vendre à Londres la propriété de mon recueil (pour l'Angleterre), avec une cinquantaine de chansons nouvelles;

Joindre à ce recueil une préface en anglais, qui pourrait contenir quelques détails sur l'auteur et sur les procès qui lui ont été intentés, si on juge que cette matière puisse être de quelque intérêt;

Ajouter aux chansons les notes historiques ou explicatives qui seront jugées nécessaires, le tout en anglais;

Faire de tout cela deux ou trois volumes, à la volonté du libraire et selon le format qu'il voudra adopter;

Accompagner le tout des airs notés, si l'on y trouve de l'utilité.

Telles sont, monsieur, les seules bases du traité à faire que je puisse arrêter d'avance; quant au reste, je le remets à votre décision. Je ne puis confier mes intérêts en meilleures mains. Si vos tentatives n'ont aucun succès, ce qui ne m'étonnerait nullement, je serai persuadé qu'il n'y aura manqué de votre part ni zèle ni bienveillance. Agissez donc comme pour vous, monsieur, et croyez d'avance à toute la reconnaissance que je garderai des peines que je vais vous donner.

S'il y avait nécessité pour moi de passer en Angleterre pour conclure cette affaire ou pour la diriger, malgré ma mauvaise santé, malgré mon ignorance de la langue, je m'y déterminerais. Je ne ferai rien, au reste, que d'après vos conseils.

Je ne crois pas nécessaire de vous dire que je ne voudrais pas que cette affaire s'ébruitât à Paris.

Agréez, monsieur, l'assurance de ma considération la

plus distinguée, et faites, je vous prie, agréer mes hommages à madame. Votre très-humble serviteur. BÉRANGER.

Rue des Martyrs, numéro 23[1].

CXVIII

A MONSIEUR FORGET

19 septembre 1824.

Mon cher oncle,

Je te remercie de la bonne nouvelle que tu me donnes. C'en est une, en effet, qu'un mariage qui semble honorable de tout point. J'ai vu M. Taffin père à Paris, non chez M. Ternaux, mais, il me semble bien, chez Gévaudan, qui le connaît beaucoup et qui fait le plus grand éloge de lui et de sa maison. D'après ce que tu me dis de son neveu, il faut espérer que Félicité sera aussi heureuse qu'elle le mérite.

Je voudrais pour beaucoup pouvoir aller à la noce ; mais ma poitrine, qui vient encore d'éprouver une nouvelle atteinte, dont heureusement les suites n'ont pas été graves, ma poitrine ne permet pas d'espérer que je puisse me rendre auprès de vous pour la cérémonie. Je n'en suis pas moins sensible à l'invitation que M. Taffin et mon futur cousin te chargent de me faire. Fais-leur-en mes remercîments, et assure-les de mes regrets. Quant à madame Née[2], je compte bien qu'elle ne m'en voudra pas, et sera persuadée qu'il faut qu'il y ait impossibilité, si je ne vais pas, en bon compère, l'aider à marier sa fille. Au reste, il y a près

---

[1] Dans la maison de Manuel.

[2] Madame Née (Félicité Forget), belle-mère de M. Auguste Lefrançois, est la jeune cousine de Béranger, dont le nom est cité dans l'anecdote littéraire qui suit et qui a déjà pris place à la fin de l'*appendice* de *Ma Biographie*.

C'était à Péronne, et Béranger avait quinze ans. Les jeunes filles de la ville devaient rendre aux jeunes garçons, pour la Saint-Nicolas, une petite fête qui

d'un mois encore, et il se peut que je me trouve mieux alors. N'y comptez pourtant pas plus que je ne l'espère. D'ailleurs, je suis tout entier occupé du départ de Lucien. Une occasion favorable se présente, et son départ est fixé au 10 octobre pour l'île de Bourbon. Je lui fais une petite pacotille qui pourra bien me coûter 9 à 10,000 francs. Tu diras peut-être que c'est beaucoup aventurer; mais il ne se croit propre qu'à cette sorte d'entreprise, et je ne veux pas qu'il ait à me reprocher d'avoir rien négligé de tout ce qu'il m'était possible de faire pour lui. Il en résultera pour moi une grande diminution de revenu, mais c'est encore une économie, si je calcule sur ce qu'il me coûte ici à ne rien faire. Il doit bien sentir que je ne pourrai plus rien donner [1] après cela. C'est à lui à se tirer d'affaires désormais, à moins que la Providence ne me mette à même de lui fournir d'autres secours.

Mais revenons au mariage de ta petite-fille. Tu me demandes des couplets : tu sens que j'ai le temps d'y penser;

leur avait été offerte à elles-mêmes pour la Sainte-Catherine. Une cousine de Béranger, à peu près du même âge que lui, le pria de faire pour ses compagnes un couplet de circonstance. Il fit celui-ci :

Air : *Avec le jeu, dans le village.*

Jeunes gens, la reconnaissance
A composé notre bouquet :
Pour fleurs nous portons la décence
Et pour compliment un couplet.
Amitié, gaieté, badinage,
Voilà ce que nous apportons;
Ce qu'au reste prescrit l'usage,
C'est de vous que nous l'attendons.

Le couplet fut chanté et applaudi. « Eh bien, Félicité, demandait le lendemain Béranger à sa cousine, as-tu chanté ? — Oui, et tes amis te feront compliment. — Et après ? — On a fait recommencer. — Voilà tout ? — Qu'y avait-il encore ? — Rien, rien. » Et Béranger courut se moquer des jeunes garçons de Péronne, qui n'avaient pas su prendre un baiser offert gracieusement.

Ce couplet, fait à quinze ans, dans l'atelier de l'imprimeur Laisney, est sans doute l'un des premiers essais de Béranger.

[1] Béranger donna toujours, et au moins 1,000 francs par an jusqu'en 1840.

seulement, je te préviens que depuis deux mois mon esprit est d'une paresse désespérante. Ne te fâche donc pas si je ne remplis pas ton attente. Si j'étais sur les lieux, je répondrais de moi : à te vrai dire, je regarde tous ces couplets de fête et de noce comme des inutilités. Quelques verres de bon vin valent mieux pour égayer des convives. Cependant j'y penserai sérieusement.

Adieu, mon cher oncle; embrasse bien ma tante, et dis-lui que j'espère que la noce de sa petite-fille lui rendra un peu de santé. Je crois plus au pouvoir du bonheur qu'à celui de la médecine. Ne m'oublie auprès d'aucun de tes enfants, surtout auprès de madame Née, que j'embrasse de tout mon cœur. Je charge sa fille de présenter mes compliments à M. Lefrançois[1].

Fais part à ma tante Bouvet des détails que je te donne sur Lucien.

Adieu encore une fois. Je t'embrasse et suis pour la vie ton dévoué neveu et ami[2].

CXIX

A MESSIEURS BASTIDE ET THOMAS

17 janvier[3].

Mes bons amis, il me faut encore du bois. Je fais deux feux, et Manuel m'aide un peu. Envoyez-moi donc de quoi me chauffer.

Tout à vous de cœur[4].

---

[1] M. Auguste Lefrançois, le futur époux.
[2] Lettre communiquée par MM. Lefrançois.
[3] Cette lettre n'est pas autrement datée ; elle ne peut être antérieure au moment où Béranger alla demeurer rue des Martyrs avec Manuel. MM. Bastide et Thomas faisaient alors le commerce des bois.
[4] Lettre communiquée par M. Decaudaveine.

CXX

A MONSIEUR CAUCHOIS LEMAIRE

J'allais vous répondre que nous ne pourrions pas dîner chez Gassicourt demain; mais Manuel et moi venons de renvoyer une invitation dont il avait déjà parlé à Félix. Seulement, à notre grand regret, nous sommes obligés l'un et l'autre d'être de très-bonne heure dans la maison où nous ne dînerons pas. Voudra-t-on nous permettre de nous retirer d'avec vous à huit heures? Si on en a assez de nous comme ça, tout pourra se concilier, et Manuel réparera la bêtise qu'il a faite samedi passé! Sollicitez donc notre pardon d'avance pour la nécessité où nous serons de nous en aller aussitôt le dîner fini.

Je pourrai peut-être sortir de bonne heure aujourd'hui, c'est-à-dire à midi. Je monterai chez vous. Nous allons à trois heures, avec M. Jacob, voir les tableaux de David[1]. Laffitte y vient aussi. Il est fâcheux que vous ne veniez pas avec nous, vous pourriez demander la réponse à votre lettre d'hier, car je présume que Jacob ne vous a pas répondu, puisque vous ne m'en dites rien. Nous avons eu beau temps hier, mais il fait bien plus beau aujourd'hui. Je regrette que notre course à la campagne n'ait pas été retardée. Dupont[2] est revenu hier. Manuel et lui se sont enfin vus.

Gévaudan va plus mal. J'en désespère. Ce que je vous avais dit de sa position est juste : Dubois[3] me l'a confirmé. Son mal a fait invasion dans la poitrine, qui se remplit

---

[1] David est mort exilé à Bruxelles, le 29 décembre 1825.
[2] Dupont (de l'Eure).
[3] Antoine Dubois.

d'eau. Il a cependant eu une assez bonne nuit, mais depuis cinq heures l'état a empiré.

Adieu, si je ne vous vois pas[1].

CXXI

A MONSIEUR GUERNU[2]

Je regrette, mon cher ami, de ne pouvoir accepter ton invitation pour dimanche; mais j'ai promis d'aller voir des tableaux ce jour-là, et suis forcé de tenir parole.

J'aurais eu d'autant plus de plaisir à passer quelques instants avec toi, que j'aurais voulu causer un peu longuement de ta pièce. J'y ai trouvé d'excellentes intentions, des vers fort heureux, quoique le style soit quelquefois négligé : au moins m'a-t-il paru moins soigné, moins clair que celui de tes autres ouvrages.

L'observation la plus grave que j'aie à te faire porte sur l'absence du comique, ou plutôt de gaieté dans les scènes. Le sujet et le fond de la pièce exigeaient, il me semble, que tu cherchasses les moyens d'en varier l'effet, qui pourrait être un peu monotone. L'arrivée de Belcourt au dénoûment est brusque, et il n'en résulte point assez de satisfaction pour justifier ce moyen. Le départ de Saint-Brice semble ouvrir carrière à un autre acte, plutôt que de voir terminer la pièce. Tu as voulu éviter ces révolutions subites de caractère, qui sont si fort usées au théâtre : mais ce qui complète le misanthrope n'est pas assez nécessaire pour le suscepti-

---

[1] Cette lettre, comme le petit mot écrit à MM. Bastide et Thomas, a été insérée, parce que c'est l'une des rares lettres où est marquée la trace de l'amitié qui unissait Béranger et Manuel. Ils ne se quittaient plus.

[2] Cette lettre n'est pas datée. Le commencement semble autoriser à la placer immédiatement auprès de celle qui précède. Elle a même été écrite probablement quelques jours plus tôt.

ble, pour qu'on ne t'accuse pas d'avoir laissé l'intérêt en l'air, si je puis m'exprimer ainsi. Tu me trouveras peut-être trop sévère, mais j'aime mieux pécher ainsi que d'omettre aucune des réflexions que m'a fait naître une lecture attentive. D'ailleurs, dans les plus mauvaises critiques, il y a quelquefois le germe d'une idée juste et d'un changement nécessaire. Pardonne-moi donc mon rigorisme, et crois que ma *susceptibilité* n'ira pas jusqu'à se courroucer si tu fais peu de cas de mes observations.

Adieu, mon cher Guernu; cours te présenter à l'Odéon[1], et compte sur les applaudissements de ton vieil ami, autant que sur la sincérité de son attachement.

Tout à toi pour la vie.

CXXII

A MONSIEUR GUERNU[2]

J'ai lu les trois actes avec beaucoup d'attention; je les ai même relus, après mûres réflexions; aussi je pense que tu me pardonneras d'y avoir mis le temps nécessaire. Voici d'abord mon avis sur la partie littéraire :

Tu sembles n'avoir senti qu'au troisième acte l'importance du sujet. Les deux premiers ne laissent aucunement soupçonner la gravité de ce qui doit les suivre. Si les intentions indiquées dans le troisième le développent entièrement, pourquoi ce troisième acte ne serait-il pas au moins

---

[1] On voit qu'il s'agit d'une comédie du *Susceptible*. Précédemment, c'était d'une comédie de l'*Enthousiaste*. Dans la lettre qui suit, c'est l'*Indépendant* ou la *Manie d'indépendance* que M. Guernu voulait peindre.

[2] Cette lettre n'est pas datée. Elle est très-importante, et ne pouvait être omise. Ne sachant où la classer, nous la plaçons à côté d'une lettre du même genre. Comme presque toutes les lettres adressées à M. Guernu, elle nous a été communiquée par M. Leroux, son parent.

le second, puisque tu auras à peine assez d'espace pour y faire entrer tout ce qui te reste à dire? Quand ce ne serait pas ton avis, toujours est-il qu'il faudrait indiquer dès le commencement le but vers lequel tu fais marcher ton caractère. Cela me semblerait d'autant plus convenable, que les deux premiers actes me paraissent vides d'action. Il y est beaucoup trop souvent question d'indépendant et d'indépendance. Molière répète bien rarement le mot de son titre dans le courant de ses ouvrages : c'est un défaut de l'école moderne. Autre critique : les plaisanteries de Dusautoire, de madame de Saint-Phard, et même des personnages moins bouffons, ne sont pas toujours marquées au coin du bon goût, et je dirai aussi du bon ton, pris dans sa meilleure acception. Comme il faut penser au succès, il ne faut rien hasarder dans ce genre, par respect pour notre délicatesse, qui va souvent jusqu'au ridicule. Ton style me semble être, malgré cette observation, parfaitement approprié à la comédie : il y a des passages qui, revus un peu, paraîtront excellents. Sous ce rapport, je ne puis trop te donner d'éloges; et si tu peux renoncer aux plaisanteries de mots, pour ne t'attacher qu'à rendre celles que la situation fournit, je suis disposé à croire que ton style sera pour beaucoup dans la réussite de tes ouvrages.

En considérant toujours ton sujet sous le point de vue littéraire, je pense que ta fable paraîtra bien faiblement tissue. Trois premiers actes d'une comédie suffisent pour juger le fond de l'intrigue : aussi j'en reviens à cette idée, que le sujet s'est agrandi par le travail, et que tu as vu plus loin que tu ne l'avais fait d'abord.

Venons à la partie morale.

L'indépendance n'est appelée manie que pour les usages privés. Elle est presque inconnue chez nous dans l'application à la politique, et c'est une espèce de malheur. Le titre d'indépendant donné à certains hommes est un mot sans signification. Ta pièce donnera lieu à de fréquentes applications contre les libéraux : elle pourra te conduire à des récompenses ministérielles, et tu ne peux éviter cet inconvénient. Dans un pays aussi monarchique que le nôtre, dans un pays où l'on aura tant de peine à créer une opposition forte, vigoureuse, quoique toujours mesurée, il est au moins imprudent de tourner en ridicule l'indépendance de caractère, et le mot *manie* ne peut empêcher cet effet de se produire, puisqu'il sera toujours facile de confondre la juste mesure de l'indépendance avec ses excès, qui, comme je le disais plus haut, ne peuvent être à craindre chez nous. Je n'oserais même conseiller de peindre le faux indépendant, c'est-à-dire l'homme qui feint d'éviter tout oug, pour se vendre plus cher, ou pour parvenir à dominer ; nul doute qu'il n'y ait beaucoup de gens de cette espèce : mais la satire qu'on en ferait aurait aussi l'inconvénient de permettre des applications contre des hommes qui, en effet, combattent avec sincérité contre les abus du pouvoir.

Après cinquante ou soixante ans de gouvernement représentatif, il n'y aurait pas de mal à donner des pièces de ce genre; aujourd'hui j'en vois beaucoup. Je me résume : il n'y a point de manie d'indépendance dans un pays où l'indépendance ne peut rien rapporter. Pourquoi attaquer ce qui n'existe pas? Quant aux indépendants de société, ils sont aussi en petit nombre : mais fussent-ils plus nombreux, en quoi sont-ils attaquables? à moins qu'ils ne soient des égoïstes déguisés, je ne vois point pourquoi on leur ferait la guerre.

J'aurais voulu donner plus d'étendue à mes réflexions,

et surtout employer une meilleure dialectique pour te convaincre. Tu verras peut-être dans ces observations les idées d'un homme qui peut se reconnaître dans plusieurs passages de ta pièce; mais ne crois point cependant que cela ait influé en rien sur mon jugement. Réussis, et je suis prêt à dire ce que Montausier disait après avoir vu le *Misanthrope*[1]; en supposant toutefois que ton Damis ne fasse pas trop de folies, et ne devienne pas ambitieux à la fin de sa carrière.

CXXIII

A MONSIEUR GUERNU

28 février 1825.

Mon cher Guernu, lorsque j'ai reçu ta lettre, j'étais retenu chez moi par un gros rhume. Quelques sorties que j'ai hasardées depuis ne m'ayant pas réussi, je me suis de nouveau claquemuré, et je ne sors qu'en plein soleil, heure où l'on ne te trouve pas chez toi : car malheureusement nos heures ne correspondent guère. Il n'y a que le dimanche où je pourrais te rencontrer, et j'espère avoir ce plaisir à mes premières sorties complètes : quant au dîner, depuis quelque temps je m'abstiens des dîners en ville, non par régime seulement, mais pour ne pas rentrer tard chez moi. Je suis toujours retiré à cinq heures. Il faudra bien que tout cela finisse, et nous nous verrons alors. Je te félicite de l'a-

---

[1] On croyait irriter M. de Montausier contre Molière en lui disant qu'il l'avait voulu peindre. M. de Montausier pria Molière de le venir trouver; et comme Molière arrivait avec inquiétude, il lui dit que, s'il avait réellement pensé à lui en peignant le *Misanthrope*, qui était le caractère du plus parfaitement honnête homme qui se pût imaginer, il lui avait fait trop d'honneur, et un honneur qu'il n'oublierait jamais. Béranger avait du Montausier dans le caractère. Mais, s'il méprisait l'intrigue et l'effronté dévouement de ceux qui font semblant de se sacrifier aux grandes places, il était loin de ne pas aimer les hommes. Il lui suffisait qu'il les vît sincères. Cette lettre-ci n'est assurément pas sans beauté.

mélioration de ta santé et de ta place. Il faut espérer que les épurations ne t'atteindront pas. Quant à moi, je vais retomber, je le crains bien du moins, sous la griffe des juges [1]. Mais il est inutile de te parler de cela.

Adieu, mon cher camarade. Compte sur moi au premier beau dimanche. Ton ancien ami.

CXXIV

A MONSIEUR GUERNU

J'espérais te trouver à cette heure. Je voulais savoir des nouvelles de ton ouvrage, et te dire que l'affaire des bureaux de la guerre était recommandée dans les bureaux de M. de Coetlosquet, parce qu'elle ne regarde pas ceux de M. Perceval, ainsi que nous l'avons appris par la personne qui s'en occupe. J'espère que tout ira bien ; mais il faudrait, de ton côté, t'informer de ce qu'il y aurait à faire encore.

Je pars après-demain pour la campagne ; écris-moi un mot, rue du Helder, n° 13 [2], afin que demain dans la journée je fasse écrire de nouveau à la personne en question, s'il y a lieu.

CXXV

A MONSIEUR BÉRARD

Mars 1825.

Mon cher Bérard, voici ma chanson et ma lettre pour la Fayette. Faites prendre copie de la chanson pour l'imprimeur, et relisez-la attentivement, pour voir s'il ne s'y trouverait pas quelque bévue ou quelque oubli. Dans le cas où vous auriez quelque remarque à me faire, gardez le tout ; sinon, envoyez la lettre et la chanson, avec l'adresse du gé-

---

[1] Béranger ne fut pas poursuivi pour le recueil de 1825.
[2] Chez M. Bérard.

néral, à l'envoyé américain. Je vous serai obligé. Vous auriez eu tout cela hier matin, si je n'avais été tourmenté d'un grand mal de tête qui me tient encore aujourd'hui.

J'achève une chansonnette pour mon recueil : j'espère l'avoir finie demain.

Je ne vois pas arriver les épreuves nouvelles, que j'attends avec impatience ; il me semble qu'on a dû mettre les chansons en pages dans l'ordre indiqué.

J'espère vous voir ce soir.   BÉRANGER.

Peut-être remarquerez-vous un changement à ce vers :

A son nom seul sortant de leurs forêts.

En effet, il y avait : *A son grand nom,* etc.

On m'a fait observer [1] que les mots *grand* et *grandi* se retrouvaient trop souvent, car il y a plus loin des hommes plus *grands.* Docilement j'ai corrigé ; le vers est moins brillant, peut-être est-il plus vrai : en cela il aurait gagné ; si, cependant, vous trouviez de l'inconvénient au changement, on pourrait, à la rigueur, remettre : *A son grand nom sortant de leurs forêts* [1].

Il y a dans le recueil des *Mémoires et Lettres* de la Fayette deux lettres qui se rattachent à celle-ci. La première est écrite à Dupont (de l'Eure) ; la seconde l'est à Béranger lui-même.

1° *Extrait de la lettre à Dupont de l'Eure :*

A bord du *Natchez,* sur le Mississipi, 22 avril 1825.

« Je n'ai pas pu avoir des nouvelles complètes sur la santé de Manuel, si ce n'est qu'il est mieux et qu'on lui a fait autrefois

---

[1] Ce ne sont assurément ni Victor Hugo, ni Lamartine, ni Musset, ni de bien moindres que leurs lettres surprendraient aussi simples dans leur dire, aussi constamment vrais, aussi éloignés du trépied fabuleux. Celui-ci est un homme, et il n'en vaut pas moins, qui ne se croit rien de plus qu'un autre, qui fait du grand sans penser, sans dire qu'il fait du sacré.

souffrir des maux inutiles. Je vais écrire à son compagnon de logement, Béranger, qui m'a envoyé une chanson aussi aimable que lui-même. »

2° *Lettre de la Fayette à Béranger* :

Louisville, le 12 mai 1825.

« Je vous avais écrit une longue lettre, mon cher ami ; je vous exprimais ma tendre reconnaissance pour la belle et charmante ode en forme de chanson qui avait fini par m'atteindre dans notre rapide course à travers les États du Sud et de l'Ouest. Je vous parlais de notre ami Manuel, et de tout ce que j'éprouve et vois dans cet heureux pays des États-Unis. Tout cela devait prendre le chemin de la rue des Martyrs, lorsque, dans la nuit d'avant-hier, notre bateau à vapeur, en remontant l'Ohio, a rencontré ce qu'on appelle un smag, c'est-à-dire un des arbres morts qui tombent dans ces immenses rivières et dont quelques-uns s'enfoncent par un bout ; l'autre bout de notre smag, caché sous l'eau, a transpercé le bâtiment, et ne nous a laissé que le temps de sortir de notre chambre et gagner le rivage. Beaucoup de lettres que je m'étais plu à écrire pendant une navigation de douze jours ont été noyées : mais aucun de nos compagnons n'a éprouvé ce sort, et c'est très-heureux. Nous voici rentrés dans le tourbillon de bontés qui nous entoure à chaque pas, et comme la poste de New-York va partir, je me borne à vous dire mille amitiés à vous et à Manuel, et à vous embrasser de tout mon cœur.

« LA FAYETTE.

Parlez de moi bien tendrement à nos amis. C'est bien tard, et par une gazette, que j'ai appris la perte de la pauvre madame Laffitte. Presque tous les paquebots nous ont annoncé des malheurs. »

CXXVI

A MONSIEUR ANDRIEUX,

DE L'ACADÉMIE FRANÇAISE, PROFESSEUR AU COLLÉGE DE FRANCE [1].

25 mars 1825.

Mon cher maître, j'ai encore été cloué une partie de l'hi-

[1] Dans une de ses leçons, M. Andrieux avait parlé de Béranger ; il avait dit,

ver au coin du feu, sans être toutefois aussi malade que les deux années précédentes. Il en est résulté un état de paresse qui m'a sevré de tous les plaisirs.

J'ai été vous voir il y a peu de temps¹ ; vous faisiez votre cours. On n'y pouvait pénétrer, et la porte était si froide que ma mauvaise santé m'a forcé de déguerpir sans vous entendre. Je ne sais si c'est ce jour-là que vous avez eu la bonté de parler de moi à vos disciples, car on m'a assuré que vous aviez eu cette bonté qui n'est pas sans courage. Je vous avoue qu'en l'apprenant je n'ai d'abord été frappé que de l'idée du risque que courait votre place : elle pouvait faire une perte irréparable. Il ne fallait pour cela qu'un mot de M. Corbière², qui ne doit aimer ni vous ni moi. Le volume que je vous envoie³ ne me conciliera point les faveurs de l'autorité. S'il pouvait mériter votre suffrage, il y aurait plus que compensation.

Adieu, mon cher et bon maître, croyez qu'à la campagne ou à Sainte-Pélagie je suis toujours le plus reconnaissant de vos admirateurs et le plus respectueux de vos amis⁴.

CXXVII

A MONSIEUR GUERNU

9 avril 1825.

Mon cher Guernu, je t'envoie ce que tu me demandes, mais je ne puis y joindre les deux premiers volumes, parce que je n'en ai plus. Ladvocat et Baudoin doivent les réim-

notamment, que Béranger était le seul de nos contemporains qui eût fait faire des progrès au genre de littérature qu'il avait cultivé.

¹ M. Andrieux était logé au Collège de France même.
² Ministre de l'intérieur.
³ C'était le volume de 1825.
⁴ Lettre communiquée par M. Labrouste, directeur de Sainte-Barbe, gendre de M. Andrieux.

primer; alors je pourrai te les donner. L'exemplaire que je t'envoie est un peu plus complet que la plupart de ceux qu'ils vendent, ces messieurs s'étant permis des suppressions dans une partie de l'édition¹, malgré mes ordres et sans m'en prévenir : ce qui aurait empêché le livre de paraître, si je n'en avais été prévenu qu'après l'émission des exemplaires mutilés. Ils ont, même à ceux qu'ils m'ont donnés, supprimé les majuscules des noms propres, auxquelles je tenais beaucoup.

Ma santé est toujours assez chancelante. Les soins qu'elle exige m'empêchent de sortir de chez moi avant une heure, ce qui fait que je ne t'ai pu aller voir encore. Je croyais te l'avoir dit dans ma dernière lettre. Je juge par la tienne que tu te portes mieux. J'en suis ravi.

Je ferai mon possible pour t'aller voir.

Tout à toi, ton ancien ami.

---

¹ « En 1825 je cédai un troisième volume au libraire Ladvocat. M. de Villèle gouvernait, et je calculai que cet homme d'État avait trop de tact et d'esprit pour me susciter un nouveau procès. Le penserait-on ? je me crus engagé par là à me montrer moins hostile. Le libraire et l'imprimeur furent pourtant tiraillés par la police pour obtenir de moi quelques retranchements. J'en fis, dans leur intérêt, qui me parurent sans importance ; mais je résistai à de longues et nombreuses sollicitations pour me faire ôter le *Couplet d'envoi* à Manuel, qui termine les *Esclaves gaulois*. Quel parti prit le libraire Ladvocat ? On tira quatre à cinq mille exemplaires sans le couplet et sans quelques autres passages que la police avait fait disparaître à mon insu, et on laissa le reste de l'édition comme je l'avais exigé. Ayant été instruit de cette falsification le jour même où Ladvocat donnait un grand dîner pour célébrer l'apparition du volume, je refusai de m'y rendre, malgré les prières du pauvre éditeur, à qui j'aurais dû pardonner d'avoir plus de peur que moi d'un emprisonnement qui pouvait ruiner sa maison. Il n'évita pas un procès, par suite de saisie d'exemplaires non conformes au dépôt qu'exige la loi ; mais l'affaire fut traitée doucement et sans qu'on me mit en cause. » (*Ma Biographie*.)

CXXVIII

A MADAME B***

Vous accepterez avec bienveillance le petit volume que je vous envoie, et je souhaite que vous le lisiez avec plaisir.

Mais qu'allez-vous penser de moi? Je vous ai promis de dîner avec vous aujourd'hui, et me voilà dans l'impossibilité de tenir parole; je suis enfluxionné, je tousse même de nouveau : toutes raisons pour ne pas aller dans le monde. Excusez-moi donc et plaignez-moi un peu.

Ayez la bonté de dire à l'Ermite[1] que je ne lui ai pas répondu relativement à la *Pandore*, parce que je ne savais pas si mes libraires étaient en mesure de se faire annoncer. D'ailleurs, j'ai trop lieu d'être irrité contre eux pour me mêler de leurs affaires. Je vois cependant que d'autres journaux ont déjà rendu compte de ce recueil. L'Ermite fera donc ce qu'il jugera convenable. Sa bonté a toujours été si grande pour moi, qu'il ne m'a laissé que l'embarras de lui en exprimer toute ma reconnaissance. Elle est plus grande qu'il ne peut croire; cependant, c'est une dette que je voudrais encore augmenter, car dites-lui que je désirerais que ce fût lui qui rendît compte de mon nouveau recueil dans la *Revue européenne;* je ne sais si cela se peut et s'il y travaille encore; mais il me serait doux d'être recommandé par lui en Angleterre. Au reste, nous en causerons.

Adieu, madame Emma; malgré ma joue enflée, permettez-moi de vous baiser les mains.

Tout de cœur.   BÉRANGER.

Ne m'oubliez pas près de madame de Jouy.

---

[1] M. de Jouy, père de madame B***.

CXXIX

A MADAME B***

Bonjour, madame; vos yeux sont à peine ouverts, je gage. Mon page vous porte le deuxième volume de *Madame de Genlis*, que vous avez peut-être attendu. J'en aurais regret; mais Manuel ne l'a fini qu'hier, et les malades doivent passer avant les gens en santé, en dépit de la galanterie.

J'espère que l'Ermite dîne aujourd'hui chez madame Davillier. Il serait bien doux de vous y trouver aussi; mais je n'ose compter sur tant de bonheur.

Au moins, on vous verra le soir.

CXXX

A MADAME ANTIER LISARDE,
MAÎTRESSE DE PENSION A PARIS.

Ce 19 décembre 1825.

Je suis retenu, depuis longtemps, pour le lundi 26, et il n'y a pas moyen de me dégager, parce que ce dîner tient à une sorte d'affaire. Tous les autres jours de la semaine prochaine me conviendraient. Marquez-moi donc celui qui pourra vous convenir. Quant à la semaine actuelle, je ne puis disposer d'aucun, car il est bon que vous sachiez que votre pauvre ami est dans les affaires jusqu'au cou : il est vrai que ce n'est pas pour lui, mais il n'en est pas moins occupé; aussi n'a-t-il pas le temps d'aller voir ses anciens amis : il ne les en aime pas moins; dites-le bien à Ernest, et présentez-lui mes excuses pour la négligence que j'ai mise à répondre à sa lettre.

CXXXI

A MADAME MOZIN

Ce 2 mars 1826.

Madame[1], c'est avec une vive reconnaissance que j'ai l'honneur de vous remercier de celui que vous avez bien voulu faire à l'*Ombre d'Anacréon*. Je me félicite toutes les fois qu'une personne de talent veut bien adapter de la musique à mes paroles, et je ne crois pas que mon autorisation soit nécessaire pour ces sortes de publications, qui ont presque toujours lieu sans que j'en sois prévenu. Vous avez agi avec plus de politesse, madame, et je vous en sais gré, puisque c'est pour moi une occasion de vous en adresser des remercîments. Je vous dois pourtant un avis. J'ai vu bien des compositeurs désappointés pour avoir associé leur Muse à ma musette. La librairie a souvent empêché la publication d'airs qui n'avaient d'autre tort que celui d'être faits pour des chansons de moi, et même pour des chansons qui n'avaient rien de séditieux que mon nom.

Je serais désolé qu'une pareille mésaventure privât le public du chant que vous venez de terminer. Agréez, madame, l'expression de ma considération la plus distinguée. Votre très-humble serviteur[2].

CXXXII

A MADAME MOZIN

Ce 9 mai 1826.

Madame, je m'empresse de vous adresser mes remercîments pour le bel air que vous avez la bonté de m'envoyer;

---

[1] Madame Mozin était la femme de Mozin, du *Caveau*.
[2] Lettre communiquée par M. Davenne, directeur de l'assistance publique.

un musicien de mes amis vient de me mettre à même d'en apprécier tout le mérite. J'espère que le succès vous payera de la peine que vous avez prise pour mes paroles. Vous pouviez faire un choix plus heureux, mais non consacrer votre talent à une cause plus belle.

Vous joignez à cet air, madame, un chant bachique, de M. Mozin, qui me semble aussi une heureuse inspiration; mais c'est avec surprise que j'ai vu mon nom en tête de cette chanson : elle n'est pas de moi, et je n'en connais pas l'auteur. S'il est temps de faire réparer l'erreur que contient le titre de ce morceau, je vous engage de le faire. Il se pourrait que le poëte tînt à ses couplets, qui me semblent fort jolis.

CXXXIII

A MADAME FIRMIN[1]

Ce 15 mai 1826.

Ma chère amie, tous les Suisses du monde ne pourraient me déterminer à manquer de parole à un dîner auquel je suis invité depuis quinze jours.

J'ai regret de ne pouvoir me trouver avec tes amis, mais ils doivent avoir une si mauvaise idée de moi, que je m'en console un peu. Ces puritains-là vont me faire une belle réputation à Bâle. A Genève, déjà, mes chansons gaillardes ont été condamnées par les magnifiques seigneurs : me voilà perdu dans toute la Suisse. Pour m'achever, je n'ai plus qu'à y faire un voyage.

Je n'en suis pas moins fâché de ne pouvoir accepter ton dîner.

Mille amitiés à Firmin. De tout cœur,   BÉRANGER.

[1] Madame Firmin était la femme du célèbre comédien du Théâtre-Français qui vient de mourir cet été (1859). Elle avait précédé son mari dans la tombe. C'était une des plus anciennes amies de Béranger.

P. S. Vous trouverez ci-joint deux chansons au lieu d'une que je vous ai promise. Je ne crois pas avoir donné à Firmin le *Petit homme rouge*, quoiqu'il y ait deux ou trois mois qu'elle soit faite [1].

CXXXIV

A MONSIEUR LUCIEN ARNAULT

Juin 1826.

Mon cher ami, j'ai rêvé toute cette nuit à votre bel ouvrage, *le Dernier Jour de Tibère*. Je ne vous répéterai pas les éloges que je vous ai donnés hier. Je veux seulement vous dire que je n'en rétracte aucun aujourd'hui; mais je persiste de même dans les observations que je vous ai faites. Il y en a de peu importantes, en les supposant justes; mais il n'en est pas ainsi de la note de proscription remise par Tibère à Caïus. Ce qui m'empêche d'insister sur ce point, c'est que je crois impossible d'y remédier. On pourrait seulement justifier un peu ce moyen, du moins je le suppose.

Quant à la scène de Tibère avec Macron, au deuxième acte, je me permets de la désapprouver, parce que je ne la crois pas nécessaire, et que vous y visez trop au trait, comme disent les vaudevillistes [2]. Quel besoin a Tibère pour faire croire encore à sa capacité, d'un travail semblable fait en tête-à-tête avec son ministre? Je pense qu'il y avait ici place pour une scène plus forte, plus opposée à celles qui doivent suivre; peut-être devait-elle avoir lieu devant plus de témoins, et c'est le cas de remarquer qu'il me semble que dans les trois premiers actes vous avez trop de scènes à deux interlocuteurs. Quoique j'aime peu les monologues, il y

---

[1] Lettre communiquée par M. Firmin.
[2] Cette scène a pour objet d'amener l'empereur à faire son testament; c'est ce qui avait échappé à Béranger, qui l'a reconnu plus tard.

avait peut-être aussi à la fin de l'acte sujet à en faire un qui nous eût découvert toute la satiété de l'âme d'un tyran vieilli sur le trône. Enfin, je hasarde à la fois toutes ces idées mal digérées, parce que, je vous le répète, je voudrais que cette première apparition de Tibère fût différente de celles qui la suivent. Il me semble aussi que la peinture de la vie que Tibère mena à Caprée manque dans votre ouvrage : au moins elle y est trop peu indiquée. Ne la jugez-vous pas nécessaire? Réfléchissez-y, et moquez-vous de mes observations si elles ne vous semblent pas fondées. Je n'en serai pas moins disposé à admirer les grands progrès qu'a faits votre beau talent.

Je vous dirais bien aussi quelque chose sur certaines parties du style, qui généralement me paraît neuf et bon. Il n'a pas toujours la perfection dont il est susceptible, et qui a puissamment contribué au brillant succès du *Régulus* et de *Pierre de Portugal*. J'y trouve quelquefois de la déclamation, des répétitions, des rimes, quelques hémistiches rebattus ; mais tout cela vous sera facile à corriger.

Mon cher Lucien, il faut que je compte sur toute votre amitié pour me laisser aller à ces critiques ; mais je sais que vous y verrez la preuve du vif intérêt que je vous conserverai toujours.

CXXXV

A MADEMOISELLE AGATHE [1]

1826.

Ma passion ne sait rien faire de raisonnable. Le vendredi, je dîne d'obligation chez le restaurateur, avec ce qu'on appelle des gens d'esprit, mais qui déraisonnent quelquefois tout autant que madame D***. Je ne manque à ce dîner que

---

[1] Mademoiselle Agathe Heurtaux, sœur de M. Bérard.

lorsque je n'ai pas le sou ; malheureusement j'ai encore une pièce de cinq francs dans ma poche. Vous voyez, ma chère Agathe, que je ne pourrai vous aller voir qu'après dîner. Pourquoi choisit-elle un vendredi pour dîner chez votre tante ?

Remerciez *mère*[1] de sa bonté, et croyez-moi votre sincère ami.

CXXXVI

A MONSIEUR WILHEM

1826.

Comment te portes-tu et comment vous portez-vous ? J'aurais bien voulu t'aller voir, mais, outre la visite d'un Anglais, que je ne voulais pas manquer, il faut que tu saches que lundi soir ma maudite toux a recommencé de plus belle. D'après l'avis de Dubois, on m'a remis au bouillon aux herbes. Ce sera la dernière fois, je l'espère. Je suis mieux aujourd'hui, et je commence à croire que les rafraîchissements achèveront la cure. Mais toi, où en es-tu ? Les sangsues t'ont-elles soulagé ? Écris-moi un mot, ou, si tu ne le peux, prie ta femme de le faire. Elle-même a bien aussi de ses nouvelles à me donner. Il me semble qu'elle se plaignait un peu la dernière fois que je l'ai vue. Mille amitiés pour la vie. BÉRANGER.

J'ai vu madame Antier hier soir. Son mari n'a pu aller te voir tant il est occupé. Il fait un vaudeville pour l'Ambigu et un mélodrame pour le Vaudeville.

[1] Madame Bérard.

CXXXVII

A MONSIEUR ROUGET DE LISLE

21 juin 1826.

Je viens de chez vous, et malgré le silence obstiné de vos hôtes, je me suis convaincu que ce qu'on m'a dit il y a deux jours à la campagne n'est malheureusement que trop vrai. Je vous écris donc à Sainte-Pélagie. Je n'ai plus à vous faire de protestations de dévouement. J'entre donc en matière sur-le-champ.

Quelle dette a causé votre détention? est-elle considérable? Répondez-moi positivement. N'allez pourtant pas en conclure que je sache encore par quel moyen vous tirer de là. Malheureusement vous m'avez toujours connu beaucoup de bonnes intentions et peu de pouvoir. Mais enfin dites-moi d'abord si vous croyez que des démarches auprès du créancier pourraient quelque chose. J'en ferai s'il le faut. Je tenterai d'autres voies, mais il est nécessaire, avant tout, je vous le répète, de savoir pour combien vous êtes écroué.

Je connais les usages de la *prison politique* et nullement ceux de la *dette*. Je crois me rappeler pourtant qu'on ne peut obtenir de permis à la police pour entrer chez les détenus qu'avec leur autorisation. Envoyez-moi donc la vôtre; mon commissionnaire attendra votre réponse dans les guichets.

J'ai une recommandation à vous faire : ne rougissez pas d'être détenu pour dettes. C'est à la nation tout entière à rougir des malheurs qui n'ont cessé d'accabler l'auteur de la *Marseillaise*. Je l'ai crié bien des fois dans les salons de l'égoïsme. Peut-être qu'à la fin un peu de pudeur le fera comprendre aux plus sourds.

Tout à vous de cœur. Votre ami, BÉRANGER.

P. S. Point d'enfantillage ; répondez-moi sur-le-champ[1].

CXXXVIII

A MONSIEUR ROUGET DE LISLE

23 juin 1826.

Tranquillisez-vous, mon cher prisonnier; je m'occupe activement de votre affaire, et j'espère bien qu'avant deux jours vous serez libre. Je vous l'assure même. Je puis tout au plus me tromper sur le nombre de jours. Vous m'auriez peut-être abrégé un peu de besogne, si vous aviez voulu me dire quel était votre créancier primitif. Quant aux obligations que cela vous fera contracter, ne vous en inquiétez point. Jusqu'à présent, cela ne regarde que moi. J'aurais été vous voir, si je n'étais obligé de retourner à la campagne. Je laisse ici quelqu'un chargé de ce qui vous concerne. C'est une personne que vous avez dû voir chez moi ou chez M. Bérard. Son nom est Béjot. Si, par hasard, il avait besoin de vous voir, ayez-y pleine confiance, comme en l'un de mes meilleurs amis. Adieu. Du courage.

CXXXIX

A MONSIEUR ROUGET DE LISLE

Ce mardi, 27 juin 1826.

Je suis venu passer quelques heures à Paris, et avant de

---

[1] Une brochure de M. Cornède-Miramont donne le nom du créancier qui fit incarcérer l'auteur de la *Marseillaise* pour une somme de cinq cents francs prêtée amicalement, mais contre une lettre de change payable à soixante-dix jours et entraînant la contrainte. C'était M. B**********, procureur du roi à Cahors, en 1830, et, en 1834, député du Lot. Béranger délivra le glorieux captif.

rentrer chez moi j'ai voulu m'assurer que vous étiez rentré chez vous. Comme, cette fois, on m'a répondu que vous y étiez, je me suis en allé sans monter, parce que j'étais très-pressé, et qu'il était d'assez bon matin pour déranger, si j'étais monté. Nous causerons de votre affaire un autre jour. Ne faites plus de lettres de change surtout, et espérons que l'avenir se débrouillera enfin. Tout à vous de cœur et d'estime.

CXL

A MONSIEUR DUPIN

Champrosai[1], ce 10 juillet 1826.

Mon cher défenseur, je ne suis pas de ceux qui vous croient ou feignent de vous croire devenu jésuite. Certes, vous ne commettrez jamais ce vilain péché. Aussi, depuis que vous êtes en butte à de sottes attaques, me suis-je escrimé à ce sujet presque avec autant de chaleur que vous en avez mis à me défendre contre les robes courtes et longues de la Congrégation. Cependant, si j'avais été à Paris, j'aurais été vous presser de repousser, par une courte profession de foi, ces attaques aussi ridicules qu'inconvenantes, et qui même peuvent être nuisibles aux principes libéraux que vous avez défendus tant de fois. On m'écrit de Paris que plusieurs personnes estimables vous donnent aussi ce conseil. Je pense donc que vous pouvez le suivre sans compromettre la dignité de votre caractère. Que vous le fassiez ou non, vous n'en restez pas moins pour moi un sincère ami de nos libertés, même de nos libertés gallicanes, dont je vous avoue que je me soucie fort peu. Il n'en serait pas de même si c'étaient les libertés défendues par saint Louis et consacrées

---

[1] Béranger était alors chez M. Lebrun.

par Charles VII, quoique, à bien prendre, tout cela soit bien en arrière de l'époque où nous vivons. Mais, qu'à cheval sur ces vieilles maximes, vous combattrez de pied ferme les ultramontains, voilà ce dont je suis bien sûr, et voilà ce qui vous vaudra toujours la haine jésuitique, quelque politesse que ces messieurs vous fassent d'ailleurs. Ne croyez pas, au reste, que tout le monde ait déraisonné à votre égard. J'ai trouvé des gens aussi disposés que moi à blâmer vos agresseurs. C'est même pour vous assurer que c'est le plus grand nombre, que j'ai cru nécessaire de vous écrire, et non pour vous parler de mon opinion à ce sujet. Si vous aviez eu occasion de penser à moi dans cette circonstance, je ne doute point que vous ne vous fussiez dit : Béranger est sans doute fâché que je sois tombé dans le guet-apens de Saint-Acheul ; mais s'il est jamais en procès avec ces bons pères, je suis bien sûr que c'est moi qu'il viendra encore chercher pour le défendre contre eux et leur puissante clientèle. Et vous auriez ajouté : Qu'il vienne et je parlerai pour lui comme je l'ai déjà fait.

Oui, mon cher Dupin, voilà ce que je pense, et pourquoi je suis si stupéfait qu'on n'ait pas eu plus d'égards pour un orateur dont les grands talents ont toujours été au service de ceux qui, comme moi, et cent fois plus que moi, ont été en butte aux persécutions judiciaires.

Recevez la nouvelle assurance de toute ma reconnaissance, et croyez à ma sincère amitié. Tout à vous [1].

---

[1] Cette lettre est imprimée à la page 497 du tome Ier des *Mémoires* de M. Dupin. On sait qu'ayant été invité à visiter la maison des jésuites de Saint-Acheul, M. Dupin, qui y fut reçu avec toutes sortes de politesses, s'y trouva tout doucement contraint à suivre une procession du saint sacrement que les bons pères, avec leur finesse ordinaire, avaient organisée pendant que M. Dupin dînait avec le Père Loriquet. M. Dupin n'y attacha pas d'importance, et, en effet, il n'y en avait guère ; mais il était tout de même plaisant de voir dans une procession de jésuites le défenseur ordinaire des libertés gallicanes.

CXLI

A MONSIEUR ROUGET DE LISLE

Maisons, ce 25 juillet 1826.

Mon cher maître, je vous remercie d'être venu chez moi vous informer de mes nouvelles. J'ai reçu votre petit billet à Maisons, où je suis depuis le jour où je vous ai vu. Vous m'avez trouvé ce jour-là avec la fièvre ; elle s'est réglée, et j'ai l'honneur d'avoir une fièvre tierce : on ne me conseille pas de la couper. C'est aussi mon avis, d'autant que les accès, sans être moins forts, ont cependant moins de durée. J'ai le projet de rester ici jusqu'à parfaite guérison. Si je vous suis bon à quelque chose, écrivez-moi ou voyez Béjot. J'ai oublié de vous dire, dans le temps, qu'il avait les papiers de votre affaire, et que c'était de ma faute s'ils ne vous étaient pas encore remis. La chose, au reste, est peu pressante. Je voulais aller voir M. Saulnier[1], pour le remercier du présent qu'il m'a fait ; mais comme me voilà retenu pour quelque temps peut-être, je prends le parti de lui écrire. Je vous envoie ma lettre : ayez la bonté de la lui faire tenir, vous m'obligerez beaucoup. J'ai oublié de vous dire aussi qu'un de mes amis m'a demandé si vous voudriez prendre un petit emploi qui ne vous donnerait pas trop de peine. J'ai répondu affirmativement et j'ai montré même de votre écriture. Ce n'est point une chose qui puisse se faire en un jour ; mais enfin l'homme qui m'a parlé vous porte un grand intérêt et n'oublie pas les gens comme vous. Attendons donc et espérons toujours.

P. S. J'ai reçu le dernier numéro de la *Revue britannique*.

---

[1] Sébastien-Louis Saulnier, né en 1790, préfet du Tarn-et-Garonne en 1815, fondateur de la *Revue britannique*. Nous lui devons de connaître le zodiaque de Denderah.

CXLII

A MADAME B***

Octobre 1826.

Vous allez bientôt voir votre père; croiriez-vous que je le trouve un peu triste; je suis sûr que votre absence produit cet effet sur lui. Aussi parle-t-il souvent de son voyage en Sologne[1]. . . . .
Moi, je crois que mes voyages se borneront à une petite course en Picardie pour embrasser encore une fois la tante qui m'a élevé.

Vous avez appris par les journaux la maladie de Talma[2]; l'intérêt qu'on lui témoigne est général. C'est comme une calamité publique; c'en est une au moins bien funeste pour le théâtre. Hier soir il était un peu mieux. S'il se rétablit, on craint que ce ne soit dans un état de faiblesse tel, qu'il ne soit plus que l'ombre de lui-même. Pour sa gloire, il serait peut-être heureux qu'il finît aujourd'hui. Je conçois que ses amis ne le pensent pas ainsi.

Adieu, mon ancienne amie.

CXLIII

A MESSIEURS LES RÉDACTEURS DE LA *PANDORE*

22 octobre 1826.

J'ai l'honneur de saluer messieurs les rédacteurs de la *Pandore* et les prie de m'inscrire pour 10 francs, que je leur envoie, dans la souscription pour le tombeau de Talma[3].

---

[1] Où M. de Jouy possédait une propriété.
[2] Talma venait, avec le plus grand succès, de jouer le rôle de Danville dans l'*École des Vieillards*, lorsqu'il fut atteint par la maladie dont il est mort, le 19 octobre 1826. L'archevêque de Paris tenta inutilement d'arriver jusqu'à son lit : il ne voulut pas voir de prêtre.
[3] Cette lettre se trouve dans les *Miettes* de F. Grille.

CXLIV

A MONSIEUR ROUGET DE LISLE

24 décembre 1826.

Je ne suis revenu de la campagne qu'hier à quatre heures du soir, encore parce que, malgré le mauvais temps et la boue, j'ai eu le courage de faire la route à pied, sans quoi je ne serais point encore de retour, le pays où j'étais n'ayant point de voitures publiques. J'ai trouvé chez moi une lettre de vous et une de Béjot, dont le contenu m'a affligé. J'ai regretté de ne m'être pas trouvé chez moi lorsque vous y êtes venu. Je vous avoue cependant que je ne sais ce que j'aurais pu faire pour vous tirer d'embarras, car je suis moi-même très-gêné, et la nouvelle loi sur la presse pourra bien encore augmenter cette gêne. Bracq[1] m'a promis de me donner, avant peu, les 200 francs ; voilà déjà huit ou dix jours passés depuis cette promesse : j'espère qu'il ne tardera pas maintenant à la remplir. Vous pouvez compter sur cet argent ; le tout est qu'il arrive promptement. Bérard m'a dit hier soir qu'il vous avait vu le matin causer avec Béjot ; comme je n'ai point vu ce dernier, je ne sais où vous en êtes. Si vous avez un moment aujourd'hui, venez me voir, car demain je suis obligé de sortir de bonne heure, et vous savez qu'aujourd'hui je suis obligé de rester chez moi, surtout ne m'y étant pas trouvé jeudi. Je vous attends donc.

CXLV

A MONSIEUR BERVILLE

26 décembre 1826.

Mon cher Berville, M. Marin, qui s'occupe des intérêts de

[1] Le colonel Bracq.

la *France chrétienne*, me demande un mot de recommandation pour vous. Il désire obtenir de vous des renseignements et des conseils sur le privilége de ce journal. Il vous expliquera lui-même l'objet de sa demande, et vous êtes mieux que tout autre à même de l'instruire du fond de cette affaire pour laquelle il est en marché. J'ai pensé que vous me pardonneriez d'user de la bienveillance que vous m'avez toujours montrée, pour recommander un ami à vos lumières et à votre obligeance. Agréez mes excuses de la liberté que je prends et l'assurance nouvelle de mon sincère attachement.

Tout à vous de cœur et d'estime.

CXLVI

A MONSIEUR HENRI MONNIER

Ce 29 janvier 1827.

Monsieur, je regrette vivement que vous vous soyez donné la peine de passer chez moi sans m'y rencontrer. Retenu par un rhume, je ne pense pas sortir de la semaine, au moins dans la matinée. Vous me trouverez donc de onze heures à trois, surtout les jeudis et les dimanches, et si je savais que vendredi ou samedi vous convinssent, je me ferais un devoir de vous attendre jusqu'à l'heure qui vous conviendrait. Je ne sais si je pourrai être utile à votre heureux talent, mais au moins je l'essayerai, puisque vous l'exigez; quant à moi, ce que j'y vois de plus sûr, c'est l'avantage de faire votre connaissance.

Recevez, monsieur, l'assurance de ma plus parfaite considération[1]. Votre très-humble serviteur.

---

[1] Lettre communiquée par M. Henri Monnier. Il s'agissait de dessins pour les chansons.

CXLVII

A MADAME LEMAIRE

Je ne suis pas encore très-bien remis des accès de fièvre qui ne m'ont quitté qu'hier; aussi j'agis en malade et j'envoie chez vous un vieil habit que je vous prie de laisser dans votre antichambre, où je me ferai beau pour paraître au salon. Je veux sortir ce matin, et je m'éviterai ainsi la peine de rentrer chez moi, ce qui ne fera pas de peine à mes jambes, devenues un peu paresseuses.

Je vous envoie aussi votre Aristophane; savez-vous que Barthe est parti hier pour Orléans? Il m'assurait dimanche qu'il dînerait chez vous aujourd'hui.

CXLVIII

A MADAME CAUCHOIS LEMAIRE

Ce mardi soir.

Voici, ma chère, la lettre que Dubois m'écrit en m'envoyant celle que Lemaire lui adresse. Je viens de lire cette dernière; elle est bien dans tout ce qui est justification, bien aussi peut-être dans ce qui est accusation; mais, sous ce rapport, elle a un grave inconvénient, c'est de nécessiter une réponse du rédacteur. J'y verrais plus de danger que d'avantage, vu la situation de l'affaire, ou il faut arranger cette lettre de façon qu'elle n'attire pas une réponse, ce que je crois impossible, et je suis d'avis, sauf meilleur conseil, qu'il convient de n'en pas demander l'insertion. Vous verrez, par la lettre de Dubois, qu'il y a plus de maladresse que de malveillance dans son fait. Je sais bien que l'effet est le même; mais, encore une fois, que Lemaire se disc

bien que le *Globe* ne parle qu'à un cercle très-circonscrit, qui manque d'échos, et n'a point de retentissement politique. Au reste, je vous le répète, une réponse à cette réponse pourrait ajouter au mal dans ce petit cercle même, et il suffirait que les expressions de Lemaire donnassent droit à une vive récrimination, pour que l'effet de la réplique fût plus étendu qu'il n'a coutume de l'être pour les articles de ce journal. Dites tout cela à votre mari, et si je me trompe, tâchez au moins de lui faire effacer ce qu'il y a de direct contre Dubois et son journal. Nous ne sommes pas en position, ni même de caractère, à avoir tout le monde contre nous : il suffit de MM. du parquet, des juges, de MM. tels et tels, etc., etc.

Tout à vous de cœur. BÉRANGER.

P. S. Je crois nécessaire de vous renvoyer la pièce originale, afin qu'en cas de corrections, vous ne soyez pas obligée d'en faire une autre copie.

CXLIX

A MADEMOISELLE B***

Ce 14 février 1827.

Mademoiselle,

Combien je suis sensible à la bonté que vous avez de me faire connaître la musique charmante que vous avez composée sur mes pauvres *Hirondelles!* Je n'ai pas l'honneur d'être musicien ; mais un de mes amis, excellent juge, regarde votre air comme un des plus gracieux qu'il ait entendus, et il a produit sur moi le même effet. Je ne peux mieux vous le prouver qu'en vous disant qu'il m'a paru digne des charmants couplets placés si modestement dans votre lettre, et que ma vanité s'empresse de faire lire à tout le monde. Vous vivez sous un beau ciel, mademoiselle, sous un ciel inspirateur; vous descendez sans doute de quelques-uns de ces Grecs qui ont autrefois civilisé vos contrées. Cherchez bien si votre famille ne remonte pas jusqu'aux Muses. Cette noblesse en vaut bien d'autres, et vous avez l'avantage de n'avoir point dégénéré.

Puisque vous avez eu la bonté de faire connaître aux Marseillais ma chanson des *Hirondelles*, poussez la complaisance jusqu'à en faire disparaître une faute typographique à l'avant-dernier vers du dernier couplet; on a mis *hirondelles, de ma patrie*, etc.; il ne faut point de virgule après *hirondelles*.

>Cet oiseau, du printemps messager si fidèle,
>Ne chantant point, vers vous a dirigé son vol,
>   Et vous avez à l'hirondelle
>   Prêté la voix du rossignol.

Recevez-en, mademoiselle, et pour elles et pour moi, les témoignages de la plus vive gratitude[1].

CL

A MADEMOISELLE JULIETTE QUENESCOURT

Ce vendredi.

Ma chère Juliette, tu as peut-être cru qu'il en serait des robes comme de certain peigne; mais point du tout. Je t'en envoie deux de la fabrique de M. Davillier, et choisies par sa femme. J'espère que tu les trouveras de ton goût. Si je n'avais été absent dix jours de Paris, tu les aurais reçues plus tôt.

Mille amitiés à ta mère et à ton père. Dis-leur que je

---

[1] Lettre communiquée par M. Félix Lepeytre (de Marseille).

compte les aller voir la semaine prochaine, à mon retour de Maisons, où je crois aller demain.

Je t'embrasse comme je t'aime.   BÉRANGER.

CLI

A MONSIEUR MONTANDON

Mon cher Montandon[1], voici une demande de secours que je recommande à M. Laffitte. M. Levasseur est très-malheureux; on peut dire à la lettre qu'il manque de pain. Déjà M. Laffitte a contribué à lui faire obtenir un cours à l'Athénée, ce qui ne lui vaut que 600 francs, et ce cours va finir. M. Levasseur espère rentrer dans l'instruction publique; mais il faut pouvoir attendre. C'est le fils d'un régicide, et il serait même possible qu'à ce titre l'administration le repoussât. Priez M. Laffitte, de ma part, de venir à son secours[2].

CLII

A MONSIEUR ANTIER

Ce 11 août 1827.

Mon cher Antier, j'ai passé deux jours ici et n'ai pas eu le temps de t'aller remercier de 450 francs que tu m'as fait remettre. A mon premier séjour à Paris, si court qu'il soit, j'espère avoir ce plaisir. En attendant, je voudrais que tu me rendisses un service. J'ai un mien cousin qui était élève à Châlons, et qui vient d'être renvoyé de l'école sans motif. Il se nomme Maison, a seize ans, travaillait à la fonderie en cuivre, est natif de Péronne; il n'a pris part à au-

---

[1] Alors secrétaire de Laffite, plus tard chef de bureau à l'administration des postes.

[2] Lettre communiquée par M. Laverdet.

cune des révoltes d'élèves, a obtenu des prix, et cependant le vicomte de Boisset vient de lui signifier son renvoi. Pourrais-tu en écrire un mot à ton frère, et, en lui demandant quelques renseignements sur les causes de cet acte de rigueur, le prier de te dire à qui il faudrait s'adresser pour en obtenir la réparation. Je n'ai point de connaissances auprès des ministres, mais peut-être trouverai-je parmi mes amis des gens qui pourront me prêter appui, ce dont je doute, à te vrai dire; en tout cas, j'aurai fait tout ce qu'il me sera possible. Aie donc la bonté d'écrire un mot à ce sujet, et fais-moi parvenir la réponse le plus tôt possible. Tu m'obligeras beaucoup.

CLIII

A MADEMOISELLE AGATHE HEURTAUX [1]

19 août 1827.

Ma chère Agathe, j'aime mieux vous écrire à vous qu'à votre tante. J'ai de si tristes nouvelles à vous donner, que je crois devoir vous les communiquer d'abord. Vous en laisserez transpirer ce que vous jugerez convenable.

Notre pauvre ami existe encore, mais peut-être, dans quelques heures, tout sera-t-il fini. Dubois avait fait, hier, une opération qui avait paru devoir améliorer son état; elle lui avait rendu quelque calme; le moral et le physique semblaient éprouver un mieux qui nous rendait l'espérance. Le soir, ce mieux avait disparu; nos craintes devinrent plus vives, et, depuis ce matin, nous n'attendons plus que l'horrible catastrophe qui doit nous enlever le meilleur, le plus regrettable des hommes.

Préparez donc votre tante à la perte d'un ami qui lui était

[1] Sœur de M. Bérard.

bien dévoué. Vous devez juger de ma peine : je ne crois point nécessaire de vous en entretenir. Si quelque chose peut m'en distraire, c'est celle qu'éprouve ce pauvre Titi[1]. Non, vous n'avez jamais vu plus de bonté, plus de constance, plus de douceur. C'est la véritable garde-malade de notre pauvre ami. Nous autres, nous ne sommes bons à rien, lui seul fait tout. Quel frère! et quelle perte il va faire! Si je ne vous écris pas demain, c'est que tout sera consommé, et alors les journaux vous annonceront la fin des souffrances d'un homme que vous pleurerez, j'en suis sûr. Tout à vous d'un cœur bien affligé.

Ce dimanche trois heures.

CLIV

A MADEMOISELLE AGATHE HEURTAUX

Ce lundi, 5 h. 20 m., 20 août 1827.

Il n'est plus, ma chère Agathe. Je reste à Maisons pour garder ses restes et consoler son frère.

Embrassez votre tante pour moi. Je vous aime.

CLV

A MONSIEUR ÉTIENNE,

PROPRIÉTAIRE ET HOMME DE LETTRES, DÉPUTÉ A SORCY (MEUSE).

Paris, 14 septembre 1827.

Mon cher ami, vous savez que nous nous occupons de faire élever un monument sur la tombe de Manuel. Vous sentez qu'il ne s'agit point d'un mausolée fastueux, mais d'un simple témoignage de reconnaissance publique. Nous ne désirons donc point de riches souscriptions; mais il nous

---

[1] M. Manuel jeune.

faudrait le plus grand nombre possible de souscripteurs. C'est chez M. Laffitte que les fonds doivent être versés.

Ne pourriez-vous pas contribuer à mettre cette souscription en mouvement dans le département que vous habitez? Recommandée par vous aux personnes que vous jugeriez capables de diriger cet acte patriotique, elle ne pourrait qu'obtenir du succès; et, dans l'intérêt général, rien n'est à négliger de ce qui peut servir de manifestation à l'opinion. Vous aimiez trop Manuel pour que je vous fasse considérer votre coopération à cette œuvre patriotique sous les rapports qui sont particuliers à la mémoire de votre ancien collègue. Jugez vous-même, mon cher ami, de ce que vous pouvez faire et de ce qu'il y a de mieux à faire. Je suis sûr d'avance de votre bonne volonté, comme vous devez compter sur ma reconnaissance.

Vous savez que les poursuites pour la brochure se continuent [1]. J'avais demandé en grâce d'être nommé comme un des auteurs de cette brochure; les avocats et même de Schonen et Laffitte ont prétendu que, déjà repris de justice, je donnerais une mauvaise couleur à cette affaire. Sans être convaincu de cela, j'ai été obligé de céder, et je crains maintenant que Mignet ne se trouve seul en cause. On prétend, au reste, que ce procès n'aura rien de grave : cela me console un peu.

Adieu, mon cher ami; présentez mes hommages à madame Étienne, et à madame Pagès si elle est auprès de vous. Adieu de tout cœur pour la vie [2].

[1] Brochure sur les funérailles de Manuel, dont M. Mignet et Béranger étaient les auteurs. Les poursuites n'eurent rien de grave. M. Mignet, assisté par la Fayette (voir les *Mémoires* de la Fayette, tome VI, page 248), fut acquitté le 28 septembre.
[2] Lettre communiquée par M. Pagès, du conseil d'État, gendre de M. Étienne.

CLVI

A MONSIEUR VAISSIÈRE

Ce 16 septembre 1827.

Mon cher confrère, les journaux, ou quelque exemplaire de la relation des obsèques de Manuel qui vous sera parvenu, vous auront appris qu'une souscription est ouverte à l'effet d'élever un monument sur la tombe du plus ferme défenseur de nos droits. Le montant en sera versé entre les mains de M. Laffitte. Il s'agit moins de l'importance des souscriptions que du grand nombre des souscripteurs, puisque nous ne voulons ériger à la mémoire de Manuel qu'un simple témoignage de reconnaissance publique, et non un mausolée fastueux. Vous pouvez nous aider puissamment par le crédit dont vous jouissez dans le département que vous habitez. Vous savez tout ce qu'il convient de faire pour activer et faire réussir un acte patriotique de ce genre. Puis-je compter que vous voudrez bien y donner vos soins? Je n'ai point voulu écrire au général Becker à ce sujet, parce que son titre de pair aurait pu être un embarras. Si cependant vous pensez que sa recommandation soit nécessaire pour atteindre le but que nous nous proposons, faites-le-moi savoir. Je connais trop bien ses principes pour douter de sa bonne volonté. En attendant, prenez, je vous prie, toutes les mesures pour stimuler les habitants de l'Auvergne.

Mais peut-être avez-vous déjà eu cette idée : elle est de celles qui sont naturelles à votre caractère et à vos opinions. D'ailleurs, vous n'aurez pas appris la mort de Manuel sans penser à l'affliction que j'en devais ressentir et à la seule consolation qui pût en adoucir l'amertume. Unissez-vous donc à moi pour faire rendre à sa mémoire les honneurs qui lui sont si bien dus.

Adieu. Comptez sur ma reconnaissance comme sur le sincère attachement que je vous porte.

Tout à vous de cœur et d'amitié.

CLVII

A MONSIEUR FÉLIX CADET DE CASSICOURT

Ce 5 novembre 1827.

Mon cher ami, je reçois une lettre de Dupont. Son élection dans l'Eure, soit à Bernay, soit à Pont-Audemer, est loin d'être sûre. Les forces sont au moins égales des deux parts. Il ne se fait point porter, comme il le dit, il attend ce que décideront les électeurs, soit de Paris, soit de la Normandie, très-disposé d'avance à se consoler des échecs, par la triste certitude de ne pouvoir plus être utile à son pays, fût-il renommé encore une fois. Je te ferai voir sa lettre, qu'il m'autorise à te montrer, mais sous le sceau du secret.

Tout cela ne te tire pas d'affaire, je le sais bien. Mais tu sens que d'après sa position Dupont ne peut pas donner une assurance qu'il n'a pas, c'est-à-dire affirmer qu'il sera nommé dans son département. Comme je ne lui demandais pas autre chose, il ne me répond que dans ce sens, et je ne puis aujourd'hui t'en dire davantage.

J'ai depuis plusieurs jours prêché pour la Fayette, que je croirais un choix convenable, en réponse à la dissolution de la garde nationale. Mais vos meneurs m'en paraissent bien éloignés. Laffitte est le seul qui ne s'en effraye pas. Au reste, je ne suis pas électeur, et ne tiens pas à mener, comme quelques personnes qui composent vos réunions et dont vous devriez bien vous défier, soit dit entre nous. Ce que je ne cesserai pourtant pas de répéter, c'est que vous n'avez pas assez de boutiquiers parmi vous. Désaristocratisez-vous donc un peu, s'il est possible. Ce conseil est dans vos intérêts, comme dans celui de la nation.

CLVIII

A MONSIEUR VAISSIÈRE

Ce 6 novembre 1827.

Vous allez être étonné de recevoir une nouvelle lettre de moi. J'ai reçu la vôtre par M. Bachellery, qui m'a aussi remis un exemplaire de votre recueil, le premier et le seul que j'aie vu. Qu'a-t-on fait de toute l'édition? Vous savez tout le bien que je pense de vos chansons : l'impression n'a rien changé au jugement que j'en ai porté déjà. Il me semble en avoir remarqué comme très-bonnes plusieurs que je ne connaissais pas encore. Mais ne nous laissons pas entraîner à parler de chansons : il s'agit aujourd'hui de traiter avec vous un sujet plus sérieux. Je veux vous entretenir des élections et de celles de votre département.

M. de Rigny[1], qui part pour Clermont, me demande un mot pour vous. Vous pourrez en effet être très-utile à celui des candidats que vous protégerez. Sans doute votre choix est déjà fait; s'il en est ainsi, je présume que le choix est bon, et que c'est d'accord avec la jeunesse de votre arrondissement que vous en aurez délibéré. Mais, dans le cas où vous seriez encore incertain, ne pourriez-vous aider à faire pencher la balance en faveur de Rigny? Ne vous effrayez pas de son titre de neveu d'un ancien ministre

[1] Neveu de l'abbé Louis, M. de Rigny fut, après 1830, ministre de la marine.

restaurateur. Je dois même, à ce sujet, vous dire que
M. Louis est maintenant regardé comme un des plus chauds
opposants, et qu'il pourrait bien être porté à Paris. Malgré
mon éloignement pour ceux qui nous ont rendu la légitimité et tout son cortége, si une lettre comportait de certains détails, je vous en donnerais sur M. Louis, qui vous
feraient dire de lui ce que j'ai dit de Talleyrand, à propos
de cette légitimité :

Le flot qui l'apporta recule épouvanté.

Il ne faut donc pas que l'oncle vous fasse peur du neveu.
Quant à celui-ci, j'ai souvent entendu dire qu'il avait laissé
les souvenirs les plus honorables dans votre département.
Ce que je puis vous assurer, c'est que je le crois un choix
tout à fait convenable, et que ma conscience est bien en
repos en le recommandant à la vôtre. On prétend que
vous lui donnez (quand je dis vous, j'entends une partie de
vos électeurs) un concurrent qui est conseiller d'État; en
vérité, il y a là de la déraison.

Rigny est homme d'honneur, ferme et tout à fait dans
nos principes. Hors les connaissances administratives, je
ne sais quels talents il apportera à la Chambre, mais, avec
son esprit, il n'est pas possible qu'il n'y tienne bien sa
place. Il est l'ami de beaucoup de mes amis qui seront députés; c'est encore une garantie, et ce n'est peut-être pas la
moins bonne.

Voyez donc, mon cher Vaissière, si vous pouvez lui être
utile, soit par votre journal, soit par vos alentours. En tout
cas, si votre conscience ou des engagements antérieurs vous
enchaînaient à un autre char, ne croyez pas que je vous
en sache mauvais gré. Liberté, liberté avant tout! Vous me
connaissez assez pour penser ainsi de moi.

C'est pourquoi je n'ai pas craint de solliciter votre appui dans cette occasion, sûr que ma recommandation, quelque bienveillance que vous ayez pour moi, ne pouvait l'emporter sur ce que vous croiriez être un devoir pour votre patriotisme.

Adieu, je vous remercie de ce que vous faites pour Manuel. Je vous remercie également de m'avoir fait connaître M. Bachellery, que j'ai engagé à me revenir voir. Adieu, encore une fois.

CLIX

A MONSIEUR ROUGET DE LISLE

Ce 15 décembre 1827.

Je ne vous vois plus; seriez-vous encore plein de ces chimères qui ne font qu'aggraver vos peines? Le moment m'est sans doute peu favorable pour vous prouver l'intérêt que je prends à votre triste situation, mais cet intérêt est toujours le même, et, je vous le répète, rien n'a pu tendre à le diminuer.

Je vous dirai qu'il y a quelques jours Viennet a parlé, chez M. Laffitte, d'une souscription qu'on voulait faire en votre faveur : il a cité Duval, entre autres, comme un de ceux à qui cette idée était venue. Laffitte a de nouveau accueilli cette proposition avec chaleur. On m'a consulté à ce sujet, et je n'ai pas laissé ignorer votre position. Que votre amour-propre ne s'alarme pas trop de tout cela : il y a loin, malheureusement, de l'idée à l'exécution; mais je vous déclare que si la chose peut se faire, dût votre fierté en être blessée, je pousserai à la roue tant qu'il me sera possible.

Adieu, doutez moins de vos amis.

CLX

A MONSIEUR CHATELAIN [1]

AU COURRIER FRANÇAIS.

Fin de 1827.

Mon cher Chatelain,

Voilà Fabvier [2] revenu : on ne peut trop faire d'éloges de sa digne et belle conduite. Tout le bien qu'on en peut dire, vous le savez comme moi. Mais son retour est un point difficile à traiter dans les journaux. Une lettre que je viens de lire laisse espérer qu'il retournera en Grèce. Vous savez, d'après cela, qu'il ne faut aventurer aucune réflexion avant de savoir bien, et par lui-même, dans quel sens on peut parler de sa conduite à venir. J'ai cru devoir vous en écrire un mot, pour vous prier d'apporter une extrême réserve dans tout ce que le *Courrier* pourra dire de lui. Vous saurez sans doute par lui-même, et bientôt, quelle couleur donner à son retour. Pardonnez-moi ce petit avertissement dont vous n'aviez sans doute pas besoin, mais que justifie l'intérêt que nous prenons tous à Fabvier.

Mille amitiés.

---

[1] Chatelain (René-Théophile), né à Saint-Quentin le 19 janvier 1790, mort à Paris le 20 mars 1838, avait servi avec distinction avant de se faire journaliste. Il ne voulait d'abord venger que ses compagnons d'armes que les émigrés outrageaient; il se passionna, en écrivant, pour la cause de la liberté et de la raison. En 1819 il était rédacteur en chef du *Courrier Français*. Après 1830 il refusa les offres qu'on lui fit et continua noblement son rôle de sentinelle au profit du public. La loyauté de son caractère, son désintéressement et son talent même, qui avait de la netteté, recommandent sa mémoire. Il honorait le journalisme.

[2] Le général, alors colonel Fabvier, né à Pont-à-Mousson le 10 décembre 1782, mort à Paris le 15 septembre 1855, a été l'un des énergiques adversaires de la Restauration. Il est un de ceux qui s'exposèrent pour sauver les sergents de la Rochelle. De 1823 à la fin de 1827, toute son activité fut employée à servir la Grèce. Il refusa le commandement de son armée régulière; mais il ne cessa de combattre. Il était assiégé dans l'Acropole quand l'amiral de Rigny obtint pour les défenseurs d'Athènes une capitulation honorable. D'injustes accusations vin-

CLXI

A MADAME CAUCHOIS-LEMAIRE

Je vous envoie le *Globe* : je ne sais trop si Lemaire sera très-satisfait de l'article de Dubois. Il est moitié figue et moitié raisin. J'en suis peu content pour ce qui regarde le prisonnier [1].

Je ne puis aller à la Force aujourd'hui ; il me faut courir dans une rue de Berry, qui n'est pas la vôtre, au bout du faubourg du Roule.

J'ai vu le général [2] hier, et lui ai parlé du président. Il parlera pour qu'on dise un mot à M. A*** [3]. Le duc est désolé de la condamnation, et a demandé en quoi il pouvait être utile.

Je n'ai pas encore reçu le petit mot que vous deviez m'écrire relativement à votre conversation avec d'Estange [4].

CLXII

A MADAME CAUCHOIS-LEMAIRE

Ce vendredi.

Voilà vos livres bien empaquetés. J'ai vu le général hier : il m'a assuré de nouveau que le duc avait promis de parler à M. A***. Nous verrons. Il faudrait, je crois, que Gassicourt et vous allassiez de nouveau voir le premier président [5].

---

rent toutefois l'assaillir alors, et il quitta la Grèce. En 1828 il y revint comme éclaireur de nos troupes.

[1] M. Cauchois-Lemaire était poursuivi pour la publication de sa fameuse *Lettre au duc d'Orléans*, dans laquelle il l'invitait à prendre la couronne.
[2] Le général Athalin.
[3] Amy, président de la Cour.
[4] M. Chaix d'Est-Ange.
[5] M. Séguier.

Vous lui direz que Barthe prend la cause et lui demanderiez ses conseils, etc., etc.

Mademoiselle Laffitte est définitivement princesse de la Moskowa. Le maire l'a décidé ainsi hier à cinq heures; ne reste plus que le curé, qui saute de joie, dit Laffitte, en réglant les frais d'église pour demain. On nous en donnera de toutes les façons.

Adieu, tout à vous et au captif.

CLXIII

A MADAME CAUCHOIS-LEMAIRE

Ce 8 janvier.

Je vous renvoie votre épreuve[1].

J'y trouve : 1° une seconde attaque contre Dupin, que je crois juste, mais que je regrette d'y voir : simple observation sur laquelle je n'insiste pas, mais la phrase est embarrassée;

2° Une lacune que je voudrais voir remplie à peu près comme je l'ai indiqué en marge, mon style à part;

3° Une attaque contre le *Constitutionnel*, qui ne me semble ni prudente ni nécessaire.

La lettre, du reste, me semble bien sous beaucoup de rapports; mais, si je la rapproche des autres (autant que ma mémoire me le permet), je crains que dans tout cela on ne trouve point les questions principales assez franchement abordées, ou, pour mieux dire, traitées suffisamment. Les réponses aux attaques me semblent vagues et trop disséminées dans des détails, spirituels, sans doute, mais qui prennent peut-être trop de place dans le factum. Enfin je

---

[1] M. Cauchois-Lemaire, qui n'avait pas été soutenu, tant s'en faut, par tout le monde, journalistes ou avocats, dans son affaire de la *Lettre au duc d'Orléans*, écrivait alors ses *Petites lettres apologétiques*.

reviens à mon reproche éternel : il y a longueur, selon moi. Mais je n'ose me fier à mon jugement, car je trouve des longueurs partout, même à la vie, je crois. Il faudrait, pour décider le point de critique que je vous soumets, un juge plus compétent ; n'en pouvez-vous donc trouver ? N'avez-vous pas encore le temps d'y recourir ? Je craindrais tant qu'on redît : A quoi bon ? Je sens que je vous jette dans des perplexités, au lieu de vous mettre en bon chemin ; pardonnez-moi, car je n'en sais pas plus. Si c'était pour moi, j'aurais plus de détermination.

Ne dites de tout cela, à Lemaire, que ce que vous croirez utile de lui dire. Je ne pourrai l'aller voir aujourd'hui ; ne venez pas chez moi avant quatre heures : j'ai des courses à faire, mais je me hâterai. Tout à vous.

CLXIV

A MONSIEUR DE PONGERVILLE

31 janvier 1828.

Monsieur, j'ai lu avec la plus vive admiration votre belle traduction de *Lucrèce* : jugez, d'après cela, du plaisir avec lequel j'ai reçu vos nouvelles productions [1], surtout m'étant offertes de la part de l'auteur ! Je les ai lues et relues avec une satisfaction que je ne puis vous exprimer : quelle clarté ! quelle élégance harmonieuse ! Rien n'y sent le travail, et ce n'est pourtant que par un travail obstiné qu'on peut arriver à écrire ainsi. Mais, monsieur, une réflexion m'arrête dans les éloges que j'aimerais à vous prodiguer. En vain l'ai-je

---

[1] Les *Amours mythologiques*, traduites des *Métamorphoses* d'Ovide. La traduction de *Lucrèce* en vers est de 1823 ; la traduction en prose, faite pour la collection Panckoucke, est de 1829. M. de Pongerville (Jean-Baptiste-Antoine-Aimé-Janson de), né à Abbeville le 3 mars 1792, est entré à l'Académie française au mois d'avril 1830.

répété cent fois, vous l'ignorez peut-être. Apprenez donc que je ne sais pas un mot de latin, et que cet Horace, à qui vous avez la bonté de me comparer, ne m'est connu que par des traductions qu'on m'assure être infidèles, et que, pour cette raison, j'ai cessé de lire. Mais, si c'est un motif pour vous, monsieur, d'attacher peu de prix à mon suffrage, vous concevrez au moins que c'en soit un pour moi d'en attacher un bien grand à vos ouvrages. Sans vous, monsieur, je ne connaîtrais pas *Lucrèce*, que j'admire, grâce à vous. Je connais aussi peu de chose d'Ovide. Je n'ai plus qu'un désir : c'est de vous voir achever cette grande entreprise, avec autant de bonheur que vous l'avez commencée.

Si je n'étais retenu chez moi par un peu d'indisposition, j'aurais été vous témoigner moi-même toute ma reconnaissance. Agréez, je vous prie, l'expression sincère de mes sentiments [1].

CLXV

A MONSIEUR LUCIEN ARNAULT

Mars 1828.

Mon cher ami, c'est avec un nouveau plaisir que je viens de relire votre bel ouvrage [2], dont le succès m'a causé une joie aussi vive que sincère. Plus heureux que ceux qui l'ont vu représenter, pendant toute ma lecture j'ai eu continuellement sous les yeux Talma, que la mort vous a si fatalement ravi. Il m'a semblé voir et entendre ce grand acteur ajouter toutes les perfections de son talent aux beautés nombreuses de votre tragédie. Vous savez, au reste, qu'elle n'avait pas besoin de ce prestige de mon imagination pour obtenir mes applaudissements. Il en sera de même, j'en suis sûr, pour

[1] Lettre communiquée par M. de Pongerville.
[2] Le *Dernier jour de Tibère*, tragédie en cinq actes.

tous ceux qui conservent le goût de l'art dramatique, art dont la dégénération ne me paraît que trop sensible. Je crois pourtant qu'une étude sérieuse des générations nouvelles peut encore offrir des chances de succès avoués par une saine critique. Vous avez ce qu'il faut pour vous ouvrir une route nouvelle ; et, en sacrifiant un peu plus au besoin l'habitude des détails de style, je suis persuadé, mon cher ami, que vous prendriez bien vite une place qu'on vous disputerait en vain. Votre beau talent vous a déjà placé bien haut dans l'estime publique ; mais, j'en atteste Tibère, vous êtes destiné à monter bien plus haut encore, si vous appliquez toutes les forces de votre esprit à rajeunir l'art des Corneille et des Voltaire. Dépêchez-vous, pour que j'aie encore assez de jeunesse pour sentir toute la joie des triomphes d'un ami.

A vous pour la vie.

CLXVI

A MONSIEUR MONTANDON
Ce 26 avril 1828.

Mon cher Montandon[1], je vous prie de mettre sous les yeux de M. Laffitte la lettre ci-jointe, que je n'ai malheureusement reçue qu'hier soir, quoiqu'elle soit datée du 22.

Je viens d'écrire à ce malheureux Rouget de l'Isle et au général Blein, chez qui il habite, pour l'empêcher, s'il en est temps encore, d'accomplir son funeste projet.

Plusieurs personnes se sont réunies pour faire, en sa faveur, une souscription qui pût le tirer de sa déplorable position ; mais je crains bien que le secours se fasse trop

---

[1] Il y a beaucoup de lettres de Béranger à M. Montandon. Nous ne pouvons les imprimer toutes ; et il le faudrait pourtant pour montrer combien le zèle de Béranger à secourir les malheureux était dès lors vigilant et désintéressé. Il n'examinait pas qui, mais quelle infortune réclamait son appui ; et, une fois que l'affaire était devenue sienne, il ne se lassait de rien pour qu'elle réussît.

attendre. L'espoir que j'en avais conçu m'a seul empêché de parler de nouveau de Rouget de l'Isle à M. Laffitte. Je sens bien qu'il ne convient pas qu'on ne s'adresse qu'à lui, comme cela arrive toujours; mais la circonstance est pressante. Mettez donc cette lettre sous ses yeux le plus tôt possible [1].

Voici quelle était la lettre dont Béranger parle.

ROUGET DE LISLE A BÉRANGER

Choisy-le-Roi, le 22 avril 1828.

C'est bien à regret que je viens encore mettre sous vos yeux et mon triste individu et ses hideuses infirmités. Patience, cher Béranger, cette fois je crois très-positivement que ce sera la dernière.

En acceptant l'hospitalité que m'a si noblement offerte le général ***, j'ai contracté l'obligation de ne point abuser de son amitié, de ses procédés et de ceux de tout ce qui l'entoure. Le temps pendant lequel je croyais pouvoir en profiter est plus que dépassé : ce serait le comble de l'indiscrétion que de prolonger mon séjour dans cette maison, et fort mal reconnaître cette amitié, ces procédés, que de forcer mon bon général et son excellente femme à s'apercevoir que je suis de trop chez eux. Mille raisons finiraient par les y contraindre. Il est inutile de vous les dire, de vous les répéter : elles sautent aux yeux.

D'ailleurs, l'absence totale, aussi complète que possible, des petites ressources nécessaires, indispensables au soutien de la plus piètre existence, rend la mienne ici désormais impraticable, et, réunie à tant d'autres chagrins plus ou moins poignants, plus ou moins cruels, plus ou moins humiliants, tourmente, agite cette existence de manière à me la rendre insupportable, et tout aussi pénible que si j'avais quelque chose à me reprocher, que si j'avais tué père et mère, ce que je n'ai pas fait, du moins que je sache.

Dans mon effroyable situation, mon cher ami, puisqu'il n'est

---

[1] Lettre communiquée par M. Chambry.

plus aucun moyen honorable de la changer, de la modifier, ou que, s'il en existe quelqu'un, fût-il à ma connaissance, le temps et toutes choses me manquent pour attendre qu'il se réalise, quel parti me reste à prendre? Un coup de pistolet, je n'ai pas de quoi en faire les frais. La rivière? c'est ignoble, ou, pour parler sérieusement, l'un et l'autre, et tout ce qui y ressemble, répugnent à des principes qui m'ont constamment soutenu contre les tentations multipliées d'y avoir recours, et qui, si je le puis, me soutiendront jusqu'au bout.

Je ne vois qu'un moyen de les concilier avec les circonstances extrêmes qui m'affligent, et auxquelles je n'ai plus à opposer qu'un dernier acte de courage : celui d'en revenir à mon ancien projet de m'en aller à travers champs, tout droit devant moi, jusqu'à ce que mort s'ensuive. La fatigue, la faim, la désespoir, peuvent aussi devenir des ressources. Je crois fermement qu'un véritable homme de cœur ne doit pas se tuer, mais il lui est permis de se laisser mourir quand il ne peut plus vivre.

Ainsi donc, cher Béranger, ma résolution est décidément prise et s'exécutera un peu plus tôt, un peu plus tard, mais sous peu de jours. J'ai dû vous en prévenir, soit pour couper court aux démarches que vous avez commencées en ma faveur, ce qui désormais serait sans objet, soit pour ne pas vous laisser sur mon compte dans une incertitude que l'intérêt dont vous m'avez donné tant de preuves rendrait pénible et désagréable; soit enfin pour vous prier de rendre témoignage en temps et lieu de la constance avec laquelle j'ai supporté jusqu'au bout les tribulations les plus cruelles, les plus antipathiques avec l'âme que le ciel m'a donnée.

Soyez aussi le dépositaire et l'interprète de mes sentiments et de mon affectueuse reconnaissance pour ceux de vos amis dont vous avez suscité la bienveillance en ma faveur. Vous pensez bien que je mets M. ***, sa femme, en première ligne. Quand vous verrez mon bon général........ et pour vous aussi, mon cher ami. Il n'y a stoïcisme qui tienne. Ma tête se trouble, mon cœur se serre, mes yeux se mouillent en vous disant adieu ; mais je vous le dis.

Rouget de Lisle.

J'oubliais de vous dire que je quitterai Choisy sans faire part au général de mes intentions : vous savez que ce ne doit pas être autrement [1].

CLXVII

A MONSIEUR ROUGET DE LISLE

Ce 26 avril 1828.

Je reçois, le 25 au soir, votre lettre du 22. Je crains que vous n'ayez mis à exécution la funeste idée de quitter la maison où l'amitié la plus généreuse vous a recueilli. Si ma lettre vous arrive à temps, au nom de Dieu chassez cette idée de votre pauvre tête : nous touchons peut-être à un moment plus heureux pour vous. Si rien de ce qui a été projeté ne s'achève, il ne s'ensuit pas qu'il n'y ait plus d'espoir : on n'a point assez essayé pour ne pas compter encore sur la réussite. Les occupations électorales, le trouble des affaires financières, tout a contribué à mettre obstacle aux desseins formés par ceux qui vous portent l'intérêt qui vous est dû à tant de titres. Moi-même, surchargé de négociations pour Pierre et pour Paul, moi, à qui l'on croit plus de crédit que je n'en ai réellement, je n'ai peut-être pas fait tout ce que j'aurais pu et voulu faire. Je me reproche de ne pas toujours mettre assez d'insistance dans les demandes que j'adresse. Patientez encore ; ce courage me viendra et mes amis m'aideront, du moins j'ai tout lieu de l'espérer.

Adieu, je vais m'occuper de vous ; pour Dieu, patientez !

CLXVIII

A MONSIEUR VAISSIÈRE

29 avril 1828.

Mon cher Vaissière, je m'empresse de répondre à votre lettre, et je commence par vous remercier de ce que vous

---

[1] Lettre communiquée par M. Chambry.

avez fait pour Cauchois-Lemaire. Vous saurez que nous désespérons de lui obtenir une maison de santé[1], bien qu'il en ait réellement besoin. Les ministres mêmes craignent de se compromettre en lui accordant cette faveur, que réclamaient impérieusement ses rhumatismes et l'état de sa bourse.

Pour en venir à votre abbé[2], je vous dirai que tout le monde de la conciliation le désapprouve, mais que ceux qui sont restés fidèles aux principes et qui gémissent de voir la marche que des meneurs intrigants ont fait prendre à la Chambre, sans approuver complétement sa retraite, lui savent gré de sa lettre d'adieu. On a su quelles idées il avait émises à la réunion de la rue Grange-Batelière, quelles sottes et brutales réponses lui avaient été faites, et l'on excuse le découragement qui l'a saisi. Causant avec lui et lui avouant que je m'étais permis de désapprouver son élection : — Parce que je suis prêtre, n'est-il pas vrai? s'est-il écrié en m'interrompant. — Oui, lui ai-je répondu : vous avez dit, et nous avons répété, que les prêtres ne devaient pas entrer dans les affaires, et vous êtes la seconde nomination de ce genre qu'a faite le parti libéral. — Vous aviez raison, a-t-il répliqué sans hésitation : je me suis fait illusion. J'ai cru que ma robe serait utile, et, au contraire, elle m'embarrasse. J'ai eu tort, grand tort. D'ailleurs, pour ce que j'avais à dire, il me fallait l'appui des gens sur qui je devais compter, et qui tous, ou à peu près tous, sont disposés à crier haro contre moi aux moindres des vérités que j'avais à proclamer à la tribune. Ce sont tous j... f...... Qu'y faire? me retirer. — Je crois vous rapporter assez fidèlement sa conversation, qui vient corroborer l'assurance que j'avais déjà de l'empire que les petits intérêts et les petites passions

---

[1] M. Cauchois-Lemaire avait été condamné à quinze mois de prison.
[2] L'abbé de Pradt.

avaient pris sur tout le côté gauche : pourtant je ne crus pas que M. de Pradt allât jusqu'à donner sa démission. Je n'en applaudis que plus à sa lettre. Comme je suis habitué à lutter souvent seul contre le ramas des politiques de salon, j'eus à la défendre, et je crois ne l'avoir pas toujours fait sans efficacité. D'ailleurs, les vrais patriotes y ont vu un commencement de lumière répandue sur la marche mystérieuse suivie par les meneurs. Elle a donc, en définitive, produit un heureux effet, et la sortie que le *Globe* a faite contre l'archevêque [1] a été assez généralement blâmée, même de plusieurs qui n'approuvent ni sa retraite ni sa lettre.

Les élections nouvelles, et surtout celles de Paris, prouveront peut-être à M. de Pradt qu'il a eu tort de se retirer. Il me disait : Les sots ! ils ont cru qu'un vieux janséniste de la rue d'Enfer [2] pouvait sauver la France ! Il verra que les électeurs ne s'y sont pas tous trompés. Toutes les recommandations de M. Royer-Collard ont échoué. Aucun des candidats qu'il soutenait n'a pu réussir, même dans les colléges où il avait été nommé, et presque partout, dans ces arrondissements, les choix ont été le produit d'opinions vigoureuses; ce qui prouve, en dépit de ses partisans, qu'il est loin d'être l'expression de l'opinion publique en France, comme on voulait nous le faire croire. A Paris, lui, Casimir Périer et le *Constitutionnel* ont vu repousser leur livrée et porter les hommes contre qui on s'était permis les plus coupables manœuvres. Sauf Dupont (de l'Eure), aucun député de Paris n'a eu d'influence dans nos élections. Aussi, quand la *Gazette* parle de comité directeur et qu'elle indique telle ou telle notabilité, elle ne se doute

---

[1] L'abbé de Pradt avait été archevêque de Malines.
[2] Royer-Collard, dont une rue aboutissant à la rue d'Enfer a pris le nom.

pas de l'erreur qu'elle commet. Les meneurs et les niais, les hypocrites et les petits calculateurs, ont jeté les hauts cris quand ils ont vu leur influence détruite dans la capitale. Ils nous ont prédit tous les malheurs, toutes les fautes; ils ont fait enfin toutes les sottises dont sont capables les vanités et les intérêts blessés. Ils ont ainsi justifié d'avance ceux qui n'attendent qu'un prétexte pour abandonner les voies constitutionnelles, voies dans lesquelles ils ne restent qu'autant qu'on fera tourner la majorité à leur profit. Je ne crois pourtant pas que la rupture ait lieu sur-le-champ. L'espoir d'arriver au ministère entretient l'union entre les meneurs des deux centres. On va jusqu'à les accuser de ne pas forcer le ministère actuel[1] à donner des garanties dont lui-même aurait besoin, et que la patience de la Chambre l'empêche d'obtenir du roi, de peur de le populariser et de perdre ainsi l'espoir de le remplacer bientôt. Ce calcul est presque probable; mais ils n'en retireront que de la honte.

Vous voyez, mon cher Vaissière, que je ne vous ménage pas les détails pour vous mettre à même de juger votre député démissionnaire. Peut-être, après lecture de ma lettre, serez-vous plus en état de lui faire pardonner ce qu'on appelle sa nouvelle escapade; on concevra plus facilement qu'il ait manqué de courage pour lutter contre un torrent que presque tous les journaux, sauf le loyal *Courrier*, ont contribué à grossir en faussant ou interprétant mal l'opinion. Nul doute que les antécédents de M. de Pradt, peut-être aussi son amour-propre un peu froissé, ont pu entrer pour quelque chose dans sa détermination; mais je vous assure qu'il est des députés qui n'ont ni ses antécé-

---

[1] Le ministère Martignac.

dents ni son amour-propre et qui sont aussi découragés que lui, mais qui pourtant n'iront point jusqu'à donner leur démission. A ce qui reste de l'extrême gauche, aux la Fayette, aux Dupont, aux Pompières, aux Laffitte même, il manque des talents de tribune ; M. de Pradt pouvait être leur orateur; mais, encore un coup, c'est un prêtre.

Je vous ai recommandé Rigny à une époque où nous ne savions plus où nous en étions. Aujourd'hui, vous savez ce qu'il vous convient de faire. Ce n'en est pas moins un brave et honnête garçon; mais son oncle est entré dans les petites intrigues.

Baudouin m'a parlé de vos chansons ; il s'occupe du choix à faire pour la publication possible ici. Je l'engage à se hâter.

Adieu. Tout à vous de cœur.

Cette très-belle et très-curieuse lettre de Béranger est relative à la démission que donna en 1828, de sa dignité de député, M. de Pradt, que la ville de Clermont avait envoyé à la Chambre. Puisque Béranger avait pris parti pour un homme dont la conduite a été assez singulière sous l'Empire et après l'Empire, il est à croire qu'il avait en somme reconnu chez lui l'âme d'un patriote et l'esprit d'un citoyen franchement rallié aux doctrines du sérieux libéralisme. MM. les députés de la gauche modérée affectaient de le taxer de jacobinisme. C'est qu'il perçait à jour leur petite politique d'équilibre, et voyait plus loin que leur ambition. Béranger avait depuis longtemps prévu et prédit l'expulsion des Bourbons. Il devait donc approuver les motifs de la détermination prise par l'abbé de Pradt. Dans la lettre écrite le 17 avril au *Courrier Français*, l'abbé de Pradt disait :

« Après quarante ans, avec les principes de l'Assemblée constituante, à l'aspect de l'Angleterre et des États-Unis, en être encore à discuter la censure, c'est avoir beaucoup rétrogradé ! Je me sens humilié quand d'autres triomphent de concessions pareilles. Je ne fais cas pour un peuple que de ce qui vient de son droit. Je me permets pour la France plus d'ambition que les hommes qui disent : Si l'on obtient seulement telle chose, la session sera excellente. Tel est le langage du jour et le degré d'élévation de presque tous les esprits. Ce système pourra devenir profitable pour nos arrière-neveux; mais je doute que la génération présente en recueille des fruits abondants.

« A mes yeux, aucun honneur ne dépasse celui de faire partie de la Chambre des députés de la France. J'aurais pu continuer à me parer de ce titre, mais l'honneur me défend de garder des fonctions que l'on ne peut remplir dans l'intention qui les a fait conférer. »

Voilà le langage qu'approuvait Béranger.

M. de Pradt (Dominique-Dufour), né à Allanches (Auvergne) le 23 avril 1759, avait alors soixante-neuf ans. Il avait fait partie de l'Assemblée constituante, où il siégeait à droite. On aime à voir ces anciens défenseurs du système féodal faire amende honorable et revendiquer les principes d'une assemblée dont ils ont essayé d'abord, par intérêt ou par aveuglement, d'entraver les délibérations et les décrets. Rien ne prouve mieux la force de l'esprit de 1789.

La politique de Béranger, qui a eu raison les 27, 28 et 29 juillet 1830, avait, depuis la mort de Manuel, fait un pas en avant des prétendues théories constitutionnelles de la gauche. Il a lui-même marqué cette marche.

« Si la mort de Manuel ne rompit point mes rapports avec les chefs du parti libéral, dont quelques-uns d'ailleurs étaient devenus mes amis personnels, comme Dupont (de l'Eure) et Laffitte, elle me fit un plus grand besoin des relations avec la jeunesse, dont les idées plus larges et plus généreuses s'accordaient mieux avec ma manière de voir et de sentir. Je l'éprouvai bien en 1828, à la publication de mon quatrième volume. Le ministère Martignac ayant amené une espèce de trêve et produit même un pacte entre grand nombre des membres du côté gauche et des centres, on voulut m'empêcher de publier ce volume, dont l'apparition menaçait, disait-on, de troubler l'accord apparent de ces messieurs.

« Plus on me prêcha le silence, plus je sentis la nécessité de le rompre. » Et il publia son quatrième recueil.

CLXIX

A MONSIEUR BÉRARD

2 août 1828.

Mon cher Bérard, la session approche de sa fin, et vraisemblablement nous n'aurons pas le temps de nous réunir pour délibérer sur ce qu'il convient de faire pour le tombeau de Manuel. Mais comme, au fait, il suffit de Laffitte, de vous et de moi pour prendre toutes les mesures convenables, ce qui est important, c'est qu'avant la dispersion des députés, dont nous formons un conseil, ils donnent leur assentiment à la petite note qui doit être mise dans les journaux à l'occasion du monument. Ayez donc la bonté, aujourd'hui ou lundi, de soumettre cette note à MM. la Fayette, Audry, Dupont et Laffitte. Je crois qu'elle doit être conçue à peu près en ces termes : « Un comité vient de se former pour présider à l'érection du tombeau de Manuel, ancien député de la Vendée ; à ce monument sera consacré le produit des souscriptions ouvertes à Paris et dans les départements, et dont les fonds ont été versés chez M. Laffitte. Les membres de ce comité sont : MM. Laffitte, la Fayette, Dupont (de l'Eure), Audry Puyravaux, Bérard et Béranger. »

Je vous laisse le soin d'arranger cette note comme vous le jugerez plus convenable. Mais il me vient une réflexion : c'est qu'il me semble qu'il conviendrait de nous adjoindre un député vendéen. M. Marchegay est-il encore ici? Ce serait, il me semble, un choix très-convenable. Parlez-en avec Dupont.

CLXX

A MONSIEUR PROSPER MÉRIMÉE

Ce 24 octobre 1828.

Mille remercîments, mon cher Prosper; car, malgré le *monsieur* que vous me jetez toujours à la tête, je ne puis me décider à vous rendre injure pour injure; mille remercîments de votre obligeant avis. Je l'ai reçu en débarquant, avant-hier, et un autre ne serait pas rentré; mais je suis peu susceptible de crainte; d'ailleurs, je suis préparé à tout[1]. Tout le monde m'a confirmé ce que votre lettre m'annonce. Sa Majesté paraît n'avoir pas trouvé mes vers aussi gentils que je me plaisais à l'espérer; qu'y voulez-vous faire? Les rois sont d'une autre nature que nous autres vils mortels, et puis le nôtre a été un peu gâté depuis quelque temps. Ce n'est pas ma faute. Quant à mon procès, j'en prévois l'issue. Elle sera peu agréable, quelque effort que fasse Dupin pour me tirer de là. Ne craignez pourtant pas l'effet de la récidive : je ne suis point dans le cas. Les juges n'auront encore que trop de latitude, puisque, pour outrage à la personne du roi, ils peuvent appliquer depuis six mois jusqu'à cinq ans, et que les oreilles du lièvre pourront fort bien passer pour cornes, grâce à l'interprétation. Mais nous en appellerons, et puis nous

---

[1] C'est le 15 octobre 1828 que fut saisi le quatrième recueil. Béranger, qui s'y attendait, était allé voir son ami Dupont (de l'Eure) en Normandie, et ensuite il avait vécu seul quelques jours sur le bord de la mer. Il apprit, au Havre, la saisie de ses chansons. M. Mérimée, quoique bien jeune, était dès lors l'un de ses amis de choix, et, comme lui-même l'a écrit, le plus éclairé et le plus sûr de ses conseillers littéraires. Les personnes faibles qui se sont mises, dans les derniers temps, à douter de la valeur des chansons de Béranger n'ont qu'à demander à M. Mérimée ce qu'il en pense. La question, du moins, le fera rire des questionneurs. On se permet ici de citer M. Mérimée, parce que c'est, de nos écrivains en prose, celui dont le goût vaut le mieux.

verrons. Au moins suis-je sûr que les gens que j'estime le plus me porteront encore un peu d'intérêt. Je ne comptais même plus en inspirer autant. Nos journaux ont tous été bien pour moi, à l'exception du *Constitutionnel*, qui avait, en séance générale, arrêté de m'abandonner. Thiers seul a combattu vigoureusement, et, malgré la décision de ces messieurs, a fait passer un article en ma faveur. Ne croyez pas pourtant que je compte cette fois sur toutes les consolations qui m'ont été prodiguées lors de ma première affaire. En publiant cette trentaine de chansons, je me suis dit qu'en cas de malheur il fallait m'attendre à un abandon presque complet. Le malheur est arrivé; l'abandon pourra venir. Mais je sais marcher seul. Je n'ai point été gâté par la fortune, et j'ai encore assez de force pour mettre à profit les leçons qu'elle m'a données. Mes affections blessées peuvent seules altérer ma philosophie. J'espère bien n'avoir pas à souffrir de ce côté, et votre lettre m'est une preuve que je puis compter sur l'attachement de ceux que j'aime, comme je suis sûr aussi de l'intérêt que me porte votre excellent père : remerciez-le pour moi, je vous prie[1].

Je suis parti pour la Normandie après avoir distribué le petit nombre d'exemplaires in-18 des chansons, et n'ai pas pensé qu'il fût nécessaire de vous en envoyer un, parce que, redevable comme je vous le suis, je vous destine un exemplaire complet de l'in-8°. Aussitôt que les dernières livraisons me seront parvenues, et il n'y en a plus que trois à paraître, je m'empresserai de vous l'offrir.

J'aurais bien un reproche à vous faire : c'est de ne jamais vous voir; mais je suis si souvent absent, que je n'ose me plaindre. Quand mon affaire sera terminée, je pense garder

---

[1] Le père de M. Mérimée était peintre et secrétaire de l'école des Beaux-Arts.

la chambre assez longtemps pour espérer que vous me ferez quelques visites.

Adieu, mon cher Prosper, tout à vous de cœur[1].

CLXXI

A MONSIEUR BARTHE
8 novembre 1828.

Avez-vous besoin de moi? je ne le pense pas. Nous sentons et nous pensons de même : il est inutile que je vous ennuie des raisonnettes qui pourraient me venir. Je ne vous conseille même pas de vous fatiguer d'avance de cette affaire. Il sera temps assez d'y penser quand nous serons là. Soyons francs et braves, le reste ira comme il plaira à Dieu. J'ai confiance en lui; imitez-moi.

Il y a toutefois un livre que je voudrais que vous ouvrissiez : c'est l'histoire de France au règne de Charles le Simple; Sismondi ou Mézerai vous suffirait pour ce qu'il en faut savoir, si déjà vous n'avez cette époque dans la tête.

J'ai vu Isambert[2] avant-hier. Il m'a paru bien bon pour moi. Il m'a dit être à votre disposition si vous aviez besoin de lui. Je l'en ai remercié beaucoup. Nous ne saurions trop avoir de gens qui s'intéressent à notre affaire.

---

[1] Lettre communiquée par M. Prosper Mérimée.

[2] Isambert (François-André), né à Aunay (Eure-et-Loir) le 30 novembre 1792, et mort à Paris le 13 avril 1857, est l'un des magistrats de cette ancienne école française où les jurisconsultes et les magistrats se faisaient gloire de marquer dans l'érudition générale et dans l'histoire. Il a laissé une collection de nos anciennes lois qui rend de grands services. Ses travaux de droit ne sont pas moins estimés. Avocat de Berton, de Caron, d'Armand Carrel, il se signala sous la Restauration par son zèle pour la cause des libertés publiques. Nommé conseiller à la Cour de cassation après 1830, il ne se rangea point parmi les satisfaits. C'est à lui que la France doit en grande partie les lois qui ont aboli l'esclavage des noirs. Géographe et numismate distingué, il venait de publier, quand il mourut, une savante édition de Procope. Il a laissé en manuscrit une traduction de Josèphe, une traduction d'Eusèbe et une histoire des origines du christianisme.

Si mon commissionnaire vous trouve chez vous et que vous sachiez quelque chose de nouveau, ayez la bonté de me le faire dire.

A vous de cœur et d'estime [1].

Je crois nécessaire de vous donner mon adresse : *Rue des Martyrs, n° 23* [2].

CLXXII

A MONSIEUR LE RÉDACTEUR EN CHEF DU *MONITEUR UNIVERSEL*

Paris, le 14 novembre 1828.

Un article du *Journal de Rouen*, relatif à l'affaire qui m'est intentée, contient tant d'inexactitudes affligeantes pour moi, que, malgré ma répugnance à entretenir le public de ce qui me concerne, je vous prie de vouloir bien en insérer la rectification dans votre prochain numéro [3].

---

[1] Lettre communiquée par M. Decaudaveine.

[2] A cette date se place la pièce suivante, qui est étrangère au procès de 1828, mais qui indique quelles étaient alors certaines préoccupations de Béranger.

Autorisation donnée par moi à M. de Routaunay, habitant de l'île Bourbon.

D'après les offres de services que M. de Routaunay a l'extrême bonté de me faire faire, je l'autorise à faire à Lucien Paron, demeurant à l'île Bourbon, une avance, soit en argent, soit en objets de consommation, de la valeur d'environ 1,000 francs par an.

Je l'autorise également à payer jusqu'à concurrence de 200 francs de dettes que pourrait avoir contractées ledit Paron antécédemment à l'époque où M. de Routaunay commencera à lui faire l'avance ci-dessus.

Je prie M. de Routaunay de ne prendre de quittances (s'il y a lieu) de Lucien Paron qu'en son propre nom, sans y faire mention de moi, m'engageant sur l'honneur à lui payer ou faire payer, soit sur lesdites quittances, soit sur les mémoires de fournitures, les sommes dont je pourrais lui être redevable, payements qui auront lieu dans les mains de la personne qu'il voudra bien m'indiquer.

Paris, ce 3 novembre 1828.　　　　　　　　　P. J. DE BÉRANGER.

P. S. Je prie M. de Routaunay de ne faire les avances d'argent à Lucien Paron que par petites sommes et en lui cachant d'où les secours lui viennent.

[3] Le brouillon de cette lettre, corrigé par M. Dupin lui-même, a été conservé dans les papiers de Béranger.

Ce n'est pas M. Dupin qui, de lui-même, a renoncé à me défendre; c'est moi qui, répondant aux offres empressées de son amitié, lui fis le premier des objections, fondées sur sa position actuelle de membre de la Chambre des députés. Ces raisons ne suffirent pas toutefois pour ébranler son insistance; elles lui parurent seulement mériter d'être pesées. Mais, plus tard, une circonstance étrangère à mes objections vint leur donner une nouvelle force.

Quelques journaux avaient avancé que je n'avais fait imprimer mes nouvelles chansons que sur l'assurance donnée par lui que leur publication était sans aucun inconvénient. Ces journaux ajoutaient qu'il avait corrigé les *épreuves* et mis le *bon à tirer*. Absent de Paris, j'eus trop tard connaissance de cette assertion, qui paraît avoir été accréditée, car on la répète encore aujourd'hui. Malgré son absurde invraisemblance et sa complète inexactitude, elle plaçait M. Dupin dans une position fausse, même comme avocat, puisqu'en me défendant il eût semblé défendre sa propre cause. Ses paroles eussent perdu de leur autorité habituelle.

Nous en fûmes frappés l'un et l'autre, et seulement alors j'obtins qu'il consentît à me laisser remettre ma cause entre les mains de M. Barthe, également mon ami, dont le noble caractère et le beau talent devaient donner toute sécurité sur le résultat de ma défense à M. Dupin, qui, du reste, n'a pas cessé de prendre à mon affaire le plus vif intérêt, et comme conseil et comme ami[1].

Les détails que le *Journal de Rouen* ajoute, relativement à mon marché avec M. Baudoin, sont également inexacts, et, quoique donnés dans une intention bienveillante, je me dois aussi d'en prévenir la fâcheuse influence.

---

[1] Cette phrase est l'une de celles qui sont écrites de la main de M. Dupin.

Je n'ai jamais entendu laisser à mes éditeurs la faculté de m'imposer leur volonté pour la publication de mes chansons, et je dois dire qu'ils m'en ont toujours laissé faire le choix, sans examen de leur part. On suppose, dans l'article qui fait l'objet de cette réclamation, que M. Dupin aurait aussi approuvé le marché passé entre M. Baudoin et moi. Je proteste que cet acte ne lui a jamais été soumis et qu'il n'a pas plus été chargé de l'apprécier qu'il n'a corrigé les épreuves de mon recueil.

Vous me pardonnerez, monsieur, l'étendue de cette lettre en faveur des sentiments qui l'ont dictée. L'honneur ne m'en eût-il pas fait une loi, l'amitié qui me lie à M. Dupin, la reconnaissance dont je suis pénétré pour tout ce qu'il a fait pour moi, pour tout ce qu'il est disposé à faire encore, m'imposaient l'obligation de donner ces éclaircissements au public. Je dois l'empêcher de tomber dans une erreur dont le résultat m'affligerait bien plus que ne l'ont fait et que ne peuvent le faire les deux procès que j'ai déjà essuyés, celui qu'on me suscite encore et toutes les injures auxquelles je suis chaque jour en butte [1].

---

[1] Un hideux article de la *Gazette de France*, intitulé la *Chaîne des Forçats, Bicêtre, Béranger*, donnait la mesure de la haine qu'inspirait au parti de 1788 le chantre de 1789. On craignait, en France et à l'étranger, que, malgré la douceur du ministère, les partisans fanatiques du trône et de l'autel ne décidassent la police à malmener le poëte, comme Fontan et Magallon. De divers côtés vinrent à Béranger les offres d'argent et d'asile. Il reçut de Genève la lettre suivante, qui figure à la page 278 des *Mémoires sur Béranger*, publiés par M. Camille Leynadier.

« Genève, le 28 novembre 1828.

« AU ROI DE LA CHANSON.

« Sire,

« Quatre de vos sujets, affiliés à la *Forêt Sainte*, ont l'honneur de vous offrir, avec leurs hommages, une preuve de leur dévouement.

« Votre Majesté est menacée dans sa liberté. Les échos de Fribourg ont ici répété le tocsin sonné à Montrouge. Le ban et l'arrière-ban sont sur pied. Garde à vous ! L'asile que la France ne vous offre plus, nous vous l'offrons : c'est un

CLXXIII

A MONSIEUR BROUSSAIS [1]

Ce 21 novembre.

Monsieur, M. Fayot [2] vient de me remettre l'ouvrage que vous avez eu la bonté de m'adresser. C'est avant de l'avoir lu que je vous en remercie. Mon opinion sur son mérite, déjà si généralement reconnu, votre immense réputation, la gloire qui a été le prix de vos nobles travaux, vous doivent rendre très-indifférent à ce qu'un homme de mon étoffe peut penser d'un pareil livre; ou, si vous avez la bonté d'attacher quelque estime à mon suffrage, vous devez être sûr d'avance que ce suffrage vous est tout acquis. Ce dont je dois vous remercier, monsieur, c'est du moment choisi par vous pour me faire l'honneur d'un tel envoi. Lorsque, dénoncé de tous les côtés, poursuivi par un pouvoir plus obéissant qu'on ne pense, je vais aller expier en prison le tort d'avoir eu trop de franchise ou trop de confiance dans un droit que je crois incontestable; lorsque quelques amis félons seraient disposés à me dire : Nous ne vous connaissons plus, je dois être touché qu'un homme, placé aussi haut que vous dans la considération publique, veuille

---

charmant réduit d'où, libre et maître, vous pourrez voir le lac où Guillaume Tell rêva la liberté de son pays, et Voltaire celle de la raison humaine.

« Dans le cas où le budget trop grevé de Votre Majesté ne vous permettrait pas d'entrer immédiatement en campagne, nous joignons à cette lettre une procuration régularisée pour toucher, sur votre bon remboursable à votre volonté, la somme que vous jugerez nécessaire. M. Jacques Laffitte a été avisé pour faire honneur à notre traite.

« Sur ce, Sire, que Dieu vous tienne en sa sainte et digne garde. C'est le vœu de vos fervents et dévoués admirateurs.

« Fazy aîné, Bourquin, Mathieu Kreutz, F. Bruggiser. »

[1] C'est le célèbre Broussais, l'auteur du livre *De l'Irritation et de la Folie*, qui venait de paraître.

[2] Journaliste du temps, ami de Broussais et de Béranger.

bien me donner un témoignage d'estime qui, si j'en juge bien, doit tenir à quelque sympathie secrète dont je dois être fier. Voilà pourquoi, monsieur, j'ai voulu me hâter de vous en témoigner ma reconnaissance, me réservant d'aller vous porter moi-même de nouveaux remercîments aussitôt que j'aurai lu votre ouvrage, si vous voulez bien m'en accorder la permission, et si toutefois la justice, ou ce qu'on appelle ainsi, ne vient pas trop tôt y mettre obstacle.

Daignez recevoir, monsieur, l'expression de ma profonde gratitude et l'hommage de mes sentiments d'estime et d'admiration[1].

CLXXIV

A MONSIEUR GUERNU

Novembre.

Ta lettre m'est arrivée lorsque je courais la Normandie et les bords de la mer. Depuis mon retour, la justice et les avocats m'ont donné tant d'occupations, qu'il m'a été impossible d'aller chez toi, surtout le dimanche, jour où je suis toujours retenu au gîte par les visites que j'ai l'habitude de recevoir. En attendant que ma paresse me permette d'aller te voir avant dix ou onze heures, un des autres jours de la semaine, je t'envoie un exemplaire de mon malencontreux volume. La saisie m'a privé du plaisir de te l'envoyer plus tôt.

Tout à toi.

CLXXV

A MONSIEUR AUGUSTE LE FLAGUAIS

21 novembre 1828.

Les nouveaux embarras judiciaires qui me sont suscités

[1] Lettre communiquée par M. Broussais fils.

m'ont empêché de répondre plus tôt à votre lettre et de vous remercier de la jolie chanson qu'elle contient. Si tous ceux qui, aujourd'hui, écrivent contre moi s'y prenaient de la sorte, je pense que le ministère lui-même ne se serait pas avisé de me traîner encore une fois devant les tribunaux. Je vous dois de la reconnaissance pour un acte d'accusation dressé avec tant d'esprit et de gaieté. Celui qui m'attend au palais ne sera pas tout à fait aussi aimable ni aussi spirituel. Je ne suis pas moins disposé à en braver les résultats. Mais pour vous, monsieur, qui, jeune encore, vous lancez dans une route si épineuse pour moi, les tribulations que je n'ai cessé d'éprouver seront peut-être un salutaire avis. Si vous continuez de faire des chansons, redoutez la griffe du juge et le verrou des prisons. Heureusement qu'on peut servir son pays autrement que par des couplets, et qu'à votre âge on a plus d'une corde à son arc. Réfléchissez donc bien avant de vous aventurer dans la carrière poétique, qui est, certes, une des moins utiles qu'on puisse prendre. C'est l'avis d'un homme qui s'est quelquefois repenti de l'avoir suivie. En vous donnant ce conseil, il me semble que je m'acquitte, autant qu'il m'est possible, du plaisir que m'ont fait vos couplets[1].

CLXXVI

A MONSIEUR KÉRATRY

22 novembre 1828.

Mon cher Kératry, je vous le disais bien, que vous n'étiez pas homme à avoir du crédit sous un pareil ministère. Les prêtres dominent, et vous autres, bonnes gens, vous ne voulez pas le voir, non plus que beaucoup d'autres petits

---

[1] Lettre communiquée par M. le Flaguais.

inconvénients qui troubleraient votre joie. Je n'en suis pas moins sensible à toute la peine que vous avez prise pour ce pauvre Perrotin [1], que l'on persécute par rapport à moi, et qui, sans vous peut-être, eût été abandonné de tout le monde; car aujourd'hui l'abandon est de mode. Mais, comme cette mode ne peut être la vôtre, je ne m'étonne pas que vous ayez fait preuve de zèle pour faire réparer une sottise. Je suis affligé du non succès, bien que sans intérêt dans cette affaire. Je suis sûr que vous l'êtes aussi. Mais au fond je ne suis pas trop fâché qu'un si petit détail vous mette à même de confirmer les idées que vous devez avoir enfin d'une aussi misérable administration.

Recevez, mon cher Breton, tous les remercîments et toutes les assurances du dévouement de votre ami.

CLXXVII

A MONSIEUR JACQUES LAFFITTE [2]

Ce 28 novembre.

Mon cher ami [3], n'allez pas vous aviser de croire que je ne

---

[1] M. Perrotin n'était pas encore l'éditeur de Béranger. Il n'a traité avec lui qu'au mois de juillet 1830, la veille de la Révolution; mais il publiait, depuis 1826, une collection de gravures sur acier pour accompagner le texte des chansons. On n'était pas alors habitué en France à graver la vignette sur acier, et Béranger encouragea M. Perrotin dans sa tentative. C'est vers le moment de la mort de Manuel qu'ils se virent fréquemment.

[2] Il est inutile de dire ce qu'a été M. Laffitte. Les politiques l'ont jugé sévèrement, parce qu'il n'avait pas l'étoffe d'un homme d'État; mais qui est-ce qui a rendu de plus grands services à la cause de la Révolution pendant tout le temps du règne de Louis XVIII et de Charles X? qui est-ce qui a été plus généreux et plus affable, plus digne de la popularité? Et, dans les journées de Juillet, qui est-ce qui s'est plus avancé? Le nom de M. Laffitte devrait toujours être prononcé avec respect. Né à Bayonne le 24 octobre 1767, il est mort à Paris le 26 mai 1844. On sait que c'est un enfant du peuple qui n'a dû qu'à lui-même toute sa fortune. Casimir Périer a su mieux gouverner après 1830; mais, si M. Laffitte n'eût été là, avec Béranger, la Révolution de 1830 n'eût probablement pas réussi.

[3] Béranger avait gardé le brouillon de cette lettre avec cette note : *Copie*

suis pas reconnaissant de ce que vous avez fait hier. Je vous assure bien que j'en suis touché et que je n'ai pas eu besoin de réfléchir pour cela; mais j'ai dû penser à tout ce que vous m'avez dit, et je ne puis vous dissimuler que cette démarche me tourmente. Je suis persuadé qu'elle vous a coûté à vous-même; mais, sans examiner ce point, qui, en définitive, ne peut qu'ajouter au prix que je mets à cette nouvelle preuve de votre amitié, voyons quel avantage je puis retirer de l'arrangement en question.

Non, non; je dois à mon caractère, au public, à mon avocat lui-même, de protester contre cette manière de procéder. Quant à n'être condamné qu'au *minimum*, à quoi bon? Est-ce bien important pour moi? Au contraire; et plus forte sera la peine, plus les auteurs de ma condamnation paraîtront d'abord odieux. Si donc je n'ai que six mois de prison, je vous préviens que je prendrai toutes les précautions imaginables pour éviter la maladie et l'allégeance de la maison de santé. Une détention plus longue me rendrait sans doute moins superbe. Et voyez donc ce que je gagnerais à tous vos arrangements! La honte d'avoir abandonné une défense dont les principes peuvent être utiles, le mécontentement de moi-même et peut-être un échec à cette popularité qu'on veut en vain me contester, et qui est un besoin de mon talent.

Il n'y a pas à s'en dédire, mon ami, je suis populaire, ma popularité est grande, au moins. Savez-vous que dans les cafés, dans les marchés, partout, on s'occupe de mon procès plus que de la Prusse, des Russes et des Turcs? Une poissarde disait, devant la servante d'un de mes amis : « Ce

d'une lettre adressée à M Laffitte, lorsqu'en 1828, *après la saisie de mon volume, il vit, sans me consulter, M. Portalis, garde des sceaux, pour tenter d'interrompre les poursuites ou de leur donner une tournure favorable.* Cette lettre fait un égal honneur à M. Laffitte et à Béranger.

pauvre b....: de Béranger, ils vont le condamner encore !
C'est égal : qu'il chante toujours. » Un commissionnaire
répondait : « Il n'y a que lui et M. Laffitte. Lui, il se f...
d'eux, et M. Laffitte nous fait seul travailler et donne aux
pauvres. » Le plaisir de vous raconter cette anecdote très-
certaine m'éloigne de mon sujet : j'y reviens.

Vous me connaissez assez pour savoir que le désir du
scandale et du bruit n'est pas ce qui me pousse ; mais il
s'agit de proclamer un principe utile, il s'agit de le défendre avec courage ; il y va de mon devoir et de l'honneur
de mon caractère. En vain votre amitié m'a démontré ce
que je savais très-bien, c'est-à-dire que je faisais la guerre
à mes dépens, et que, plus les coups seraient vifs que l'on
allait porter en mon nom, plus je serais exposé à mille
petites vengeances. Je vous réponds : C'est le devoir ! Quant
à ma santé, que vous invoquez, vous faites trop bon marché
de ma santé ; rassurez-vous, j'ai la vie dure !

Quant à l'argent, la captivité l'aura bien vite épuisé... Je
sais qu'en prison tout est cher ; mais enfin, si ma bourse
est vide, je saurai comment la remplir : vous êtes là. Je
ferai alors ce que vos offres cent fois réitérées ne m'ont pas
fait faire encore. Je vous demanderai de l'argent quand le
mien sera écoulé, et ce ne sera pas même sous forme d'emprunt, si votre amitié l'exige. Vous voyez que je pense à
tout.

Encore une fois, voyez que, dans le projet que vous me
soumettiez hier, si l'autorité paraît reculer devant une plaidoirie, l'accusé recule aussi devant le pouvoir que sa défense
pourrait offenser. Supposez un moment que vous seul vous
soyez le public, et demandez-vous si, témoin d'un jeu pareil, vous n'en chercheriez pas les ressorts cachés et si cette
découverte n'ôterait pas quelque chose à l'estime, à l'intérêt

que vous porteriez à l'accusé? Croyez-moi, mon cher Laffitte, il est des instants où l'homme le plus modeste a besoin de s'exagérer sa propre valeur, et je crois être dans un de ces instants-là. Prenons donc tout au pire : on me met en prison pour plusieurs années; alors il m'est bien permis de croire que la France en poussera un cri d'indignation. Allons plus loin : je meurs dans les fers. Ne m'est-il pas permis de croire aussi que, pendant tout un demi-siècle, et tout au moins, ma mort restera comme un sanglant reproche à la mémoire de certaines gens? Et savez-vous que ce serait la plus terrible accusation que l'on puisse faire à la mémoire de Charles X? J'ai trop sacrifié les biens du présent à je ne sais quel vain amour de gloire et de vertu pour que vous ne pardonniez pas à ma folie cette façon de considérer les choses.

Examinez donc mes raisons, pesez-les bien, et particulièrement la pureté de mes intentions et la netteté de ma position actuelle; dites-moi si, en effet, vos vues ne sont pas plutôt celles d'une amitié qui s'épouvante que les conseils d'une sagesse tranquille et froide.

CLXXVIII

A MONSIEUR BERVILLE

J'ai été de chez maître Berville chez maître Barthe, de chez maître Barthe chez maître Berville, et je me suis promené à la porte pendant une demi-heure. Désespérant du rendez-vous donné, je pars en attendant une nouvelle invitation de ces messieurs, si je suis absolument nécessaire. Mille amitiés aux deux avocats. A mercredi en tous cas[1].

---

[1] Lettre communiquée par M. Berville.

CLXXIX

A MADAME CAUCHOIS-LEMAIRE

Je vous envoie des *Globe* tant et plus. Si vous pouvez disposer de Courier, vous me ferez plaisir; mais songez que je ne puis vous le rendre tout de suite. Si donc vous croyez en avoir besoin bientôt, ne me le prêtez pas encore.

J'ai lu aussi mon renvoi; mais je ne sais point quelle est la nature de l'accusation. Si en effet le premier chef est écarté, ne vous en réjouissez pas trop pour moi, je le dis depuis plusieurs jours : on peut me juger pour l'Autel et me condamner pour le Trône. Depuis un mois de prison jusqu'à deux ans, il y a de la latitude; mais nous finirons par savoir ce qu'il en est.

La lettre suivante, adressée à Béranger par Dupont (de l'Eure), ajoute quelque chose à la peinture de ce moment de l'histoire de la Restauration où les gens de prudence abandonnaient le poëte et se déclaraient si heureux de vivre sous le ministère Martignac. Elle ne nous fait, du reste, que regretter plus vivement de n'avoir pu enrichir ce recueil de quelques-unes des lettres qu'a écrites Béranger à son vieil ami. M. Dupont (de l'Eure) est encore l'un des hommes dont se gaussent volontiers les fins politiques. Ils oublient que la droiture du caractère et l'élévation de l'âme devraient être considérées elles-mêmes comme des vertus politiques. C'est parce que ceux qui les entourent manquent de ces vertus que les Dupont (de l'Eure) passent pour des paysans du Danube. Mettons encore qu'ils ne sont pas faits pour diriger : leur rôle est du moins de surveiller et d'avertir; et cette tâche est utile à l'État et aux citoyens[1].

[1] Né au Neubourg (Eure), le 27 février 1767, Jacques-Charles Dupont (de l'Eure) est mort en 1855. Il était avocat au parlement du roi en 1789; il fut

DUPONT DE L'EURE A BÉRANGER

Rougepériers, 3 décembre au soir 1828.

Mon cher Béranger, j'ai reçu avant-hier votre lettre du 29 novembre ; je l'ai lue tout de suite à ma femme, qui a pour vous autant d'amitié que moi et qui, tout en admirant la fermeté de vos principes et la constance avec laquelle vous suivez la ligne que vous vous êtes tracée, ne m'en demande pas moins chaque jour avec toute l'inquiétude de l'amitié ce que j'espère ou ce que je crains du résultat de votre procès. Je lui réponds : Si j'étais à la place de notre ami, je me conduirais comme il le fait ; mais le résultat du procès, je n'ose trop le pressentir, tant je suis convaincu, je ne dirai pas seulement de la faiblesse, mais de la lâcheté du ministère, qui le sacrifiera peut-être à la congrégation et à la cour, si sa politique du moment le lui commande. Les tribunaux auront-ils le courage de s'élever au-dessus de cette misérable politique ? je le désire plus que je ne l'espère, tant aussi je trouve peu de garanties dans la plupart des magistrats devant lesquels il va être traduit.

Vous avez bien fait de tenir bon pour être défendu par notre ami Barthe. Il y a en lui une belle âme et un beau talent. Personne n'est plus digne que lui de défendre votre cause, qui véritablement est celle du patriotisme et de l'honneur français.

Ce que vous me dites de Laffitte me fait grand plaisir et ne me surprend pas. Il s'honore en se prononçant hautement pour vous, et le sang me bout dans les veines en songeant que tous vos amis ne suivent pas son exemple.

Pour moi, mon cher Béranger, je suis tout prêt à me montrer à vos côtés lorsque vous paraîtrez à l'audience. Disposez, non pas de mon cœur, qui est à vous depuis longtemps, mais de ma personne et de ma bourse. Parlez-moi avec votre franchise accoutu-

---

membre du Conseil des Cinq-Cents en 1798, du Corps législatif en 1813, de la Chambre des députés en 1814, de la Chambre des représentants de 1815. A partir de 1817 jusqu'en 1848, il resta constamment député aux diverses législatures. En 1848, il entra à l'Assemblée constituante. Le département de l'Eure, après cinquante et un ans de votes consécutifs, lui retira son mandat en 1849. Ce n'est pas l'honneur de Dupont (de l'Eure) qui a pu en souffrir.

mée, voulez-vous accepter quelques mille francs? je vous les porterai; et croyez bien qu'ils vous sont offerts par ma femme autant que par moi.

Que me parlez-vous, mon ami, de places à la cour de cassation pour moi? Le ministère est-il de force à m'y appeler? et, ce qui me touche beaucoup plus, devrais-je, moi, entrer dans sa politique fallacieuse, me prêter à servir de contre-poids à votre condamnation, et diminuer ma popularité pour en donner un peu pour quelques jours à des hommes qui n'en méritent pas du tout? Mon cœur se soulève contre une pareille supposition. Je sens vivement tout le prix pour le pays d'une bonne administration de la justice et la nécessité pour tout bon Français d'y concourir autant qu'il est en lui; mais, mon digne ami, n'y a-t-il pas en vous comme en moi quelque chose qui vous crie de ne rien avoir de commun, même de loin, avec des hommes aussi corrompus que le sont ceux qui nous gouvernent? et ne fait-on pas quelque chose de peu honorable, conséquemment une sorte de mauvaise action, en acceptant une place d'honneur semblable? Voilà ce que me dit mon instinct, qui m'a rarement trompé, et ce que le vôtre, qui est si sûr, doit vous dire aussi. Au surplus, nous n'en sommes pas là, et j'ai encore le temps, quoi qu'ait pu vous dire Étienne, de planter mes choux, avant qu'on m'appelle à la cour de cassation. Mais si, par impossible, cela arrivait, je réprimerais mon premier mouvement, qui me porterait à refuser et je ne prendrais un parti définitif qu'après avoir consulté quelques amis en tête desquels mon cœur a pris l'habitude de vous placer.

Adieu. Portez-vous bien avant tout. Écrivez-moi quelques lignes. Aimez les compagnons de Rougepériers et croyez à toute leur amitié. Ils vous embrassent de cœur.   Dupont.

Demain j'irai à Évreux, et de là à Louviers. On m'y parlera beaucoup de vous, car on vous y aime comme partout.

Legendre vient de perdre un oncle très-riche, qui laisse à sa femme et à lui de vingt-cinq à trente mille livres de rente : il est d'ailleurs enchanté de vous, d'après la lettre qu'il m'a écrite à son retour à Paris.

CLXXX

A MONSIEUR JOSEPH BERNARD,
AUTEUR DU BON SENS D'UN HOMME DE RIEN.

Ce 6 décembre 1828.

Monsieur, je n'ai encore lu que la moitié de votre livre. Les embarras qu'on me suscite ne m'ont pas laissé plus de temps. Il est à croire que je ne finirai cette lecture qu'en prison, à Sainte-Pélagie ou à la Force. Mais, après l'avoir terminée, je la recommencerai, je vous le proteste bien. Car c'est un livre fait exprès pour moi, un livre plein d'idées, charmant d'abandon et de la plus piquante originalité. Oh! monsieur, que n'est-il lu de tout le monde! tout le monde y trouverait à profiter. Votre philosophie railleuse est toute mienne; aussi je crains de me laisser aller à vous en faire un trop grand éloge : il me semblerait que je manque de modestie. Ce n'est peut-être là qu'un excès de vanité. Pardonnez-moi-le, je vous prie. Je ne vous reproche, jusqu'à présent, que de trop bien parler des juges. Intérêt personnel à part, je vous avoue que c'est une classe de gens que je déteste presque généralement. En revanche, vous parlez de la prison comme un homme qui la connaît ou qui doit la connaître un jour. Ce mot vous semblera peut-être de mauvais augure. Mais, en vérité, monsieur, vous êtes bien hardi d'avancer certaines propositions. Si j'en avais dit autant, je croirais que ce n'est pas assez pour moi du maximum des peines prononcées par la loi. Et puis, la loi, vous l'arrangez trop cavalièrement; et puis....... Mais je m'aperçois que je profite à l'école, et que je me lance à faire une réquisitoire : ce que c'est que d'avoir de bons moniteurs! Au reste, un petit procès ne vous ferait pas grand mal, et vous avez, près de vous[1], tout ce qu'il faut pour vous défendre

---

[1] M. Bernard (de Rennes).

admirablement, comme tout le monde sait. C'est peut-être ce qui vous a inspiré tant d'audace. Ensuite, le livre y gagnerait, ou, pour mieux dire, les Français y gagneraient d'apprendre tous à l'apprécier ce qu'il vaut, tandis que nos journaux n'auront peut-être pas l'esprit de raccommoder un ouvrage si excellent. Les journaux! avez-vous fait un article sur leur compte? ils le méritent bien; ils sont comme les juges : ils pourraient être si utiles, et ils nuisent tant!

Mais je me laisse trop aller à vous parler du *bon sens*, et je perds le temps d'en lire encore quelques pages.

Croyez, monsieur, à tout le plaisir que j'aurai de faire la connaissance de l'auteur; j'ai déjà deux raisons de l'aimer, son frère et son livre, et il me semble, d'ailleurs, que je le connais déjà.

Agréez, monsieur, mes témoignages de reconnaissance pour l'intérêt que vous voulez bien me montrer, et croyez, je vous prie, à mes sentiments d'estime et de dévouement. Malgré votre haine des formules, je suis votre très-humble serviteur.

C'est le 5 décembre que Béranger reçut assignation pour comparaître, non plus en cour d'assises, mais devant le tribunal de police correctionnelle. Et c'est le 10 qu'il fut jugé.

Nous avons retrouvé l'assignation, et nous en reproduisons le texte, tel quel, parce qu'il contient l'analyse de l'acte d'accusation, et aussi parce que Béranger l'a orné d'un impromptu narquois.

TRIBUNAL DE PREMIÈRE INSTANCE DU DÉPARTEMENT DE LA SEINE.

POLICE CORRECTIONNELLE.

Assignation à prévenu[1]. *Sixième chambre.*

« L'an mil huit cent vingt-huit, le 5 décembre, à la requête de

---

[1] « N° 9047. — Visé pour valoir timbre de trente-cinq centimes. DÉBET.
« Paris, ce 29 juillet 1828. GUILLEBERT. »

M. le procureur du roi près le tribunal de première instance du département de la Seine, séant à Paris, chevalier de l'ordre royal de la Légion d'honneur, qui fait élection de domicile en son parquet, au Palais de Justice, à Paris, j'ai, Claude Hutinel, huissier-audiencier audit tribunal, patenté, demeurant à Paris, rue des Bourdonnais, quartier Saint-Honoré, soussigné, donné assignation au sieur de Béranger, Pierre-Jean, homme de lettres, demeurant à Paris, rue des Martyrs, 23, audit domicile, parlant à la femme portière de la maison,

« Et par copies séparées, aux sieurs Baudoin aîné, Fain, Lécluse, Truchy, Bréauté,

« A comparaître en personne, le mercredi, deux décembre, présent mois, NEUF HEURES PRÉCISES DU MATIN, à l'audience du tribunal de première instance du département de la Seine, sixième chambre, jugeant en police correctionnelle, séant à Paris, au Palais de Justice,

« Pour répondre et procéder sur et aux fins du procès-verbal, dressé contre lui[1], duquel il résulte qu'il est prévenu :

« 1° D'outrages à la religion de l'État; 2° d'outrages à la morale publique et religieuse, savoir, de Béranger, en vendant à Baudoin, pour le faire imprimer et le livrer au public, un manuscrit (recueil de chansons) dont il est l'auteur, et qui a été en effet publié en un volume d'impression in-18, ayant pour titre : *Chansons inédites de P. J. de Béranger*, Paris, Baudoin frères, éditeurs, rue de Vaugirard, n° 17, 1828; imprimerie de Fain; lequel volume contient la chanson intitulée l'*Ange gardien* (page 19), dont les huitième et neuvième couplets présentent plus particulièrement le caractère des délits précités; le huitième couplet commençant par ces mots : « Vieillard affranchi, » et finissant par ceux-ci : « Portez-vous bien ; » et le neuvième commençant par ces mots : « De l'enfer, » et finissant par ceux-ci : « Portez-vous bien ; » — et en corrigeant les épreuves de l'impression et en distribuant des exemplaires dudit recueil imprimé.

« Baudoin, etc.; Fain, etc.; Truchy, Lécluse et Bréauté, etc.; 3° des délits d'offense envers la personne du roi ; 4° d'attaques

---

[1] « Pour les renseignements, s'adresser grande salle du Palais de Justice, bureau des huissiers, au pied de l'escalier de la police correctionnelle. »

contre la dignité royale ; 5° d'excitation à la haine et au mépris du gouvernement du roi : savoir, de Béranger, en vendant, etc... un volume contenant une chanson intitulée le *Sacre de Charles le Simple* (page 45), commençant par ces mots : « Français que Reims a réunis, » et finissant par ceux-ci (page 48): « Gardez bien votre liberté ; » et une autre chanson intitulée les *Infiniment petits* (page 77), commençant par ces mots : « J'ai foi dans les sorciers, » et finissant par ceux-ci (page 79) : « Les Barbons règnent toujours, » en corrigeant les épreuves, etc., etc.

« Délits prévus par les articles 1, 8 et 9 de la loi du 17 mai 1819, 1, 2 et 4 de la loi du 25 mars 1822. Et en outre répondre aux conclusions qui seront prises contre lui par M. le procureur du roi, d'après l'instruction, à l'audience, et j'ai au susnommé, en parlant comme ci-dessus, laissé cette copie.   Hutinel. »

Sur le papier même, à la suite de la signature, Béranger a écrit d'un vif coup de plume :

> Il faut le mettre en prison.
> Quoi ! ce coquin de poëte
> Met en chansons la raison ;
> C'est un Socrate en goguette :
> Il se rit de nos calotins ;
> Il fait la morale aux ultramontains :
> Tous ses refrains qu'on répète,
> Nous les défendons, et l'on se taira :
> — Vous avez beau faire, on les chantera !

Le 10 décembre, jour du procès, l'affluence fut bien plus considérable encore que lors des procès de 1821 et de 1822. L'opinion publique s'était prononcée ; l'applaudissement des rues réveillait l'indifférence des salons. MM. Laffitte, son gendre, Sébastiani, Bérard et Andrieux, accompagnaient l'accusé.

Le réquisitoire de l'avocat du roi, Champanhet, est assez faible. On n'en peut citer guère que deux passages : le premier, qui est éternel dans la bouche de tous les avocats du roi ; le second, qui n'est pas dénué de sens.

I

« Chaque jour du règne de notre monarque est marqué par des bienfaits, témoignage immortel de son amour pour son peuple ;

la paix règne au dedans comme au dehors, les arts sont encouragés, l'industrie protégée, les libertés publiques agrandies fleurissent à l'abri du trône légitime dont elles émanent, se prêtant un mutuel appui ; une solide gloire, une gloire sans tache est acquise à nos armes portées en de lointains climats pour un but aussi noble que désintéressé ; et c'est quand il existe un si généreux accord entre le peuple et son roi, que vous vouez au mépris son gouvernement par une insultante assimilation avec cette nation imaginaire de nains, dont un auteur anglais (Swift) nous trace la burlesque et satirique peinture.

« La France est heureuse, elle est grande, elle est forte, et vous lui prophétisez une dégénération rapide suivie d'une ruine honteuse ! »

II

« Comment l'auteur du *Roi d'Yvetot*, de cette satire aimable et piquante de l'arbitraire et de l'esprit de guerre et de conquêtes, peut-il sans cesse rappeler et préconiser dans ses vers un régime que sa muse frondait, alors qu'il existait ?

« Il est vrai qu'alors aussi ces allusions étaient fines et légères ; elles étaient enveloppées d'un voile assez épais pour que l'œil du vulgaire ne pût le pénétrer, et ses traits à peine acérés effleuraient et ne déchiraient pas.

« Quelle différence aujourd'hui ! Ah ! si dans les temps que le sieur de Béranger présente sans cesse à notre admiration et à nos regrets (dans ce recueil comme dans les autres), sa plume audacieuse eût laissé échapper des vers pareils à ceux qui vous sont déférés ; si les pompes d'un autre sacre, si celui qu'elles entouraient eussent été les sujets de ses mépris, les objets de sa dérision, est-ce la justice qui eût été appelée à apprécier et punir l'offense ? Non, l'arbitraire eût ouvert les portes d'une prison d'État, et l'auteur, l'éditeur, l'imprimeur, les débitants du téméraire écrit eussent vu les portes se refermer sur eux, pour un temps assurément plus long que la détention légale qui peut leur être infligée aujourd'hui pour une telle faute. »

Voici la péroraison du discours de M. Barthe :

« Messieurs, vous n'oublierez pas qu'en jugeant le poëme vous jugez aussi l'homme; que vous jugez Béranger; et c'est surtout sous ce rapport que ma cause est belle.

« Je le demande, quel est le Français qui voudrait briser le moule de l'auteur du *Dieu des bonnes gens*; qui voudrait anéantir ses écrits ou les condamner à l'oubli? J'aurais tort, il est vrai, d'exprimer devant vous ce que j'éprouve moi-même d'estime et d'affection pour un caractère qui m'est si bien connu. Désintéressé, sans ambition, son génie n'a pas même rêvé l'Académie; il n'a jamais spéculé ni sur son talent, si sur l'intérêt qu'il inspirait ; et quoique son cœur ne craigne pas le fardeau de la reconnaissance, il a pu refuser les offres de l'opulence, alors même qu'elles étaient dictées par la plus tendre amitié. Sachant dérober aux Muses le temps que beaucoup d'infortunes ont réclamé, et qu'elles n'ont pas réclamé en vain, il a pu faire dire à son âme :

> Utile au pauvre, au riche sachant plaire,
> Pour nourrir l'un, chez l'autre je quêtais :
> J'ai fait du bien, puisque j'en ai fait faire.
> Ah ! mon âme, je m'en doutais.

Il est vrai que sa muse, fière et indépendante, dans ses inspirations patriotiques, a traité souvent le pouvoir sans indulgence. Messieurs, je ne pense pas que le génie ait été jeté au hasard sur la terre, et sans avoir une destination. Béranger a aussi la sienne ; il vous l'a dit : « Je suis chansonnier. » Fronder les abus, les vices, les ridicules ; faire chérir la tolérance, la véritable charité, la liberté, la patrie, voilà sa mission. S'il a signalé ce qui lui a paru dangereux, toutes les infortunes l'ont trouvé fidèle ; c'est pour lui surtout que le malheur a été sacré.

« On l'a accusé de bonapartisme. Messieurs, lorsque le colosse était encore debout, et avant que le Sénat eût parlé, Béranger avait, dans son *Roi d'Yvetot*, critiqué cette terrible et longue guerre qui aurait pu engloutir la France avec le chef de ses soldats. Béranger n'est certes pas un partisan des tyrannies de l'Empire. Mais quand il a vu le lion renversé, insulté par ceux-là mêmes qui rampaient à ses pieds, les vicissitudes de cette grande destinée ont ému son âme ; une sorte d'intérêt poétique s'est emparé de lui, et il a déposé une fleur sur la tombe de celui qui, pendant sa puissance, n'avait obtenu de lui qu'une critique.

« On a parlé, messieurs, de la grandeur actuelle de la France, de l'accroissement progressif de ses libertés ; on vous a parlé de nos armées s'illustrant en ce moment même sur le territoire de la Grèce pour une cause sacrée. Messieurs, j'ai cru, à chaque mot du ministère public, entendre l'éloge de Béranger. L'agrandissement progressif de nos libertés ! ah ! j'en appelle à toutes les consciences ! Est-il étranger à ces progrès de la civilisation, à ces agrandissements de nos libertés, le poëte qui a chanté le *Dieu des bonnes gens*, qui a flétri l'intolérance, et poursuivi de ses vers vengeurs tous les ennemis de ces libertés et de cette civilisation ?

« Vous avez parlé de la Grèce ! quels vers, plus que ceux de Béranger, ont rendu chère aux nations la cause de la Grèce moderne ; les massacres de Psara, la délivrance d'Athènes, l'ombre d'Anacréon évoquée et récitant une poésie digne d'Anacréon lui-même ? Mais que dis-je ? au moment même où il comparaît ici en police correctionnelle, où sa liberté est menacée, une sentinelle, dans les forteresses de la Morée, répète peut-être et son nom et ses vers pour exciter ses compagnons d'armes à la défense d'une si belle cause. (Bravos dans l'auditoire.)

« Mais il est un autre titre qui le recommande à tous les hommes généreux. De tous les sentiments, celui qui honore le plus les nations à leurs propres yeux, aux yeux de l'étranger, c'est le patriotisme, c'est l'amour du pays, la haine de l'invasion étrangère, l'amour des gloires de la patrie. C'est à faire naître, à réchauffer ce noble sentiment que notre poëte excelle. Oui, l'amour de la patrie, l'amour de la France, voilà ce qui, dans ses vers, au milieu des banquets, ou des rêveries de la solitude, a fait battre le cœur de ses concitoyens, voilà ce qui a fait son immense popularité. En quelque lieu qu'il se présente, en France, à l'étranger, il est sûr de trouver des admirateurs, des amis. O vous, messieurs, qui devez représenter le pays, ne dites pas au roi qu'un tel homme n'a pour lui que des injures ; ne dites pas au poëte que les autres nations nous envient, que la France n'a pour lui qu'une prison. Je compte sur son absolution. »

Un passage du discours de M. Berville pour le libraire donne des détails sur la peine qu'avaient eue les juges à fixer les chefs d'accusation :

« Je prends mes exemples dans la cause. Le ministère public incrimine les *Bohémiens*, le *Pèlerinage de Lisette*, les *Souvenirs du Peuple*; la chambre d'instruction et la chambre d'accusation jugent ces pièces innocentes ; le ministère public incrimine l'*Ange gardien*, la chambre d'instruction absout ; la chambre d'accusation réforme sa décision : même divergence quant à la qualification des délits. Ainsi le ministère public voit dans le livre six textes coupables et cinq délits qualifiés ; les premiers juges, deux textes et trois délits seulement ; les juges d'appel, trois textes et cinq délits ; ainsi voilà un texte que le premier tribunal avait trouvé innocent, et que les seconds ont jugé coupable ; voilà trois textes que le ministère public avait trouvés coupables, et que les juges ont déclarés innocents ; et moi, pauvre libraire, il fallait que je devinasse tout cela ! Je devais être plus éclairé que le ministère public, qui s'est trompé, que les magistrats qui ne sont point d'accord entre eux ! »

Voici enfin le prononcé de l'arrêt :

A cinq heures un quart le tribunal se retire dans la chambre des délibérations. Trois quarts d'heure après il rentre en séance. Le silence le plus profond règne dans l'auditoire. M. le président prononce le jugement dont voici le texte :

« Attendu que, dans la chanson intitulée l'*Ange gardien*, l'auteur, tournant en dérision, dans le huitième couplet, l'un des sacrements de la religion de l'État, a tourné en dérision cette religion elle-même, et s'est ainsi rendu coupable du délit prévu par l'article 1er de la loi du 25 mars 1822 ;

« Que, dans le neuvième couplet de la même chanson, en mettant en doute le dogme des récompenses dans une autre vie, il a commis le délit d'outrage à la morale publique et religieuse prévu par l'article 8 de la loi du 17 mai 1819 ;

« Attendu que, dans la chanson ayant pour titre la *Gérontocratie*, l'auteur, en représentant dans un avenir peu éloigné la ruine totale de la France comme étant le résultat inévitable du gouvernement qui nous régit, a excité à la haine et au mépris du gouvernement du roi, délit prévu par l'article 4 de la loi du 25 mars 1822 ;

« Attendu que la chanson du *Sacre de Charles le Simple* n'est susceptible d'aucune double interprétation ; qu'elle présente évidemment le délit d'offense envers la personne du roi, prévu par l'article 9 de la loi du 17 mai 1819 ;

« Attendu que de Béranger reconnaît être l'auteur desdites chansons et les avoir vendues à Baudoin pour les publier ;

« Que Baudoin reconnaît les avoir fait imprimer, et avoir vendu la presque totalité des exemplaires tirés ; qu'il ne peut exciper de sa bonne foi et de son ignorance, parce qu'il achetait des chansons à choisir dans celles que lui présentait de Béranger ;...

« Le tribunal condamne de Béranger à neuf mois d'emprisonnement et dix mille francs d'amende.... »

Nombre de voix dans l'auditoire : Oh ! oh !

M. le président : « Huissiers, faites faire silence. » (Le silence se rétablit aussitôt.)

M. le président continuant : « Baudoin à six mois d'emprisonnement et cinq cents francs d'amende ;...

« Déclare bonnes et valables les saisies du 15 octobre dernier ; ordonne la destruction des exemplaires saisis et de ceux qui pourraient l'être ;

« Condamne de Béranger et Baudoin solidairement aux dépens. »

CLXXXI

A MADAME BIOLLAY[1]

11 décembre.

Madame, malgré tout le désir que j'avais de vous donner des nouvelles de mon procès, d'après la prière que vous aviez eu la bonté de me faire, il m'a été impossible d'en trouver le temps jusqu'à cette heure. Les journaux vous auront appris que j'étais condamné à neuf mois de prison et à 10,000 francs d'amende. C'est sans doute beaucoup que tout cela ; mais enfin il pouvait m'arriver pis, quant à la prison, au moins ; et puis j'étais si bien préparé à la colère des juges,

[1] Plus tard madame Scribe.

que je crois pouvoir être sûr que, sans l'opinion qui est en ma faveur, j'aurais été traité plus rudement encore. D'ailleurs, il faut se consoler de tout, et l'intérêt qu'on veut bien me montrer est un grand adoucissement au mal qu'on veut me faire.

Ne vous affligez donc pas trop pour moi, madame, et surtout ne pensez pas que mes occupations actuelles et les tribulations qu'on me suscite m'empêchent de porter le plus vif intérêt à ce qui vous regarde. Je vous prie de le croire et d'en assurer monsieur votre mari.

Recevez, madame, l'assurance de mes sentiments de respect et de dévouement [1].

CLXXXII

A MONSIEUR BARTHE

24 décembre 1828.

Mon cher Barthe, voudriez-vous bien, en allant au Palais, voir M. le procureur du roi, et le prévenir que je vais bientôt me rendre en prison. Vous le prierez d'ordonner la levée de mon jugement, nécessaire pour me faire écrouer, et vous entendriez avec lui pour qu'il ordonnât aux huissiers de m'écrouer à la Force, et non à Sainte-Pélagie.

Je pense que ce monsieur voudra bien permettre que je choisisse mon logement; mais je sais qu'il faut qu'il en soit prévenu. Ne l'oubliez donc pas, et le plus tôt possible; car si, comme je l'espère, les ouvriers ont fini, j'entrerai en retraite samedi prochain : le plus tôt est le mieux.

CLXXXIII

A MONSIEUR LEMAIRE

2 janvier 1829.

Je voulais vous aller faire mes adieux la veille et le jour

[1] Lettre communiquée par madame Eugène Scribe.

de mon déménagement; je ne sais combien d'obstacles imprévus m'ont privé de ce plaisir; et, à moins que vous ne vous échappiez de chez Cartier[1], nous ne nous verrons qu'au mois de mai, car, de m'échapper, moi, il y a peu d'apparence; vous connaissez la maison : elle est bien gardée jusqu'à présent. Je me trouve aussi bien que possible en prison; ma chambre est vraiment fort jolie, et j'ai un certain luxe de mobilier qui me rend tout fier. Mes voisins sont très-attentifs; leurs soins seront chers, sans doute, mais au moins mes amis seront plus tranquilles, et c'est un point essentiel, car l'inquiétude des autres pour ce qui nous regarde finit par devenir un tourment pour nous-mêmes. On a pour moi beaucoup d'égards ici; toutefois je ne communique encore avec personne : il est vrai que je ne suis point sorti de ma chambre; je ne puis me décider à aller me promener dans les cours de la maison. Depuis assez longtemps j'ai pris les cours et les jardins en horreur; il faudra bien pourtant triompher de ce dégoût, car je ne crois pas que ma santé puisse s'arranger d'une reclusion absolue. Elle s'en arrange dans ce moment, parce que ma poitrine est encore un peu en mauvais état, et que j'ai des douleurs de dents; aussi je vis de régime, et me soigne mieux que je ne le ferais chez moi.

Sans avoir publié qu'on pouvait me voir dans ma chambre (ce qui s'est fait, au reste, sans que je le demandasse), j'ai déjà reçu bon nombre de visites, et je pense en recevoir davantage incessamment; on me les laisse tant qu'elles veulent rester; mais à quatre heures je renvoie mon monde. Je pense que, pour le garder davantage, il en faudrait demander la permission, et je ne puis me déterminer à rien

---

[1] Maison de santé où M. Cauchois-Lemaire achevait son temps de prison, qui allait jusqu'en mai.

demander : l'ennui m'en donnera le courage peut-être.

Un conseiller d'État, qui m'est venu voir hier, m'a appris que ma souscription [1] irritait beaucoup le ministère. Je m'en doutais. Martignac surtout la blâme ; il croyait que j'en appellerais, et que la cour royale eût réformé le jugement, qui paraît avoir déplu à beaucoup de monde, même parmi ceux qui ne pensent pas comme nous. La personne qui m'a dit cela est d'autant plus sûre, que ce n'est point un homme de notre couleur, quoiqu'elle m'aime beaucoup. Votre femme vous aura parlé de la société qu'elle a trouvée chez d'Estange ; Cousin a été admirable pour moi ce jour-là ; il était de l'extrême gauche. Il est attaqué de toutes parts. Vatimesnil l'a fait venir pour lui reprocher certaines parties de ses cours, et lui a cité l'opinion de Sainte-Aulaire, qui avait cru devoir lui en parler, à lui ministre, comme de choses dangereuses pour la jeunesse. Voilà notre philosophe dans un bel embarras. Villemain a été fort bien aussi pour moi, et prétend ne pas concevoir qu'on me mette en prison dans un temps comme le nôtre. Enfin, j'ai eu à me louer beaucoup de ces messieurs ce jour-là. Villemain m'a demandé de vos nouvelles ; et, si je ne me trompe, il a répété la question à votre femme. Ce qui était bien drôle au dîner, c'était de voir Jouy et Dubois côte à côte à table.

Vous venez de voir l'acquittement de Castel. Nous avons au secret, dans notre escalier, des détenus accusés de fausse monnaie ; il y a un fort beau jeune homme qu'on promène une heure par jour : il prend plus l'air que moi ; le pauvre malheureux en doit avoir plus besoin. Adieu. Mille amitiés à votre femme ; dites-lui que je l'attends.

A vous de cœur.   BÉRANGER.

---

[1] La souscription pour le payement de l'amende de 10,000 francs.

P. S. Constant est engagé au *Courrier*. Vous avez vu ses premiers articles ; vous devriez tâcher d'écrire pour ce journal, il gagne chaque jour un peu.

CLXXXIV

A MONSIEUR LÉON BOITEL[1]

La Force, ce 6 janvier 1829.

Monsieur, c'est au moment où une nouvelle condamnation m'envoie languir neuf mois sous les verrous de la Force que la Société épicurienne de Lyon me fait l'honneur de m'offrir le titre de son associé. Une pareille marque d'intérêt et d'estime ne peut que m'inspirer une vive reconnaissance, et je me hâte de vous prier d'être l'interprète de mes sentiments de gratitude auprès de tous les membres de cette Société.

Mais, après m'être acquitté de ce premier devoir, me sera-t-il permis de vous dire, monsieur, que j'ai pris avec moi-même l'engagement de n'appartenir de ma vie à aucune association littéraire ou chantante. Ceci vous semblera étrange, sans doute, et il faudra peut-être tout l'intérêt qu'on porte à une victime du pouvoir pour me le faire pardonner. Il serait trop fastidieux de vous rapporter toutes les raisons que j'ai eues de faire un semblable vœu ; qu'il vous suffise de savoir que je me suis fait autrefois une espèce de violence pour être du Caveau moderne, et que c'est pour en avoir été que j'ai pris la résolution qui vous paraîtra si singulière. Une nouvelle cause m'y fait persévérer. Je ne puis être utile à aucune société. Par exemple, vous me demandez des chansons pour votre recueil : eh bien, j'en aurais en portefeuille, que je ne pourrais vous en donner. Vous

---

[1] Imprimeur et littérateur de Lyon qui est mort en 1855.

sentez, monsieur, que, continuellement en butte à ce que nous appelons la justice, je ne puis faire courir à d'autres le risque de la publication de mes œuvres. A quoi donc serais-je bon à votre Société? A rien; et, en vérité, il y aurait honte à reconnaître aussi mal ce qu'elle veut bien faire pour un malheureux prisonnier.

Ayez la bonté, monsieur, de soumettre les motifs que j'oppose à la bienveillance tout aimable de vos collègues; dites-leur que cette réponse forcée de ma part me fait éprouver un véritable chagrin; mais ajoutez que, quoique ne profitant pas de l'honneur qu'ils veulent me faire, je ne m'en sens que plus engagé par la reconnaissance à me faire leur associé de cœur et à contribuer, de tout mon pouvoir, au succès de leurs publications. Si ma voix n'est pas de nature à embellir leurs chansons, elle peut au moins aider à les répandre, et ce sera un devoir bien agréable à remplir, si j'en juge par beaucoup de refrains lyonnais que j'ai déjà le plaisir de connaître.

Recevez en particulier, monsieur, et mes remercîments et l'expression de ma considération distinguée[1].

CLXXXV

A MONSIEUR CAUCHOIS-LEMAIRE

8 janvier 1829.

Votre lettre m'a fait plaisir, mon cher Lemaire, parce que je sais que vous aimez peu à écrire et surtout d'aussi longues lettres, à moins que vous ne les adressiez à de grands personnages, tels que des avocats généraux, des ministres et même des altesses.

Je vous remercie donc beaucoup d'avoir pris autant sur

---

[1] Lettre communiquée par M. Ed. Dentu.

votre paresse; mais il y a pourtant dans cette lettre des passages qui m'ont affligé. Le découragement paraît vous avoir saisi chez Cartier plus vivement qu'il ne l'a fait à la Force et à Sainte-Pélagie. D'où vous vient donc cette triste disposition à vous rabaisser à vos propres yeux? Si vous en parliez avec humeur, cela ne m'effrayerait pas autant. Mais vous paraissez comme déjà habitué à ce sentiment pénible de vous-même. Si vous mêlez les idées de gêne et de travail, je conçois que, sous le rapport de la fortune, vous vous plaigniez, et je conçois aussi que cela puisse quelquefois vous faire tomber la plume des mains. Je ne vous gronderais pas d'accuser le sort; mais je vous en veux de méconnaître votre destination sous le point de vue littéraire. Si vous aviez végété sans réputation jusqu'à ce jour, je ne me sentirais peut-être pas le courage de vous conseiller de lutter plus longtemps; mais votre talent est chose reconnue et bien reconnue de chacun. Presque tout ce que vous avez publié a réussi, autant que vous pouviez l'espérer suivant la nature de l'ouvrage que vous livriez au public, et souvent même le succès a dépassé vos espérances. Songez que vous n'avez fait que des brochures, et, malgré la concurrence, voyez à quelle hauteur vous vous êtes placé. Vous avez eu jusque dans ces derniers temps une preuve du pouvoir qu'exerce encore la réputation que vous vous êtes faite. Certes, lors de votre lettre au duc d'Orléans, si tout le monde eût pu vous abandonner, sauf quelques amis, personne ne vous eût prêté secours, et, en vous abandonnant, on ne se fût pas donné la peine d'y mettre la moindre forme de politesse. C'est donc votre talent qui vous a soutenu sur l'eau dans ce dernier naufrage. Mon sort n'a guère été que le même : il est vrai que j'ai un avantage sur vous et sur bien d'autres; c'est d'être populaire beaucoup plus que ne le peut être un prosateur dont les brochures ne vont pas dans toutes les mains, tandis que mes chansons vont partout, et en me donnant les basses classes pour appui forcent les classes supérieures à prendre avec moi des mitaines. Privé de cet avantage, unique peut-être, vous n'en avez pas moins recueilli les marques d'estime auxquelles le talent a droit quand une fois il est avoué de tous ceux qui en sont juges.

Savez-vous d'où vient le découragement que vous éprouvez? Je crois le deviner, mon cher ami; vous ne savez que faire de vos idées. Vous vous êtes fait un instrument excellent, car peu de personnes écrivent comme vous, mais vous ne savez pas bien à quoi vous devez consacrer les dons que la nature vous a faits et que le travail le plus laborieux a perfectionnés. Ferez-vous une histoire? ferez-vous un roman? augmenterez-vous le nombre de vos lettres? ou ne ferez-vous que des articles de journaux?

Vous n'êtes pas dominé par les sujets. Ils vous laissent flotter au hasard, et puis le temps que vous passez en préparatifs laisse évaporer les premières impressions; ajoutez à cela certain penchant à la paresse, et vous verrez que c'est peut-être dans ces différentes causes d'embarras et d'incertitude que vous devez chercher celle de la disposition où vous êtes. Enfin, selon moi, ce n'est pas parce que vous êtes découragé que vous ne travaillez pas; mais c'est parce que vous ne travaillez pas que vous êtes découragé; travaillez donc, travaillez vite; n'importe à quoi. Mais plus de ces longs préparatifs qui refroidissent. N'avez-vous pas de sujet, écrivez qu'on vient de découvrir un nouveau monde et que voilà ce qui s'y passe. Affirmez que la lune a fait une révolution cette nuit et que nous voyons enfin la face qu'elle nous a cachée si longtemps; qu'un volume est tombé de cette planète et que le voici. Enfin, mon cher ami, écrivez, écrivez,

écrivez vite sur le premier sujet venu. Vous avez fait vos provisions depuis longtemps; vous savez assez : enseignez. Quels diables de gens qui toujours font leurs paquets et jamais ne s'embarquent! Jetez-vous sur le premier navire venu. Mais non, vous aimez mieux rester sur la plage à voir tout le monde partir ou arriver. Cela est doux sans doute. Mais croyez-vous bien que ce soit là ce à quoi la nature vous a appelé? J'ai souvent dit aux critiques de Delavigne : On n'a pas une flûte aussi parfaite pour ne pas finir par faire de la bonne musique; attendez. Je vous dis à vous : On n'écrit pas comme vous le faites pour ne pas écrire : il doit sortir de vous quelque excellent ouvrage. Une grande difficulté existe ici-bas pour nous autres enfileurs de mots, c'est d'appliquer convenablement notre talent. A votre âge, il est honteux de n'avoir pas reconnu sa vocation. Je ne vous en crois pas là; mais, si cela était, en huit jours de méditation vous arriveriez à débrouiller ce secret qu'on n'ignore que quand on ne le cherche pas, ce qui du reste arrive aux neuf dixièmes de nos auteurs.

Voilà un bien long sermon, mon cher confrère en captivité. Ne croyez pas que je l'aie fait aussi long pour dissiper l'ennui de ma prison. J'ai déjà eu tant de visites, que jusqu'à présent je ne suis pas fâché d'être un peu seul le soir et que je trouve encore mes après-dînées fort courtes. Il n'en sera pas toujours ainsi sans doute; mais je ne veux pas que vous croyiez que je me transporte chez vous uniquement pour me distraire. Toutefois pardonnez-moi si je vous ai ennuyé, et croyez-moi tout à vous pour la vie, votre ami.

BÉRANGER.

Mes amitiés à votre femme.

CLXXXVI

A MONSIEUR BÉRARD

16 janvier 1829.

On vient de faire une descente de justice dans ma cellule, mon cher Bérard : il s'agissait de l'affaire du supplément à mes chansons. J'avais lu dans le *Constitutionnel* que le nommé Thery venait d'être arrêté pour la publication de ce cahier. Dans un assez long interrogatoire, j'ai déclaré avoir été instruit de l'existence de ce recueil par plusieurs de mes amis. J'ai déclaré avoir écrit, il y a peu de jours, au *Constitutionnel* à ce sujet, ajoutant ne pas connaître (autrement que par ouï-dire) les chansons contenues dans ledit cahier, à l'exception des *Adieux à la campagne* et de la *Muse en fuite*, dont je me reconnaissais l'auteur, mais dont j'étais si loin d'avoir autorisé la publication, que quelqu'un, trop zélé, ayant voulu faire imprimer la seconde, je m'y étais opposé. On m'a demandé le nom de ce quelqu'un, et vous sentez que je ne l'ai pas nommé, quoiqu'il n'y eût aucun danger pour le *quelqu'un*. Il y a dans ce cahier quatre autres chansons dont on m'a donné lecture. Après quoi visite complète a été faite de mon domicile : on a fouillé jusque dans mes poches. Un autre s'en serait impatienté. J'ai tout ouvert, tout montré, et j'ai vu un peu d'embarras dans M. le juge, qui tâchait d'être le plus poli du monde. Je lui ai fait voir ma nouvelle chanson, où se trouve un couplet sur Marchangy, en lui disant que ceci était une pensée, et ne le regardait pas.

J'ai été interrogé sur l'*Entretien de Pie VI et de Louis XVIII;* cela vous semble drôle. J'en ai exprimé ma surprise. On m'a répondu que cette réimpression avait été saisie avec les chansons. Je leur ai dit qu'elle contenait d'excellents vers, mais que je n'étais pour rien dans la nouvelle publication de cette satire. Enfin, je vous donne tous les détails sur cette affaire, qui m'a beaucoup ennuyé et qui vraisemblablement va me faire comparaître encore devant les tribunaux. C'est une assez sotte distraction que MM. de la justice vont me procurer.

Je n'ai pas le temps de vous dire autre chose; un messager attend ma lettre! J'embrasse madame Bérard. Mille amitiés à Dupont, Manuel et autres.

MADEMOISELLE DELPHINE GAY A M. BÉRANGER.

Paris, 22 janvier 1829.

M. de Bellisle ne vous a point trompé, monsieur, en vous remettant de ma part ces vers que vous louez avec tant d'indulgence. Est-il donc vrai qu'ils aient eu la puissance de vous distraire un moment des ennuis de la captivité? Si je pouvais le croire, cette pensée me rendrait bien fière et je sens qu'elle deviendrait ma plus douce inspiration.

Mais n'emploirez-vous pas à notre profit ce temps de retraite forcée? La poésie est généreuse : faites qu'on pardonne à vos ennemis en prouvant combien le malheur peut servir au talent, et consolez-nous de votre long exil, en faisant parvenir jusqu'à nous ces chants à la fois si joyeux et si noblement tristes, dont l'homme heureux répète les refrains, que le vieux soldat écoute en pleurant et que le poëte admire avec envie.

Ma mère se joint à moi, monsieur, pour vous prier de recevoir l'assurance de mes sentiments distingués, et de notre vive admiration.
DELPHINE GAY.

BENJAMIN CONSTANT A BÉRANGER.

29 janvier 1829.]

Mon cher Béranger, bien que votre lettre contienne plusieurs choses qui auraient pu m'affliger ou me blesser, il y règne, surtout vers la fin, je ne sais quel fonds d'amitié et d'intérêt qui a produit ce singulier effet qu'elle m'a causé plutôt du plaisir que de la peine. Vous êtes un des hommes vers lesquels je me suis senti le plus attiré; plusieurs circonstances ont, à diverses reprises, combattu cet attrait sans le détruire; elles ne m'ont pas refroidi au fond du cœur, mais gêné et éloigné. J'ai ouvert votre lettre, j'y ai trouvé de l'amitié, et je viens m'expliquer avec vous dans le désir sincère que vous me compreniez et que vous m'approuviez.

Je prends votre lettre phrase par phrase : je ne travaille ni ne m'oppose à la fusion. Je suis de votre avis sur ce qui m'est personnel. Je crois que ceux qui veulent y pousser pensent à eux et non à m'associer à leurs succès, s'ils en ont ; et moi-même je n'achèterai pas le plus grand succès par l'abandon du moindre principe. Si vous pensiez que j'ai des vues ambitieuses, vous commettriez une erreur qui m'étonnerait de votre part. J'ai soixante ans; j'ai combattu pour la liberté, non sans quelque gloire ; j'ai rendu des services assez grands; j'ai acquis ce que je désirais, de la réputation. Mon seul vœu, la seule chose à laquelle, à tort ou à raison, mon imagination s'attache, c'est de laisser après moi quelque renommée, et je crois que j'en laisserais moins comme ministre que comme écrivain et député. Je veux qu'on dise après moi que j'ai contribué à fonder la liberté en France, et on le dira longtemps après que les coteries, celles qui me repousseraient si j'essayais d'en être, aussi bien que celles qui me calomnient près de vous, ce qui me fait beaucoup plus de peine, seront enterrées et oubliées.

Quant à la popularité, je l'aime, je la recherche, j'en jouis jusqu'ici avec délice ; mais je la dois aussi à la manière dont j'ai toujours dit toute ma pensée. Si je tentais de l'exagérer, je perdrais mon talent, comme si je m'avisais de la démentir. Vous croyez apercevoir dans mes lettres au *Courrier* des tergiversations; vous êtes dans l'erreur. Mon opinion est précisément comme je l'énonce dans ces lettres. Je crois fermement que la France ne peut d'ici à longtemps être libre qu'en consolidant sur les bases actuelles la dose de liberté qu'elle possède ou doit posséder. Je puis avoir tort; mais j'ai la conviction que nous devons nous en tenir à la monarchie constitutionnelle. Je sais ou je crois savoir que les vieux gouvernements sont plus favorables à la liberté que les nouveaux. Si la dynastie se déclare hostile, advienne que pourra. Ma mission n'est pas de sauver ceux qui voudraient se perdre; mon appui ne se donnera jamais au pouvoir absolu, et la légitimité ne l'obtiendra pas. Mais tout désir de renversement sans autres motifs que des souvenirs ou des haines n'entrera jamais dans ma pensée. Voilà ma profession de foi vis-à-vis de vous : je puis me tromper, mais je ne cache rien, je ne voile rien, et, si mes opinions déplaisent, il faut en accuser le fond, non la forme, qui ne provient nullement des ménagements que vous me supposez, ni d'un désir de succès que je n'éprouve pas.

Ceci me ramène à la *fusion*. Je répète que je n'y travaille point; que pas un de ceux qui y travaillent ne m'en a parlé ; que, si elle a lieu de manière à ce que la portion hésitante et égoïste se fonde dans la portion libérale, j'en serai charmé ; mais que je m'opposerai toujours à ce que cette dernière se laisse affaiblir par l'autre.

On vous a dit qu'on m'avait envoyé au *Courrier* comme à Strasbourg. M. Laffitte sait que les actionnaires du *Courrier* m'ont prié d'y concourir. Je n'en ai pas le premier conçu l'idée, j'y ai consenti. Je crois avoir bien fait. Je crois avoir dit des choses utiles, et, dans tous les cas, j'ai pensé ce que j'ai dit.

Voilà une bien longue lettre, mon cher Béranger. J'ai du plaisir à vous parler avec tout abandon. Je voudrais que cette tracasserie que l'on a voulu me faire auprès de vous fût l'époque d'une amitié plus intime et plus confiante. Vous êtes, je le dis encore, l'homme de France pour qui j'ai le plus d'attrait. Vous êtes, quand vous jugez à vous seul, le juge que je choisirais avant tout autre. Je vous offre un plein et entier attachement. Si nous différons sur quelques points, c'est parce que notre esprit est différemment frappé. Cela ne fait rien à l'affection. J'aspire à vous voir accepter la mienne et je vous assure que je n'ai pas dit un mot, pas eu une pensée qui doive vous blesser.

Vous voyez que je réponds non-seulement sans rancune, mais avec une affection vraie. Elle ne peut pas plus s'affaiblir que mon goût pour votre esprit et mon affection pour votre talent. J'irai vous voir incessamment avec la Fayette.

Tout à vous pour la vie, BENJAMIN CONSTANT.

CLXXXVII

A MONSIEUR BERNARD

La Force, 1ᵉʳ février 1829.

Monsieur, voilà plus d'un mois que j'habite la Force, et, pour mon début, j'y ai attrapé une forte fluxion dans la tête qui m'a fait horriblement souffrir. Les drogues et les sinapismes n'y faisant rien, on a imaginé de me défendre toute application ; de là résulte le retard que j'ai mis à vous assurer que la dernière partie de votre livre m'a fait autant et plus de plaisir que la première. Il a le premier accourci mes longues soirées ici, d'où l'on chasse tous mes amis aussitôt que sonnent quatre heures. A part le bien qu'il m'a fait, je vous assure, monsieur, que c'est un excellent ouvrage. Le savez-vous bien ? Quant à moi, j'ai dû rappeler la Fontaine et Baruch [1] à tous ceux qui me sont venus voir. J'ai surtout prié Chatelain, qui est à la tête du *Courrier*, de faire faire un article sur votre *Bon sens*. Je regrette de ne l'avoir pas encore vu paraître. Si je savais écrire en prose, si je savais faire un article de journal, je vous jure que je me serais chargé de la besogne. Mais je suis si bête quand je n'ai plus ma mesure et ma rime, qu'il ne m'est jamais venu en tête d'écrire dans un journal, sauf quelques lettres particulières qui, lorsqu'elles sont imprimées, m'ont toujours paru n'avoir pas le sens commun. Oh ! sans cela, monsieur, que je dirais de bonnes choses au public ! Que de fois j'irais en prison ! Dans cette circonstance, j'aurais même pu vous y faire mettre avec moi, car, en faisant l'éloge du livre et de l'auteur, je n'aurais pas manqué de citer cer-

---

[1] On sait que la Fontaine, s'étant tout à coup pris d'une belle passion pour le prophète Baruch, ne parlait plus que de lui à tous ses amis.

tains passages à qui il ne manque qu'un peu plus de célébrité pour vous envoyer me tenir compagnie. Il me semble que vous seriez un bien bon compagnon de captivité. Supporteriez-vous bien cela, monsieur le philosophe? Savez-vous que, même dans une bonne chambre comme celle que j'occupe, on peut manquer encore de bien des choses? Mais, oui, il me semble que si vous êtes l'homme de votre livre, comme je me plais à le croire, vous seriez bien en prison. Toutes les sottises que vous censurez si gaiement, tous les abus que vous mettez si clairement à jour; enfin, tout ce que vous dépensez d'esprit pour tâcher d'en donner un peu aux autres, vous fournirait encore quelque bon volume comme celui-ci, qui serait encore mieux lu, mieux senti, et nous aiderait de faire notre éducation qui a été si négligée, malgré l'usage immodéré de la lettre moulée. Oh! qu'il nous en manque encore de ces bons livres où l'on attaque bravement toutes les questions, où l'on met à nu toutes les vérités; où princes, lois, culte, guerre et douane, sont montrés sous leur véritable jour, et si bien qu'un enfant de dix ans pourrait crier haro en voyant passer toutes les belles choses qu'on nous donne sous tous ces noms-là. Tel serait l'effet de votre livre, si Dieu et les journalistes permettaient qu'il se répandît partout, comme je le désirerais. Des habiles vous diront que vous imitez un peu trop Rabelais, que je viens de relire pour la centième fois; cela se peut; mais je n'ai pas le courage de vous le reprocher. Des délicats prétendront que vous manquez de l'usage de la capitale, cela se peut encore; mais, pour cela, je vous en félicite. Il faut faire son livre à sa taille; avec ses manières, avec ses idées. Nous n'avons eu que trop d'ouvrages taillés sur un patron commun. Qui était plus de la province que maître François? qui plus que Michel Montaigne? Ils vivent pourtant et vivront longtemps encore si la comète[1] n'arrive pas ; mais s'il ne faut pas faire des livres comme nous les faisons, quand nos livres sont faits, il faut aller visiter, importuner MM. les journalistes, leur porter même des articles tout faits, où nous nous donnons des éloges en veux-tu, en voilà ; payer même pour l'insertion des susdits articles tant la ligne ; et puis réunir ensuite tous les éloges et les mettre en tête d'une deuxième édition, qui n'est souvent que la première un peu rhabillée. Alors le public crie au grand homme. On oublie ce qu'on a fait pour cela, et l'on crie soi-même avec le public. Si vous ne faites pas tout cela, malgré tout votre mérite, croyez-moi, monsieur, vous aurez bien de la peine à obtenir la place qui vous est due, et vous n'irez jamais en prison, ce qui me fâche beaucoup pour vous, pour qui je me sens un grand faible.

Adieu, monsieur. Recevez de nouveau mes remerciments, et croyez à mon estime sincère comme à mon dévouement.

CLXXXVIII

A MADAME LEMAIRE

Je vous envois trois *Globe*.

Je commence à aller mieux et ne souffre presque plus de la mâchoire. Pour me guérir, j'ai fait ce que les médecins m'ont défendu ; je m'en trouve bien.

J'ai encore eu hier force visites. J'en étais un peu fatigué.

Dites à Lemaire que sa lettre m'a fait plaisir, puisqu'elle m'apprend qu'il va se mettre au travail. C'est une chose admirable que le travail ! on en raconte des merveilles. C'est bien dommage que je sois paresseux aussi.

---

[1] On parlait beaucoup alors de la *comète* de 1832, que Béranger a chantée.

Soignez votre rhume et restez les pieds sur les tisons. Faites de la géologie : rien n'est si divertissant. Mais pourquoi ne vous donnez-vous pas le plaisir de lire les ouvrages qui traitent à fond la matière?

Allons, du courage! devenez géologue.

CLXXXIX

AU GÉNÉRAL GOURGAUD

La Force, 9 février 1829.

Général, je ne puis trop me hâter de vous adresser mes remercîments pour la lettre que vous avez fait insérer dans le *Courrier* d'aujourd'hui ; elle m'a fait m'applaudir encore une fois d'avoir chanté la gloire militaire française. Mais, oserai-je vous l'avouer, je m'étonnais un peu que de tant de guerriers dont j'ai cherché à adoucir les malheurs, aucun n'élevât la voix en faveur du chansonnier qui, à son tour, subit la peine d'être resté fidèle à son drapeau. C'était à vous, général, qu'était réservée cette tâche, que d'abord je croyais plus facile. Plus elle paraît demander de courage aujourd'hui, plus vous avez des droits à ma reconnaissance. Combien je vous sais gré d'avoir senti que, malgré mon indigence, je ne méritais pourtant point qu'on me traitât comme ces pauvres honteux pour qui l'on va déposer des aumônes chez le curé de leur paroisse! Si l'on ne veut venir qu'à mon secours, on peut s'éviter cette peine. J'ai assez d'amis qui se cotiseront pour payer mon amende, et si je ne veux pas leur avoir cette obligation, je saurai, sans me plaindre, passer six mois de plus en prison, pour m'acquitter envers le fisc.

Général, dites-le bien : je ne veux point de la pitié de certains individus; je ne veux même pas de preuves d'une amitié qui n'oserait pas se montrer. Quand je n'avais pour vivre qu'un modique emploi dans les bureaux du gouvernement, qu'à mes risques et périls je cherchais à ridiculiser tant de sottises, à intéresser en faveur de tant d'infortunes, je mettais mon nom au bas de mes couplets. Je regrette d'avoir fait si peu de chose pour mon pays; mais j'espérais qu'au moins mon exemple ne serait point stérile. Il faut qu'il en ait été autrement, puisque aujourd'hui ceux qui se disent encore patriotes conservent autant de timidité. Je souhaite qu'ils fassent mieux leur profit de la noble leçon que vous venez de leur donner.

Pardonnez-moi, général, une aussi longue lettre à propos d'une lettre si courte et si pleine. En prenant la liberté de m'épancher avec vous, j'ai voulu vous mettre à même de juger de l'effet que votre démarche généreuse a dû produire sur moi. C'était le meilleur moyen de vous prouver mes sentiments d'estime et de dévouement.

CXC

A MONSIEUR KÉRATRY,
MEMBRE DE LA CHAMBRE DES DÉPUTÉS.

La Force, 12 février 1829.

Mon cher ami, je serai chez moi samedi toute la journée. Ne venez, toutefois, que de dix heures à trois; mon portier n'ouvre qu'à ces heures-là. Venez me voir, vous qui n'avez pas peur des pestiférés, et amenez ceux de vos amis qui ne croiront pas se compromettre en donnant des témoignages d'intérêt à un pauvre captif. Je reçois de nombreuses visites; car, grâce au ciel, il y a encore des gens qui sympathisent avec ceux qui détestent l'hypocrisie; mais vous êtes bien sûr que votre présence à la Force sera un surcroît de bonheur pour moi, et y laissera un souvenir bien agréable.

Mes civilités à ceux de vos collègues qui ne m'oublient pas. A vous de cœur et pour la vie [1].

CXCI

A MONSIEUR L'ABBÉ DE PRADT [2],
ANCIEN ARCHEVÊQUE DE MALINES.

La Force, 14 mars.

Monseigneur, je termine la lecture de votre dernier ouvrage, et, ravi des grandes et utiles vérités qu'il contient, je ne puis résister au plaisir de vous en témoigner mon admiration; je dirai plus, ma reconnaissance comme Français. Sans doute vous serez peu touché du suffrage d'un pauvre chansonnier, condamné pour avoir eu le courage de s'avancer en enfant perdu, et qui pourtant ne s'est aventuré que parce qu'il a jugé comme vous, monseigneur, que les autres ne s'aventuraient pas assez. Oui, un certain orgueil personnel m'a exalté, en lisant votre écrit si éloquent, si substantiel; j'avais pensé une partie de tout ce que vous démontrez si bien, et j'en atteste une lettre écrite en Auvergne, sur des renseignements qui me furent demandés, à l'époque où vous donnâtes votre démission à la Chambre. Je défendais le parti que vous veniez de prendre, auprès d'une personne assez influente sur la jeunesse de ce pays. Je crois que j'ajoutais à mes raisonnettes que vous seriez plus utile dehors que dans la Chambre. J'avais bien raison; vous le prouvez.

A des époques comme la nôtre, des hommes comme vous, monseigneur, doivent se tenir loin des meneurs pour guider

---

[1] Lettre communiquée par M. Guichon de Grandpont, commissaire général de la marine.
[2] Lettre communiquée par M. Eug. de Lanneau.

ceux qui marchent et censurer ceux qui font semblant de marcher, ou qui ne marchent que pour reculer. Avec quel courage et quel talent vous vous acquittez d'une si belle mission! Ceux qui ne sont pas encore complétement stupidifiés ou entièrement corrompus ne pourront s'empêcher de reconnaître la justesse et la force du tableau que vous faites de notre malheureuse position. Il n'est pas possible qu'ils nient les fautes que vous signalez si énergiquement; il doit leur arriver, pour beaucoup de points, ce qu'il m'arrive à moi pour l'accusation portée contre le ministère Villèle. Hier matin encore, je la croyais la plus belle chose du monde : vous m'avez ouvert les yeux, monseigneur, et je sens maintenant que cette question de personnes ne pouvait qu'entraver l'application des principes dont elle avait l'air d'être le but.

Après avoir lu cet excellent livre, il me reste une crainte, c'est que la ligue des torpilles n'en amortisse les effets bienfaisants; mais, Dieu merci! vous avez le génie avec lequel on fait tête à tous les adversaires. Heureux homme, d'avoir conservé tant d'énergie et de voir son talent croître avec l'âge! Ah! monseigneur, je crois en vérité que c'est une grâce d'état. J'ai toujours observé que les gens d'Église conservaient leur verdeur plus longtemps que d'autres; cela m'a souvent fait regretter de n'avoir pas endossé leur robe. Je vous assure que j'aurais été un fort bon prêtre. Je suis beaucoup plus croyant qu'on ne le suppose, et je crois nécessaire de vous l'affirmer, pour que vous rougissiez moins de me voir chanter vos louanges. On ne me traiterait pas d'antichrétien, si on ne faisait du christianisme un moyen politique, comme je ne serais peut-être pas antibourbonnien, si au droit divin, qui peut au moins faire des héros, on ne substituait chez nous le prestige royal qui n'est propre qu'à faire une nation de laquais. Vous voyez, monseigneur, que je ne suis pas aussi déraisonnable que le disent nos gens de la *fusion*[1].

Mais c'est assez vous ennuyer de mon bavardage. Je dois seulement ajouter que ce n'est point pour établir une correspondance avec vous que je vous écris cette lettre. Je juge trop bien votre position et les obligations que votre caractère vous impose pour avoir voulu vous mettre dans une fausse position. J'ai une mission à remplir toute différente de la vôtre : un chansonnier doit aller de l'avant ; il a beau connaître les convenances, il en est une foule au-dessus desquelles il doit se mettre pour servir la cause qu'il a embrassée. Enfant perdu, il faut qu'il se résigne à être quelquefois enfant abandonné. Aussi doit-il voir sans humeur ceux qui le connaissent le mieux ne pas lui rendre toujours ses coups de chapeau : s'il tombe, il doit s'attendre même que plus d'un ami lui jettera la pierre. Seulement il ne lui est pas défendu de se venger ! Ah ! que je vous plains, monseigneur ; c'est un plaisir que vous ne pouvez prendre ! Toutefois, si vous aviez neuf mois à passer en prison, vous vous en donneriez peut-être la joie. Si vous saviez combien il vient ici de mauvaises pensées ! On n'a pas toujours pour s'en distraire des ouvrages comme les vôtres ; de ces ouvrages si pleins, si forts, si rapides qu'ils vous occupent encore bien longtemps après les avoir lus, et qu'on en parle sans cesse. Ah ! que je voudrais colporter celui-ci dans toute la France ; malheureusement on y a mis bon ordre. Au moins on ne peut m'empêcher d'en parler ni d'en témoigner ma reconnaissance à son illustre auteur : c'est une consolation que j'ai voulu me donner, et, à ce titre,

---

[1] Il y a toujours eu des gens pour fusionner, pour coller et recoller des noms et des intérêts. Béranger nous enseigne à ne nous occuper que d'un principe.

monseigneur, vous voudrez bien me pardonner la liberté que j'ai prise de vous écrire, aussi familièrement, une lettre aussi longue.

N'en croyez pas moins au profond respect avec lequel j'ai l'honneur d'être, monseigneur, votre très-humble et très-obéissant serviteur, BÉRANGER.

LETTRE DE M. DE PRADT A BÉRANGER

15 mars 1829.

Mon incomparable compatriote, vous venez de me donner la récompense de mes travaux; malheureusement, je ne puis m'empêcher d'y reconnaître un peu de cette exagération qui fait partie des licences permises aux enfants d'Apollon. Vous qui avez étendu son domaine, vous avez la générosité de priser des écrits dont l'indépendance fait tout le mérite. Oui, monsieur, je n'avais pas oublié que dès l'année dernière, au début de cette languissante session, j'avais eu le plaisir de me trouver en conformité parfaite d'opinion avec vous; le temps nous a trop justifiés. Votre lettre me surprend répandant mes gémissements sur cette France d'hier, qui fait la joie de nos infiniment petits, qui aideront à mettre le royaume dans sa poche, comme a si bien dit la gérontocratie. J'ai uni mes douleurs à celles de tous les habitants de nos contrées, sur le coup qui vous a frappé : j'espère bien que vous arriverez au terme de cette nouvelle épreuve, sans dommage pour votre santé : car pour tout ce qui tient à l'esprit et à l'âme, vous êtes invulnérable. Si les convenances, que vous savez si bien apprécier, monsieur, ne m'interdisaient pas l'approche des lieux qui nous privent du plaisir de vous voir, je m'y rendrais avec empressement et j'éprouverais une grande jouissance à vous exprimer personnellement, non pas mon admiration pour votre talent, c'est un sentiment trop général pour être un titre auprès de vous, mais toute ma reconnaissance et mon dévouement.

L'ANCIEN ARCHEVÊQUE DE MALINES.

CXCII

A MONSIEUR LEMAIRE

Ce soir 22 mars 1829.

Voilà bien longtemps, mon cher Lemaire, que je vous dois une réponse et peut-être, tout occupé que je suis d'en faire une à M. de Clermont-Tonnerre [1], aurais-je encore tardé à vous écrire, sans une idée singulière qui m'est venue cette nuit. Je me suis dit : Et moi aussi, pourquoi ne ferais-je pas une pétition à la Chambre? Aussitôt le désir de vous mettre de la partie m'est venu. Oui, ai-je ajouté, lui et moi nous méritons d'être encore accolés ensemble pour une pareille expédition. D'ailleurs, il y a de la prose à faire; c'est son genre, moi, je n'aurai que la peine de signer. Ma paresse me fit trouver cet arrangement admirable. Il vous reste à savoir quel est l'objet de la future pétition. Le voici : Un tel et un tel représentent à notre Chambre si courageuse, si dévouée aux intérêts du pays, dont les admirables travaux nous font pâmer d'aise, qu'elle devrait bien penser à supplier S. M. qui est, de son côté, toujours prête à assurer la liberté et le bonheur de ses très-humbles sujets, de rendre enfin au jury le jugement des délits de la presse et de faire disparaître la loi qui régit cette matière, loi d'exception s'il en fut, loi qui blesse la Charte, loi qui... qui fait que nous sommes en prison tous les deux. Ne voilà-t-il pas, mon cher ami, un bel et bon sujet de pétition? mon idée n'est-elle

---

[1] C'est la chanson dont le refrain est :

Qu'en dites-vous, monsieur le cardinal?

et où il y a ces vers :

Tout prélat se croit hérétique
Qui chez nous a le cœur français,

vérité démontrée trop souvent.

pas merveilleuse ? Il est vrai que le matin, en lisant le sort
de celle de Las Cases, j'ai été sur le point d'y renoncer. J'ai
craint que nous ne puissions pas trouver d'appui parmi tant
d'hommes courageux, ou que nous eussions affaire à des
gens qui, comme Sébastiani, changeassent d'avis au milieu
de la discussion. Je me suis fait aussi quelques objections
et voilà ce qui y a donné lieu. Après le jugement d'appel
de Baudouin, je m'avisai d'écrire une lettre au *Courrier* où je
motivais ma soumission au jugement de première instance,
en protestant contre la loi dont l'application m'avait été faite
et en réclamant le jugement par jury. Chatelain, à qui j'a-
vais soumis ma lettre, vint me voir et me dit, entre autres
choses, qu'il ne croyait pas que cette loi actuelle fût une
dérogation à la Charte. Il ajouta que Cormenin ayant le
projet de traiter de nouveau cette matière pendant la session,
il pensait que si je faisais paraître ma lettre, ce serait un
précédent fâcheux, qu'on ne manquerait de lui jeter au nez,
quand la discussion aurait lieu à la Chambre. Il est terrible
d'avoir des noms qui sonnent aussi mal que les nôtres.
Quand il s'agit d'autres intérêts que les miens et surtout
d'intérêts généraux, je deviens d'une timidité extrême : je
consentis donc à ce que ma lettre ne fût pas publiée. Ces
objections, si elles sont justes, doivent encore avoir plus de
force, faites à propos d'une pétition à la Chambre. Je soumets donc tout cela à vos lumières. Toutefois, je dois vous
dire que je connais assez Cormenin pour m'entendre avec
lui, si cela est jugé nécessaire, et comme c'est un homme
plein d'honneur et de sens, je me soumettrais bien volontiers à tout ce qu'il pourrait décider. Enfin, je vous ai exposé
mon idée, faites-en des choux, des raves, et faites-moi seulement savoir ce que vous en pensez. Plus je bavarde à ce
sujet, moins j'y tiens, à vous vrai dire. L'éloignement que

j'éprouve à occuper le public de moi me refroidit toujours bien vite en pareille circonstance. Au reste, je dois vous dire que nos députés paraissent avoir peur d'être obligés de se brouiller avec le ministère; ils sont embarrassés de la victoire qu'ils ont obtenue à propos de la loi départementale. Je vois toujours quelques-uns de ces grands politiques. Leur nombre a augmenté dernièrement, et je me demandais si déjà la rupture était complète. Vous savez qu'Étienne est venu me voir. On assure que Dupin était entré dans la ligue ministérielle et qu'il boudait ses amis parce qu'ils avaient empêché la loi communale de passer la première; ce pourrait, au reste, n'être qu'une affaire d'amour-propre. Après avoir écrit une si longue lettre, il me vient un scrupule : je crains qu'elle ne vous trouve en train de travailler et ne vous dérange d'occupations plus utiles pour vous et plus agréables pour moi. Qu'il n'en soit rien, je vous en conjure. Jetez vite au feu mon rabâchage et continuez votre travail. Laissez même votre femme me répondre et restez à votre pupitre.

Après ce conseil d'ami, je m'empresse de vous dire adieu.
Tout à vous.

CXCIII

A MONSIEUR LAFFITTE

31 mars 1829.

J'ai encore une ennuyeuse commission à remplir auprès de vous. Voici de quoi il s'agit :

Lorsque Cauchois-Lemaire fit mettre en souscription les deux volumes qu'il publie, afin de couvrir les frais de son amende et de sa longue détention, vous me dîtes que vous souscririez pour cent exemplaires, ce qui faisait 1,500 fr. En effet, vous vous fîtes inscrire pour ce nombre. Lemaire ayant eu besoin d'argent, vous lui avançâtes 2,000 fr., dont 1,000 fr. déposés chez vous par un noble anonyme. Si votre intention est de porter, en effet, la souscription à cent exemplaires, vous avez donc encore 500 fr. à payer.

Je viens d'apprendre que Lemaire, après avoir payé son amende et celle de son libraire, et avoir eu à payer sa pension à la maison de santé, où il est, jusqu'à ce jour, se trouve embarrassé pour continuer cette dernière dépense. En complétant les 500 fr. que vous avez d'abord promis, vous le tireriez d'un mauvais pas. Le libraire chez qui vous vous êtes fait inscrire n'ose vous adresser cette demande : c'est donc moi qu'on en charge. Si vous la trouvez convenable, faites-moi remettre l'argent. Sinon...

Vous a-t-on montré la lettre d'un de vos compatriotes, nommé F***, qui est condamné pour escroqueries, et sollicite votre pitié, aussi par mon intermédiaire? Il prétend que vous connaissez beaucoup sa famille. Celui-ci, je ne vous le recommande pas.

Il vient d'arriver ici un nouveau personnage de votre connaissance, qui, n'ayant pu tirer d'argent de moi, m'a écrit sur un ton assez insolent. C'est le fils de ce brave C***. Il dit, dans la prison, qu'il est au mieux avec vous et que vous allez vous employer à le tirer d'affaire. Bayonne ne se fait pas grand honneur à la Force par ceux qui y entrent; mais il s'en est fait beaucoup par ceux qui en sont sortis grâce à vous.

Je dois vous dire qu'à propos des malheureux dont vous avez payé l'amende, j'ai écrit au préfet de police, pour qu'il s'occupât du sort des prisonniers qui sont ou seront dans le même cas. Il ignorait le fait, et a pris ma demande en considération. D'après les nouvelles mesures prises, j'ai déjà fait sortir un pauvre diable, et il y en a deux nouveaux qui, j'espère, sortiront bientôt. Vous devez croire que je n'ai pas laissé ignorer à M. de Belleyme[1] ce que vous avez fait pour les autres. Vous voyez qu'il peut être bon d'être mis en prison de temps en temps.

Adieu. Tout à vous de cœur[2].

CXCIV

A MONSIEUR JACQUES LAFFITTE

13 avril 1829.

Je n'aime pas à vous ennuyer d'affaires quand vous venez me voir ; je préfère vous ennuyer chez vous.

Vous trouverez ci-jointe une lettre de Manuel que je vous envoie pour m'éviter d'entrer dans les détails avec vous. Si je l'avais vu depuis qu'il me l'a écrite, je l'aurais grondé de ne s'être pas expliqué lui-même avec vous. La tendre amitié que vous avez montrée à son frère, l'intérêt que vous lui portez à lui-même, devaient l'encourager à vous parler, eût-il même été sûr d'un refus. Mais voilà comme ils sont tous. C'est toujours à moi qu'on s'adresse pour arriver jusqu'à vous; il en résulte que j'ai furieusement usé mon crédit; du moins je le crains bien. Je vous recommande pourtant la lettre de cet excellent homme. Il croit que, pour se soutenir auprès de son associé, il faudrait que vous consentissiez à garder pour compte particulier 50 ou 60,000 fr. sur ce qu'il vous doit personnellement. Vous connaissez sa position aussi bien que moi et pouvez même mieux juger de ce qu'elle deviendra lorsqu'il cessera d'avoir une mise de fonds dans son entreprise. Sa probité est si grande, que je suis sûr que si jamais il prévoyait des pertes pour vous, il

---

[1] Le préfet de police.
[2] Lettre communiquée par M. Laverdet.

se hâterait de vous prévenir. Je ne me permettrai donc aucune réflexion sur cette affaire, sûr d'avance que vous ferez ce qu'il y a de mieux à faire; sauf à élever l'intérêt de la somme que vous réservez à votre compte, si vous consentez à sa demande. Comme je ne veux pas vous fatiguer de cela, malgré tout l'intérêt que j'y attache, je passe à un autre point, en vous priant toutefois de dire un mot à ce pauvre garçon de la détermination que vous croirez devoir prendre.

Notre ami Cabarus, à peine étiez-vous parti, m'a fait tenir une lettre pour vous que je vous envoie, décachetée, ainsi que cela se pratique pour les lettres de ces messieurs.

Un académicien s'est adressé à moi pour vous prier de lui prêter 1,500 fr., payables en deux ans. C'est Baour-Lormian, qui, presque aveugle, a besoin d'un secrétaire pour finir ses œuvres complètes. Je lui ai écrit de s'adresser à vous directement. Vous recevrez sans doute une lettre de lui. Je suis sûr qu'il vous payera si vous lui prêtez cette somme; cependant, comme il n'est pas mon ami, je ne prends pas la liberté de vous le recommander, tout en désirant que vous vous laissiez attendrir par ce pauvre aveugle, traducteur d'Ossian et du Tasse, et auteur d'une foule de beaux vers.

Je n'ai plus qu'une bonne affaire à vous proposer.

Une souscription a été faite pour Rouget de Lisle. C'est Bérard qui, à ma prière, s'est mis à la tête de cette œuvre patriotique. Depuis plus d'un an elle sert à soutenir l'existence du Tyrtée national, et les souscripteurs se sont engagés au payement d'une cotisation annuelle. Mais vous ne figurez pas dans cette liste. J'ai toujours tant de choses à vous demander, que j'ai remis jusqu'à présent à vous en parler. Voulez-vous y prendre part pour votre propre compte?

car je ne veux pas entendre parler de vos bureaux pour cette souscription. C'est là que vous avez pris cette vilaine maxime : *Je ne veux plus ni prêter ni donner*, parole qui ne va ni à votre fortune ni à votre cœur, et qu'il ne faut plus répéter, surtout devant moi, qui, tout pauvre que je suis, prête et donne toujours. Voyez donc si, pour Rouget de Lisle, vous voulez prendre un certain nombre de souscriptions : elles sont de 20 francs chacune.

En voilà long que je vous débite et j'en suis presque honteux. Adieu donc et tout à vous [1].

CXCV

A MONSIEUR BÉJOT

20 avril 1829.

Mon cher Béjot, encore de l'argent à donner. D*** veut aller dans son pays : j'en suis fort aise ; mais il lui faut 100 francs. Je consens à les lui avancer pour ne l'avoir plus sur mon dos. Donnez-lui donc cette somme, et faites-vous faire une reconnaissance, sans fixer de terme de payement. N'oubliez pas pour cela de m'envoyer 200 francs dans une huitaine. A vous de cœur [2].

CXCVI

A MONSIEUR MUSSET-PATHAY

La Force, 17 mai 1829.

Monsieur, combien je suis flatté de l'honneur que vous me faites ! J'ai déjà lu votre excellent ouvrage [3] dans une autre édition ; je vais le relire avec un nouveau plaisir, et cette

---

[1] Lettre de la collection de M. Gilbert, et communiquée par M. Laverdet.
[2] Lettre communiquée par M. Béjot.
[3] Sur Jean-Jacques Rousseau. M. Musset-Pathay est le père de MM. Alfred et Paul de Musset.

lecture ne sera pas une des moins douces distractions qu'on pût me procurer dans ma prison.

Vous voyez, monsieur, combien je vous ai d'obligation ; aussi vous devez compter sur toute ma reconnaissance, et pour le présent que vous me faites et pour le moment choisi par vous pour me l'adresser.

Agréez mes remercîments, et croyez, monsieur, à ma considération distinguée. Votre très-humble serviteur[1].

CXCVII

A MADAME FIRMIN

La Force, 18 mai 1829.

Ma chère Adèle, mon directeur[2], qui pourrait être mon tyran, et qui, au contraire, est rempli d'égards pour moi, vient de me prier de lui procurer des billets de spectacle. Tu sens combien je suis intéressé à le satisfaire. Je me recommande donc à toi et à Firmin pour m'en procurer quand tu le pourras, même pour d'autres théâtres que les *Français*. Tu vois que je n'hésite pas à mettre ta complaisance à contribution.

Mille amitiés au mari. Je t'embrasse.   BÉRANGER.

J'oublie de te dire que mon directeur a une femme, et que c'est particulièrement pour elle qu'il me demande cette faveur.

CXCVIII

A MONSIEUR CLÉAU,
CHEF DE BUREAU A LA PRÉFECTURE DE POLICE.

La Force, 24 mai 1829

Monsieur, avec l'assentiment de M. Valette, directeur de la Force, je prends la liberté de recommander à votre bien-

---

[1] Lettre communiquée par M. Paul de Musset.
[2] M. Valette, directeur de la prison.

veillance le nommé Coste (Pierre), détenu dans cette maison, et qui sollicite de votre bonté la promesse de n'être point transféré dans une autre maison. Condamné à un an d'emprisonnement, le 14 janvier, pour avoir fait usage d'un passe-port qui n'était pas le sien (seule faute qu'il ait commise), il a déjà fait quatre mois à la Force, et sa bonne conduite l'a fait distinguer de ses chefs, qui l'emploient au service de la maison. Ces faits sont à la connaissance de M. Valette, à qui j'en ai parlé pour obtenir son consentement à la demande que j'ai l'honneur de vous faire au nom de ce pauvre détenu.

J'espère, monsieur, que vous voudrez bien me pardonner la liberté que je prends. Je profite de cette occasion pour vous remercier en mon particulier des adoucissements que vous avez permis qu'on apportât à ma longue captivité, et je vous prie d'en agréer mes témoignages de reconnaissance [1].

CXCIX

A MONSIEUR TISSOT

La Force, 11 juin 1829.

Je vous remercie, monsieur, de la bonne nouvelle que vous voulez bien me donner. Ces deux pauvres malheureux sont donc rendus à la liberté! Avec l'argent de mes amis, qui m'a déjà servi à faire sortir plusieurs autres détenus, j'aurais pu libérer ces deux derniers beaucoup plus vite; mais c'était encourager l'administration à persévérer dans une voie aussi nuisible à l'État qu'aux particuliers. J'espère qu'à force de représentations je parviendrai à faire faire à tous les magistrats ce qu'a fait M. de Belleyme [2] dans cette circonstance.

---

[1] Lettre communiquée par M. Dethou.
[2] Alors préfet de police.

Je vous engage, monsieur, si vous connaissez des individus dans la position de Pinceloup et de Forêt, à les faire s'adresser à M. le préfet de police une quinzaine de jours avant l'expiration de leur temps de condamnation, en suppliant ce magistrat de faire constater leur insolvabilité et d'en transmettre l'assurance au parquet du procureur du roi, afin que là on refuse de recevoir l'écrou que l'administration des domaines ne manque pas de prendre à l'expiration du temps de détention. Cette marche est la seule à suivre : malheureusement elle a bien de la peine à s'établir. J'aurais à cœur de contribuer en quelque chose au soulagement d'une classe qui trouve si rarement des défenseurs, mais dans laquelle je n'oublie pas que je suis né.

Recevez, monsieur, l'assurance de ma gratitude particulière[1].

CC

A MONSIEUR T***

La Force, 4 juillet 1829.

Monsieur, je me hâte de répondre à votre lettre, mais avec le regret de ne pouvoir vous rendre le petit service que vous me demandez.

En fait de couplets du genre de ceux que vous désirez, il faut être inspiré par la fête même qui en est le motif; du moins je n'ai jamais pu célébrer de fête autrement; aussi en ai-je peu chanté et me suis-je même mis fort à l'aise pour cela avec mes amis, qui savent d'ailleurs que je me suis habitué à travailler très-difficilement. Je dois ajouter, monsieur, qu'une prison n'est pas un lieu très-inspirateur pour chanter la joie et le plaisir, et que je serais un peu

[1] Lettre communiquée par M. Albert Blanquet.

surpris de vous voir vous adresser à moi dans ce moment, si cette demande n'était une espèce d'éloge de ma résignation à supporter une si longue captivité, et je vous sais gré, monsieur, d'avoir eu si bonne opinion de ma philosophie.

Agréez l'expression de mes regrets et l'assurance de ma considération distinguée [1].

CCI

A MONSIEUR LATOUCHE [2]

28 juillet 1829.

J'étais tellement sûr que *Fragoletta* me serait envoyée par vous à la Force, que je n'ai pas voulu accepter l'offre qu'on m'a faite de me la prêter, aimant mieux tenir de vous seul le plaisir de lire votre nouvel ouvrage pendant les longues heures de solitude que me laisse ma captivité.

Je n'en avais pas encore passé d'aussi agréables depuis que je suis en prison. Je ne puis vous dire combien ce livre m'a charmé : rien de plus ingénieux et de plus spirituellement exprimé, et en même temps rien de plus touchant et de plus énergique. Et puis dans ce livre où se trouvent tant de scènes gracieuses, quelle haine vigoureuse contre tout ce qui est mal !

---

[1] Lettre communiquée par M. J. Chenu, le bibliophile.

[2] Hyacinthe Thabaud de la Touche, dit Henri de la Touche, éditeur d'André Chénier, né à la Châtre, le 2 février 1785, mort à Aulnay, près Paris, le 9 mars 1851. Il était neveu du sénateur Porcher de Richebourg, et fut, sous l'Empire, employé dans les bureaux de Français de Nantes. A partir de 1815, il vécut de sa plume et l'employa au service du parti libéral. Son esprit, très-fin et très-délicat, n'a pas toujours été bien servi par son talent. C'était un excellent critique, et Béranger lui dut plus d'un conseil littéraire. Henri de la Touche a ouvert la carrière à madame Sand, qui lui a consacré, dans le *Siècle* des 18, 19 et 20 juillet 1851, une notice nécrologique fort intéressante. Il fut assez longtemps le rédacteur en chef de l'ancien *Figaro*, et n'y ménagea la satire à personne. La fin de sa vie a été silencieuse : il est mort dans la retraite, à côté de son amie, mademoiselle Pauline Flangergues, qui a conservé sa propriété d'Aulnay.

Vous êtes de ces hommes pour qui le mot de patrie a conservé encore de la puissance. Je vous en félicite : car ils sont rares aujourd'hui.

Recevez tous mes remercîments, mon cher ami, et du charme ravissant d'une pareille lecture et de votre bon souvenir à qui j'en ai l'obligation. A vous de cœur et d'amitié.

BÉRANGER.

Et vos poésies, quand les aurons-nous?

P. S. J'ai une remarque que je veux vous communiquer : vous peignez la Réveillère-Lépaux comme opposé aux régicides ; mais ne l'était-il pas lui-même? Je crois en être sûr. Suis-je dans l'erreur?

Vous parlez aussi du discours de *** sur la captivité de la Fayette lors de l'expédition d'Égypte : notre illustre doyen était libre depuis le traité de Léoben.

Voilà de drôles de chicanes, n'est-ce pas[1]?

CCII

A MONSIEUR BÉRARD

29 juillet 1829.

Mon cher ami, j'ai un grand service à vous demander. Voici de quoi il s'agit.

Je viens d'obtenir de Fleury une place de commis aux recettes pour un homme dont les parents m'ont nourri moi et mon père (ils étaient restaurateurs) pendant longtemps à crédit. Le fils, qui m'a fait crédit aussi, a besoin d'une place quelconque. Il aura un jour dix ou douze mille francs de rentes, à la mort de son père et de son beau-père, qui le laissent mourir de faim, lui, sa femme et trois enfants. Aujourd'hui, pour qu'il ait une place, il lui faut un caution-

---

[1] Lettre communiquée par mademoiselle Pauline Flaugergues.

nement de huit mille francs, c'est la règle aux assurances royales. Je ne puis le faire, parce que j'ai ni rentes ni terres, mais vous, mon cher Bérard, votre simple signature au bas du papier que je vous envoie suffira à l'administration. J'ai déjà fait faire le même acte à Laffitte pour un autre pauvre diable; mais ici cela me regarde seul, et je serai auprès de vous le garant de Grappe, que vous garantirez à la compagnie. Ayez donc la bonté, mon cher ami, de régulariser le petit acte que je vous envoie et que, sans vous consulter, j'ai prié Fleury de dresser pour qu'il vous fût présenté. Il faudrait me le renvoyer sur-le-champ.

Je vous répète, mon cher ami, que je vous garantis les huit mille francs dont vous répondez pour Grappe. Je puis le faire d'autant plus facilement que Grappe est le plus honnête homme du monde, ce que je sais depuis vingt ans. Adieu. Tout à vous de cœur. BÉRANGER.

J'aurai besoin de causer avec vous pour le payement de mon amende, et cela bientôt, si vous devez aller dans le Midi.

P. S. Si vous ne trouvez pas de difficulté à ce que je vous demande, renvoyez-moi mon papier signé d'ici à demain soir.

CCIII

A MONSIEUR FIRMIN

La Force, 4 août 1829.

Mon cher Firmin, depuis votre départ j'ai appris que l'avocat de Marseille à qui je vous adresse, d'après la recommandation de M. Borelly, ne se nomme pas *Lecourt*, mais *L****. Je m'empresse de vous en instruire, pour que vous corrigiez l'adresse de ma lettre de crédit. J'ai appris aussi que ce joyeux avocat était fils d'une comédienne (je ne sais s'il le dit); mais vous concevez que les rapports entre vous seront plus faciles. Je vous ai recommandé à M. Thomas, député de Marseille; mais il ne m'a pas semblé devoir vous être utile. Je souhaiterais pour vous que M. Borelly¹ revînt promptement à Marseille, pour qu'il vous appuyât un peu : on me l'a fait espérer.

Je suis un peu indisposé dans ce moment; voilà six jours que je suis à une diète rigoureuse, ce qui a dissipé une fièvre assez violente, qui eût pu avoir des suites dangereuses. Dans peu je serai rétabli.

Embrassez pour moi votre femme, et croyez à tout mon attachement   BÉRANGER.

CCIV

A MESSIEURS JACQUES LAFFITTE ET COMP.,
BANQUIERS.

Août 1829.

Messieurs, je vous prie de vouloir bien verser entre les mains de M. Béjot, mon ami, le produit de la souscription que vous avez eu la bonté d'ouvrir dans vos bureaux pour le payement de mon amende, payement qu'il me faut effectuer d'ici à peu de jours.

Je profite de cette circonstance pour remercier votre maison des soins qu'a pu nécessiter cette souscription.

J'ai l'honneur d'être, messieurs, votre très-humble serviteur².

---

¹ M. Borelly était, en 1848, procureur général à la cour royale d'Aix. C'est un des plus anciens et des plus honorables amis de Béranger. C'était aussi l'ami de Manuel.

² Au bas de cette lettre, est, à la date du 21 août 1829, un reçu signé Béjot, donné à M. Montandon, d'une somme de 1,843 fr. 95 c. provenant de la souscription en faveur de Béranger.

Lettre communiquée par M. Beffroy.

CCV

A MONSIEUR ROUGET DE LISLE

La Force, 20 août 1829.

Depuis la réception de votre lettre, il s'est passé tant de choses, que vous aurez conçu pourquoi je ne vous ai pas répondu plus tôt. Vous semblez me rappeler une promesse faite de vous écrire ; je ne croyais pas vous l'avoir faite ; mais je passe condamnation.

Quant à votre affaire, vous sentez combien dans ce moment il est difficile de rien mener à bout. Bérard est parti pour deux mois, il y a déjà quinze jours. Mais je vous ai déjà dit que ce projet de récompense nationale dont vous me parlez n'est, en définitive, que l'application en grand de ce qu'on a fait pour vous établir un petit revenu D'après les difficultés que cette souscription rencontre, jugez de ce que cela deviendrait sur une plus grande échelle. Il n'est pas jusqu'à la publicité qui empêcherait beaucoup de personnes de concourir à cette œuvre vraiment patriotique, et digne d'une nation qui aurait un peu de mémoire. Renfermons-nous donc, jusqu'à un meilleur temps, dans le petit cercle où nous avons manœuvré, sauf à l'étendre aussitôt que quelqu'un de nous en trouvera l'occasion

Que ces réflexions, que je crois vous avoir déjà faites, n'augmentent pas vos inquiétudes ; voilà ce que je souhaite bien. Je ne suis pas consolant autant que je voudrais l'être ; mais j'ai ma propre expérience qui m'éclaire pour ce qui vous regarde. Voyez les choses comme elles sont, mais ne les aggravez pas. Demain peut-être quelque ressource nouvelle viendra s'offrir à nous. Je ne suis pas sans chercher, comme vous pouvez bien le croire, et peut-être trouverai-je enfin. Calmez donc votre imagination, et quant aux maux réels et présents, croyez qu'ils m'affligent pour vous presque autant que vous-même.

Vous me parlez de la Fayette dans votre lettre, comme si vous ignoriez qu'il est parti pour l'Auvergne peu de jours après la clôture des Chambres. Il n'y a personne à Paris maintenant, que les ministres, la canaille et les prisonniers. C'est là parler en véritable homme de cour : qu'en dites-vous? Je voudrais bien vous envoyer votre *Othello*, mais je ne sais comment m'y prendre pour cela. Il me serait plus facile de l'envoyer à Meyerbeer, si je savais son adresse. Cependant, un de ces jours, j'espère vous le faire parvenir. Ma santé se rétablit. Un régime très-rigoureux m'a tiré d'affaire. Me voilà sous la main de M. Mangin [1]. Heureusement que je n'ai plus guère qu'un mois à passer en cage. Il faut toutefois payer mon amende, et c'est un autre chien à fouetter. Mon cher ami, les embarras se succèdent dans ce monde; et, sans souffrir autant que vous, on peut encore avoir beaucoup à souffrir.

Adieu. Du courage s'il est possible, et un peu de santé, s'il plaît à Dieu.

CCVI

A MONSIEUR FÉLIX CADET DE GASSICOURT

La Force, 24 août.

Mon cher Félix, je me hâte de te répondre à Boulogne, puisque vous ne devez le quitter que le 31. Il est vrai que tu ne me donnes pas ton adresse : mais à la grâce de Dieu!

Toute la politique que contient ta lettre me paraît excellente, et, comme tu dis fort bien, ce sont là des matières que nos journaux devraient traiter, au lieu d'épuiser le dic-

---

[1] Le nouveau préfet de police.

tionnaire des injures. Malheureusement l'irritation paraît être telle, qu'elle domine les journalistes, toujours empressés à satisfaire le goût de leurs abonnés, au lieu de les éclairer sur leurs véritables intérêts. Le moment serait pourtant bien choisi [1] pour soulever certaines questions ; mais peut-être est-il plus sage de laisser ce soin aux politiques de la fusion. Ils s'escriment avec fureur, et, mercredi passé, le *Globe* contenait le meilleur article qui vraisemblablement ait été fait sur la circonstance. Nous ne dirions rien de plus fort, et il vaut mieux que cela soit dit par ces messieurs que par nous. Je te dirai, quant à moi, que, sauf accident à l'extérieur, comme l'entrée des Russes à Constantinople, qu'on nous annonce, je crois que ce ministère durera plus qu'on ne paraît le penser généralement. C'est peut-être parce que j'en ai le désir que j'ai cette idée; mais je juge qu'il est bien l'expression de la volonté royale, à quelques incorrections près, qu'on pourra raturer, sans rien changer au fond. Dieu soit béni! la nation ne pourra plus fermer les yeux : les niais ne pourront plus égarer l'opinion, les ambitieux de notre bord n'en tireront plus parti à leur profit, et tous les mécomptes, toutes les haines, nous serviront, ou au moins serviront au triomphe de la cause populaire. Telle est mon espérance. Ma crainte, c'est que la peur ne prenne à ceux qui nous épouvantent : car il n'y a guère d'hommes forts dans aucun parti. Quant au nôtre, il me paraît bien ridicule depuis plusieurs années. Je ne répondrais pas qu'à la première occasion, si elle se présentait bientôt, les mêmes sottises ne recommençassent. Je ne répondrais même pas que toute l'irritation actuelle ne s'évaporât devant quelques jours de terreur. Mais voici assez de politique.

[1] Le ministère Polignac avait été installé le 8 août.

J'apprends avec peine que ta femme est souffrante. Je pense bien que cela ne durera pas; mais j'ai entendu dire qu'elle se soignait peu, et peut-être négligera-t-elle cette indisposition. Heureusement tu es là pour lui faire entendre raison. La cuisine de Boulogne est donc empoisonnée! L'itinéraire de votre prochain voyage me semble bien tracé pour vos plaisirs, mais fort mal pour ceux de vos amis. Enfin, amusez-vous, gens qui pouvez courir, mais n'oubliez pas ceux qui sont à poste fixe.

J'ai vu hier Ferrus; il m'a appris le retour de Dubois, qui est revenu avec un peu de fièvre et de douleurs. Cela ne sera rien, dit son gendre. Tant mieux.

Lemaire travaille beaucoup au *Constitutionnel;* j'en suis bien content; ils ont besoin de se remplumer. J'ai appris par lui que M. Mandrou, qui court beaucoup pour les élections, ne trouve personne. Tout le monde est aux champs. Conçois-tu que des circonstances pareilles n'aient ramené à Paris aucun de nos grands politiques? Décidément nous aimons nos aises avant tout. Notre patriotisme n'est plus guère que du bavardage enté sur un besoin d'importance.

J'ai été indisposé assez violemment, mais un régime rigoureux m'a tiré d'affaire. M. Mangin n'a rien changé encore au régime des prisons.

Adieu, mon cher Félix. Embrasse ta femme pour moi, et crois à toute mon amitié pour la vie.

CCVII

A MONSIEUR BÉJOT

La Force, ce 30 août 1829.

Mon cher Béjot, voici une lettre plus polie qu'il n'est d'usage, et à laquelle vous êtes chargé de répondre, vous savez comment.

Convenez que M. Guillebert est un homme fort aimable, *quoi qu'on die*. N'oubliez pourtant pas de chicaner avec lui sur les quatre-vingt-dix francs de frais, dont je ne dois que moitié. Cette moitié me paraît encore trop forte. En cour d'assises, j'ai été jugé pour dix écus : c'était un plaisir alors.

Notre petite annonce n'est pas dans le *Constitutionnel*. Serait-elle trop séditieuse ? Elle sent un peu la mendicité, et, comme ces messieurs sont tout à fait dans le système de M. de Belleyme, je crains qu'ils ne veuillent pas l'insérer.

Lettre jointe à la précédente.

A MONSIEUR BÉRANGER,
DÉTENU A LA FORCE.

Paris, ce 29 août 1829

Monsieur,

Je vous invite à faire payer à mon bureau, dans le courant de la semaine prochaine, la somme de 11,090 francs 48 centimes, pour l'amende et les frais auxquels vous avez été condamné par le jugement du 10 décembre dernier.

J'ai cru devoir vous renouveler cette demande, pour éviter qu'elle soit faite par la voie judiciaire.

J'ai l'honneur de vous saluer.

Le receveur de l'enregistrement,   GUILLEBERT.

CCVIII

A MONSIEUR CAUCHOIS-LEMAIRE
AU COURRIER FRANÇAIS.

5 septembre 1829.

Mon cher ami, vous savez combien je me suis attaché à Jos. Bernard ; je vous ai déjà mis sur le dos un article pour le *Constitutionnel*. En voici un qu'on vous porte pour le

Courrier, où Chatelain m'avait promis de rendre compte du *Bon Sens*. Si vous pouvez le faire passer pendant votre dictature, faites-le, sans préjudice du vôtre au *Constitutionnel;* bien entendu, toutefois, que vous le corrigerez si bon vous semble, et l'accourcirez autant que vous le jugerez à propos. Il me semble bien ; son jeune auteur, ami de Bernard, vous le porte lui-même. C'est un maître jeune homme[1], que celui-là ! de l'esprit, de l'instruction, du caractère, tout ce qu'il faut enfin pour devenir quelque chose de bon. Votre femme en juge ainsi, et certes elle juge bien son monde, comme vous savez. Accueillez donc bien mon jeune homme, et si vous avez jamais besoin d'aide au milieu de tous les embarras du cumul, vous pouvez vous adresser à ce morveux-là.

CCIX

A MONSIEUR CAUCHOIS-LEMAIRE

7 septembre.

Mon cher Lemaire, je vous remercie de l'article que je viens de lire dans le *Constitutionnel*. Votre femme ne m'aurait pas prévenu, que je n'en aurais pas moins reconnu votre bonne amitié à ce retour du journal vers une de ses anciennes prédilections.

Vous savez peut-être que j'ai payé mon amende. Béjot prétend que je n'en dois pas encore parler, parce que, dit-il, ceux qui ont reçu en province pourraient négliger d'envoyer les fonds. Vous voyez qu'il espère encore quelques bonnes petites sommes. Au fait, l'affaire a été beaucoup mieux que je ne croyais. Mais Dieu nous préserve à tout jamais d'avoir besoin de nos chers concitoyens pour semblable chose ! Ah ! qu'il est ennuyeux de tendre ainsi la

---

[1]. La personne dont Béranger parle a trompé son attente. C'est pourquoi nous ne la nommons pas.

main (vous en savez quelque chose)! Je crois que j'aurais mieux aimé six mois de plus en prison, même sous M. Mangin. Si vous écrivez à votre femme, dites-lui bien des choses de ma part.

Voilà trois jours que ma lettre attend mon portier pour être envoyée.

CCX

A MADAME LEMAIRE

Je vais mieux, en effet; mais je me trouve surtout bien de n'avoir pas à tenir de longues conversations. Que cela, toutefois, ne vous empêche pas de me venir voir, quand vous en aurez le temps. Je vous envoie une gazette et dix *Globes*. Je vous remercie de vos restitutions.

Pourquoi et de quel droit me demandez-vous Levasseur? Est-ce que Teste[1] vous l'a promis? C'est lui qui me l'a prêté. Je n'ai pas encore eu le temps de le lire; mais quand je travaille, je lis peu. Je vous l'envoie donc. Rendez-le même au propriétaire, quand vous l'aurez fini.

Bernard a été fort content. Moi, j'ai regretté que cet article ne contînt pas une appréciation littéraire de l'ouvrage. Peut-être quelques lignes eussent suffi pour cela. Mais vous sentez que ce n'est là qu'une lacune et non une critique de l'article.

Je travaille toujours et me chauffe le plus et le mieux que je puis. Aussi, que je brûle de bois! Ajoutez que je viens de découvrir que tout le monde m'en vole. Les pauvres garçons!

---

[1] Charles Teste, le frère du malheureux ministre de Louis-Philippe. Disciple de Buonarotti, Teste avait voué sa vie entière à la pratique de ses idées. C'était, pour la charité et la simplicité, un chrétien des temps épiques. On l'a vu longtemps consacrer les heures qu'il avait de libres à enseigner la lecture aux idiotes de la Salpêtrière. Il faut saluer de tels hommes de bien.

CCXI

A MONSIEUR BÉRARD,
PRÉSIDENT DE LA SOCIÉTÉ DES FORGES ET FONDERIES D'ALAIS.

Ce 23 septembre 1829.

Mon cher Bérard, je n'ai pas voulu vous répondre de la Force; j'ai attendu ma sortie. On m'a mis à la porte hier à sept heures moins un quart du matin : *mis à la porte* est le mot. J'avais bien prévenu tous mes amis que je ne voulais même pas qu'on vînt me prendre, que je ne voulais même pas le banquet. Valette en était instruit, et je l'avais prié de dire au greffe que je ne sortais que le 23. Cependant, le 21 au soir, il paraît qu'on lui fit dire de la préfecture qu'il pourrait se trouver des badauds à la porte, et dès six heures et demie il était dans ma chambre, me priant de décamper au plus vite. Heureusement que je n'avais accepté ni les offres de votre femme (qui revenait de la campagne exprès), ni de Laffitte, qui voulaient me venir chercher.

Je me suis mis à courir les rues de Paris, sans aucune émotion, comme si je m'y étais promené la veille, et j'en ai conclu que je vieillissais furieusement, puisque le bonheur d'être libre, après neuf mois de détention, ne me causait aucun mouvement extraordinaire. Vous pensez bien que c'est chez vous que j'ai dîné, malgré l'invitation de la rue d'Artois. Luce, Latour, Chevalier, Béjot avaient été invités, et vous nous faisiez faute : mais nous nous disions tous que vous étiez sans doute avec nous dans ce moment, et que vous aviez regret de n'avoir point d'ailes. Il m'en faudrait aussi pour voir toutes les personnes que j'ai à visiter. J'ai une liste de près de trois cent cinquante, et je ne la crois pas complète. Que vais-je devenir, moi qui abhorre les visites?

Le *Globe* s'est chargé de mettre aujourd'hui ma carte aux Tuileries : si vous le lisez là-bas, vous y verrez un charmant article sur ma détention et une chanson sur la *prise de la Bastille*.

Il faut que vous sachiez que Laffitte a tant tardé à s'occuper de ma souscription, qu'il arrivera trop tard ; il apprendra que les jeunes gens de la société *Aide-toi*, qui se sont occupés de la souscription, ont, par rapport à lui, retardé la clôture de huit jours ; mais qu'enfin il a bien fallu laisser aux amis plus empressés le droit de compléter cette malheureuse souscription. Ces amis, je les devine, et je sais que le père Davillier n'est pas du nombre, car il réclame comme un beau diable et veut s'en prendre à vous, si on ne reçoit pas sa quote-part.

Dites donc à Madier[1] qu'il est trop chiche de lettres. J'en ai écrit dix pour lui. Fonfrède[2], que j'en ai d'abord entretenu, se dispose à le servir à Bordeaux, et voilà déjà plus de quinze jours qu'il m'en a donné sa parole ; il doit s'entendre avec Barbaroux[3], qui est sur les lieux. A Dijon, l'affaire se serait, je crois, arrangée avec Hernoux, si j'avais reçu plus tôt les lettres de Nîmes. Enfin, nous faisons ce que nous pouvons ; mais dites à ce grand paresseux d'écrire où cela est nécessaire et convenable.

Votre femme se porte assez bien ; d'ailleurs elle était si gaie hier, qu'elle ne pensait pas à ses douleurs ; et puis sa fille va mieux, ce qui est de la santé pour elle. Béjot l'a fort grondée de ne vous pas écrire ; elle va mettre la main à la plume.

Je ne vous parle pas politique, parce que les journaux

---

[1] M. Madier de Monjau (Paulin), né en 1785.

[2] Boyer-Fonfrède, fils du conventionnel, rédacteur de l'*Élection de Bordeaux*.

[3] M. Barbaroux, alors journaliste, aujourd'hui sénateur.

en savent autant que moi. On paraît compter sur la chute du ministère. Je n'y crois pas encore, peut-être parce que je la crains.

Adieu, mon cher et bon ami. Portez-vous bien, et tâchez de gagner de l'argent pour nous tous. A vous pour la vie.

CCXII

A MONSIEUR WILHEM

Au diable le grand monde et les égards! Notre dîner de dimanche est flambé! Madame Davillier, chez qui je n'ai pas encore dîné et qui croit que je lui en ai gardé rancune ainsi qu'à son mari, donne à dîner pour ma sortie de dimanche.

Prévenu dès hier, et sur l'avis de Bérard, il me faut accepter ou me brouiller avec les Davillier. Je sacrifie mes amis, ainsi que cela arrive souvent dans la bonne société, pour me rendre à une invitation qui me contrarie sous plus d'un rapport.

Je viens d'en écrire un mot à Antier; je te verrai un de ces jours. Embrasse ta femme pour moi, et crois-moi pour la vie ton ami.

CCXIII

A MONSIEUR JUSTIN CABASSOL

12 octobre 1829.

Je regrette, monsieur, de ne pouvoir répondre à votre aimable requête autrement que par un refus qui me coûte, je vous l'assure bien. Mais il y a nécessité pour moi à ne pas laisser paraître dans le recueil [1] le peu de chansons inédites que je puis avoir. Je serais désolé d'exposer d'autres que moi aux poursuites de madame de la Justice.

[1] On demandait à Béranger une chanson pour le *Gymnase lyrique*.

Recevez l'expression bien sincère de ce regret et celle de ma considération; faites-la agréer également, je vous prie, à la société du *Gymnase lyrique.*

CCXIV

A MONSIEUR GILHARD

18 octobre 1829.

Monsieur, je viens de recevoir, des mains de M. votre beau-frère, la jolie chanson que vous voulez bien m'adresser. Je suis heureux d'inspirer autant d'intérêt à une personne dont les sentiments sont si honorables et dont le patriotisme est si éclairé, à en juger d'après ce que m'en a dit M. G. la Fayette. Si quelques amis politiques ont cru devoir m'abandonner à l'époque de mes condamnations, cet abandon est plus que compensé par les témoignages d'approbation que j'ai reçus de tant d'autres citoyens que n'avaient pas séduits les promesses trompeuses du pouvoir et le calcul d'une ambition étroite et aveugle. Je dois vous placer, monsieur, au premier rang de ces consolateurs courageux qui n'ont pas trouvé que ma muse fût aussi folle qu'on le prétendait en certains lieux. Aujourd'hui vos chants viennent ajouter aux charmes de ma liberté, et je les ai déjà répétés dans la réunion de mes vieux amis, qui tous se sont empressés d'en applaudir la tournure facile et l'heureuse expression [1].

CCXV

A MONSIEUR JUSTIN CABASSOL

26 octobre.

Mille pardons, monsieur, du retard que j'ai mis à ré-

---

[1] Lettre communiquée par M. Gilhard. — M. Gilhard, fils d'un juge de paix d'Aigueperse, a reçu un assez grand nombre de lettres intéressantes de Béranger. On en trouvera quelques-unes dans les volumes suivants.

pondre aux jolis vers de votre dernière lettre. Une absence de quelques jours m'en a ôté la possibilité. Si j'avais votre aimable facilité, je voudrais vous répondre dans le même style; mais je suis forcé de me contenter de vous dire en prose que les deux morceaux de vieille poésie dont vous me parlez datent de plus de vingt ans, et que c'est à ma grande surprise que j'ai appris par vous qu'on les avait été déterrer dans je ne sais quel recueil où je crois me rappeler qu'autrefois ils ne furent admis que par grâce. Aussi ai-je lieu d'être très-surpris de l'honneur qu'on veut bien leur faire aujourd'hui. Si vous les jugez dignes d'une seconde exhumation, vous en porterez seul la responsabilité, mais je ne vous y engage pas, monsieur; car pour être anciens ces deux morceaux n'en sont pas meilleurs.

N'en recevez pas moins mes remercîments bien sincères pour vos flatteuses sollicitations, et croyez à ma considération distinguée.

Votre serviteur,　　　　　　　　　　　　　　Béranger.

P. S. Si par hasard vous réimprimez ces deux idylles[1], je vous engage à prévenir qu'elles ont été anciennement publiées. C'est, je crois, en 1810 ou 1811[2].

CCXVI

A MONSIEUR ROUGET DE LISLE

16 novembre 1829.

Mon cher ami, j'ai fait votre commission aussi bien qu'il m'a été possible. A l'envoi des *Chants français*[3] je me suis permis de joindre une petite lettre à M. Meyerbeer[4], que j'ai

---

[1] Il s'agit des idylles *Glycère et le Conquérant* et le *Vieillard*. C'est en 1808 qu'elles ont été publiées.

[2] Lettre communiquée par M. Cabassol.

[3] Les *Cinquante Chants français* mis en musique par Rouget de Lisle.

[4] M. Meyerbeer a en effet reçu et gardé cette lettre. « Je suis trop admirateur

vu une ou deux fois chez Jouy, ce qu'il a sans doute oublié. Dans cette lettre, j'ai dit de vous et sur vous ce que j'ai cru de plus convenable à dire. Tout cela était peu à propos peut-être, et peut-être aussi mon éloquence était-elle un peu embrouillée, car il y a fallu mêler des éloges pour ce maître, et vous savez combien je suis ignorant en musique et peu au courant des merveilles de cet art. Au reste, tout cela était fait avec la meilleure intention du monde, et je souhaite vous avoir été bon à quelque chose auprès de ce compositeur célèbre. Quant à votre Othello, n'y comptez pas : il n'osera jamais entrer en lutte avec Rossini, je vous le prédis. Je sais qu'il affecte la plus profonde admiration pour son génie.

Ce dont je vous félicite bien, c'est d'avoir une bonne redingote d'hiver. Voilà du bonheur. Eh bien ! puisque vous voilà un peu à l'abri du froid, ne pouvez-vous en rêvassant trouver un sujet d'opéra autre que votre More ? le Shakspeare commence à nous fatiguer. Cherchez ailleurs, et votre Allemand fera peut-être quelque chose pour vous.

J'ai parlé à un libraire pour vous. Il voudrait savoir de quoi se composerait votre recueil. Tâchez de me mettre à même de répondre catégoriquement ; mais ne vous attendez pas à une forte rétribution ; car, pour décider notre homme, il faudra lâcher le manuscrit à bon marché.

Adieu. Portez-vous aussi bien que possible et croyez-moi tout à vous. BÉRANGER.

P. S. J'ai un nouveau portier. La première fois que vous me viendrez voir, munissez-vous d'un petit papier en forme de lettre à mon adresse, et chargez le portier ou la portière

---

de Béranger pour ne pas avoir conservé un autographe de sa main, » a-t-il bien voulu nous écrire ; « mais où le chercher, après tant d'années. Voyageant beaucoup, mes papiers et mes livres sont éparpillés en plusieurs endroits »

de me le monter pour en avoir la réponse. Autrement vous pourriez bien être renvoyé impitoyablement.

Bérard est revenu.

CCXVII

A MONSIEUR ÉMILE DESCHAMPS

21 décembre.

Monsieur,

Pendant mon séjour à la *Force*, M. Fontaney eut la bonté de me prêter la deuxième édition de vos *Études*[1]. Ce volume, qui me fut emprunté, ne m'a pas été rendu. Je viens de m'en procurer la quatrième édition pour la rendre à mon obligeant visiteur. Mais je sais qu'il tient extrêmement à l'envoi que vous aviez mis en tête du volume. Auriez-vous la bonté, monsieur, de mettre sur la première page de celui-ci les mots que vous aviez écrits sur l'autre, afin que M. Fontaney ne soit pas privé de ce témoignage de votre amitié. C'est un service personnel que vous me rendrez à moi-même. Je renverrai demain chercher ce volume, si vous voulez bien le laisser à quelqu'un de votre maison.

Je profite de cette occasion pour vous remercier, monsieur, de ce que vous avez bien voulu dire de moi dans votre préface. Croyez à toute ma reconnaissance pour des éloges dont je sais d'autant plus le prix que j'apprécie plus que personne le talent de celui qui a bien voulu me les donner.

Recevez, monsieur, l'assurance de ma considération distinguée, et d'avance mes remercîments pour le service que je réclame de vous. Votre dévoué serviteur[2].

---

[1] Les *Études françaises et étrangères*.
[2] Lettre communiquée par M. Émile Deschamps.

CCXVIII

A MADAME FIRMIN

3 janvier 1830.

Je n'ai pas encore eu de nouvelles de M. Taylor.

Voilà un mois aussi, ma chère Adèle, que je garde la chambre. Une irritation d'entrailles, accompagnée de fièvre et de rhume, me retient encore en prison. Dès que je croirai pouvoir sortir, j'irai te voir, ainsi que Firmin; mais, en attendant, je te fais, ainsi qu'à lui, tous mes souhaits de bonne année, ce qui te coûtera trois sous; mais ce n'est pas trop, car je t'assure que ces souhaits-là sont de la meilleure espèce, et que, s'ils s'accomplissent, tu ne te plaindras pas de la dépense qu'ils t'occasionnent.

Adieu; je t'embrasse et te charge de mille amitiés pour ton mari.

A toi de cœur.

CCXIX

A MADAME D***

Janvier 1830.

J'ai été bien fâché d'apprendre que D*** se fût donné la peine de me venir voir un jour où Dubois avait défendu ma porte. Il ne veut pas encore que je reçoive, parce que, dit-il, la conversation nuit à ma poitrine. Je ne sais pour combien de temps j'en ai encore. J'espère, toutefois, que j'en pourrai voir bientôt le terme, car je vais mieux, et l'on me permet même de manger un peu plus.

Je vous remercie bien de votre invitation pour le 13, mais je doute fort que je puisse en profiter. Quant à vos bouts de manches, je vous en remercie beaucoup aussi. Il faut pourtant que je vous dise que je ne mets jamais de gants. Je n'ai pas été élevé à me dorloter, et, quoique maintenant je me soigne un peu mieux, je ne suis pas fâché qu'il y ait encore un petit bout de moi-même exposé aux injures de l'air, et dont les picotements me rappellent une vie plus dure et la souffrance des autres. Vous allez rire de la raison que je vous donne : j'en ris moi-même, quoiqu'il y ait du vrai et beaucoup dans ce que je vous dis.

Vous me dites de ne pas me livrer à des idées tristes. Vous avez raison; mais où avez-vous vu que le conseil me fût nécessaire? Je vous assure bien que je ne suis ni triste ni abattu. D'abord il n'y a pas de quoi, puis la solitude me convient, parce que je travaille et que depuis longtemps je n'avais travaillé autant.

Combien vous et votre mari êtes bons pour moi! Croyez que j'en suis bien reconnaissant. Je vous embrasse de tout mon cœur.   BÉRANGER.

Si je ne craignais d'impatienter trop votre femme de chambre, je vous en écrirais encore plus long [1].

CCXX

A MADAME D*** [1]

20 janvier 1830.

Je n'ai plus de nez, madame; aussi n'ai-je point du tout senti votre bonne volaille normande; et cela est fort heureux pour moi, car je ne résisterais peut-être pas au fumet. Or il faut que vous sachiez que je n'ai pas encore permission de sortir. Vous l'auriez dû deviner, au reste, puisque depuis si longtemps je ne vous ai pas été voir. Voilà pourtant huit jours que je n'ai plus de fièvre; mais le dégel n'a pas encore opéré sur ma maudite poitrine, et je n'ai fait que tousser la

Lettre communiquée par M. Marchal (de Lunéville).

nuit dernière ; aussi suis-je brisé aujourd'hui. Il y a seulement dix ans, cela ne m'eût pas empêché d'aller dévorer une cuisse de votre volaille ; aujourd'hui je jeûne au coin de mon feu : c'est sans doute bien plus sage, mais c'est fort ennuyeux, et je n'en guéris pas plus vite. Doux priviléges des années ! Si, encore, j'avais quelqu'un pour me soigner ; mais ces diables d'affaires de Baudoin [1] ne me permettent point maintenant de prendre une bonne. J'en serai réduit à faire comme Kératry, si j'arrive à soixante-trois ans. Espérons que le ciel y mettra bon ordre. En attendant, je regrette bien de ne pouvoir être des vôtres, et je vous prie de le dire à D*** [2], qu'il m'eût été doux de surprendre.

Recevez tous mes remercîments ; et puisque diable il y a, croyez-moi au moins bon diable, et tout à vous, madame, de cœur et pour la vie.

CCXXI

A MONSIEUR ROUGET DE LISLE
29 janvier 1830.

Je ne devine pas pourquoi, étant venu à Paris, vous ne m'êtes point venu voir ; et, quoi que vous en disiez, ce ne peut être la crainte de m'ennuyer qui vous a retenu, car vous savez bien que vous ne pouvez produire cet effet-là sur moi. Je vous préviens, toutefois, quand vous me rendrez visite, de vous munir de la prétendue lettre de poche, vu que mon

---

[1] L'éditeur de Béranger qui en ce moment se trouvait embarrassé, ce qui mettait en péril une partie de la petite fortune de Béranger. C'est alors que M. Bérard chercha à l'affermir. Quelques mois plus tard M. Perrotin traitait avec Béranger par l'intermédiaire de M. Bérard.

[2] M. Alexis D*** est l'écrivain à qui on doit les singuliers *Mémoires de Sénart*, qu'il faut lire avec quelque précaution. Il est mort en 1858, à soixante-quinze ans. Royaliste déclaré sous la République et sous l'Empire, il s'était rattaché au parti libéral, et, quoique soldat de la Vendée et prisonnier des bleus, il fut mis à Sainte-Pélagie sous Louis XVIII.

nouveau portier n'est pas encore façonné à reconnaître les privilégiés.

Vous me demandez si Meyerbeer m'a écrit ou fait visite. Ni l'un ni l'autre; mais ce n'est pas ce dont je me plains.

Envoyez, quand vous le voudrez, votre jeune compatriote. Vous savez qu'il sera bien reçu, venant de votre part.

Vous prétendez que vos souhaits ne s'accomplissent jamais. Est-ce qu'en dépit de votre résolution vous en auriez fait pour ma santé? Je suis toujours prisonnier, et voilà deux mois que cela dure. Ma poitrine, qui a déjà beaucoup souffert, souffre encore beaucoup, au point qu'hier jeudi, jour des grandes entrées, Dubois a fait défendre ma porte, prétendant qu'il faut que je parle le moins possible. Je n'espère de fin à toutes ces précautions que lorsque le temps deviendra plus doux.

Auriez-vous aussi fait des souhaits pour la conservation de ma petite fortune? Le libraire, qui me doit encore 18,000 fr., fait une espèce de faillite qui aventure furieusement cette somme, sur laquelle je comptais pour me faire donner les soins dont ma santé et mon âge commencent à me faire sentir la nécessité. N'allez pas croire, au moins, que tout cela me rende plus malheureux ni plus triste. Vous me connaissez assez, au reste, pour penser que mon caractère, je n'ose pas dire ma philosophie, résiste à ces atteintes. Je connais tant de gens plus malheureux, qui méritent mieux que moi le bonheur qui me manque, que je ne saurais avoir ni l'envie ni la force de me plaindre.

Vous voyez que je me venge, sur le papier, de la contrainte qu'on m'impose en m'empêchant de parler, car en voilà bien long, et pourtant je ne vous ai pas encore parlé de vous. Comme j'ai souvent vu mes vœux pour les autres s'accomplir, je vous souhaite, moi, de la santé et toutes les consolations que vous méritez. Je voudrais faire mieux, vous le savez; mais ce mieux viendra peut-être.

Adieu, tout à vous. Mes civilités au général Blein [1].

CCXXII

A MADEMOISELLE ANAÏS BERNARD

5 février 1830.

L'arrivée de votre père à Paris, ma chère Anaïs [2], m'a empêché de répondre à l'aimable petit mot que vous aviez mis dans sa dernière lettre. Le voilà au moment de son départ, et il veut que je lui remette ma réponse. Comme je crains qu'il ne la décachète en route, je suis obligé d'y mettre bien de la prudence, sans quoi, vraiment, je vous ferais de belles déclarations. Je vous dirais que votre bon souvenir m'a enchanté, et que je suis ravi de savoir que vous et madame votre mère m'avez donné place dans votre amitié; je vous dirais que je souhaite tous les jours de vous voir rapprochés de Paris, pour aller vous rendre visite et passer quelque temps auprès de vous; j'ajouterais que s'il m'est jamais possible d'aider à ce rapprochement, j'en serai bien heureux. Vous voyez sur quel texte j'aurais à broder, avec force compliments et tendresses pour madame Bernard, dont toutes les bontés pour moi me sont encore présentes; mais Bernard est père et mari, et il y aurait inconvénient à le faire porteur de tous les secrets d'un jeune cœur comme le mien. Nous autres jeunes gens, nous sommes forcés à une foule de précautions que vous, jeune fille, vous ne soupçonnez pas. Cela ne m'empêchera pourtant pas de vous dire que je vous charge de me conserver l'amitié de madame votre mère,

---

[1] Cette lettre, comme presque toutes celles qui sont adressées à Rouget de Lisle, a été communiquée par madame Élisa Voiart.

[2] Fille de M. Joseph Bernard.

en lui disant quelquefois du bien de moi, ce qui vous oblige d'en penser, ce à quoi je tiens beaucoup. J'y tiens presque autant qu'à rester éternellement l'ami de votre père, que j'aime chaque jour davantage et que je vois partir encore avec tant de regret. Nous nous entendons si bien! et puis, vous voilà partant pour Draguignan, au lieu de venir à Chartres! Bon voyage, fille, mère et père; mais, que ce voyage vous conduise à en faire bientôt un autre qui vous rende tous à vos parents et amis.

Adieu, ma chère Anaïs; promettez-moi de m'écrire quelquefois, et embrassez madame votre mère.

Je suis tout à vous de cœur.

CCXXIII

A MONSIEUR GINDRE DE MANCY

12 février 1830.

Je regrette que vous vous soyez donné la peine de passer chez moi, dans le temps où mon médecin me défendait de recevoir des visites par suite d'une indisposition de poitrine. C'est un peu la faute de M. de Lisle, que j'en avais prévenu. La permission de recevoir vient de m'être rendue en partie, et si vous aviez encore la bonté de revenir rue des Martyrs, soit un jeudi, soit un dimanche, de onze heures à quatre, je serais très-heureux, monsieur, de vous dire combien j'ai été sensible à l'attention que vous avez bien voulu prendre de m'apporter votre traduction des *Bucoliques*. Je suis malheureusement un bien mauvais juge en pareille matière, car je dois me hâter de vous dire que je ne sais pas un mot de latin. Je n'ai pas plus lu Horace que Virgile, au moins dans leur langue. Mais, monsieur, je dois d'autant plus de reconnaissance à ceux qui se font pour moi les interprètes de ces grands poëtes. Virgile, si je ne me trompe, sera toujours plus heureux qu'Horace à cet égard, et vous me semblez être une preuve de ce que j'avance; peut-être même m'en inspirez-vous l'idée. Depuis longtemps j'ai celle qu'un poëte ne peut être traduit que par un poëte. Vous me paraissez remplir cette condition, et je crois qu'avec quelques retouches et quelques corrections, surtout en vous astreignant à une concision plus grande, vous obtiendrez dans ce genre de travail le prix auquel vous me semblez avoir déjà bien des droits.

Pardonnez à un ignorant de prononcer ainsi dans une cause dont il n'entend qu'une partie; mais ne doutez pas, du moins, du plaisir que j'aurai d'apprendre le succès d'un ouvrage qui m'a fait passer d'heureux moments au milieu des ennuis d'une longue indisposition.

Recevez, monsieur, mes remercîments bien sincères et l'assurance de ma considération distinguée[1].

CCXXIV

A MONSIEUR SAINTE-BEUVE

Mars ou avril.

Mon cher Delorme,

Sachant que j'ai écrit à Hugo au sujet d'*Hernani*, peut-être, en recevant ma lettre, allez-vous croire que je me veux faire le thuriféraire de toute l'école romantique. Dieu m'en garde! Et ne le croyez pas. Mais, en vérité, je vous dois bien des remercîments pour les doux instants que votre nouveau volume[2] m'a procurés. Il est tout plein de grâce, de naïveté, de mélancolie. Votre style s'est épuré d'une façon remarquable, sans perdre rien de sa vérité et de son

---

[1] Lettre communiquée par M. Gindre de Mancy.
[2] Le recueil des *Consolations*, publié en 1830.

allure abandonnée. Moi, pédant (tout ignorant que je suis), je trouverais bien encore à guerroyer contre quelques mots, quelques phrases; mais vous vous amendez de si bonne grâce et de vous-même, qu'il ne faut que vous attendre à un troisième volume. C'est ce que je vais faire, au lieu de vous tourmenter de ridicules remarques.

Savez-vous une crainte que j'ai? C'est que vos *Consolations* ne soient pas aussi recherchées du commun des lecteurs que les infortunes si touchantes du pauvre Joseph, qui pourtant ont mis tant et si fort la critique en émoi. Il y a des gens qui trouveront que vous n'auriez pas dû vous consoler sitôt; gens égoïstes, il est vrai, qui se plaisent aux souffrances des hommes d'un beau talent, parce que, disent-ils, la misère, la maladie, le désespoir sont de bonnes muses. Je suis un peu de ces mauvais cœurs. Toutefois, j'ai du bon; aussi vos touchantes *Consolations* m'ont pénétré l'âme, et je me réjouis maintenant du calme de la vôtre. Il faut pourtant que je vous dise que moi, qui suis de ces poëtes tombés dans l'ivresse des sens dont vous parlez, mais qui sympathise même avec le mysticisme, parce que j'ai sauvé du naufrage une croyance inébranlable, je trouve la vôtre un peu affectée dans ses expressions. Quand vous vous servez du mot *seigneur*, vous me faites penser à ces cardinaux anciens qui remerciaient Jupiter et tous les dieux de l'Olympe de l'élection d'un nouveau pape. Si je vous pardonne ce lambeau de culte jeté sur votre foi de déiste, c'est qu'il me semble que c'est à quelque beauté, tendrement superstitieuse, que vous l'avez emprunté par condescendance amoureuse. Ne regardez pas cette observation comme un effet de critique impie : je suis croyant, vous le savez, et de très-bonne foi; mais aussi je tâche d'être vrai en tout, et je voudrais que tout le monde le fût, même dans les moindres détails; c'est le seul moyen de persuader son auditoire.

Qu'allez-vous conclure de ma lettre? Je ne sais trop. Aussi je sens le besoin de me résumer.

A mes yeux, vous avez grandi pour le talent et grandi beaucoup. Le sujet de vos divers morceaux plaira peut-être moins à ceux qui vous ont le plus applaudi d'abord; il n'en sera pas ainsi pour ceux d'entre eux qui sont sensibles à tous les épanchements d'une âme aussi pleine, aussi délicate que la vôtre. L'éloge qui restera commun aux deux volumes, c'est de nous offrir un genre de poésie absolument nouveau en France, la haute poésie des choses communes de la vie. Personne ne vous avait devancé dans cette route; il fallait ce que je n'ai encore trouvé qu'en vous seul pour réussir : vous n'êtes arrivé qu'à moitié du chemin, mais je doute que personne vous y devance jamais; je dirai plus : je doute qu'on vous y suive. Une gloire unique vous attend donc; peut-être l'avez-vous déjà complétement méritée; mais il faut beaucoup de temps aux contemporains pour apprécier les talents simples et vrais; ne vous irritez donc point de nos hésitations à vous décerner la couronne. Mettez votre confiance en Dieu; c'est ce que j'ai fait, moi, poëte de cabaret et de mauvais lieux, et un tout petit rayon de soleil est tombé sur mon fumier. Vous obtiendrez mieux que cela, et je m'en réjouis.

A vous de tout mon cœur, BÉRANGER.

P. S. Je viens de relire ma lettre, et j'en suis un peu honteux. C'est un bredouillage qui n'a pas le sens commun. Ce qui me décide à vous l'envoyer telle qu'elle est, à part la paresse de la refaire, c'est que j'espère que vous découvrirez à travers ce fatras l'expression de tout l'intérêt que je vous porte, intérêt qui ne m'est pas inspiré que par votre talent seul, quelque justice que je lui rende [1].

L'article publié en 1851 par M. Sainte-Beuve a été le prétexte qu'ont pris des critiques d'une autorité bien inférieure pour entreprendre de rayer le nom de Béranger de la liste de nos grands écrivains et pour le chasser, non-seulement de la littérature, mais de la morale même. M. Sainte-Beuve a renié ces prétendus commentateurs de sa pensée par une note ajoutée à son article, dans la troisième édition des *Causeries du lundi*. Il est essentiel de tenir compte de cette note. Comme les personnes qui ont lu l'article de 1851 ne connaissent pas sans doute la note écrite récemment, nous la plaçons au bas de cette première des lettres adressées par Béranger à M. Sainte-Beuve. Elle respire quelque chose de l'ancienne amitié littéraire qui vers 1830 dictait au critique ses articles du *Globe* et du *National*. La voici telle qu'elle se trouve à la suite de la dernière réimpression de l'article du *Constitutionnel* :

« Cet article sur Béranger a servi de prétexte et de point de départ à un article de M. de Pontmartin, qui a fait du bruit et qui commence ainsi :

« Je viens de relire les *Causeries du lundi*.... Il y a, dans le
« second volume, un chapitre fait, selon moi, pour racheter bien
« des peccadilles, bien des Chateaubriand romanesques et amou-
« reux, bien des regrets, bien des versets de la litanie Lespinasse,
« Geoffrin et du Deffand. C'est le chapitre où M. Sainte-Beuve a
« rendu un immense service à la littérature et à la morale en at-
« tachant le grelot à la gloire de M. Béranger. »

« Et M. de Pontmartin s'empare de ce qu'il appelle mes commencements d'idées pour pousser plus avant sa pointe. J'ai ouvert la tranchée. C'est à lui de monter à l'assaut.

« J'ai besoin de m'expliquer ici sur cette manière de se servir du nom et de l'idée d'autrui en s'en faisant un instrument con-

---

[1] Lettre communiquée par M. Sainte-Beuve.

tinu et une arme ; c'est commode, mais ce n'est pas juste ni très-bien séant. Je vais dire ce que vous n'avez pas eu le courage de dire. Je n'ai pas d'antécédents qui m'engagent, et vous en avez beaucoup. Je vais oser exprimer ce que vous pensez.

« J'ai connu autrefois M. de Pontmartin, et je n'ai pas attendu ses succès pour rendre justice à toutes ses qualités d'homme agréable et de causeur fort spirituel. M. de Pontmartin s'est quelquefois souvenu de ses anciennes relations ; j'ai été étonné pourtant que l'écrivain homme du monde et de bonne compagnie se fût permis, à d'autres fois, de juger si lestement et si souverainement de mes pensées et de mes sentiments intérieurs, comme lorsqu'il a écrit que « je n'avais jamais rien aimé et jamais cru à rien. » Je suis trop poli pour dire ce que je pense de cette manière d'interpréter les écrits, d'user et d'abuser de quelques paroles plaintives, et après tout senties, de poëte et d'artiste ; je croyais que M. de Pontmartin laissait ce procédé trop facile et trop simple à M. Nettement. Parce que M. de Pontmartin a gardé un reste de cocarde blanche et que moi je n'ai pas de cocarde (car je n'en ai pas), il se croit un singulier droit, et il abuse étrangement de son symbole.

« Sur Béranger, je déclare donc en toute sincérité que j'ai dit et très-nettement ce que je pense, tout ce que je pense, et qu'ajouter un mot de plus défavorable à l'illustre poëte, c'est aller non-seulement au delà de ma pensée, mais contre ma pensée.

« Il y a en littérature des nuances et des limites comme en politique. On va jusque-là, on ne va pas plus loin. On est de 89, on n'est par pour cela de 93, et c'est même pour cela qu'on n'en est pas. On est du centre droit et l'on n'est pas pour cela de la Chambre introuvable de 1815. Je parle à M. de Pontmartin le langage qui lui est familier et qu'il aime.

« J'aime la sincérité en tout, et je n'aime pas les rôles. C'est parce qu'il y a eu un peu de rôle dans la conduite de Béranger que je me suis permis de relever quelques contradictions piquantes, rien de plus.

« M. de Pontmartin, qui se croit des principes, est dans le rôle et dans la coterie jusqu'au cou ; il est légitimiste par état, comme d'autres sont orléanistes ; il est homme de ce beau monde qui se pique d'être moral sans pratiquer les mœurs, et de professer la religion sans aller toujours à confesse. Moi aussi, j'ai jugé pour mon plaisir M. de Pontmartin comme j'avais jugé autrefois Béranger, et voici la note, depuis longtemps écrite, que je tire du même cahier familier d'où j'ai extrait quelques-unes de mes impressions de fond sur le poëte national. A chacun son tour :

« Je viens de lire les *Nouvelles Causeries* de M. de Pontmar-
« tin. C'est facile, coulant ; l'auteur a une fluidité nuancée et spi-
« rituelle de détail, mais aucune résistance ni solidité de juge-
« ment, aucune proportion dans sa mesure des talents et dans la
« comparaison des ouvrages, aucune fermeté, aucun fond. Il croit
« avoir des principes, il n'a que des indications fugitives, des
« complaisances ou des répugnances de société, et il s'y aban-
« donne tout entier.

« Souvent de la grâce, mais le jugement frêle ; il n'a que peu
« d'invention et d'initiative ; mais qu'on lui donne un commen-
« cement d'idée ou les trois quarts d'une idée, il excelle à la
« pousser et à l'achever.

« Son filet de voix est continu, intarissable et agréable autant
« qu'une voix aussi fluette et aussi fêlée peut l'être ; et, comme
« l'a dit le poëte Barbier, il a de la parlotte en critique. »

« M. de Pontmartin peut croire que j'aime quelquefois à monter à l'assaut, et il se pourrait bien que, sous mon air de prudence en critique, j'y fusse monté plus souvent que lui.

« Il me reste cependant à déclarer que, si quelqu'un s'emparait de ce précédent jugement sur M. de Pontmartin, pour m'en faire penser sur son compte plus que je n'en ai dit, je protesterais de même, et que, ces réserves une fois posées, je n'ai plus que des compliments à lui faire toutes les fois qu'il n'a rien de bien solide à dire. Et quand il est surtout dans des eaux toutes contemporaines, c'est un très-agréable causeur. »

Sans doute ce qu'a écrit M. de Pontmartin est déjà oublié ; mais puisque, s'attaquant de la manière dont il l'a fait à un très-grand poëte et à un remueur d'idées, il a paru rechercher le genre de gloire qu'ont obtenu certains critiques de Voltaire, il n'y a pas de mal à ce que son nom, ici même, reste attaché au nom de Béranger, comme celui des Patouillet et des Nonnotte l'est au nom de leur triomphante victime.

CCXXV

A MONSIEUR BÉRARD

Avril 1830.

Dubois, du *Globe*, a vu la Conciergerie[1] : il est épouvanté d'un pareil séjour. Il désirait être à la Force. Pourriez-vous voir, mais au plus tôt, M. Cléau[2], et rendre à Dubois le service de le protéger auprès de cette autorité toute-puissante dans les prisons. J'ai promis à Dubois votre protection ; je sais que vous êtes accablé d'affaires, mais celle-ci est urgente, et il s'agit d'obliger un digne et excellent homme. Aussitôt votre démarche faite, ayez la bonté de m'écrire un mot pour m'apprendre le résultat.

CHATEAUBRIAND A BÉRANGER

Mardi soir, 27 avril 1830.

J'avais, monsieur, lu comme vous les articles des journaux ; loin de me trouver offensé que l'on croie que j'ai cherché le pre-

---

[1] M. Dubois, député de la Loire-Inférieure sous le règne de Louis-Philippe, et directeur de l'École normale où il a si longtemps maintenu les études à une hauteur d'où on les a précipitées en 1852. Élève lui-même de l'ancienne École, il en était sorti en 1814 et avait enseigné jusqu'en 1820, époque où il fut suspendu de ses fonctions. Il fonda bientôt le *Globe* avec MM. Lachevardière et Pierre Leroux. Ce fut l'organe de la fraction doctrinaire du parti libéral : la plupart des hommes qui ont occupé de hautes fonctions sous le règne de Louis-Philippe y firent leurs débuts. Le 15 février 1830, pour suivre dans l'arène le *National* qui venait d'être fondé, le *Globe* devint journal quotidien. L'article *La France et les Bourbons* en 1830 amena M. Dubois, son auteur, en cour d'assises. Il fut condamné à quatre mois de prison et à 2,000 francs d'amende. Après 1830 le *Globe*, passé sous la direction de M. Pierre Leroux, devint le journal des idées saint-simoniennes. Rayé des cadres de l'Université après sa condamnation, M. Dubois y fut rétabli au mois d'octobre 1830, avec le titre d'inspecteur général des études. L'année suivante il fut envoyé par la Loire-Inférieure à la Chambre des députés.

[2] Chef du bureau des prisons à la préfecture de police.

mier un homme de votre talent, je le tiens à grand honneur. Tout ce qui ajoute à la renommée de la France m'est cher, et vous avez élevé la chanson jusqu'à la gloire. Restez donc *chansonnier*, monsieur, puisque vous le voulez, comme la Fontaine est resté *fablier*; mais pourquoi ne seriez-vous pas académicien, comme la Fontaine? Je ne sache pas qu'il y ait rien de plus immortel que lui parmi les quarante immortels.

Je suis bien fâché, monsieur, d'apprendre que vous êtes souffrant. J'irais moi-même vous demander de vos nouvelles si je n'étais un véritable manœuvre attaché à mon métier. Je suis aussi vieux que votre admirable Juif errant; malheureusement je ne puis plus courir comme lui, et je ne serai pas chanté par vous. Je mourrai assis et oublié, mais

> La liberté va rajeunir le monde ;
> Sur mon tombeau brilleront d'heureux jours.

Agréez, monsieur, je vous prie, l'assurance de ma vive admiration et de ma considération la plus distinguée. Chateaubriand.

CCXXVI

A MONSIEUR GUIZOT

28 avril 1830.

Monsieur, je me hâte de répondre à votre lettre : oui, je connais ce pauvre M. S*** et m'intéresse à lui. J'ai moi-même tâché de lui procurer quelque peu de travail, et n'ai pas réussi. Je suis persuadé que c'est faire une bonne action que de le tirer de la misère où il est plongé. Je ne lui crois pas une forte tête : la faute légère qui, par une suite de fatalités, lui a valu un an de prison, est le résultat d'un instant de faiblesse. J'ai fait ce que j'ai pu dans le temps pour le sauver, mais je vieillis, je ne suis plus heureux; témoin ce malheureux R***, condamné hier au bagne, et à qui je m'intéresse tant. Celui-là, ce n'est pas la faiblesse qui l'a perdu; mais il est aussi un de ces hommes qu'une main secourable, tendue à propos, eût empêché de retomber dans l'abîme. S***, avec de moins graves reproches à se faire; S***, que des juges plus indulgents auraient promptement rendu à la société, s'il n'est secouru à temps, peut aussi retomber; mais j'ose croire qu'avec du travail, et il en demande partout en vain, il sera à jamais préservé de toute rechute et ne donnera jamais occasion de se repentir de l'avoir obligé. S'il vous est possible, monsieur, faites cette bonne action, digne d'une âme comme la vôtre. Je lui crois des connaissances; mais vous êtes plus que moi capable de les apprécier. Ce que j'ai pu voir à la Force, c'est que le travail est une passion chez lui. Aussi sa conduite en prison a-t-elle été exemplaire, et je ne dois pas omettre de dire que j'ai éprouvé de sa part des procédés d'autant plus délicats, que sa triste position les rendait plus difficiles.

En finissant, permettez-moi, monsieur, de me féliciter de la marque de confiance que vous voulez bien me donner. Recevez l'assurance de ma considération la plus distinguée [1].

CCXXVII
A MONSIEUR GUIZOT
13 mai 1830.

Monsieur, des particularités qui arrivent à ma connaissance m'engagent à vous prier de regarder comme non avenue la lettre que j'ai eu l'honneur de vous écrire il y a quelque temps en faveur de S***. Si les doutes qu'on vient d'élever dans mon esprit se dissipent heureusement, je m'empresserai de vous en faire part. Jusque-là, monsieur, suspendez le projet que vous aviez de lui être utile.

Recevez, monsieur, l'assurance de ma haute considération [2].

---

[1] Lettre communiquée par M. Guizot.
[2] Lettre communiquée par M. Guizot.

CCXXVIII

A MADAME BRISSOT-THIVARS

24 mai 1830.

En vérité, vous voulez vous moquer de moi. Quoi! vous m'envoyez de si bonnes choses et vous me faites des excuses du peu, et puis, pour mettre le comble à la plaisanterie, vous me priez de vous continuer ma bienveillance. Je ne le vois que trop, vous me trouvez si vieux, que vous voulez épuiser avec moi toutes les formes respectueuses. C'est me rappeler mon âge trop cruellement, et je commence à douter de toutes les aimables qualités que j'avais cru remarquer en vous. Cela m'est d'autant plus pénible que j'avais la meilleure envie du monde d'oublier mes cinquante ans auprès de vous. Je profiterai de la leçon; mais, pour me consoler un peu, s'il est possible, venez me voir quelquefois et m'aider à vider les deux bouteilles, qui, sans cela, ne me rappelleraient que l'idée que vous avez conçue de moi. Vous voyez, madame, à quel prix je mets le pardon dont vous avez besoin. Ce n'est pourtant pas tout encore. Quand vous voudrez faire preuve de repentance, munissez-vous de biscuits, car je craindrais que ceux dont je ferais provision à votre intention ne fussent un peu trop durs lorsque vous visiterez ma retraite.

J'achève ma lettre sous les yeux de madame Lemaire[1], qui me charge de vous faire les plus tendres amitiés. Vous voyez que, puisqu'elle est là, elle se moque du qu'en dira-t-on. Mais je suis si vieux!

[1] C'est madame Cauchois-Lemaire qui fit connaître madame et M. Brissot-Thivars à Béranger. M. Brissot, neveu du conventionnel, a été libraire avant 1830. C'est chez lui que s'assembla la dernière haute vente des Carbonari. Il devint directeur de la salubrité publique à Paris, après 1830, et en 1849 préfet du Finistère. Il est mort dans l'exercice de ses fonctions.

Recevez mes hommages respectueux et l'assurance de mon parfait dévouement[1]. BÉRANGER.

CCXXIX

A MONSIEUR ROUGET DE LISLE

Mai.

Mon pauvre ami, j'ai appris avec bien du chagrin le nouveau malheur qui vous est arrivé. Vous voilà peut-être encore cloué pour quelque temps dans votre chambre. M. Perrotin, éditeur de mes vignettes et de la nouvelle réimpression de mes chansons, va à Choisy, et je l'ai prié d'aller vous porter ce petit mot et d'avoir la complaisance de me rapporter de vos nouvelles. Soignez-vous bien et dorénavant regardez mieux où vous mettez le pied.

Bérard est revenu, il y a déjà dix ou douze jours, mais je ne l'ai encore vu qu'une fois et un très-court moment; au reste, ne vous occupez pas trop de vos affaires.

J'ai lu votre opéra; il me semble trop bien fait, trop bien écrit, trop bien pensé. La lecture m'a fait un vrai plaisir. Je n'ai qu'une critique à faire. Je trouve qu'Othello devient jaloux trop subitement; il me semble qu'un chant où il eût repoussé ce sentiment par de tendres souvenirs, mais où, presque par refrains, la jalousie se fût fait entendre comme malgré lui, eût été mieux en situation et eût surtout fourni au musicien un motif plus original.

Je vous soumets l'observation, faites-en le cas qu'elle mérite.

Présentez mes respectueuses amitiés à M. le général Blein.

[1] Lettre communiquée par madame F. Brissot-Thivars.

CCXXX

A MONSIEUR FÉLIX CADET DE GASSICOURT
27 mai 1830.

Mon cher ami, j'ai été hier soir rue d'Artois [1], mais il m'a été impossible de parler de l'affaire en question [2]. Cela m'a donné le temps de réfléchir, et j'ai pensé qu'avec un homme qui parle plus qu'il n'écoute, il valait mieux écrire. J'ai donc fait une longue lettre où j'ai tâché de faire valoir toutes nos bonnes raisons avec adresse et précaution. J'ai proposé, comme meilleur moyen, une option publique pour Bayonne, en ajoutant que j'avais, en l'absence de la S***, donné le même avis à Constant [3]. Nous verrons si ma lettre fera bon effet; mais je pense que vous pouvez maintenant aborder votre homme, en ne vous montrant pas toutefois instruit de ma démarche qu'il ne vous communiquera pas.

Sur ce qu'il prétend que Paris doit avoir une députation riche en talents et en réputation, je lui ai fait sentir que plus, cette fois, le choix de nos arrondissements tombait sur des hommes sans éclat, plus Paris montrait dans quelles intentions il les renvoyait à la Chambre. Des choix d'illustrations diraient bien moins.

Je n'ai rien dit de la promesse qu'on pourrait obtenir du général; c'est la botte secrète.

J'irai ce soir, sans doute; mais, à te vrai dire, je ne suis pas fâché de lui laisser le temps de réfléchir. Les discussions avec lui ne valent pas un coup bien porté. Je crois même que, sans en savoir davantage, vous ne feriez pas

---

[1] Chez M. Laffitte.

[2] Il s'agissait d'assurer la réélection des 221 votants de l'adresse au roi. Les soi-disant chefs de l'opposition libérale, visant à l'ubiquité, tendaient à faire obstacle à la réélection de tous les 221.

[3] Benjamin Constant.

mal de vous hâter de le voir avant qu'il ait entendu d'autres voix que la mienne. Hier, il n'était au courant de rien, du moins il m'a paru ne rien savoir. Tout à vous de cœur.

CCXXXI

A MONSIEUR FÉLIX CADET DE GASSICOURT
29 mai 1830.

Mon cher ami, si j'en juge par les journaux, vous avez réussi dans votre ambassade. J'étais venu pour avoir des détails et t'apporter une lettre de Constant que j'ai reçue hier soir, dans laquelle il dit qu'il fera ce qu'on voudra. Tu conçois que, d'après ce peu de mots, j'ai jugé que de ce côté on désespérait de réussir. Aussi n'ai-je pas été étonné de la note des journaux de ce matin. Voilà tout ce que je voulais te dire. Adieu. Fais mes amitiés à ta femme.

CCXXXII

A MADAME FIRMIN
1ᵉʳ juin 1830.

Ma chère amie, j'étais à la campagne dimanche; j'en suis revenu hier matin pour l'enterrement du dernier président de la république[1]; mais, n'étant rentré chez moi qu'à minuit, je n'ai pu te prévenir de l'impossibilité où j'étais d'accepter ton invitation, puisque c'est à cette heure que j'ai reçu ta lettre.

Je crains que vous ne m'ayez attendu, et j'en serais désolé. J'irai, avant ton départ, m'excuser de ce contre-temps. En

---

[1] Gohier (Louis-Jérôme), né à Semblançay en 1746, mort à Paris le 29 mai 1830. En 1825, lorsqu'il publia ses Mémoires, il les intitula *Mémoires d'un vétéran irréprochable de la Révolution*. Il faisait, dans un âge déjà bien avancé, de jolies chansons, comme le prouve la chanson de Béranger *A monsieur Gohier* (1825).

attendant, fais mes amitiés à Firmin, et crois-moi de cœur tout à toi.

CCXXXIII

A MONSIEUR ROUGET DE LISLE

2 juin 1830.

Mon pauvre ami, je suis tellement surchargé d'affaires que je n'ai pu répondre plus tôt à votre lettre.

Je vous ai déjà dit que je n'approuve pas votre projet de souscription. Si nous pouvons vendre votre manuscrit, comme je l'espère, rien de mieux. Il faudra nous en occuper. Mais les souscriptions ne réussissent plus, et vous savez si c'est moi qui peux parler à Laffitte de prendre part à des souscriptions de ce genre, d'après l'oubli qu'il a fait de concourir à la mienne : ceci va vous sembler bien dur, mais voilà de quoi adoucir le coup que je vous porte.

Vous saurez, ou vous savez, que David [1] a fait, d'après vous, un très-beau médaillon en marbre, grande dimension. Cet artiste, qui a autant de générosité que de talent, et qui doit mieux qu'un autre sentir le prix des illustrations patriotiques, vient de mettre ce médaillon en loterie à 20 francs le billet. Nous nous occupons de les placer. Or David veut que toute la somme vous soit remise. Vous n'aurez d'obligation qu'à lui, puisque chaque preneur de billet aura la chance de devenir possesseur d'un beau morceau de sculpture. Quant à David, c'est un homme dont on peut être l'obligé, je vous l'assure. Je vous engage même à lui écrire d'avance,

---

[1] Notre grand statuaire, celui qui depuis Puget a le plus vigoureusement traité la sculpture. Son *Philopœmen* sera pour la postérité un objet d'admiration, comme l'est le *Milon de Crotone* et le haut-relief d'*Alexandre* et de *Diogène*. Il a fait les bustes ou les médaillons de presque tous les glorieux personnages de son temps. Né le 12 mars 1789 à Angers, David (Pierre-Jean) est mort à Paris le 6 janvier 1856. Il avait épousé la petite-fille de Laréveillère-Lépaux qui porte fièremen la dignité du nom de son aïeul et du nom de son mari.

pour le remercier de cette honorable action. Il demeure rue de Vaugirard, n° 20.

Si nous plaçons promptement ces billets, vous aurez enfin de quoi renouveler cette maudite garde-robe qui s'en va toujours trop vite pour nous autres pauvres diables; car je me rappelle le temps où je n'avais qu'un pantalon, que je veillais avec un soin tout paternel, et qui ne m'en jouait pas moins les tours les plus perfides. Il est vrai que j'avais un talent qui vous manque, j'en suis bien sûr : je savais faire des reprises, rattacher des boutons. Ce que c'est que d'être d'une famille de tailleur! Vous n'avez pas reçu une si bonne éducation, il vous faut du neuf. Eh bien, j'espère que vous en aurez avant peu.

Adieu, mon cher ami, continuez de vous bien porter, et ne vous fâchez pas contre moi de mon inexactitude à répondre à vos lettres.

A vous de cœur.   BÉRANGER.

P. S. J'ai enterré hier le dernier président de la République.

CCXXXIV

A MADAME LEMAIRE

23 juin 1830.

Vous me demandez de mes nouvelles. Je vous dirai donc que je ne suis pas parfaitement remis; je ressens toujours une certaine faiblesse dont je ne devine pas la cause et une disposition fébrile que je voudrais bien voir finir. Le repos moral est, je crois, ce dont j'ai absolument besoin, aussi vais-je aller m'installer à la campagne. J'ai loué à Bagneux[1] un petit pavillon pour 150 francs pour toute la saison. Le prix vous donne une idée de la beauté de ce lo-

---

[1] Près de Fontenay-aux-Roses et de Châtillon.

cal. Une cuisine en bas; une échelle et puis ma chambre; puis une autre échelle, et la chambre de ma gouvernante. Grâce au voisinage de madame Davillier, j'aurai la moitié de ce qu'il me faut pour mon ménage. Je suis censé demeurer chez elle, pour éviter les visites. Je crois tout cela arrangé au mieux; j'y serai dans trois jours. Il y a une voiture qui vient trois fois par jour à Paris, et qui pourra vous amener quand vous me ferez l'honneur de me venir voir. Tout cela me causera de la dépense, mais j'espère recouvrer enfin la santé. On ne peut pas la payer trop cher.

J'ai vu Lemaire il y a quelques jours. Son affaire était terminée, mais pas tout à fait comme je l'aurais désiré; il paraît que cela n'était pas possible. La politique s'embrouille : cédera-t-on? ne cédera-t-on pas? tout est là. Qu'en dites-vous en Normandie? Quant à moi, j'attends pour avoir un avis. Si vous voyez Dupont, dites-lui bien toute l'inquiétude que nous a causée la blessure de sa femme; j'ai été tenu au courant du mieux par Béjot, et me suis bien réjoui de la guérison. Je voudrais que vous connussiez madame Dupont; il n'y a rien de plus aimable, de meilleur et de plus sensé.

Non, je n'ai pas revu madame Brissot; j'aurais dû lui faire une visite; mais je n'en ai pas eu le temps. Elle ne doit pas oser revenir, si je ne la préviens; qu'en dites-vous?

J'ai reçu une belle invitation de Rungis; j'ai répondu que j'avais loué un château, et que si le temps se séchait un peu, j'irais de temps à autre faire des excursions jusqu'à Rungis, et voir ces dames. N'est-ce pas bien?

Je vous félicite d'avoir un tilbury; mais ne vous cassez pas le cou sur la route.

Quand vous devrez venir à Paris, écrivez-moi. Ah! que

je voudrais être tranquille dans mon pavillon! Vous viendrez me voir, n'est-ce pas? Si je puis me remettre au travail, je suis sauvé. Avez-vous lu les poésies nouvelles[1] de Lamartine? Je ne les ai pas, mais je vais tâcher de les emprunter : elles ne paraissent pas avoir un grand succès, si j'en juge par les personnes du *Globe* que j'ai vues à Sainte-Pélagie. Il a pris aussi un bien mauvais moment pour leur publication. Dans les citations qui ont été faites, j'ai trouvé de bien belles choses.

Présentez mes civilités à madame Foulon, que je remercie de son bon souvenir. Adieu ; mille amitiés, et croyez-moi de cœur votre très-humble serviteur.

CCXXXV

A MONSIEUR GINDRE DE MANCY

Bagneux, 29 juin 1830.

Monsieur, c'est à Bagneux, où les médecins m'ont ordonné de me confiner, que je reçois les vers charmants que Bagnolet vous a inspirés et où mon pauvre aveugle a trouvé une place bien au-dessus de son mérite, tout brave homme que je me plais à le reconnaître. Au milieu des douces rêveries que vous promenez dans ce joli village, il est vraiment bien aimable d'avoir pensé à moi. Le traducteur de Virgile pouvait mieux choisir l'objet de son encens ; mais je l'assure au moins qu'il n'est pas de muse, même sur le vieux Parnasse, qui en eût été plus touchée et plus recon-

---

[1] Les *Harmonies*, recueil qui égale au moins les admirables *Méditations* de 1820. Béranger n'avait pas tout de suite saisi le grand caractère de cette poésie religieusement lyrique ; mais chaque jour ouvrit son âme à de si nobles vers. Dès 1830 il a salué le maître. La publication de *Jocelyn* acheva de le conquérir. M. de Lamartine fut plus longtemps à comprendre Béranger. Où les a-t-on mieux vantés l'un et l'autre que dans ce qu'ils ont écrit l'un de l'autre? Quels éloges valent ces paroles d'or!

naissante. Vos vers charmants m'ont fait un double plaisir; en me prouvant l'intérêt que vous voulez bien me porter, ils m'ont fait voir que vous faisiez autre chose que traduire et que vous y réussissiez au moins aussi bien.

Je regrette, monsieur, que vos pas ne se soient pas tournés plus souvent du côté de la rue des Martyrs, cet hiver; je n'en suis presque pas sorti, tant j'ai été souvent indisposé. Aujourd'hui me voilà habitant de la campagne, et je retournerai à Paris le moins que je pourrai. Ayez donc la bonté de m'écrire ce que vous aviez à me dire pour Rouget de Lisle, et, si c'est quelque chose à faire, comptez sur mon zèle.

Agréez, monsieur, l'expression de ma gratitude et l'assurance de ma considération la plus distinguée.

CCXXXVI

A MADAME LEMAIRE

15 juillet 1830.

Je me faisais une fête de vous avoir vendredi, et, sauf l'embarras d'avoir une table assez grande pour trois et de quoi mettre dessus, tout aurait été pour le mieux; mais ne voilà-t-il pas que madame Davillier vient de m'apprendre qu'Arnault avait pris ce jour-là pour venir dîner à Bagneux; elle m'a invité, comme vous le pensez bien, à dîner avec lui; j'aurais bien refusé, mais j'ai pensé qu'alors nous ne pourrions pas éviter sa visite, qui ne nous conviendrait guère. Je prends donc le parti de vous en instruire pour vous engager à remettre à un des premiers jours de l'autre semaine, à votre choix, vous priant de m'écrire le plus tôt possible si ce sera lundi, mardi ou mercredi. Dépêchez-vous de me répondre, et ne me punissez pas d'une remise qui me contrarie extrêmement. Je continue de me porter bien, mais je ne puis me mettre au travail. Cela commence un peu à m'inquiéter. J'ai cependant beaucoup de sujets, mais je suis comme le pêcheur sur le bord d'une eau bien transparente, qui jette sa ligne aux poissons qu'il aperçoit, sans qu'aucun veuille mordre à l'hameçon. J'aurais pourtant bien voulu vous servir un plat de cette friture-là; mais il n'en sera rien, malgré le retard qu'un classique apporte au banquet.

CCXXXVII

A MONSIEUR JOSEPH BERNARD

20 juillet 1830.

Je vous remercie, mon cher ami, de vous être empressé de me donner des nouvelles de l'élection de Rennes : toutefois les journaux me l'avaient apprise bien avant votre lettre, qui ne m'est parvenue qu'un peu tard.

Aussitôt que je fus instruit du succès, je m'empressai d'écrire pour en féliciter votre frère[1], que je croyais à Paris. Il était là-bas, ce qui était de son devoir. Il a été, dites-vous, un vrai candidat populaire; tant mieux! Je voudrais que les électeurs s'habituassent à forcer les candidats de comparaître devant leur tribunal; les électeurs n'en vaudraient que mieux, et les députés n'en seraient pas plus mauvais.

[1] M. Bernard, de Rennes (Louis-Rose-Désiré), né à Brest le 12 mai 1788, mort en 1858. En 1825 il était venu plaider à Paris dans l'affaire du journal *l'Étoile*, qui avait attaqué la mémoire de la Chalotais. Le succès qu'il obtint fut si grand, qu'il se fixa à Paris, où il devint l'un des plus décidés adversaires de la Restauration. Après 1830 il fut nommé procureur général près de la cour royale de Paris, puis conseiller à la cour de cassation. Jusqu'en 1848 il conserva son poste de député. Il s'occupait dans les derniers temps d'études d'horticulture et s'y distinguait. Béranger n'a cessé de regretter que M. Bernard (de Rennes) n'ait pas mieux tiré parti de son beau talent d'orateur; mais son humeur l'en empêcha et lui fit préférer les sages plaisirs de la retraite au bruit et à l'éclat des luttes politiques, dans lesquelles il avait joué d'abord un rôle si brillant.

Voilà les élections terminées, et tout a été aussi bien que nous pouvions l'espérer, avec les éléments circonscrits qu'on nous a laissés. La gauche et les centres ont acquis à peu près tout ce qu'ils pouvaient acquérir : quelques noms restés en arrière sont sans doute des pertes, mais elles sont compensées bien au delà. Votre frère et Madier-Montjau sont les deux bouquets de cette fête. Vous demandez sans doute là-bas, comme on se le demande ici : A quoi cela aboutira-t-il? Attendez, et vous verrez. Les calculs sont de la niaiserie. Le succès d'Alger n'a pas enlevé une voix à la bonne cause, et, chose singulière, la Bourse même ne s'y est pas laissé prendre. Ce succès même peut devenir une cause d'embarras à l'extérieur et influer sur les déterminations royales, que je crois peu solides, quoi qu'on en dise. Aussi vouloir prédire au delà de huit jours me semble peu raisonnable. Attendons, et souhaitons que nos adversaires forcent nos faibles amis à montrer plus de rigueur qu'ils n'en ont montré jusqu'ici. Ensuite, laissons faire aux dieux! Mais remercions-les d'abord d'avoir trouvé une nation plus instruite, plus unie que nous ne le croyions. Après le mouvement que vous vous êtes donné à Rennes, vous jouissez sans doute de tout le bonheur d'être loin du bruit et des affaires, au milieu des bons et braves Bretons. Je vous en félicite, ainsi que ces dames, qui ne regrettent peut-être pas Paris, car il me semble qu'elles n'en ont pas encore contracté le goût. Amusez-vous bien, mes enfants, courez çà et là, à pied, à cheval, en voiture, en bateau ; déjeunez, dînez, goûtez, soupez, car on doit faire encore quatre repas où vous êtes. Ces plaisirs-là en valent bien d'autres, et, s'il ne fallait pas prendre la diligence pour les aller chercher, je regretterais de ne les pas partager avec vous, surtout d'après l'éloge que vous m'avez fait de votre hôte et de sa famille. Quant à moi, je me trouve à merveille dans le chenil que j'ai loué à Bagneux : cuisine au rez-de-chaussée ; chambre à coucher, servant de salon, de salle à manger et de cabinet de travail, au premier ; chambre de domestique au second ; enfin, appartement complet dans un pavillon isolé : tout cela me va parfaitement.

M. Davillier, mon voisin, m'a aidé à monter mon ménage, et je suis presque aussi bien qu'à la Force. Je m'arrange assez de la bonne que j'ai prise ; mais j'ai vu le moment où j'allais la perdre, tant l'ennui l'avait prise ici. Jusqu'à présent, j'ai eu fort peu de visites, grâce au ciel ; mais je tremble toujours que les affaires ne m'y viennent rechercher. Ce que j'oublie de vous dire, c'est que depuis que je suis dans cet ermitage, ma santé est excellente, à l'exception de quelques maux de tête. Vous concevez combien cela doit me faire trouver de charmes à ma nouvelle habitation. Je crois même que c'est à ce bonheur-là que je dois de ne pouvoir me remettre au travail. J'ai une foule de sujets qui voltigent autour de ma tête comme des papillons de nuit autour de la chandelle, mais je n'en puis attraper aucun. Je crains que cela ne dure : car j'ai toujours observé que, lorsque je me portais bien, j'avais peu de disposition au travail, à moins d'être en prison. Pourtant le café que vous m'avez donné est fort bon et devrait m'inspirer. Cela viendra peut-être. Serez-vous encore longtemps dans votre belle Bretagne? Savez-vous une idée qui me vient? C'est que peut-être vous pourriez bien, vous et les vôtres, reprendre l'amour du pays et renoncer à notre bonne ville. Vous n'êtes pas encore si bien fixés parmi nous, que cela ne puisse arriver. N'allez pas me faire un pareil tour, au moins. Je vous en voudrais à la mort : dites-le bien à madame Bernard, dont je me défie particulièrement. Je suis un peu plus tranquille sur le compte d'Anaïs.

Charles¹, qu'en dit-il? Le grand air doit lui être bon. Dites-lui qu'il y a de l'air autour de Paris, et qu'un jour vous pourrez faire comme moi et passer l'été au village.

Avant de finir, je vous prie, mon cher Bernard, de renouveler mes remercîments à M. Lorois, de la bonté qu'il a eue de m'offrir de vous accompagner chez lui. Dites-lui bien que, sans mon extrême paresse, il m'eût été agréable de compléter ainsi sa connaissance, mais que j'espère en trouver l'occasion quand il viendra à Paris. Si vous voyez M. Lacrosse, rappelez-moi aussi à son bon souvenir.

A vous pour la vie et de tout cœur.   BÉRANGER.

P. S. Dubois² est dans la plus belle maison de santé de Paris; c'est dans l'ancien jardin Marbeuf, aux Champs-Élysées. Passer trois mois là, ce n'est pas être trop malheureux.

CCXXXVIII

A MADEMOISELLE H. A.³

Il y a dans mon organisation quelque chose de singulier que je voudrais pouvoir vous expliquer. J'ai une existence intérieure qui se refuse souvent à se répandre au dehors. Il y a de l'ours au fond de tout cela; quand on veut forcer ma tanière, je m'épouvante et je pousse des hurlements. Et vous, vous, curieuse de tout

---

[1] M. Charles Bernard, qui a soigné Béranger pendant ses dernières maladies. Il était alors enfant.

[2] M. Dubois, de la Loire-Inférieure.

[3] Cette lettre est la réunion de deux ou trois fragments de lettres adressées à mademoiselle H. A*** (aujourd'hui madame H. A*** de M***). Ces fragments ont été imprimés dans une étude sur Béranger, que cette dame a écrite en 1833 dans la *Revue de Paris*, et dans l'une des notes de l'article de M. Sainte-Beuve, qui fait partie des anciens *Portraits contemporains*. N'en ayant point la date, nous les plaçons à la fin du premier volume.

voir, de tout connaître, vous y allez avec un long bâton, et de ci! et de là! et puis allons! et puis encore! Mon ours se met en défense, donne des coups de museau, crie, et vous ne vous informez pas même si la pauvre bête est blessée. Il est vrai que vous y attrapez des égratignures, mais vous êtes heureuse d'en être quitte à si bon marché; bien d'autres que vous ne s'en tireraient pas ainsi. Tout en me blâmant, convenez du moins que, si je n'étais pas fabriqué ainsi, il me serait impossible d'aller dans le monde, où je me laisse entraîner, sans y perdre de ma force naturelle, de mon instinct, de mes mœurs particulières, à qui je dois peut-être ce talent qui vous plaît encore sous un autre ciel [1], et auprès des tombeaux de tant de grands hommes.

Oui, je suis bien vieux; une lutte longue et fatigante contre le sort, la nécessité de réfléchir constamment, de premières dispositions profondément mélancoliques, m'ont vieilli de bonne heure. Je sens encore vivement, mais ma raison se tient toujours au-dessus de mes émotions pour les amortir ou pour les faire tourner uniquement au profit de mon faible talent. Parfois cette manière d'être m'inspire du dégoût : je voudrais m'en choisir une autre; mais les habitudes sont prises. Je me trouve gauche dans mes tentatives, et je ris de mes inutiles efforts; le limaçon rentre dans sa coquille. Pourrez-vous le faire voyager? J'en doute, malgré les invitations que vous êtes chargée, dites-vous, de me transmettre, et les fêtes que vous me promettez en Italie. Si, en effet, les philosophes et les poëtes qui composent votre cour pensent quelque bien de moi, dites-leur que plus j'en

---

[1] En Italie, où était alors madme A*** de M***

suis surpris, plus j'y suis sensible. Le suffrage ne me plairait pas parce qu'il vient de loin, mais parce qu'il vient d'une terre vers laquelle j'ai souvent tourné des regards d'amour, et à laquelle j'ai toujours souhaité un meilleur destin. Elle a celui du Tasse : le génie et le malheur, la gloire et la captivité. A Florence, vous ne vous en apercevez peut-être pas beaucoup ; mais, si vous allez à Rome, si vous parcourez ses environs, c'est alors, sans doute, que le malheur de l'Italie vous déchirera le cœur ; j'ai lu les récits de quelques voyageurs, qui m'ont tellement frappé, qu'il m'a paru étrange qu'à l'aspect de tant de misère on pût encore être sensible aux merveilles des arts pompeusement étalées dans la capitale de la chrétienté.

Ah ! ma chère amie, que nous entendons l'amour différemment ! Vous avez donc une bien mauvaise opinion de cette pauvre Lisette ? Elle était cependant si bonne fille, si folle, si jolie ! je dois même dire si tendre ! Quoi ! parce qu'elle avait une espèce de mari qui prenait soin de sa garde-robe, vous vous fâchez contre elle ! Vous n'en auriez pas eu le courage si vous l'aviez vue alors. Elle se mettait avec tant de goût, et tout lui allait si bien ! D'ailleurs, elle n'eût pas mieux demandé que de tenir de moi ce qu'elle était obligée d'acheter d'un autre. Mais comment faire ? J'étais si pauvre ! La plus petite partie de plaisir me forçait à vivre de panade, que je faisais moi-même, tout en entassant rime sur rime, et plein de l'espoir d'une gloire future. Rien qu'en vous parlant de cette riante époque de ma vie, où, sans appui, sans pain assuré, sans instruction, je me rêvais un avenir, tout en ne négligeant pas les plaisirs du présent, mes yeux se mouillent de larmes involontaires. Oh! que la jeunesse est une belle chose, puisqu'elle peut répandre du charme jusque sur la vieillesse, cet âge si déshérité et si pauvre! Employez bien ce qui vous en reste, ma chère amie. Aimez et laissez-vous aimer. J'ai bien connu ce bonheur : c'est le plus grand de la vie.

FIN DU TOME PREMIER.

TABLE DES MATIÈRES

DU TOME PREMIER

Préface 1
   I. Lettre de Béranger à son père 17
  II. Lettre de Béranger à son père 27
 III. A M. Guernu. 32
 IV. A M. Antoine Arnault 38
  V. A M. Quenescourt. 57
 VI. A M. de Fontanes. 58
VII. A M. Bosquillon Wilhem[1] 60
VIII. A M. Quenescourt. 65
 IX. A M. Quenescourt. 66
  X. A M. Quenescourt. 68
 XI. A M. Quenescourt. 70
XII. A M. Quenescourt. 73
XIII. A M. Quenescourt. 74
XIV. A M. Quenescourt. 76
XV. A M. Quenescourt. 77
XVI. A M. Quenescourt. 78
XVII. A M. Quenescourt. 79
XVIII. A M. Bosquillon Wilhem. 80
XIX. A M. Bosquillon Wilhem. 81
XX. A M. Quenescourt. 82
XXI. A M. Quenescourt. 84
XXII. A M. Quenescourt. 86
XXIII. A M. Quenescourt 87
XXIV. A M. Soyer 89
XXV. A M. Quenescourt. 97

[1] Béranger écrit tantôt Bosquillon, tantôt Bocquillon. Le vrai nom est Bocquillon.

XXVI. A M. Quenescourt	98
XXVII. A M. Quenescourt	100
XXVIII. A M. Wilhem	102
XXIX. A M. Quenescourt	103
XXX. A M. Quenescourt	104
XXXI. A M. Bosquillon Wilhem	110
XXXII. A M. Quenescourt	111
XXXIII. A M. Quenescourt	112
XXXIV. A M. Quenescourt	113
XXXV. A M. Lucien Arnault	117
XXXVI. A M. Quenescourt	121
XXXVII. A M. Quenescourt	122
XXXVIII. A M. Quenescourt	124
XXXIX. A M. Quenescourt	125
XL. A M. Quenescourt	127
XLI. A M. Quenescourt	128
XLII. A M. Quenescourt	130
XLIII. A M. Quenescourt	131
XLIV. A M. Laisney et à M. Quenescourt	135
XLV. A M. Quenescourt	139
XLVI. A M. Quenescourt	140
XLVII. A M. Quenescourt	142
XLVIII. A M. Quenescourt	143
XLIX. A M. Laisney	145
L. A M. Bosquillon Wilhem	146
LI. A M. Quenescourt	147
LII. A M. Bosquillon Wilhem	149
LIII. A M. Quenescourt	150
LIV. A M. Quenescourt	153
LV. A M. Quenescourt	156
LVI. A M. Quenescourt	158
LVII. A M. Quenescourt	161
LVIII. A M. Quenescourt	163
LIX. A M. Bosquillon Wilhem	164
LX. A M. Quenescourt	165
LXI. A M. Quenescourt	167
LXII. A M. Quenescourt	168
LXIII. A M. Quenescourt	171
LXIV. A M. Quenescourt	173
LXV. A M. Quenescourt	175
LXVI. A M. Quenescourt	178
LXVII. A M. Quenescourt	179
LXVIII. A M. Bosquillon Wilhem	181
LXIX. A M. Bosquillon Wilhem	182
LXX. A M. Quenescourt	183

TABLE DES MATIÈRES.

LXXI. A M. Quenescourt	184
LXXII. A M. Quenescourt	186
LXXIII. A M. Quenescourt	188
LXXIV. A M. Quenescourt	190
LXXV. A M. Wilhem	191
LXXVI. A M. Wilhem	192
LXXVII. A M. Lucien Arnault	193
LXXVIII. A M. Réveillère	195
LXXIX. A M. Bosquillon Wilhem	196
LXXX. A M. Réveillère	197
LXXXI. A M. Étienne	205
LXXXII. A M. Tissot	208
LXXXIII. A M. Wilhem	209
LXXXIV. A M. Royer-Collard	210
LXXXV. A MM. les rédacteurs de la *Minerve*	214
LXXXVI. A M. le baron de Gérando	215
LXXXVII. A Mme B***	217
LXXXVIII. A M. Cuvier	217
LXXXIX. A M. Casimir Delavigne	219
XC. A M. Coulmann	220
XCI. A Mme Cauchois-Lemaire	221
XCII. A Mme Tissot	222
XCIII. A M. Guichard Printemps	222
XCIV. A M. Cadet de Gassicourt	223
XCV. A M. Cadet de Gassicourt	224
XCVI. A M. le rédacteur du *Courrier des Pays-Bas*	231
XCVII. A M. Bérard	231
XCVIII. A M. Berville	236
XCIX. A M. Bizet	237
C. A M. Berville	238
CI. A M. Forget	239
CII. A Lucien	242
CIII. A M. Antier	245
CIV. A M. Cadet de Gassicourt	246
CV. A M. Tissot	247
CVI. A M. de Jouy	248
CVII. A M. Cadet de Gassicourt	251
CVIII. A M. Bérard	252
CIX. A M. Rouget de Lisle	253
CX. A M. Rouget de Lisle	254
CXI. A M. Rouget de Lisle	254
CXII. A M. Antier	256
CXIII. A M. Vaissière	258
CXIV. A M. Guernu	259
CXV. A Mme Davillier	260

TABLE DES MATIÈRES.

CXVI.	A M. Cadet de Gassicourt.	261
CXVII.	A M. Maccarthy.	262
CXVIII.	A M. Forget	264
CXIX.	A MM. Bastide et Thomas.	266
CXX.	A M. Cauchois-Lemaire.	267
CXXI.	A M. Guernu.	268
CXXII.	A M. Guernu.	269
CXXIII.	A M. Guernu.	272
CXXIV.	A M. Guernu.	273
CXXV.	A M. Bérard.	273
CXXVI.	A M. Andrieux.	775
CXXVII.	A M. Guernu.	276
CXXVIII.	A Mme B***.	278
CXXIX.	A Mme B***.	279
CXXX.	A Mme Antier Lisarde.	279
CXXXI.	A Mme Mozin.	280
CXXXII.	A Mme Mozin.	280
CXXXIII.	A Mme Firmin.	281
CXXXIV.	A M. Lucien Arnault.	282
CXXXV.	A Mlle Agathe Heurtaux.	283
CXXXVI.	A M. Wilhem.	284
CXXXVII.	A M. Rouget de Lisle	285
CXXXVIII.	A M. Rouget de Lisle	286
CXXXIX.	A M. Rouget de Lisle	286
CXL.	A M. Dupin	287
CXLI.	A M. Rouget de Lisle	289
CXLII.	A Mme B***.	290
CXLIII.	A MM. les rédacteurs de la *Pandore*	290
CXLIV.	A M. Rouget de Lisle	291
CXLV.	A M. Berville.	291
CXLVI.	A M. Henri Monnier.	292
CXLVII.	A M. Lemaire	293
CXLVIII.	A Mme Cauchois-Lemaire	293
CXLIX.	A Mlle B***.	294
CL.	A Mlle Juliette Quenescourt.	295
CLI.	A M. Montandon.	296
CLII.	A M. Antier.	296
CLIII.	A Mlle Agathe Heurtaux.	297
CLIV.	A Mlle Agathe Heurtaux.	298
CLV.	A M. Étienne.	298
CLVI.	A M. Vaissière.	300
CLVII.	A M. Cadet de Gassicourt.	301
CLVIII.	A M. Vaissière.	302
CLIX.	A M. Rouget de Lisle	304
CLX.	A M. Châtelain.	305

TABLE DES MATIÈRES.

CLXI. A Mme Cauchois-Lemaire	306
CLXII. A Mme Cauchois-Lemaire	306
CLXIII. A Mme Cauchois-Lemaire	307
CLXIV. A M. de Pongerville	308
CLXV. A M. Lucien Arnault	309
CLXVI. A M. Montandon	310
CLXVII. A M. Rouget de Lisle	313
CLXVIII. A M. Vaissière	315
CLXIX. A M. Bérard	319
CLXX. A M. Prosper Mérimée	320
CLXXI. A M. Barthe	322
CLXXII. A M. le rédacteur en chef du *Moniteur universel*	323
CLXXIII. A M. Broussais	326
CLXXIV. A M. Guernu	327
CLXXV. A M. le Flaguais	327
CLXXVI. A M. Kératry	328
CLXXVII. A M. Jacques Laffitte	329
CLXXVIII. A M. Berville	332
CLXXIX. A Mme Cauchois-Lemaire	333
CLXXX. A M. Joseph Bernard	336
CLXXXI. A Mme Biollay	344
CLXXXII. A M. Barthe	345
CLXXXIII. A M. Lemaire	345
CLXXXIV. A M. Léon Boitel	348
CLXXXV. A M. Cauchois-Lemaire	349
CLXXXVI. A M. Bérard	353
CLXXXVII. A M. Bérard	357
CLXXXVIII. A Mme Lemaire	359
CLXXXIX. Au général Gourgaud	360
CXC. A M. Kératry	361
CXCI. A M. l'abbé de Pradt	362
CXCII. A M. Lemaire	366
CXCIII. A M. Laffitte	368
CXCIV. A M. Jacques Laffitte	370
CXCV. A M. Béjot	372
CXCVI. A M. Musset-Pathay	372
CXCVII. A Mme Firmin	373
CXCVIII. A M. Cléau	373
CXCIX. A M. Tissot	374
CC. A M. T***	375
CCI. A M. Henri de Latouche	376
CCII. A M. Bérard	377
CCIII. A M. Firmin	378
CCIV. A MM. Jacques Laffitte et Cie	379
CCV. A M. Rouget de Lisle	380

CCVI. A M. Cadet de Gassicourt		381
CCVII. A M. Béjot		383
CCVIII. A M. Cauchois-Lemaire		384
CCIX. A M. Cauchois-Lemaire		385
CCX. A Mme Lemaire		386
CCXI. A M. Bérard		387
CCXII. A M. Wilhem		389
CCXIII. A M. Justin Cabassol		389
CCXIV. A M. Gilhard		390
CCXV. A M. Justin Cabassol		390
CCXVI. A M. Rouget de Lisle		391
CCXVII. A M. Émile Deschamps		393
CCXVIII. A Mme Firmin		394
CCXIX. A Mme D***		394
CCXX. A Mme D***		395
CCXXI. A M. Rouget de Lisle		396
CCXXII. A Mlle Anaïs Bernard		398
CCXXIII. A M. Gindre de Mancy		399
CCXXIV. A M. Sainte-Beuve		400
CCXXV. A M. Bérard		406
CCXXVI. A M. Guizot		407
CCXXVII. A M. Guizot		408
CCXXVIII. A Mme Brissot–Thivars		409
CCXXIX. A M. Rouget de Lisle		410
CCXXX. A M. Cadet de Gassicourt		411
CCXXXI. A M. Cadet de Gassicourt		412
CCXXXII. A Mme Firmin		412
CCXXXIII. A M. Rouget de Lisle		413
CCXXXIV. A Mme Lemaire		414
CCXXXV. A M. Gindre de Mancy		416
CCXXXVI. A Mme Lemaire		417
CCXXXVII. A M. Joseph Bernard		418
CCXXXVIII. A Mlle H. A***		421

Lettre de Mme Béranger-Turbaux	18
Lettre de M. Bouvet	20
Lettre de Mme Béranger-Bouvet	20
Lettre de M. Béranger de Mersix	22
Lettre de M. Bouvet	23
Lettre de M. Bouvet	23

TABLE DES MATIÈRES.

Lettre de Mme Béranger-Bouvet.	24
Lettre de Lucien Bonaparte	37
Lettre de Lucien Bonaparte.	38
Lettre de M. Béranger de Mersix	40
Lettre de M. Bouvet.	42
Lettre de Lucien Bonaparte	58
Lettre des rédacteurs de la *Minerve*	215
Lettre de la Fayette	275
Lettre de Rouget de Lisle	311
Lettre de Dupont (de l'Eure)	334
Lettre de Mlle Delphine Gay	354
Lettre de Benjamin Constant	354
Lettre de l'abbé de Pradt.	365
Lettre de Chateaubriand	406

FIN DE LA TABLE DES MATIÈRES DU TOME PREMIER.

Typographie Lahure, rue de Fleurus, 9, à Paris.

www.ingramcontent.com/pod-product-compliance
Lightning Source LLC
Chambersburg PA
CBHW050907230426
43666CB00010B/2063